The Study of
Philosophical Outlook

哲学观研究

孙正聿 著

北京师范大学出版集团
BEIJING NORMAL UNIVERSITY PUBLISHING GROUP
北京师范大学出版社

总　序　追问哲学的心路历程和研究心得

　　我是在当代中国改革开放的历史进程中学习、研究和讲授哲学的，亲身经历和参与了从"真理标准大讨论"到"哲学教科书改革"、从提出"实践唯物主义"的哲学理念到反省"现代性"、从开展"中、西、马"对话到探索"人类文明新形态"的当代中国哲学进程。在这期间，我撰写并出版了《理论思维的前提批判》（1992）、《现代教养》（1996）、《崇高的位置》（1997）、《哲学通论》（1998）、《超越意识》（2000）、《思想中的时代》（2004）、《哲学修养十五讲》（2004）、《马克思主义基础理论研究》（2011）、《孙正聿讲演录》（2011）、《马克思主义辩证法研究》（2012）、《人的精神家园》（2014）、《马克思主义哲学智慧》（2016）、《哲学：思想的前提批判》（2016），以及《孙正聿哲学文集》（九卷本，2006）等著作。2016年年底，北京师范大学出版集团策划出版若干作者的"作品系列"，并明确提出"每位作者以四部代表性著作"作为书目。我的哲学研究，一直是以"哲学基础理论"为主要研究方向，并以对"哲学"本身的追问为主要的思考内容，因此，我试图以"如何理解哲学"为主题编选个人的"作品系列"，这就是《哲学通论》《哲学观研究》《辩证法研究》和《生命意义研究》四部个人的"代表性著作"。

　　在我看来，学者的学术研究，离不开两个东西：一是特殊的生存境遇和独特的生命体验，二是特定的理论资源和独特的理论想象。学者的生命体验与理论想象的融合，构成了具有个体性的哲学思想。这种哲学思想，既是以个人的名义讲述人类的故事，又是以人类的名义讲述个人的故事。我在《哲学通论》中说，哲学是以"时代性的内容，民族性的形式和个体性的风格去求索人类性问题"，哲学研究需要"时代精神主题化、现实存在间距化、流行观念陌生化、基本理念概念化"，从而以自己的研究成果"表征"自己时代的"时代精神"。我不是一位确有建树的"学问家"，只是一个追问哲学的"思想者"。我把自己追问哲学的心路历程和研究心得，聚焦于"如何理解哲学"这个主题，作为自己的"作品系列"的"自我阐释"。

一　关于《哲学通论》

　　为什么要以《哲学通论》而"通论哲学"？"通论哲学"的《哲学通论》的立意与追求是什么？在我看来，"通论"哲学，与"导论"哲学或"概论"哲学，是"大不相同"的。"导"是"导入"和"引导"，致力于把人们引入哲学思考；"概"是"概述"或"概论"，概略地叙述哲学的主要内容；"通"则是"疏通"或"通达"，以追问哲学本身为主旨，集中地阐发作者对"哲学"的理解。因此，"通论哲学"的《哲学通论》，就是并且只是对"哲学"本身的追问，它的灵魂就是一个"通"字。

　　何谓哲学？哲学何为？这不只是每个接触"哲学"的人都渴望回答而又难以回答的问题，也是每位"哲学家"都苦苦求索而又莫衷一是的问题。在哲学家那里，"哲学观"问题并不是他思考的"一个问题"，而是他必须首先回答的"核心问题""灵魂问题"。任何一位具有独立建树的哲学家，都有其对"哲学"的独到的理解，都有其具有特定思想内涵的"哲学观"。借用科学哲学家伊姆雷·拉卡托斯关于科学研究的"理论硬核"的说法，"哲学观"就是各异其是的哲学理论的"理论硬核"。维护和坚守一种哲学观，就是维护和坚守一种哲学理论；质疑和变革一种哲学观，则是质疑和变革一种哲学理论。哲学史上的所谓"哲学转向"，其首要的标志就是变革已有的哲学观并提出新的哲学观。《哲学通论》的"立意"和"追求"，就是在对"哲学"的追问中，形成对"哲学"的新的理解，并以这种新的理解去阐释"哲学"。

《哲学通论》的这个"立意"和"追求"，有着强烈的现实的针对性。这个针对性，主要有两个方面，一是当代中国的哲学研究，二是当代世界的哲学思潮。从当代中国的哲学研究说，自 20 世纪 80 年代中期以来的"哲学教科书改革"和"重新阐释中外哲学史"，特别是自 20 世纪 90 年代以来的"中、西、马"对话，引发出一个无法回避的根本性问题：究竟怎样理解我们所研究的"哲学"？具体言之，究竟怎样理解哲学是"理论化、系统化的世界观"？究竟怎样理解哲学的"基本问题"是"思维和存在的关系问题"？究竟怎样理解哲学与常识、宗教、艺术和科学的关系？究竟怎样理解哲学的"无用之大用"？究竟怎样理解中外哲学的"同中之异"与"异中之同"？这些就是改革开放以来中国哲学界追问"哲学"的重要问题。正是在这种追问中，日益强烈地凸显了如何理解哲学的"哲学观"问题。

当代中国哲学界对"哲学"的追问，又是同 20 世纪 80 年代以来西方哲学各种思潮的涌入密不可分的。从当代世界的哲学思潮说，从"拒斥形而上学"到"后形而上学"，"消解哲学""终结哲学"似乎成了当代哲学的"自我意识"。面对当代西方哲学的"语言转向""分析运动""现象学""解释学""存在主义""科学主义""后现代主义""后形而上学"，中国哲学界在引进、评介和反思当代西方种种哲学思潮的过程中，同样不可回避地提出这个根本性问题：究竟怎样理解我们所研究的"哲学"？哲学是"科学的逻辑"还是"思的事情"？哲学是"语言分析"还是"澄清思想"？哲学是"现象学"还是"解释学"？哲学是"文化批判"还是"文化对话"？哲是"真理的追求"还是"合法的偏见"？在《哲学通论》中，我把当代哲学所理解的"哲学"概括为八种"哲学观"：普遍规律说，认识论说，语言分析说，存在意义说，精神境界说，文化批判说，文化对话说和实践论说，力图通过对这些"大不相同"的哲学观的批判性反思，形成对"哲学"的新的理解。

我对"哲学"的"追问"，首先是与当代中国的"哲学教科书改革"直接相关的。通行的"哲学教科书"，是从"哲学"与"科学"的关系出发来阐释"哲学"的。这个阐释的基本逻辑是：哲学是"理论化、系统化的世界观"，而世界观就是"关于整个世界的根本观点"；科学所研究的是世界的"各个领域"，因而提供的是关于"各个领域"的"特殊规律"；哲学所研究的则是"整个世界"，因而提供的是关于"整个世界"的"普遍规律"；科学为哲学提供其形成"普遍规律"的"知识基础"，哲学则以其所概括的"普遍规律"为科学提供"世界观和方法论"。对于这个阐释逻辑及其结论，我向自己提出的追问是：如果"哲学"与"科学"的关系是一种研究对象的"整个世界"与"各个领域"的关系，是一种理论内容的"普遍规律"与"特殊规律"的关系，也就是"整体"与"部分""普遍"与"特殊"的关系，那么，"哲学"不就是"科学"的"延伸"或"变形"，不就是一种具有最高的概括性和最大的普遍性的"科学"吗？"哲学"还有什么独立的特性和独特的价值呢？"哲学"又何以是与宗教、艺术、科学相并立的人类把握世界的"一种基本方式"呢？由于"哲学教科书"论述哲学与科学的关系的出发点是"思维和存在的关系问题"，因此，对"哲学"本身的追问，直接引发我对哲学的"重大的基本问题"即"思维和存在的关系问题"的追问。

"思维和存在的关系问题"，究竟是哲学研究中的"一个重大问题"，还是哲学研究中的"重大的基本问题"？对这个问题的不同回答，决定了对"哲学"的不同理解。如果认为"思维和存在的关系问题"只是哲学研究中的"一个重大问题"，那么，它就只是某些哲学家或某个时代的哲学家特别关切的问题，而不是决定哲学的特殊的理论性质和独特的社会功能的"重大的基本问题"；如果认为"思维和存在的关系问题"是哲学的"重大的基本问题",而不只是哲学研究中的"一个重大问题",那么,它就是决定哲学的特殊的理论性质和独特的社会功能的"根本性"问题,也就是决定哲学成为人类把握世界的一种基本方式的"根本性"问题,而绝非只是某些哲学家或某个时代的哲学家特别关切的问题。在《哲学通论》中,我对前者的质疑和对后者的论证,主要是提出和阐发了下述观点:人类把握世界的全部活动——以实践活动为基础的认知活动、评价活动和审美活动——都是实现"思维和存在"的"统一",但是,哲学以外的人类活动,都是把"思维和存在的同一"作为"不自觉的和无条件的前提",致力于实现"思维和存在的统一",而不是追究和反思构成人类全部活动的这个"不自觉的和无条件的前提"。与此相反,哲学并不是致力于"思维和存在的统一",而是反思这个"统一"的"不自觉和无条件的前提",也就是把"思维和存在的关系"作为"问题"反过来而思之。正是对"思维和存在的关系问题"的"反思",决定了哲学的特殊的理论性质和独特的社会功能,也就是决定了哲学是人类把握世界的一种基本方式。仍以"哲学"与"科学"的关系为例,从"思维和存在的关系问题"看,就可以做出这样的解释:"科学"是以"整个世界"为对象,形成关于"整个世界"的"全部思想";"哲学"则是以"科学"所提供的关于"整个世界"的"全部思想"为对象,揭示在这"全部思想"中所隐含的"不自觉的和无条件的前提",把"思维和存在的关系"作为"问题"而予以"反思"。对思想的反思,就是以"思维和存在的关系问题"作为自己的"重大的基本问题"的"哲学"。"哲学"的特殊的理论性质和独特的社会功能,就在于它以"思维和存在的关系问题"作为自己的"重大的基本问题"。这是我对"哲学"的根本性理解。

"思维和存在的关系问题",既不是"思维和存在"的问题,也不是思维和存在"如何统一"的问题,而是思维和存在的"关系问题"。厘清这个问题,是理解"哲学"的深层的理论问题,也是我在《哲学通论》中着力阐发的问题。人们之所以把哲学视为"关于整个世界"的"世界观",从根本上说,就在于把哲学的"重大的基本问题"当作"思维和存在"的问题,而不是理解为思维和存在的"关系问题"。如果把哲学的"重大的基本问题"当作思维和存在的问题，就会把"思维"和"存在"作为哲学的研究对象，就会把提供关于"自然、社会和思维"的最一般的知识作为哲学的历史使命，就会导致把"哲学"视为具有最大的普遍性和最高的概括性的"科学"。只有把思维和存在的"关系"作为"问题"，追究思维和存在的"关系"，揭示"思维和存在的关系问题"所隐含的"不自觉的和无条件的前提"，才能理解哲学何以是人类把握世界的"一种基本方式"，才能把握哲学的特殊的理论性质和独特的社会功能。重新阐释作为哲学的"重大的基本问题"的"思维和存在的关系问题"，并在这个重新阐释的过程中重新论述"哲学"，构成了《哲学通论》的"主题"和"主线"，也构成了《哲学通论》的"灵魂"和"血肉"。就此而言，《哲学通论》的"通"，就是以重新阐释"思维和存在的关系问题"为"灵魂"，"疏通"对"哲学"的理解。

在我已出版的作品中，《哲学通论》所产生的影响是最为广泛的，也是最为持久的。自1998年面世以来，该书先后被收入"中国文库"和"人民·联盟文库"，并获得国家图书奖提名奖和国家级教学成果一等奖。《哲学通论》之所以能够产生广泛而持久的影响，既是同它对"哲学"的追问密不可分的，又是同它作为"专著性的教材"而流传于世密切相关的。

《哲学通论》的主题很鲜明，问题很集中，就是在对"哲学"的追问中阐述我对"哲学"的理解。我把《哲学通论》称之为"专著性的教材"，既不是有意为之地标榜其"专著性"，也不是有意为之地强调其"教材性"，而是因为这本书的"立意"和"追求"本身是具有"二重性"的：其一，它以"追问哲学"为主线，针对古今中外的哲学家们对"哲学"的各异其是的理解和阐释，具体地探讨哲学的研究对象、思维方式、理论性质、社会功能和演进逻辑，系统地反思哲学的基本理论和基本范畴，并赋予这些基本理论和基本范畴以作者的独特的思想内涵，因而这是一部具有很强的个体性的学术著作；其二，它又以"追问哲学"为主线，针对通行的"哲学原理教科书"对"哲学"的教条化的理解和阐释，具体地分析教科书对唯物论、辩证法、认识论和历史观"四大板块"对哲学基本理论的论述，系统地反思教科书对"哲学""真理""矛盾""规律""价值""历史"等基本范畴的阐述，体系化地展现作者对哲学基本理论和基本范畴的理解，因而其又是一部具有很强的教科书性质的教材。正是基于《哲学通论》本身的"二重性"，我称之为"专著性的教材"。

《哲学通论》的"专著性"与"教材性"的"二重性"，直接地体现在它的内容与形式的"二重性"：从形式上看，《哲学通论》呈现给读者的是"讲述"哲学的自我理解、思维方式、生活基础、主要问题、派别冲突、历史演进以及哲学的修养和创造，具有显著的教科书式的叙述方式；从内容上看，《哲学通论》所论述的全部问题，又是论证作者自己对这些问题的理解，赋予哲学的基本理论和基本范畴以新的思想内涵，变革了"教科书"所给定的哲学观念，因而又具有显著的学术专著的理论内容。《哲学通论》的内容与形式的"二重性"，决定了它是一部"专著性的教材"。作为"专著"，它变革了教科书的哲学观念；作为"教材"，它使变革了的哲学观念得以普及。以"教材"的形式而展现"专著"的内容，又以"专著"的内容而诉诸"教材"的形式，这大概就是《哲学通论》产生广泛影响的生命力之所在吧。

《哲学通论》的"专著性"与"教材性"的"二重性"，又比较鲜明地体现在它的"形而上"与"形而下"之间的"张力"。《哲学通论》诉诸的是对哲学的基本理论和基本范畴的反思与论证，但是，这种反思和论证所诉诸的叙述方式却不是抽象、晦涩的哲学概念的罗列，不是"原理加实例"的解说，而是对人们所"熟知"的哲学观念的探究与追问。这集中地体现在以下三个方面：《哲学通论》所探讨的问题，几乎都是人们普遍关切的问题；《哲学通论》所研究的理论，几乎都是人们普遍熟悉的理论；《哲学通论》所分析的范畴，几乎都是人们经常使用的概念。《哲学通论》的出发点是黑格尔的那句名言："人们经常挂在嘴边的名词，往往是人们最无知的东西"。具体言之：怎样理解哲学的"爱智"？怎样理解哲学的"世界观"？怎样理解真理的"客观性"？怎样理解价值的"主观性"？如何看待"唯物主义"和"唯心主义"？如何看待"辩证法"和"形而上学"？如何看待"真善美"与"假恶丑"？如何看待"历史活动"与"历史规律"？"思维和存在的关系问题"何以是"哲学的重大的基本问题"？哲学何以"使人作为人而成为人"？由"熟知"而追究"真知"，由"名称"而升华为"概念"，由"文本"而凝练为"思想"，从而超越"原理加实例"的教科书模式，让哲学的"学术"或为人们的"学养"，这就是《哲学通论》力求达到的"形而上"与"形而下"之间的"张力"。

《哲学通论》的"专著性"与"教材性"的"二重性"，还比较显著地体现在它的"文本"与"思想"之间的"张力"。《哲学通论》力图以全部哲学史和当代哲学为背景来追问哲学，几乎每个哲学问题都要回应古今中外哲学家们所提出的重要理论观点，并因而触及难以胜数的哲学著述。"文本研究"应当是"通论哲学"的坚实基础。然而，"通论哲学"的《哲学通论》并不是关于某种哲学理论或某种哲学思潮的专门研究，而是力图以哲学史为背景而疏通对"哲学"的理解，因此，就需要自觉地保持文本与思想之间的张力，力求做到史论结合、以论带史、论从史出。在我看来，哲学是历史性的思想，哲学史则是思想性的历史。在《哲学通论》中，对于作为"思想性的历史"的哲学史，我着力地概括其"思想性"，对于作为"历史性的思想"的哲学，则着力地阐明其"历史性"，从而疏通对哲学的历史性的理解，并打通理解哲学的思想道路。《哲学通论》的叙述逻辑，就是把历史性的思想作为显性逻辑，而把思想性的历史作为隐性逻辑，以"纵向问题横向化"的方式，凸显理解哲学的重大理论问题，并赋予这些重大理论问题以新的思想内涵。"融通"古今中外哲学，"变通"各异其是的哲学观，"打通"哲学的理论空间，"开通"哲学的思想道路，这就是立意于"通"的《哲学通论》的主旨和追求。

二 关于《哲学观研究》

如果说《哲学通论》是以"教材"的形式讲述作者对哲学的理解，因而是一部"专著性的教材"，那么，《哲学观研究》就是以"专题"的方式论述作者对哲学的理解，因而是一部"学术性的专著"。在这个意义上，《哲学通论》就是"教材版"的《哲学观研究》，《哲学观研究》就是"学术版"的《哲学通论》。

作为"学术版"的《哲学通论》，《哲学观研究》当然不是以"学术"的面目去论述《哲学通论》所讲述的问题，而是以"学理"探究的方式去阐述作者对哲学的理解。在《哲学观研究》中，我从分析什么是"哲学观问题"入手，以如何理解"哲学是世界观"为切入点，在具体地探讨黑格尔和马克思这两位伟大哲人的哲学观的基础上，比较深入地阐述了现代哲学的哲学观念变革和当代中国的哲学观念变革，进而集中地论证了哲学何以是对思想的前提批判，以及哲学如何展开对思想的前提批判，从而系统地阐述了我的"哲学观"。

在我看来，"哲学观"并不是哲学中的"一个观念"，而是哲学中的"核心观念"和"灵魂观念"；"哲学观问题"并不是哲学中的"一个问题"，而是哲学中的"实质问题"和"根本问题"。通行的哲学原理教科书，把哲学界说为"理论化、系统化的世界观"，又把世界观解释为"关于世界的根本观点"，由此就把"哲学"视为"关于整个世界的普遍规律的理论"，并从而把哲学视为具有最大的普遍性和最高的解释力的"科学"。这就是我所指认的哲学研究中的"知识论立场"。在我看来，哲学作为人类把握世界的一种基本方式，并不是科学的延伸和变形，而是人类思想的一种特殊的维度——以思想自身为对象反过来而思之的"反思"的维度。科学以"整个世界"为对象而形成关于世界的"全部思想"，哲学则以科学所构成的"全部思想"为对象反过来而思之。哲学的"反思"，并不是对思想内容的"反复思考"，而是揭示构成思想的根据、标准和尺度，因此，"哲学"的"反思"，并不是一般意义的"对思想的思想"，而是"对思想的前提批判"。把"反思"定位为"对思想的前提批判"，就是我所理解的"哲学"。

什么是"思想的前提批判"？思想的前提，就是思想构成自己的根据和原则。它是思想构成自己的"幕后的操纵者"，是思想构成自己的"看不见的手"。它具有隐匿性、强制性、普遍性、可选择性（或可批判性）四个基本特性。首先，思想的前提具有隐匿性，它制约和规范人的思想活动和思想内容，但却隐藏在人的思想活动和思想内容的背后，因而是思想活动得以进行、思想内容得以形成的"不自觉的和无条件的前提"；其次，思想的前提具有强制性，它作为思想的幕后的操纵者，制约和规范人们想什么和不想什么、怎么想和不怎么想、做什么和不做什么、怎么做和不怎么做，也就是决定人们的思想内容和思维方式、行为内容和行为方式，以思想中的看不见的手而支配人们的思想和行为；再次，思想的前提具有普遍性，它以思想活动的逻辑规则和方法而展开思想，以人类把握世界的各种方式而构成思想，以人类文明所积淀的基本观念而规范思想，因此，思想的前提在人类的思想活动中是"无处不在"和"无时不有"的；最后，思想的前提具有可选择性和可批判性，它在构成思想的特定过程和特定结果中是确定的和具有强制性的，但在思想的历史进程中又是不确定的和不断变革的，因此，思想的前提既是可批判的，又是可选择的，由此构成的就是对思想的前提批判。

思想构成自己的前提，从总体上说，可以概括为五个主要方面：一是思想构成自己的"基本信念"，也就是承诺思维和存在的同一性，承诺思维的规律与存在的规律在本质上服从于同样的规律，这是思想构成自己的最深层的"不自觉的和无条件的前提"；二是思想构成自己的"基本逻辑"，也就是人们思想活动中所遵循的构成思想的规则和方法，即运用概念、判断和推理来构成思想的逻辑规则和论证方法；三是思想构成自己的"基本方式"，也就是人类的"属人的世界"得以形成的常识、宗教、艺术、科学和哲学等"人类把握世界的基本方式"，这些基本方式为人类构成了各不相同且丰富多彩的世界图景、思维方式和价值观念，从而使人类的思想成为地球上"最美丽的花朵"；四是思想构成自己的"基本观念"，也就是在人类文明的历史进程中积淀下来并且规范人们思想活动和思想内容的理念和范畴，它们作为人类认识的"阶梯"和"支撑点"，制约着人类思想的广度和深度、方向和未来；五是思想构成自己的"哲学理念"，也就是制约和规范各种"基本观念"的最深层的"基本理念"，即对人与自然、人与社会、人与自我的根本性理解，它们作为世界观、历史观和人生观最深层地制约着人的世界图景、思维方式和价值追求。

以思想构成自己的前提为对象，哲学对思想的前提批判，主要包括五个方面：一是对构成思想的"基本信念"的前提批判，也就是对作为哲学的"重大的基本问题"的"思维和存在的关系问题"的前提批判，引导人们不断地深化对"思维与存在""人与世界""主体与客体""感性与理性""真理与价值""理论与实践""理想与现实"之间关系的探究与追问；二是对构成思想的"基本逻辑"的前提批判，也就是对构成思想的外延逻辑（形式逻辑）、内涵逻辑（辩证逻辑）和实践逻辑（生活逻辑）的前提批判，引导人们不断地深化对"历史与逻辑""直觉与逻辑""语言与逻辑""思想的内容与形式""思维的抽象与具体""理性的有限与无限"之间关系的探究与追问；三是对构成思想的"基本方式"的前提批判，也就是对人类把握世界的各种基本方式——常识、宗教、艺术、科学和哲学等——的前提批判，引导人们不断深化对"哲学与常识""哲学与宗教""哲学与艺术""哲学与科学"的探究与追问；四是对构成思想的"基本观念"的前提批判，也就是对作为"思维的联结点"和"认识的支撑点"的基本概念和基本范畴的前提批判，引导人们不断深化对"世界""自然""社会""历史""文明""规律""真理""价值""正义""平等""自由"的探究与追问；五是对构成思想的"哲学理念"的前提批判，也就是对哲学的"世界观""历史观""人生观""价值观""本体论""认识论"的前提批判，引导人们不断深化对"共性与个性""有限与无限""绝对与相对""能动与受动""统一与多样""自由与必然""标准与选择"等关乎人类的生存与发展、人生的意义与价值等重大问题的探究与追问，启迪和激发人们在社会生活的一切领域永远敞开自我反思和自我批判的空间，促进社会的观念更新、科学发现、技术发明、工艺改进、艺术创新乃至文明形态的变革，从而实现人类的自我超越和自我发展。

哲学对思想的前提批判，不仅凸显了哲学的特殊的理论性质和独特的社会功能，而且为哲学敞开了广阔的和开放的理论空间。当代的方兴未艾的"部门哲学"，之所以是科学哲学、文化哲学、经济哲学、政治哲学、社会哲学、法哲学……而不是科学学、文化学、经济学、政治学、社会学、法学……从根本上说，就在于它们并不是关于科学、文化、经济、政治、社会、法律等的科学，而是对这些科学的前提批判，即对构成这些科学的各种"基本观念"的前提批判。具体言之，究竟何谓科学、文化、经济、政治、社会和法律？究竟如何理解支撑它们的人性、理性、真理、价值、正义、平等和自由等"基本观念"？究竟怎样看待它们所蕴含的利与害、福与祸、进与退、理论与实践、理想与现实等"哲学理念"？正是对构成这些科学的"基本观念"和"哲学理念"的"前提批判"，才构成了反思这些科学的"哲学"；正是反思这些科学的哲学，才变革了这些科学的基本观念。对构成思想的基本观念的前提批判，不仅为各门科学的发展提供了广阔的和开放的思想空间，而且为哲学自身的发展提供了永无止境的理论空间。

哲学对思想的前提批判，既不是天马行空式的玄虚的遐想，也不是高深莫测的晦涩的思辨，而是对"自明性"的分析。哲学所追问的构成思想的"前提"，就"隐匿"在人们的思想当中，就是人们习以为常、不予追究的问题，就是人们当作不证自明、毋庸置疑的问题。哲学所追究的"思维和存在的关系问题"，之所以是人类思维的"不自觉的和无条件的前提"，就在于人们并不怀疑"思维和存在的同一性"。如果人们在自己的认识活动中，不是致力于实现"思维和存在的统一"，而是批判地反思"思维和存在的关系问题"，追问思维的规律能否把握存在的规律，又如何以思维的规律去把握事物的运动规律呢？又如何形成"物理学""生理学""心理学""伦理学"呢？正因为"哲学"是把人们不当作问题的"思维和存在的关系问题"作为自己的"重大的基本问题"，致力于批判地反思人类思维的"不自觉的和无条件的前提"，才使其成为人类把握世界的一种基本方式，才在人类的社会生活中发挥自己的独特的社会功能——反思和变革思想构成自己的"前提"。在这个意义上，哲学并不是研究人们当作问题的问题，而恰恰是把人们不当作问题的问题作为自己"反思"的问题。例如，人们经常以"真"与"假""好"与"坏""美"与"丑"来判断和评价事物，但并不追问用什么来判断和评价事物的"真善美"与"假恶丑"，而哲学则是"反其道而行之"，致力于对"真善美"与"假恶丑"的追问：究竟什么是"真"？是我"看到"的"现象"是真的，还是我的"思想"把握到的"本质"是真的？"真"与"善"是什么关系？"坏的朋友"能否说是"真的朋友"？"真"与"美"又是什么关系？"美"是客观存在的，还是主观感受的？真善美是恒久不变的，还是具有历史性和民族性的？哲学的这种追问，指向的是构成思想的"基本观念"，也就是人们视为不证自明和毋庸置疑的构成思想的"前提"。哲学对"自明性"的分析，就是"清理"思想的"地基"，引导人们在新的"思想地平"上构成思想。

哲学对思想的前提批判，不只是变革了构成思想的各种"基本观念"，而且变革了"哲学理念"，赋予哲学理念新的思想内涵。在我的《哲学观研究》中，最为着力的是反思构成思想的深层的"哲学理念"，最为重要的是变革了对"世界观""本体观""反思观"，以及哲学的存在方式和工作方式的理解。这就是：哲学的世界观，并不是人站在世界之外形成的关于整个世界的观念，而是人生在世和人在途中的人的目光；哲学的本体观，并不是关于世界本原的观念，而是规范人的思想和行为的根据、标准和尺度；哲学的反思，并不是关于思想内容的反复思考，而是对构成思想的诸种的前提批判；哲学的存在，不是"表述"经验事实或"表达"情感意愿，而是"表征"自己时代的时代精神并从而构成"文明的活的灵魂"。哲学对思想的前提批判，是以概念的逻辑体系为内容的批判性反思，是以真善美为出发点和立足点的批判性反思。因此，哲学在其理论形态上，是以概念的逻辑体系所体现的辩证法、认识论和逻辑学的"三者一致"，哲学在其理论内容上，则是以追究真善美为思想内涵的存在论、真理论和价值论的"三者一致"。

在对构成思想的"哲学理念"的前提批判中，对"本体"观念的批判性反思，在我的《哲学观研究》中，具有突出的重要意义。究竟什么是哲学所追究的"本体"？本体是"有"还是"无"？"本体"是"本原"还是"根据"？本体论是"对象性"理论还是"意向性"理论？本体论是一种"论证"还是一种"追求"？在当代哲学中，或者把本体论等同于存在论，以存在论之名来阐释本体论；或者把本体论与存在论对立起来，以存在论之名来讨伐本体论。在我看来，理解哲学所追究的"本体"和哲学对"本体"的追究，首先必须诉诸追究"本体"的人类思维。基于人类实践本性的人类思维，"按它的本性、使命、可能和历史的终极目的来说"，总是渴望在最深刻的层次上或最彻底的意义把握世界、解释世界和确认人在世界中的地位与价值。人类思维的这种"至上性"追求，构成哲学的"本体论"追求。追究"本体"的哲学，并不是在思维的运动中获得关于世界的越来越丰富的规定性，而是在思维的运动中不断深入地追问存在的"可能性"，即不断地追问存在的"根据"和"前提"。因此，哲学意义的本体论，并不是关于思维规定的"存在论"，而是对思想的"前提批判"；哲学意义的"本体"，并不是构成世界的"始基"或"基质"的"本原"，而是规范人的思想和行为的"根据""标准"和"尺度"；在人类的哲学思维中，"本体论"是一种追根溯源式的"意向性"追求，而不是一种关于存在的"对象性"理论。哲学的本体论追求的合理性在于，人类总是悬设某种基于现实而又超越现实的理想，否定现实的存在，把对现实的理想变为理想的现实；哲学的本体论追求的真实意义在于，启发人类在理想与现实、终极的指向性与历史的确定性之间，既保持某种"必要的张力"，又不断地打破这种"微妙的平衡"，从而使人类永远敞开自我批判和自我超越的空间。哲学的本体论追求，深切地显现了哲学思维的理想性、反思性、批判性和超越性。这表明，只有重新理解哲学的本体论追求，才能重新理解哲学的"世界观"：它不是关于"整个世界"的"普遍真理"，而是人生在世和人在途中的人的目光，是规范人的思想和行为的具有时代性内涵的根据、标准和尺度。因此，以本体论追求为根本指向的哲学的"世界观"，不是终极性的而是历史性的，不是绝对的而是相对的。规范人的思想和行为的"本体"，既不是绝对之绝对，也不是绝对之相对，而是相对之绝对——历史过程中的相对，自己时代中的绝对。"本体"是作为"中介"而存在的。人在途中，哲学在路上。

在对构成思想的"哲学理念"的前提批判中，特别是在反思现代西方哲学"拒斥形而上学"的过程中，我不断地向自己提出一个追问：哲学何以存在？按照现代西方哲学家鲁道夫．卡尔纳普的说法，人类的语言有两种职能，即"表述"的职能和"表达"的职能；科学以"表述"的职能构成关于经验事实的命题，艺术则以"表达"的职能构成关于人的情感或意愿的种种看法；如果哲学是形而上学而又以"表述"的职能构成关于经验事实的命题，那么，哲学就只能是"给予知识的幻相而实际上不给予任何知识"；如果哲学是形而上学而又以"表达"的职能而构成关于人的情愿或意愿的种种看法，那么，哲学充其量只不过是一些"蹩脚的诗"；作为形而上学的哲学，既不能胜任语言的"表述"职能，又无力承担语言的"表达"职能，因此就只能是作为"形而上学"而被"拒斥"了。具有反讽意义的是，百余年来的现代哲学，或者屈就于卡尔纳普的关于语言的"表述"职能的自我申辩，致力于哲学的"科学化"，试图把自己变成具有最大的普遍性和最高的解释力的"科学"；或者屈就于卡尔纳普的关于语言的"表达"职能的自我承诺，致力于哲学的"文学化"，试图把自己变成富有思想力和表现力的"文学"。由此，现代哲学就在自己的"合法性"的自我申辩和自我承诺中，陷入了无法超越的窘境：如果承诺和承担语言的"表述"职能或"表达"职能，就必须致力于哲学的"科学化"或哲学的"文学化"，因此也就失去了自己的独立的或独特的存在方式；如果不承诺或不担当语言的"表述"职能或"表达"职能，就既不能像"科学"那样描述和解释世界，又不能像"文学"那样表现人的情愿和意愿，因此同样失去了自己的独立的或独特的存在方式。正是面对现代哲学的窘境和探寻现代哲学的出路，我在《哲学观研究》中提出和论证了哲学的"表征"的存在方式：哲学作为理论形态的人类自我意识，既不是以语言的"表述"职能构成关于经验事实的命题，也不是以语言的"表达"职能构成关于人的情感或意愿的种种看法，而是以自己的"表征"方式显现人类存在的"意义"。从语言的职能说，哲学总是在"表述"或"表达"什么，但哲学的"表述"或"表达"的真实意义，却不在于它所"表述"或"表达"的内容，而是以理论的形态"表征"自己时代的"时代精神"和人类文明的"活的灵魂"，即"表征"人类存在的"意义"。具体言之，哲学作为"思想中所把握到的时代"，既不是"表述"时代状况的经验事实，也不是"表达"对时代的情感和意愿，而是"表征"人类关于时代的生存意义的自我意识。在《哲学观研究》中，我着力地从哲学的自我追问、哲学的问题转换、哲学的派别冲突，以及哲学命题的真实意义等方面，阐发了哲学的"表征"的存在方式。在我看来，"表征"人类存在"意义"的哲学，既不是孤立的"存在论"，又不是孤立的"真理论"，也不是孤立的"价值论"，而是以"真善美"为内涵的存在论、真理论和价值论的"三者一致"；"表征"人类存在意义的哲学，是以"时代精神主题化、现实存在间距化、流行观念陌生化和基本理念概念化"的方式，使自己成为"理论形态的人类自我意识"。哲学作为理论形态的人类自我意识，它在对构成思想的前提批判中，不断地塑造和引导新的"时代精神"，不断地反思和澄明人类存在的"意义"，从而使自己成为"文明的活的灵魂"。

哲学对思想的前提批判，熔铸着哲学对人类生活的挚爱，对人类命运的关切，对人类境遇的焦虑，对人类未来的期待。因此，哲学对思想的前提批判，既不是超然于人类生活之外的玄思和遐想，也不是僵化的教条和冰冷的逻辑。在哲学被"驱逐"出自然、历史和思维领域而"无家可归"之时，思想的前提批判为哲学澄明了"四海为家"——以思想自身为对象反过来而思之——的广阔前景。思想的前提批判，揭示了哲学的特殊的理论性质和独特的社会功能，展现了哲学发展的自我批判的活力和永不枯竭的理论空间。这深切地表明：人类正在途中，哲学正在路上。

三 关于《辩证法研究》

哲学对思想的前提批判，从根本上说，就是批判地反思"思维和存在的关系问题"，就是揭示"思维和存在"的"矛盾关系"，因而也就是关于"思维和存在"的"矛盾关系"的"辩证法"。因此，我的《哲学观研究》，不仅内在地包含辩证法研究，而且具体地展现为《辩证法研究》。我的博士学位论文的正标题是"理论思维的前提批判"，副标题则是"论辩证法的批判本性"。我所理解的思想的前提批判，与关于"思维和存在的关系"的辩证法，是相互规定、密不可分的。或者更为明确地说，哲学对思想的前提批判，就是哲学意义的辩证法。

究竟如何理解辩证法？这同如何理解哲学一样，又是一个众说纷纭、莫衷一是的重大理论问题。具体言之，它是哲学研究的一个领域，还是哲学自身的实质内容？它是哲学研究的一种方法，还是哲学研究的理论内容？它是哲学研究的知识内容，还是哲学研究的人类智慧？它是人们使用的一种思想工具，还是人们内化于心的深层学养？这些关系到如何理解辩证法的深层问题，是需要并且必须认真探讨的。

首先，辩证法是哲学研究的一个领域，还是哲学自身的实质内容？无论是在哲学教材中，还是在哲学论著中，通常是以两种方式讨论和论述辩证法：一是把辩证法与本体论、认识论、价值论、历史观等并列为哲学的基本领域或基本理论；二是把辩证法叙述为与"形而上学"相对立的思维方式。由于后者只不过是从两种思维方式的对立来阐述辩证法，因而本质上仍然是把辩证法视为哲学中的一个基本领域或哲学中的一种基本理论。值得注意的是，通行的"哲学原理教科书"关于哲学"基本问题"的论述，是把"思维和存在的关系问题"分解为"谁为第一性"的"本体论"问题和"有无同一性"的"认识论"问题，却把"辩证法"问题排斥在"思维和存在的关系问题"之外，似乎"辩证法"是与作为哲学的"重大的基本问题"的"思维和存在的关系问题"无关的问题。由此提出的问题就是：究竟如何看待辩证法与哲学的关系？究竟如何看待辩证法与哲学"基本问题"的关系？

哲学是对"关系问题"的研究。无论是把这个关系问题归结为"思维和存在的关系问题"，还是"人与世界的关系问题"或者"主体和客体的关系问题"，总之是对"关系问题"的研究。诉诸哲学史，我们会看到，无论是中国哲学还是西方哲学，表现其理论内容的基本范畴总是具有"成对"的性质。诸如西方哲学的万物与本原、共相与个别、实体与属性、思维与存在、主体与客体、感性与理性、直觉与逻辑、现象与本质、自由与必然，中国哲学的天地、道德、性命、礼义、体用、理气、知行、物我、仁智、理欲，无不表现为成对的哲学范畴。哲学范畴的成对性，并不是古今中外的哲学家们的有意为之，而是因为哲学是关于"关系问题"的研究。如何理解和对待这些关系问题，如何理解和对待表现这些关系问题的成对的哲学范畴，构成了哲学的辩证法。正因如此，辩证法并不是哲学研究的一个领域，而是哲学自身的实质内容。

哲学对思想的前提批判，就是对"思维和存在的关系问题"的反思。思维和存在的关系，就是思维和存在的矛盾；思维和存在的关系问题，就是思维和存在的矛盾问题；研究思维和存在的矛盾关系和矛盾问题，就是关于思维和存在的关系问题的辩证法。如果承诺"思维和存在的关系问题"是哲学的"重大的基本问题"，也就是承诺哲学的重大的基本问题是关于思维和存在的关系问题的"辩证法"。思维和存在的"关系问题"，蕴含着哲学所探讨的全部"关系问题"的"胚芽"；或者反过来说，哲学所探讨的全部"关系问题"，都是思维和存在的"关系问题"的具体化。正是由思维和存在的"关系问题"所展开的全部"关系问题"，构成了哲学的"辩证法"。"辩证法"是哲学的最为实质的理论内容，也就是作为哲学的"重大的基本问题"的"思维和存在的关系问题"的最为实质的理论内容，因而是哲学的最为真实的存在方式。

其次，辩证法是哲学研究的一种方法，还是哲学研究的理论内容？

人们对"辩证法"的最大误解，莫过于把思想的内容和形式割裂开了，把概念的内涵和外延割裂开了，把哲学的理论和方法割裂开了，因而把作为世界观理论的辩证法、作为关于真理学说的辩证法，变成了没有思想内容、没有概念内涵、没有实证知识的纯粹的"方法"。这种误解，不只是把辩证法"方法化"了，而且是把哲学"抽象化"了。

黑格尔在他的全部著述中反复强调，哲学是"最具体的"，是"最敌视抽象的"，辩证法是"具体的普遍性"，而不是"抽象的普遍性"。人们之所以把"最具体"的哲学视为"最抽象"的理论，之所以把作为"世界观理论"的辩证法当作纯粹的"方法"，最为重要的根源，就在于对"概念""范畴"和"逻辑"的理解。正是针对人们普遍存在的误解，列宁在《黑格尔〈逻辑学〉一书摘要》中，首先鲜明地从黑格尔的"概念""范畴"和"逻辑"中引发出如下三个重要论断：其一，"思维的范畴不是人的工具，而是自然的和人的规律性的表述"，"范畴是区分过程中的一些小阶段，即认识世界的过程中的一些小阶段，是帮助我们认识和掌握自然现象之网的网上纠结"[1]；其二，针对人们把"逻辑"当成"外在的形式"，列宁提出，"黑格尔则要求这样的逻辑：其中形式是富有内容的形式，是活生生的实在的内容的形式、是和内容不可分离地联系着的形式"；其三，正是基于上述认识，列宁得出了关于"逻辑"的论断："逻辑不是关于思维的外在形式的学说，而是关于'一切物质的、自然的和精神的事物'的发展规律的学说，即关于世界的全部具体内容的以及对它的认识的发展规律的学说，即对世界的认识的历史的总计、总和、结论"。这个内容与形式相统一的"逻辑"，就是黑格尔的概念辩证法。

辩证法的具体性，在于它是人类认识史的总结、积淀和升华。恩格斯明确地指出："黑格尔的思维方式不同于所有其他哲学家的地方，就是他的思维方式有巨大的历史感作基础"。由此，恩格斯得出了一个关于"辩证哲学"的基本论断，这就是：所谓的"辩证哲学"是"一种建立在

---

① 《列宁全集》第 55 卷，90 页，北京，人民出版社，1990。

通晓思维的历史和成就的基础上的理论思维"。列宁同样明确地指出："黑格尔是把他的概念、范畴的自己发展和全部哲学史联系起来了。这给整个逻辑学提供了又一个新的方面"①这就是说，能否掌握和运用"辩证法"，从根本上说，就在于能否"通晓思维的历史和成就"，能否掌握人类自身的思想史。对此，恩格斯还进一步提出，理论思维仅仅是一种天赋的能力。这种能力必须加以发展和锻炼，除了学习以往的哲学，直到现在还没有别的手段。这是值得我们深思的。

再次，辩证法是哲学研究的知识内容，还是哲学思想的人类智慧？通常是把辩证法叙述为"三条基本规律"和"五对基本范畴"：对立统一规律、质量互变规律和否定之否定规律；原因和结果、内容和形式、可能和现实、必然和偶然、现象和本质。通常认为，学习辩证法，就是懂得这些规律和范畴的"普遍性"和"客观性"；掌握辩证法，就是运用这些规律和范畴去"解释世界"和"解决问题"。这样，就把辩证法当成了"用实例证明原理""用原理解释实例"的"原理加实例"的"哲学知识"。关于辩证法的这种"解释模式"，不仅背离了辩证法的"本性"，而且阉割了辩证法的"灵魂"，从而使辩证法失去了"生命力"。

马克思十分明确地提出，辩证法在本质上是"批判的""革命的"，它的根本要求是在对事物的"肯定"的理解中同时包含"否定"的理解，因此，辩证法是人类把握世界的一种"辩证智慧"，而不是人类解释世界的一种"实证知识"。列宁关于辩证法的最为重要的论断——"辩证法也就是(黑格尔和)马克思主义的认识论"，直接针对的就是把辩证法当作"实例的总和"和"抽象的方法"，并把马克思主义的辩证法"还原"为朴素的辩证法和把马克思主义的认识论"还原"为直观的反映论。为此，列宁特别强调指出，"问题不在于有没有运动，而在于如何在概念的逻辑中表达它"，还引证恩格斯的话说"辩证法"就是"运用概念的艺术"。

这里的根本问题是在于，辩证法的"对立统一"，或者说辩证法的"矛

---

① 列宁：《哲学笔记》，117 页，北京，人民出版社，1993。

盾"，并不是抽象地把"事物"视为"矛盾"的存在，而是从特定的"联系的环节"去把握"矛盾的统一体"。离开"雇佣劳动"，就构不成无产阶级与资产阶级，离开"思维和存在的关系"，就构不成人类认识的真理与谬误；离开"人类文明"，就构不成人类生活的真善美与假恶丑。因此，辩证法的"活的灵魂"，并不是"原理加实例"，而是"具体问题具体分析"。这里的实质问题则在于，辩证法的"矛盾分析"，并不是把事物"分解"为"肯定的方面"和"否定的方面"，而是在对事物的"肯定的理解"中包含着对事物的"否定的理解"。这才是辩证法的"批判本质"，这才是辩证法的"哲学智慧"。

最后，辩证法是一种"思想工具"，还是一种"哲学学养"？恩格斯曾经犀利地、辛辣地但却是深切地、中肯地指出："自从黑格尔逝世之后，把一门科学在其固有的内部联系中来阐述的尝试，几乎未曾有过。官方的黑格尔学派从老师的辩证法中只学会搬弄最简单的技巧，拿来到处应用，而且常常笨拙得可笑。对他们来说，黑格尔的全部遗产不过是可以用来套在任何论题上的刻板公式，不过是可以用来在缺乏思想和实证知识的时候及时搪塞一下的词汇语录。"[1]品味恩格斯的论述，我们可以深切地体会到，辩证法之所以被人们讽刺为"变戏法"，就是因为辩证法变成了"可以用来套在任何论题上的刻板公式"，变成了"可以用来在缺乏思想和实证知识的时候及时搪塞一下的词汇语录"。

关于如何才能把握"矛盾"，列宁曾以"表象""机智和智慧"以及"思维的理性"这三者的对比予以论述。列宁指出："普通的表象所抓到的是差别和矛盾，而不是一个向另一个的过渡，而这却是最重要的东西"；"机智抓到矛盾，表达矛盾，使事物彼此关系，使'概念透过矛盾映现出来'，但没有表达事物及其关系的概念"；"思维的理性（智慧）使有差别的东西的已经钝化的差别尖锐化，使表象的简单的多样性尖锐化，以达到本质的差别，达到对立。只有那上升到矛盾顶峰的多样性在相互关系中才成为活跃的和有生机的，——才能得到获得那作为自己运动和生命

---

① 《马克思恩格斯选集》第 2 卷，40 页，北京，人民出版社，1995。

力的内部搏动的否定性"。① 因此，把握矛盾的"概念必须是经过琢磨的、整理过的、灵活的、能动的、相对的、相互联系的、在对立中是统一的，这样才能把握世界"②。列宁的这些论述，是值得我们在理解"辩证法"时深思的。

关于辩证法，我们总是习惯性地把它理解为只是一种"方法"，总是不加反思地把它当作一种思想的"工具"，似乎只要使用某些"辩证词句"去说明问题，就是掌握和运用了辩证法。然而，真正地掌握和运用辩证法，却是一个艰难的、漫长的学习过程。黑格尔说，学习哲学，是使"心灵沉入于这些内容，借它们而得到教训，增进力量"。在黑格尔看来，辩证法是由精神历程、文明进步和概念发展所构成的"现实自我意识"。它蕴含着人类精神现象诸环节的自我展开，人类文明进步诸环节的自我发展，人类概念运动诸环节的自我深化。哲学犹如一位饱经风霜的老人，不只是在叙述这些"辩证词句"，而且是在讲述这些"辩证词句"所包含的"全部生活和整个世界"。恩格斯说，所谓的"辩证哲学"，是一种"建立在通晓思维的历史和成就的基础上的理论思维"。只有把辩证法变成我们的"理论思维"，才能超越两极对立、非此即彼的思维方式，"辩证"地思考问题，使"辩证法"成为自己的人生智慧。

四　关于《生命意义研究》

辩证法的人生智慧，就是关于人的生命意义的智慧。人的生命活动不是动物式的"生存"，而是人所特有的"生活"。生存与生活的区别，在于前者是本能的生命活动，后者则是有意识的、寻求意义的生命活动。生命意义研究，就是关于人的生活的研究，关于人的生活意义的研究。

---

① 参见列宁：《哲学笔记》，119 页，北京，人民出版社，1993。
② 同上书，149 页。

人的生活世界，是"有意义"的世界；"有意义"的世界，是人类在自己的生活活动中创造出来的。在人类的历史性的生活活动中，"意义"的创造与"意义"的自觉，是互为前提和相互制约的：没有生活意义的创造，就没有生活意义的自觉；没有生活意义的自觉，也没有生活意义的创造。这是生活意义的创造与自觉的辩证法。

在人的关于"意义"的自我意识中，总是不可逃避地提出这样的问题：究竟什么是"有意义"的，什么是"无意义"的？怎样做是"有意义"的，怎样做是"无意义"的？什么是真、善、美，什么是假、恶、丑？什么是增进"意义"的进步，什么是消解"意义"的退步？对"意义"问题的自觉，始终伴随着人类创造"意义"的全过程，并且深刻地影响着人类历史的进程和人类自身的命运。《生命意义研究》的"意义"，就在这里。

个人的关于"生命意义"的自我意识，总是呈现出不可穷尽的差异性和难以捕捉的任意性，然而，却深层地烙印着"意义"的社会自我意识的普遍性和规范性：其一，个人的关于"生命意义"的自我意识，总是具有"社会内容"的人生价值、伦理道德、法律规范、社会正义、政治制度、社会理想等问题；其二，个人的关于"生命意义"的自我意识，总是具有"社会性质"的真理标准、价值尺度、审美原则、文化传统、时代精神等问题；其三，个人的关于"生命意义"的自我意识，总是表现为具有"社会形式"的常识、宗教、艺术、科学和哲学等人类把握世界的各种基本方式。《生命意义研究》的"可能性"，在于个体自我意识中所蕴含的社会自我意识。

正是以揭示和分析"生命意义"的个体自我意识中所包含的社会自我意识为立足点和出发点，《生命意义研究》具体地论述了人的生活世界、人的精神世界、人的文化世界和人的意义世界，进而论述了现代人的生活世界、现代人的思维方式、现代人的价值观念、现代人的审美意识和现代人的终极关怀，并从教育、科学、艺术、哲学、理论、心态和理想等侧面，较为系统地论述了精神家园的培育、精神家园的真理、精神家园的陶冶、精神家园的升华、精神家园的支撑、精神家园的张力和精神家园的源泉。构建"充实"的人的精神家园，这是《生命意义研究》的"现实意义"之所在。

《生命意义研究》，既是揭示人无法忍受"无意义"的人生，又是阐释人对"有意义"的人生的向往。人无法忍受有限的人生，无法忍受自我的失落，无法忍受现实的苦难，无法忍受冷峻的理性，无法忍受彻底的空白，因此，人生的意义总是表现为有限对无限的向往，渺小对崇高的向往，此岸对彼岸的向往，存在对诗意的向往。人是生理的、心理的和伦理的存在，因而人总是渴望从生理的苦难(生、老、病、死)、心理的苦难(压抑、孤独、空虚和无奈)、伦理的苦难(被压迫、被歧视、被抛弃和被凌辱)中挣脱出来，达成"诗意的栖居"。然而，人在以自然经济为基础的"人对人的依附性"的存在方式中，又只能是人在"神圣形象"中的自我异化，总是承受着"没有选择的标准的生命中不能忍受之重的本质主义的肆虐"；人在以市场经济为基础的"人对物的依赖性"的存在方式中，又只能是人在"非神圣形象"中的自我异化，总是承受着"没有标准的选择的生命中不能承受之轻的存在主义的焦虑"。"有意义"的生活，是人类思考的永恒主题，也是人类追求的伟大理想。

人类的历史，是追求和实现自己的"目的"的历史，也就是追求和实现人类的生命"意义"的历史，追求和实现人所向往的"幸福"的历史。人是生理的、心理的和伦理的存在，就一般意义而言，"幸福"就是对人的生理需要、心理需要和伦理需要的满足。因此，不管人们对文明的"进步"或历史的"发展"予以怎样的解释和赋予怎样的内涵，"进步"和"发展"对于人类来说，总是体现在比较富裕的物质生活对人的生理需要的满足，比较充实的精神生活对人的心理需要的满足，比较和谐的社会生活对人的伦理需要的满足。追求这三个方面的满足，构成了追求自己的目的的人类的历史。而这个历史的"进步"和"发展"的最深层的根基，则在于"人们自己创造自己的历史"的"历史的辩证法"。这个"历史的辩证法"就在于：人既是历史的经常的"结果"，又是历史的经常的"前提"；人作为历史的经常的"结果"，使自己获得了作为创造历史的"前提"的

"条件"；人作为历史的经常的"前提"，又改变了自己得以创造历史的"条件"，从而为自己的历史活动提供了新的"结果"；人在自己的作为历史的"前提"与"结果"的"历史活动"中，构成了历史发展的"客观规律"，形成了生命意义的历史性内涵；人在自己的作为"前提"与"结果"的辩证运动中，不断地提升和满足了自己的生理的、心理的和伦理的需要，从而实现了文明的"进步"和历史的"发展"，也就是不断地实现了人对生命意义的追求。

个人的历史，就是每个个体的生命历程。个人的生命历程，既是不可重复的，又是难以预测的。生命历程的不可重复，这是人生的"无奈"；生命历程的难以预期，这又是人生的"魅力"。个人生命的"意义"，就是在这不可重复的"无奈"和不可预期的"魅力"中实现出来的。对于过去的"经历"，每个人都可以设想种种不同的"如果"和"假如"，但是人生本身却无法"再造"和"重来"；对于人生的"未来"，每个人也可以"设计"和"设想"，甚至"求神问卜"，但"未来"却仍然是期待中的"可能的现实"。然而，"经历"又不只是永逝的过去，"预期"又不只是幻想的"未来"。"经历"是人生的力量。它不只是"亲切的怀恋"，而且是人生的最可珍贵的"财富"——它成为人生的航标，它成为追求的动力，它成为意志的源泉，它成为情感的深度，它成为理性的沉思，它成为价值的诉求，它成为审美的尺度，它成为行动的根据，它成为生活的境界。"经历"构成人生的意义，"经历"引领人生的意义。变为回忆的"经历"，造就了人的精神家园，造就了人的"意义世界"。

个人的经历，总是与国家、民族乃至人类的经历密切相关的；个人关于自身的记忆，总是与国家、民族乃至人类的集体记忆水乳交融的。在一个国家、一个民族的集体经历和集体记忆中，饱含着这个国家、这个民族的苦难、奋斗和希望，并构成了这个国家、这个民族的文化传统和精神家园。整个人类文明的集体经历和集体记忆，承载着整个人类的苦难、奋斗和希望，并构成了整个人类的文明血脉和精神家园。正是个体的经历与记忆同国家的、民族的乃至人类的经历和记忆的相互融合，才构成了个体生命意义与人类生命意义的相互融合，构成了个体的关于生命意义的自我意识与人类的关于生命意义的自我意识的相互融合。哲学作为理论形态的人类自我意识，哲学家们既是以个人的名义讲述人类的故事，又是以人类的名义讲述个人的故事——既是基于个人的体验和思辨去讲述个人对生命意义的理解，又是基于个人对人类文明的体悟和反思去讲述人类对生命意义的理解。个人的体验与思辨同对人类文明的体悟和反思熔铸为哲学家们所构建的哲学，也就是理论形态的关于人类生命意义的自我意识。以个人对生命意义的理解而丰富人类对生命意义的理解，又以人类对生命意义的理解而引导个人对生命意义的理解，从而实现黑格尔所指认的"个体理性"与"普遍理性"的辩证融合，这是哲学之于人类的最真实的"意义"之所在。

对于生命"意义"的困惑，莫过于对"死亡"的自觉。每个生命个体的生命，都是短暂的、有限的、而不是永恒的、无限的。"死亡"，是人这种生命个体"自觉"到的不可逃避的归宿。面对"死亡"这个不可逃避而又是自觉到的归宿，构成了对生命意义的最严峻和最冷酷的挑战：死亡消解了欢乐也消解了苦难，消解了肉体也消解了灵魂，以这种连灵魂都不复存在的空白为归宿，还有什么生命的"意义"可言呢？还有什么生命的"意义"值得追求呢？的确，短暂之于永恒，是微不足道的；有限之于无限，是无法企及的；人生之于死亡，是不可逃避的。然而，既然生命是短暂的、有限的，又何妨"重思"人对永恒和无限的"向往"呢？人不能改变自然的规律，但是人可以改变苦难的现实；人不能获得终极的真理，但是人可以追求美好的生活；人不能达到生活的完满，但是人可以追求精神的充实；人不能超越生命的有限，但是人可以提升人生的境界。人的生命面对着死亡，自觉到死亡，但却以自己的生命的追求直面死亡，在生与死的撞击中，燃烧起熊熊的生命之火，这不正是生命"意义"的自我实现吗？大文豪苏轼泛舟长江，夜游"赤壁"，既"自其变者而观之"，感叹于"寄蜉蝣于天地，渺沧海之一粟"，又"自其不变者而观之"，清风明月"耳得之而为声，目遇之而成色，取之无禁，用之不竭"，又何必

"哀吾生之须臾，羡长江之无穷"呢？如果人生放弃了"瞬间"和"有限"，只是苦求"永恒"和"无限"，人生真的就失去了"意义"。哲学作为理论形态的人类自我意识，就是以"理论"的方式引导人们"向死而思生"，以创造"意义"的人生而实现生命的意义。

人的生活世界的"意义"，是人类以其把握世界的全部方式创造出来的。哲学作为"意义"的社会自我意识，它的巨大的生活价值，就在于它把人类把握世界的各种方式所创造的"意义"，聚焦为照亮人的"生活世界"的"普照光"。哲学探究的是人生在世的大问题，哲学构建的是范畴文明的大逻辑，哲学提供的是睿智通达的大智慧，哲学传承的是启迪思想的大手笔。哲学的最为真实的意义，就在于它"使人作为人而成为人"。哲学对于人类的当代的生活价值，就在于它对时代性的"意义危机"做出全面的反应、批判的反思、规范性的矫正和理想性的引导，从而塑造新的"生命意义"，引领新的"时代精神"，创造新的"人类文明"。这是哲学在人类把握世界的全部方式中的不可或缺和不可替代的"意义"之所在。这套"作品系列"，无论是《哲学通论》和《哲学观研究》，还是《辩证法研究》和《生命意义研究》，写作的动力和目的，都在于对真理、正义和更美好的生活的追求。

序　言　追问哲学

我把哲学"定位"为"思想的前提批判",主要是缘于我对哲学"基本问题"的理解。作为本书的序言,我以《哲学的基本问题与思想的前提批判》为题,对"思想的前提批判"的哲学观做出总体性的"自我阐释"。

一　"三个追问"与"一个焦点"

从 1982 年到 2017 年,我这 30 多年的哲学研究,可以概括为"三个追问":一是对"哲学"本身的追问,二是对"马克思主义哲学"的追问,三是对"当代哲学理念"的追问。这种追问的最初成果,是我于 1990 年写的博士学位论文,也就是《理论思维的前提批判》;这种追问的当下成果,则是我于 2016 年出版的《哲学:思想的前提批判》。前者表达了我对"哲学"的总体性理解,后者则展开了对思想的前提批判。

具体言之,我所展开的"思想的前提批判",主要包括五个方面:一是对构成思想的基本信念的前提批判,也就是对思维和存在的同一性的前提批判;二是对构成思想的基本方式的前提批判，也就是对常识、宗教、艺术和科学的前提批判；三是对构成思想的基本逻辑的前提批判，也就是对形式逻辑、内涵逻辑和实践逻辑的前提批判；四是对构成思想的基本观念的前提批判，也就是对存在、世界、社会、历史、生活、真理、价值、理想等观念的前提批判；五是对构成思想的哲学理念的前提批判，也就是对形而上学、本体论、辩证法、认识论、价值论、历史观、人生观的前提批判。这五个方面的"思想的前提批判"，都是围绕着一个问题，即"思维和存在的关系问题"展开的，本质上都是对"思维和存在的关系问题"的追问，因此，上述的"三个追问"又构成"一个焦点"，这就是"哲学的基本问题"与"思想的前提批判"的相互规定与相互阐释。

顽强地追问"哲学"，不只是我的哲学研究的"主要问题"，更是我的哲学研究的"主旋律"。这种追问的直接诱因就在于：人们对"哲学"的理解是"大不相同"的，因而人们总是以"大不相同"的理解去言说"哲学"；然而，在所有的"大不相同"的关于"哲学"的言说中，人们又总是能够明显地或隐约地感受到这些言说是否可以称为"哲学"。这意味着，尽管人们对"哲学"的理解是"大不相同"的，但追问哲学的总体思路却是"大致相同"的。因此我们在对"哲学"的追问中，可以形成的一个肯定性判断是：哲学是人类把握世界的一种独特方式，它具有自己的特殊的活动方式，并在人类文明中发挥自己的特殊的社会功能。由此，对"哲学"的追问，就不是抽象地、空泛地追问"哲学是什么"或"什么是哲学"，而是落实为对哲学以何种方式把握世界的追问，也就是对哲学的特殊的活动方式以及它的独特的社会功能的追问。正是在这种追问中，我把哲学的活动方式理解为"思想的前提批判"，也就是对"思维和存在的关系问题"的批判性反思。在这部著作中，我把这种批判性反思具体化为对构成思想的基本信念、基本逻辑、基本方式、基本观念和哲学理念的前提批判。

顽强地追问"哲学"，又不只是一般性的对"哲学"的追问，而是必须指向对我们所研究的"马克思主义哲学"的追问。20 世纪 80 年代以来的中国马克思主义哲学研究，大体上经历了三段历程：一是以反省通行的哲学原理教科书为聚焦点而重新理解和阐释"马克思主义哲学"，这可以视为对"马克思主义哲学"的直接追问；二是超越孤立地探讨"马克思主义哲学"而把这种探讨诉诸对"哲学"本身的反省，这可以视为对"哲学"的追问；三是以对"哲学"的反省为前提而重新理解和论证"马克思主义哲学"，这可以视为对"哲学"与"马克思主义哲学"的"相互审视"的追问。正是在这种"相互审视"的追问中，凸显了对"思维和存在的关系问题"的追问：它究竟是否是"全部哲学"的"重大的基本问题"？"实践转向"的马克思主义哲学是否是以它作为自己的"重大的基本问题"？如果肯定它是包括马克思主义哲学在内的"全部哲学"的"重大的基本问题"，这意味着"哲学"的特殊的活动方式和独特的社会功能到底是什么？正是在这种追问中，我形成的基本想法是："思维和存在的关系问题"之所以是哲学的"重大的基本问题"，并非因为它是哲学中的"最主要"或"最重要"的问题，而是因为它决定哲学作为人类把握世界的一种基本方式的特殊的活动方式和独特的社会功能的问题；马克思主义哲学的"实践转向"，并不是改变了哲学的"重大的基本问题"，而是以实践观点的思维方式回答这个"重大的基本问题"。因此，我以"思维和存在的关系问题"为"基本问题"而阐释哲学的活动方式，又以哲学的独特的活动方式而反思"思维和存在的关系问题"，由此构成"思想的前提批判"与"哲学的基本问题"相互规定的哲学观。

顽强地追问"哲学"和"马克思主义哲学"，并不只是对"哲学史"的反省，更重要的是对哲学在当代人类文明中的历史使命的澄明，因此，对"哲学"和"马克思主义哲学"的追问，从根本上说是对"当代哲学理念"的追问，对当代哲学如何塑造和引导新的时代精神的追问，对当代哲学怎样成为"文明的活的灵魂"的追问。这种追问，不可避免地再次凸显了哲学的"基本问题"："思维和存在的关系问题"仍然是当代哲学的"重大的基本问题"吗？在当代哲学越来越关切现实的政治、经济、文化、科学、技术、管理诸多问题并因而形成越来越"分支化""部门化"的政治哲学、经济哲学、文化哲学、科技哲学、管理哲学的背景下，在当代哲学的诸多流派分别以"分析哲学""现象学""解释学""结构主义""解构主义"研究哲学并构成"互不理解""互不承认"甚至"互不介入"的背影下，当代哲学还有什么共同的"基本问题"可言呢？面对这种困惑和质疑，使我想起当代哲学家艾耶尔的一句话：当我们认真思考时，就会发现，"每个时代的哲学都具有广泛而深刻的一致性"。对此，我不仅是深以为然的，而且要追加一句话：当我们诉诸整个人类文明史时，就会发现，作为人类把握世界的一种基本方式，"全部哲学"都"具有广泛而深刻的一致性"。对此，我们需要自觉地把哲学的"时代主题"与哲学的"基本问题"既区别开来，又联系起来。每个时代的哲学都具有自己的共同的"时代主题"，全部的哲学则具有自己的共同的"基本问题"。在各不相同的"时代主题"中，深层地蕴含着哲学共同的"基本问题"。正是作为"全部哲学"的"重大的基本问题"的"思维和存在的关系问题"，决定了"哲学"的"广泛而深刻的一致性"。

纵观哲学史，不同时代的哲学，不同民族的哲学，不同派别的哲学，不同领域的哲学，之所以被称为"哲学"，首先就在于它们是以一种区别于宗教、艺术和科学的哲学方式把握世界，也就是以意义的社会自我意识的方式把握世界，以人类文明的时代性问题的理论自觉把握世界。这是哲学的"同中之异"和"异中之同"。片面地以时代、民族、派别或领域之"异"拒斥其作为哲学之"同"，就会阉割哲学作为人类把握世界的一种基本方式的特殊性质和独特价值；反之，片面地以哲学之"同"无视时代、民族、派别或领域之异，则会融化哲学作为历史性的思想的多样性、丰富性和创造性。只有在对哲学的"同中之异"和"异中之同"的辩证理解中，我们才能既深切地洞见"全部哲学"所具有的"广泛而深刻的一致性"，又真切地把握不同时代、不同民族、不同派别、不同领域乃至不同风格的哲学的多样性、丰富性和创造性。

在我看来，"全部哲学"的"异中之同"，就在于它们的"重大的基本问题"都是"思维和存在的关系问题"，就在于它们都是通过"思想的前提批判"而变革人们对构成思想的基本信念、基本逻辑、基本方式、基本观念和哲学理念的理解，从而塑造和引导新的时代精神；"全部哲学"的"同中之异"，则在于它们以历史性的时代内涵、民族性的文化传统、个体性的生命体验展开"思想的前提批判"，从而以多元性的和多样化的哲学去塑造和引导新的时代精神。因此，我在有关哲学的"异中之同"与"同中之异"的追问中，在对哲学的"基本问题"与哲学的"活动方式"的反思中，把哲学"定位"为"思想的前提批判"。这就是我在对"哲学""马克思主义哲学"和"当代哲学理念"的"三个追问"中所形成的关于"哲学"的"解释原则"。

二　怎样理解"思维和存在的关系问题"

我把哲学"定位"为"思想的前提批判"，直接地源自我对哲学的"重大的基本问题"，即"思维和存在的关系问题"的理解，因此，阐述"思想的前提批判"，必须首先阐释我对"思维和存在的关系问题"的理解。

值得深思的是，在关于"思维和存在的关系问题"的讨论中，人们所关切的往往是它能否成为哲学的"重大的基本问题"，而不是对这个问题本身的追问，即不是追问究竟什么是哲学意义的"思维和存在的关系问题"。然而，正是由于对这个问题本身的不同理解，不仅引发了对它能否构成哲学的"基本问题"的肯定或否定，更导致了对"哲学"的迥然有别的理解。

首先，作为哲学的"重大的基本问题"的"思维和存在的关系问题"，究竟是思维和存在的"关系问题"，还是"思维和存在"的问题？这两者的区别是根本性的、原则性的。前者是把思维和存在的"关系"作为"问题"来研究，考察和追究"思维和存在"的"关系"，反省思维的规定与存在的规定之间的"关系"；后者则是把"思维"和"存在"作为研究对象，提供关于"思维和存在"的知识，也就是提供关于"自然、社会和思维"的知识，从而形成哲学的"知识论立场"。这种哲学研究的"知识论立场"，模糊了"哲学"与"科学"的界限，从而模糊了哲学的特殊的理论性质和独特的活动方式。因此，重新理解"哲学"，必须首先重新理解什么是作为哲学的"重大的基本问题"的"思维和存在的关系问题"。

把"思维和存在的关系问题"视为"思维和存在"问题的"哲学知识论立场"，其本质是把"哲学"视为具有最高的概括性（最大的普遍性）和最高的解释性（最大的普适性）的"知识"，从而以知识分类表的层次性来区分"哲学"与"科学"，并因此把"哲学"视为"科学"的延伸和变形，也就是把哲学当作"科学的科学"或"全部知识的基础"。在这种哲学观中，哲学的"基本问题"并不是关于"思维和存在"的"关系问题"，而是关于"思维和存在"（自然、社会和思维）的"整个世界"的"全部知识"的问题。按照这种理解，哲学就不是通过对包括科学在内的人类把握世界的各种方式及其历史性成果的"反思"来变革对"思维和存在的关系问题"的理解，而是通过对科学的"概括"来形成越来越丰富的"关于整个世界"的知识。因此，这种"知识论立场"的哲学观，就不是把"思维和存在的关系问题"作为哲学的"重大的基本问题"，而是把关于"整个世界"的"全部知识"作为自己的"重大的基本问题"。"哲学的知识论立场"把"哲学"视为具有最高的概括性和最高的解释性的"科学"，从根本上模糊了"思维和存在的关系问题"的真实的"哲学意义"。

在关于哲学基本问题的论述中，恩格斯强调指出，思维和存在的关系问题"只是"在近代哲学中"才被十分清楚地提了出来"，"才获得了它的完全的意义"。恩格斯的这一"提示"，对于理解究竟什么是哲学意义的"思维和存在的关系问题"，它何以成为"全部哲学"的"重大的基本问题"，具有重大意义。诉诸哲学史，我们会发现，近代哲学以反省思想的客观性为聚焦点，围绕"思维和存在的关系问题"，提出并探讨了客观世界与意识内容、意识内容与意识形式、对象意识与自我意识、分析判断与综合判断、思维规律与存在规律、理论理性与实践理性等一系列关于"思维和存在"的"关系问题"，不仅从"内容"上考察了"对象与表象"、

"思维规定与存在规定"的关系问题，而且从"形式"上考察了"对象意识与自我意识""知性思维与辩证思维""直觉与逻辑"的关系问题，揭示出对象与经验、经验与知觉、知觉与表象、表象与观念、观念与思维、思维与想象、想象与情感、情感与意志、意志与自我、小我与大我、历史与逻辑、理论与实践等极为错综复杂的"思维和存在的关系问题"，从而使"思维和存在的关系问题""获得了完全的意义"。这表明，哲学的"重大的基本问题"并不是"思维和存在"的问题，而是"思维和存在"的"关系问题"；以"思维和存在的关系问题"为"基本问题"的"哲学"，并不是关于"思维和存在"（自然、社会和思维）的具有最高的概括性和最高的解释性的"知识"或"科学"，而是通过反思"思维和存在"的"关系问题"不断地变革和升华人类对人与世界关系的理解。

其次，作为哲学的"重大的基本问题"的"思维和存在的关系问题"，究竟是把"思维和存在的关系"作为"问题"而予以"反思"，还是把"思维和存在""如何统一"作为"问题"而进行"研究"？这两者的区别同样是根本性的、原则性的。前者是追究思维把握存在的"根据"，探索思维把握存在的"可能性"，因而是对"思维和存在的关系问题"的批判性反思；后者则是研究思维和存在"如何统一"的"机制"和"过程"，展现思维和存在"如何统一"的"规律性"，因而是对"思维和存在的关系问题"的实证性描述。前者所要求的是反思性的哲学立场，后者所要求的则是实证性的科学态度。把"思维和存在的关系问题"当作思维和存在"如何统一"的"认识论"问题，就模糊了反思性的哲学与实证性的科学。现代哲学家卡尔纳普曾经尖锐地提出，应当把通常所说的"认识论"归入作为"科学"的"心理学"，这对于我们重新理解"思维和存在的关系问题"何以是"哲学"的"重大的基本问题"，富有启发性。

思维和存在的"统一性"问题，并不是思维和存在的"同一性"问题。前者是把思维和存在"服从于同样的规律"作为"不自觉的和无条件的前提"，致力于"构成思想"；后者则是把这个"不自觉的和无条件的前提"作为"反思"的对象，揭示思维和存在的内在矛盾。前者是展开思维和存在"如何统一"的现实过程，后者则是追究思维何以能够把握存在的可能性。前者是胡塞尔所说的"自然态度"，后者则是胡塞尔所说的"哲学态度"。把思维和存在的"统一性"问题与"同一性"问题区别开来，才能理解"思维和存在的关系问题"不是"实证"的"科学"问题，而是"反思"的"哲学"问题。

上述分析表明，无论是把"思维和存在的关系问题"视为"思维"和"存在"的问题，还是把"思维和存在的关系问题"当作"思维和存在""如何统一"的问题，其实质都是以"知识论立场"看待"哲学"及其"基本问题"，都是模糊了反思性的哲学与实证性的科学之间的原则性区别，把哲学对科学的关系归结为"最高的普遍性"与"特殊的普遍性"的关系。正因如此，在对"哲学"及其"基本问题"的理解中，我突出地、集中地探讨了"哲学"与"科学"的关系，并在这种探讨中阐发我对作为"哲学"的"重大的基本问题"的"思维和存在的关系问题"的理解。

在我看来，作为人类理论思维的两种基本方式，"哲学"与"科学"的根本性区别，并不是二者的"普遍性"程度的区别，而是二者对"思维和存在的关系问题"的"原则立场"的区别。"科学"作为人类把握世界的一种基本方式，是人类运用自己的理论思维探索自然、社会和思维的"规律"，也就是在"规律"的层次上实现"思维和存在"的统一。"哲学"作为人类把握世界的一种基本方式，则是把"思维和存在的关系"当作"问题"而予以"反思"，不断深入地揭示"思维和存在"的矛盾，激发人类思想的活力，引导包括科学在内的人类把握世界的各种方式批判地对待"思维和存在的关系"。

三 怎样理解"思想的前提批判"

哲学意义的"思维和存在的关系问题"，是"思维"把思维和存在的"关系"作为"问题"而予以"反思"；离开"反思"的思维，就不能提出哲学意义的"思维和存在的关系问题"。正因如此，黑格尔不仅把哲学定义为"对思想的思想"的"反思"，而且在与"表象思维"和"形式推理"的对比中，深切地阐述了哲学思维何以只能是"反思"的思维。然而，究竟如何理解哲学是"对思想的思想"？究竟如何理解哲学意义的"反思"？在当代的哲学研究中，这应当是最值得追问的哲学问题。在对黑格尔的"对思想的思想"的"反思"中，我所提出的问题是：哲学"反思"的"思想"究竟是什么？正是对这个问题的探索，构成了我的"思想的前提批判"的"反思观"和"哲学观"。

"反思"思维和存在的关系，我们会发现，人类在自己的全部活动中，"思维和存在"的"关系"有两个最基本的"维度"：一是"构成思想"的维度，也就是实现思维和存在"统一"的维度；二是"反思思想"的维度，也就是黑格尔所说的"对思想的思想"的维度。从思想的两个基本"维度"上看，把所形成的"思想"作为"再思想"的对象，对"思想"进行"反复思考"，显然不是"哲学"所特有的"反思"，而是人类全部思想活动的一个基本"维度"。由此，我们必须予以追问的是：区别于"表象思维"和"形式推理"的"哲学反思"，究竟是一种怎样的"对思想的思想"呢？这就需要在黑格尔所阐述的"反思"的基础上，对哲学的"反思"做出新的规定。我所提出的"思想的前提批判"，正是在对黑格尔的"反思"的追问中形成的。

我对哲学"反思"的理解，是同恩格斯所概括的哲学的"重大的基本问题"直接相关的。恩格斯在关于"思维和存在的关系问题"的论述中，不仅把它概括为"哲学的重大的基本问题"，而且提出了下述的论断，"我们的主观的思维和客观的世界服从于同样的规律，因而两者在自己的结果中不能互相矛盾，而必须彼此一致，这个事实绝对地统治着我们的整个理论思维。它是我们的理论思维的不自觉的和无条件的前提"。恩格斯的这个论断，具有重大的哲学意义。按照这个论断，我们的"整个理论思维"，都是以思维和存在"服从于同样的规律"为"前提"的。不仅如此，这个"前提"在我们的"整个理论思维"中，是作为"不自觉的和无条件的前提"而存在的。因此，"思维和存在的关系问题"之所以成为哲学的"重大的基本问题"，就不仅仅在于它是人类全部活动中的"根本问题"，更在于它是人类理论思维的"不自觉的和无条件的前提"；对"思维和存在的关系问题"的"反思"，就不是一般意义的"对思想的思想"，而是特殊的对这个"不自觉的和无条件的前提"的"反思"。由此我所形成的基本观点是：对思想的"前提"批判，这才是哲学意义的"对思想的思想"，这才是哲学意义的"反思"，这才是真正意义的"哲学"。

思想的前提，就是思想构成自己的根据和原则，也就是思想构成自己的逻辑支点。构成思想的"前提"，有四个基本特性：一是它的"隐匿性"，二是它的"强制性"，三是它的"普遍性"，四是它的"可选择性"和"可批判性"。正是这些特性，决定了"思想的前提批判"的必要性和可能性。

作为构成思想的根据和原则，"思想前提"在思想的过程中，是一只"看不见的手"，也就是"幕后的操纵者"。这只"看不见的手"和幕后的操纵者"，深层地规范着人们的所思所想和所作所为。这就是"思想前提"的"隐匿性"和"强制性"。正是思想前提的这两个特性，决定了"思想的前提批判"的必要性。这是因为，只有通过哲学的"反思"，揭示出"隐匿"于思想之中的"前提"，并以哲学的批判方式"消解"已有"前提"的"逻辑强制性"，才能"构建"新的"前提"，从而实现"思想解放"，并展开新的实践活动。

作为构成思想的根据和原则，"思想前提"在思想的过程中，不仅具有"隐匿性"和"强制性"，而且具有"普遍性"和"可批判性"。前者构成"思想的前提批判"的必要性，后者则构成"思想的前提批判"的可能性。思想前提的"普遍性"，通俗地说，就是它在人的思想活动中"无处不在"和"无时不有"。构成思想，就要有构成思想的基本信念、基本逻辑、基本方式、基本观念和哲学理念，因此，从任何"思想"中都能够揭示出予以批判的"前提"。这些"前提"都具有"二重性"：它在构成思想的特定的过程中是确定的，具有逻辑的强制性；它在思想的历史发展中又构成经验与思想之间的"外部矛盾"，以及思想与思想之间的"内部矛盾"，因而构成了思想前提的可选择性和可批判性。正是思想前提自身的可选择性和可批判性，构成了哲学对思想的前提批判的可能性和现实性。

究竟什么是"隐匿"于思想之中并对构成思想具有"强制"性的"不自觉的和无条件的前提"？我在自己的研究过程中，把构成思想的"前提"主要地概括为五个方面：其一，构成思想的"基本信念"，也就是对于黑格尔所说的"思维和存在的同一性"的"基本信念"，对于恩格斯所说的"我们的主观的思维和客观的世界服从于同样的规律"的"基本信念"。之所以称其为"基本信念"，就在于它是人类思想的"不自觉的和无条件的前提"，就在于否认这个"前提"人类就无法展开自己的认识活动和实践活动。其二，构成思想的"基本逻辑"，也就是思维把握存在的规律、规则和方法。它们"自在"地"隐匿"于人的思想活动之中，并"强制"地规范和制约人的思想活动。离开这个"基本逻辑"，思维就无法把握存在，思维就无法描述存在，思维就无法解释存在，人类的思想也就无法沟通和交流。其三，构成思想的"基本方式"，也就是人类把握世界的常识、宗教、艺术、科学和哲学等诸种方式。这些"方式"同样"隐匿"于人的思想活动之中，并以其特有的方式而"强制"性地构成各不相同的"世界图景"。离开这些"基本方式"，人类同样无法把握、描述和解释世界，人们之间同样无法沟通和交流对世界的理解。其四，构成思想的"基本观念"，也就是人类把握世界的最为基本的概念、范畴。按照列宁的说法，概念、范畴并不是人类认识的"工具"，而是人类认识的"阶梯"和"支撑点"。大小、长短、上下、左右，存在、世界、社会、历史，利害、成败、得失、荣辱，这些"基本观念"同样"隐匿"于人的思想活动之中，并"强制"性地规范人们的认识活动和实践活动的。离开这些"基本观念"，人类同样无法把握、描述和解释世界，人们之间同样无法沟通和交流对世界的理解。其五，构成思想的"哲学理念"，也就是人类关于人与世界、自然与超自然、自由与必然、理想与现实等"形上"观念。源于自然而又超越自然的人的生命活动，不是动物式的"无意义"的"生存"，而是人类所特有的"有意义"的"生活"。赋予"生活"以"意义"，这是"隐匿"于人类思想之中并"强制"地规范人的生活的最根本、最深层的"理念"。"哲学理念"所蕴含的"生活意义"，是人类从事自己的全部活动的最为根本性的"不自觉的和无条件的前提"。它"不自觉"地"隐匿"于人的全部活动之中，作为每个人的"哲学"而规范其生活。没有"哲学"的人生是"生存"而不是"生活"，批判地反思规范生活的"哲学理念"，就是追求更为合理、更为理想、更为美好的生活。

综上所述，揭示"隐匿"于思想之中并"强制"性地规范人的全部活动的"不自觉的和无条件的前提"，这就是我所理解的"思想的前提批判"；"自觉"地从事"思想的前提批判"，从而历史性地变革构成思想的诸种"前提"，这就是我所理解的"思想的前提批判"的哲学活动方式；通过变革构成思想的诸种"前提"而塑造和引导新的时代精神，这就是我所理解的"思想的前提批判"的哲学的社会功能；具体地展开对构成思想的基本信念、基本逻辑、基本方式、基本观念和哲学理念的"前提批判"，这就是我所理解的哲学的开阔的和开放的"理论空间"。正是基于上述理解，我把"思想的前提批判"作为哲学研究的"解释原则"。

四　"辩证法"与"思想的前提批判"

思想的前提批判，是对"思维和存在"的"关系问题"的"反思"。这种"反思"的哲学内涵，就是"思维和存在的关系"的"辩证法"。因此，把"思想的前提批判"作为哲学的"解释原则"，内在地包含着把"思想的前提批判"作为辩证法的"解释原则"。然而，值得深思的是，在关于哲学"基本问题"的通常解释中，却把"思维和存在的关系问题"归结为二者"何为第一性"的"本体论问题"，以及二者"有无同一性"的"认识论问题"，恰恰把"辩证法"拒斥于哲学的"基本问题"之外。这种"拒斥"，不仅向我们提出如何重新理解"思维和存在的关系问题"，而且向我们提出如何重新理解"辩证法问题"。

思维和存在的"关系"，就是思维和存在的"矛盾"；思维和存在的"关系问题"，就是思维和存在的"矛盾问题"；研究思维和存在的"矛盾关系"和"矛盾问题"，就是关于思维和存在的"辩证法"。因此，承诺"思维和存在的关系问题"是哲学的"重大的基本问题"，也就是承诺哲学的"重大的基本问题"是关于"思维和存在的关系问题"的"辩证法"。"辩证法"是哲学的最为真实的存在方式。

在通常的关于哲学"基本问题"的解释中，之所以把"辩证法"拒斥于"思维和存在的关系问题"之外，其根本原因仍在于把"思维和存在的关系问题"当作"思维和存在"的问题，或者"思维和存在""如何统一"的问题，而不是将其视为"思维和存在"的"矛盾关系"，不是将其视为只有在批判的反思中才能自觉到的构成思想的"前提批判"。不是研究"思维和存在"的"矛盾关系"，不是反思构成思想的前提，"思维和存在的关系问题"就成了描述"思维和存在"及其"如何统一"的科学问题。哲学问题变成了科学问题，"辩证"的问题就变成了"实证"的问题。因此，表面上看，通常的关于哲学"基本问题"的解释是把"辩证法"拒斥于"思维和存在的关系问题"之外；深层地看，通常的关于哲学"基本问题"的解释是把"哲学问题"变成了"科学问题"，是把"辩证问题"变成了"实证问题"。

需要"辩证"的问题是"悖论"性问题，这具体地表现为如下几个问题：思维和存在"服从于同样的规律"，为什么思维关于存在的规定并不是存在的规定？思维把握到的存在才构成思维的对象，思维又如何肯定自己尚未把握到的存在？人的"感性"只能把握个别性的、偶然性的、现象性的存在，人的"理性"只能把握普遍性的、必然性的、本质性的存在，思维又如何对待感性的存在与理性的存在？思维对存在的把握既是"按部就班"的"逻辑"进程，又是"突发奇想"的"直觉"过程，思维又如何对待"逻辑"与直觉的关系？思维的"每次的现实"都是有限的、"非至上的"，而思维的"目的"和"使命"又是无限的、"至上的"，思维又如何对待自己的有限性与无限性、"非至上性"与"至上性"？人的思维既是源于自然的又是超越自然的，思维又如何对待自己的自然性与超自然性？正是这些"悖论"性问题，才构成了"思维与存在"的"矛盾关系"；正是"反思"这些"矛盾关系"，才构成了哲学意义的"辩证法"。离开这些"悖论"性问题，离开对这些"悖论"性问题的"反思"，就构不成作为哲学的"重大的基本问题"的"思维和存在的关系问题"，也就构不成哲学意义的"辩证法"。

"悖论性"的问题是"无定论"的问题，"辩证"的问题是必须予以"辩证"地理解的问题，而不是给出某种"终极性"的答案的问题。思维的自然性与超自然性、思维把握存在的对象性与生成性、思维把握存在的个别性与普遍性、思维把握存在的逻辑性与直觉性、思维把握存在的"至上性"与"非至上性"，都不是"是就是，不是就不是"的形而上学的思维方式所能够把握的，必须诉诸超越"两极对立""非此即彼"的辩证法的思维方式。对这些问题的辩证理解，并不是也不可能给出某种"确定性"的答案，而需要不断深入地揭示和阐释这些问题的更深层次的矛盾。"悖论性"问题的"无定论"，并不是否定思维的"确定性"，而是肯定人类的全部认识的"中介性"——"在对现存事物的肯定的理解中同时包含对现存事物的否定的理解"。这就是马克思所说的"批判的和革命的"辩证法。

思想的前提批判，不仅是批判地反思"思维和存在"的"矛盾关系"，更是把批判性的锋芒指向构成思想的"不自觉的和无条件的前提"，历史地变革构成思想的基本信念、基本逻辑、基本方式、基本观念和哲学理念，促使人类在"解放思想"的进程中塑造和引导新的时代精神，并使"哲学"真正成为"文明的活的灵魂"。"思想的前提批判"是哲学的"辩证法"，也是辩证法的"哲学"。哲学的辩证法实现于思想的前提批判之中。

在这次研讨中，王南湜教授、吴晓明教授和张盾教授的论文，以"辩证法问题"为主要内容，对我的"思想的前提批判"的哲学理念展开了严肃的、认真的、深入的分析与追问，这不仅使我感到朋友们的真挚的深情，而且引发我重新思考了一系列重要的哲学问题，并促使我形成了这篇"自我阐释"的长文。仅以此感谢朋友们对我的关心和帮助，并希望以此引发对"思想的前提批判"的更为广泛的关切和批评。

目　录

导　言　哲学与哲学观问题　　/001

　　一　哲学与哲学观问题　　/001

　　二　哲学观：哲学的自我理解与哲学家的哲学理念　　/004

　　三　哲学观问题：对哲学自我理解的反思和对哲学家
　　　　哲学理念的解读　　/006

第一章　哲学观与世界观　　/008

　　一　作为世界观理论的哲学　　/008

　　二　存在论、本体论和世界观　　/018

　　三　哲学的特性及其当代形态　　/034

　　四　哲学的形而上学历险　　/044

第二章　论黑格尔的哲学观　　/058

　　一　关于真理的哲学　　/058

　　二　人类思想运动的逻辑　　/079

　　三　对抽象理性的批判　　/089

　　四　传统哲学向现代哲学转化的中介　　/093

　　五　哲学革命：黑格尔与马克思　　/106

第三章　论马克思的哲学观　/109

一　马克思对"真正的哲学"的理解　/109

二　怎样理解马克思的哲学革命　/118

三　解放的旨趣、历程和尺度　/135

四　解放何以可能：马克思的本体论革命　/141

五　历史的唯物主义与马克思主义的新世界观　/157

六　历史唯物主义与哲学基本问题　/169

七　塑造和引导新的时代精神　/188

八　马克思哲学观研究的若干难点问题　/201

第四章　哲学观与现代哲学　/248

一　从两极到中介　/248

二　从体系到问题　/259

三　从层级到顺序　/267

四　对科学的人文主义理解　/273

五　哲学前提的现代文化批判　/292

六　后形而上学与辩证法　/302

七　本体论的现代重建　/312

第五章　当代中国的哲学观念变革　/317

一　哲学观变革　/317

二　世界观变革　/321

三　本体观变革　/325

四　当代人类的生存困境与新世纪哲学的理论自觉　/331

五　哲学思维的理论自觉　/343

六　时代精神主题化　/357

第六章　哲学观与哲学研究　　/369

一　做学问与做哲学　　/369

二　用心于真与重在积累　　/379

三　学术批评与学术繁荣　　/392

四　生命体验与理论想象　　/396

五　思辨、体验与境界　　/406

六　大气、正气和勇气　　/410

七　深刻、厚重和优雅　　/416

第七章　哲学观与哲学教育　　/419

一　哲学与哲学教育　　/419

二　关于哲学教育改革的几个问题　　/426

三　哲学学科建设与哲学教育改革　　/435

四　当前中国马克思主义哲学教育中的若干问题　　/442

五　我们时代的哲学教育　　/449

参考文献　/459

后　记　/461

导　言　哲学与哲学观问题

一　哲学与哲学观问题

　　哲学观，从字面上说，就是"关于哲学本身的观念"或"对哲学本身的理解"。然而，对"哲学观"的这种解释，是一个明显的"无主句"，应该准确陈述为"谁"关于哲学本身的观念？"谁"对哲学本身的理解？

　　提出"谁"的问题，对于理解和解释"哲学观"是十分必要和重要的。如果"遮蔽"了"谁"的问题，就会混淆两个至关重要的问题：一是"哲学观"本身与"哲学观问题"的混淆；二是"哲学观"的共性内容与哲学家的个性化的"哲学理念"的混淆。我感到，在哲学界对"哲学观"的研究中，特别是在对马克思哲学观的研究中，一个突出的问题就是遮蔽或混淆了"哲学观"与"哲学观问题"、"哲学观"与哲学家的"哲学理念"之间的关系。因此，我们有必要从思考"哲学观"入手去反思和阐释马克思的哲学观。

　　哲学观作为"关于哲学本身的观念"或"对哲学本身的理解"，它是任何一种哲学理论、一种哲学学说、一种哲学体系、一种哲学派别、一种哲学形态本身所具有的，或者反过来说，没有"关于哲学本身的观念"和"对哲学本身的理解"，就不可能构成作为特定的哲学理论或哲学学说的一种"哲学"。

哲学观，它不是哲学理论或哲学学说中的"一个观念"，而是构成该种理论或学说的"核心观念""根本观念""灵魂观念"，它决定该种理论或学说的生命力，它构成该种哲学理论或学说与其他的哲学理论或学说的原则区别。哲学观，与其说它是托马斯·库恩的较为复杂意义上的"研究范式"，毋宁说它是伊姆雷·拉卡托斯的较为单纯意义上的"理论硬核"——维护和坚持一种"哲学观"，就是维护和坚持这种哲学理论；否定和变革一种"哲学观"，就是否定和变革这种哲学理论。

如果说"哲学观"是任何一种哲学理论或哲学学说内在所固有的"哲学观念"，那么，"哲学观问题"则是把"哲学观"作为"问题"所进行的反思，也就是把"哲学观"作为研究对象所进行的哲学研究。关于这种研究，有称之为"哲学学"的，有称之为"元哲学"的，还有称之为"哲学社会学"的。我个人认为，这些称谓与把"哲学观"作为"问题"而进行反思的"哲学观问题"或"哲学观研究"是有原则区别的，因此是不能混同的。

"哲学观问题"或"哲学观研究"，是并且只是把"哲学观"作为反思和研究的对象，而不是关于"哲学"的方方面面或各种问题的研究；对于"哲学观问题"或"哲学观研究"来说，本质上总是提出一个问题，即"哲学究竟是什么"的问题，而不必关注或研究有关哲学的其他问题。如果把"哲学观问题"或"哲学观研究"泛化为"哲学学"或"哲学社会学"，就会冲淡甚至阉割对"哲学究竟是什么"的反思与追问。

还有一点需要考虑的是，有的学者把"哲学观研究"与"哲学学""哲学社会学"混在一起，称之为哲学中的"二阶哲学"，即认为"哲学观研究"是一种在"哲学"之外的"哲学研究"。这就误解或曲解了"哲学观问题"或"哲学观研究"，从而误解或曲解了哲学家对"哲学观问题"的研究。

"哲学观问题"，是把"哲学观"作为"问题"所进行的反思。相对于作为研究对象的哲学理论内在固有的"哲学观"，这可以说是一种"外在"的研究；然而，相对于整体的"哲学"研究而言，对哲学观的反思仍属于哲学的"内在"研究。这一点突出地表现在哲学家的哲学研究的二重化，这就是：任何一位真正的哲学家，即建立了自己的哲学理论或哲学学说的哲学家，都不仅有自己的"哲学观"，而且有自己对"哲学观"的研究，他自己的"哲学观"总是通过反思、批判其他的"哲学观"而形成和表现出来的。这是哲学研究的一个突出特征。

任何一位科学家，无论是自然科学家还是社会科学家，他都可以只研究本学科的研究对象，而不必反思"本学科"究竟是什么，诸如"物理学"究竟是什么，"生物学"究竟是什么等。这是因为，各门科学都有自己相对稳定的研究对象，都有取得科学家普遍共识的研究成果，都有检验和评价这些研究成果的某些共同的手段和标准。美国科学哲学家伽汀曾经这样向哲学等"人文学科"发难："科学"必须具有"一致性""客观性""可证伪性"和"预见性"四个基本特性，然而"人文学科"既不存在"一致性"的共同准则和"客观性"的描述术语，也不存在"被证伪"的可能和"可预见"的能力，怎么能被称为"科学"呢？

在现代西方科学主义思潮的逻辑中，伽汀关于"科学"与"非科学"的论证，是一种否定传统哲学和"拒斥形而上学"的极有说服力的逻辑。然而，这个"逻辑"恰好表明了"哲学"（和广义的"人文学科"）与"科学"（主要是指狭义的"自然科学"）之间的重大区别。"科学"具有"一致性""客观性""可证伪性"和"可预见性"，因而科学家不必个个都去反思"科学"，即不必人人都把"科学"作为研究对象。"科学观"，可以作为外在于科学研究的"科学学"或"科学社会学"而存在。但是，正因为"哲学"并不具有"科学"意义上的"一致性""客观性""可证伪性"和"可预见性"，哲学家都有关于"哲学"的某种独特的或独到的理解，并且正是由于这种独特的或独到的哲学理解，才形成了丰富多彩的哲学理论或哲学学说，因此哲学家总是在"哲学观"的反思与批判中推进哲学本身的发展。这表明，"哲学观问题"是内在于哲学研究之中的。如果不把"哲学观"作为"问题"纳入哲学研究之中，这种哲学研究就失去了灵魂性的核心观念，就难以构成独到的哲学学说；同样，如果不把"哲学观"作为"问题"而考察具体的哲学理论或哲学学说，我们就不可能真正地理解该种哲学理论或哲学学说。这应当是我们研究哲学观的出发点，因而也应当是我们研究马克思哲学观的出发点。

二 哲学观：哲学的自我理解与哲学家的哲学理念

"哲学观"，在其现实性上，总是"哲学家"作为主体所提供的各种各样对"哲学"的理解的"哲学观"，而作为共性内容的哲学观只能是"寓于"作为个性理解的哲学观之中。"哲学观"首先是哲学家对哲学的独特理解，并不直接是关于哲学的某些共性问题。这是在思考"哲学观"时必须提出的一个重要问题。

正如人们所熟知的，在对"哲学观"的理解与解释中，突出的问题是以"共性内容"冲淡或取代了"个性理解"，也就是以某些抽象的、共性的东西冲淡或取代了哲学家的独特的或独到的"哲学理念"。因此，我在这里着重论述的，是作为"哲学观"的哲学家的"哲学理念"。我们需要从马克思的独到的"哲学理念"去理解和解释马克思的"哲学观"，而不是从抽象的"哲学观"去理解和解释马克思的"哲学理念"。这个方法论问题，直接关系到对马克思哲学观的理解。

所谓作为共性内容的"哲学观"，就是从如何理解"哲学"这个抽象问题出发，把"哲学观"分解为研究对象、派别倾向、理论性质、社会功能等诸方面。由此便构成了关于"哲学观"的一种模式，并以这种模式去解析各种哲学形态、各种哲学派别、各种哲学理论和各个哲学家的哲学观。长期以来，把这种模式应用于马克思哲学观，就把马克思的哲学观分解为：（1）马克思哲学的研究对象。认为古代哲学以"万物"为对象，近代哲学以"意识"为对象，而马克思哲学以"整个世界"为对象；（2）马克思哲学的派别倾向。认为马克思哲学是反对唯心论的唯物论，反对形而上学的辩证法，因而是辩证唯物主义；（3）马克思哲学的理论性质，从哲学与科学的关系出发，认为以往的哲学和现代西方哲学都不具有科学性，只有马克思哲学是科学；（4）马克思哲学的社会功能，同样是从哲学与科学的关系出发，认为马克思哲学的社会功能是提供关于"整个世界"的"普遍规律"，并通过人们掌握和运用这些"普遍规律"而"改变世界"。

在这里，我们首先关注的不是上述对马克思哲学的解释，而是研究哲学观，特别是研究马克思哲学观的方法。我认为这种从"共性"引出"个性"、从"普遍性"引出"特殊性"的研究方法，阉割了作为具体的哲学理论的灵魂性的东西，即阉割了构成特定的哲学理论或哲学学说的"哲学理念"，因而无法把握和阐释具体的哲学家的哲学观，尤其是无法理解和解释马克思的哲学观革命。

任何一种真正的哲学，都是通过哲学家思维着的头脑所建构的、规范人们怎样理解和变革人与世界相互关系的理论形态的思维方式。它凝聚着哲学家所捕捉到的该时代人类对人与世界相互关系的自我意识，它贯穿着哲学家用以说明人与世界相互关系的独特的解释原则和概念框架，它熔铸着哲学家用以观照人与世界相互关系的独到的理论旨趣和价值标准。哲学家的这种独特的解释原则和概念框架，独到的理论旨趣和价值标准，以及凝聚其中的该时代的人类自我意识，集中地表现为哲学家用以解释全部哲学问题的"统一性原理"，即"哲学理念"。

关于哲学的"统一性原理"或"哲学理念"，黑格尔曾经做过这样的解释："作为一个体系，需要有一个原理被提出并且贯穿在特殊的东西里面"。"全部被认识的东西必须也是作为一种统一性、作为概念的一种有机组织而出现"。"要这样来理解那个理念，使得多种多样的现实，能被引导到这个作为共相的理念上面，并且通过它而被规定，在这个统一性里面被认识"①。

在任何一个哲学体系中，"哲学理念"都犹如一种"普照光"，把这个体系中的每个哲学问题都照射进自己的光芒，从而使得该体系中的全部问题都具有了特殊的或特定的意义。理解一种哲学的"哲学理念"，才能理解它的全部问题；离开一种哲学的"哲学理念"，就无法把握它的每一个问题；误解一种哲学的"哲学理念"，则会扭曲这种哲学的全部问题；"哲学理念"才是哲学家的真正的"哲学观"。

三　哲学观问题：对哲学自我理解的反思和对哲学家哲学理念的解读

哲学观包括共性内容与哲学家的哲学理念这样两个方面，并且只能是以哲学家的某种特殊性的哲学理念来蕴含某些涉及哲学一般特性的共性问题，因此，把哲学观作为问题进行研究，就应当包括对共性内容的反思和对哲学理念的解读这两个方面，并且只能是在对哲学家的某种特殊性的哲学理念的解读中揭示其蕴含的哲学一般特性的共性问题。这就是说，在把"哲学观"作为"问题"的哲学反思中，突出地论述哲学家的"哲学理念"，并不是否定对"哲学观"的共性内容的概括与运用，而是针对"哲学观"研究中存在的普遍性问题，有意识地强调被人们忽视的这个重要方面。在我看来，只有自觉地提出和反思哲学家的"哲学理念"，才能活化作为哲学观的共性内容的研究对象、派别倾向、理论性质和社会功能等问题，而不是用这些共性内容冲淡或取代对哲学家的"哲学理念"的理解与解释。

作为共性内容的哲学观，它表现为"纵向"的哲学史和"横向"的哲学理论这样两种存在方式，因而既需要进行"纵向"的"历时态"研究，又需

① ［德］黑格尔：《哲学史讲演录》第 2 卷，384、385 页，北京，商务印书馆，1983。

要进行"横向"的"同时态"探索。在这种纵、横向度的研究中，我们既可以把握哲学观演变的历史与逻辑，又能够在这种历史与逻辑的统一中去解读各种哲学学说所蕴含的哲学理念。

任何一种哲学学说，都是自己时代的"纵向"的哲学史与"横向"的哲学理论的聚焦点，它在"照着讲"和"接着讲"的哲学历史的传承中，在"派别冲突"和"相互批判"的哲学理论的论争中，显现出自己的独特的或独到的"哲学理念"，即显示出自己的作为"普照光"的"哲学观"。

古今中外的哲学家所创造的哲学观或"哲学理念"是多种多样的，但是，这些各种各样的哲学观或"哲学理念"，并不是哲学家主观任意的创造，恰恰相反，任何一种产生重要影响的"哲学观"或"哲学理念"，都是形成于哲学的人类性、民族性、时代性和个体性的某种统一之中的。按照我们的理解，任何一种哲学观或"哲学理念"，都是形成于哲学家以时代性的内容、民族性的形式和个体性的风格去求索人类性问题的某种"聚焦点"上的，并形成如下基本特征：

（1）哲学观或"哲学理念"从来不是，而且永远也不会是单一的。因为人们在对哲学的不同理解中，必然会形成多种多样的哲学观或"哲学理念"，从而在哲学观的相互批判中推进哲学的发展；

（2）哲学观或"哲学理念"从来不是，而且永远也不是主观任意的产物，任何一种哲学观或"哲学理念"都具有人类的、时代的和民族的内容与形式，在人类历史的发展中实现哲学观的变革，从根本上说，就是变革人类的世界观、历史观和人生观；

（3）哲学理论的重大的或根本性的变革，总是集中地体现为哲学观的变革，体现为"哲学理念"的更新。诉诸哲学史，我们就会发现：所谓"哲学转向"，从根本上说是哲学观转向；所谓"哲学冲突"，从根本上说是哲学观冲突；所谓"哲学变革"，从根本上说是哲学观变革；所谓"哲学创新"，从根本上说是哲学观更新。因此，我们必须从哲学观或"哲学理念"的变革出发，去看待和评价各种不同的哲学理论，去理解和解释哲学的发展史。

第一章 哲学观与世界观

一 作为世界观理论的哲学

当我们把哲学作为被定义项而将其界说为"世界观理论"或"理论化的世界观"的时候，作为定义项的"世界观理论"本身并不是没有歧义的；事实上，正是由于人们对"世界观理论"赋予了各不相同的理解和解释，因此，作为"世界观理论"的"哲学"也被赋予了迥然有别的理解和解释。这里，我们主要讨论三个问题：其一，作为"世界观理论"的哲学与哲学自己的"基本问题"是何关系？或者更为明确地说，能否离开作为"哲学基本问题"的"思维和存在的关系问题"去解释哲学的"世界观理论"？其二，哲学作为"世界观理论"，这里的"世界观"是人站在"世界"之外"观"世界，还是人把自己同世界的"关系"作为对象进行"反思"？进而言之，能否在非"反思"的意义上界说"世界观理论"？其三，"世界观理论"同"认识论""历史观""价值论"是何关系？究竟怎样从"世界观"与"认识论""历史观""价值论"的统一中去理解作为"世界观理论"的"哲学"？

(一)世界观理论与哲学的基本问题

在总结全部哲学史的基础上，恩格斯明确地

提出了一个纲领性的论断："全部哲学，特别是近代哲学的重大的基本问题，是思维和存在的关系问题。"①应当注意，这里所说的"基本问题"不同于"主要问题"。"主要问题"是在众多问题当中占有重要地位的问题，但它并不直接规定其他问题；与此相反，"基本问题"则是在特定的"问题域"当中起规定作用的问题，它决定该"问题域"的全部问题的特殊性质。正因如此，列宁在从哲学基本问题的高度称"辩证法也就是（黑格尔和）马克思主义的认识论"的时候，曾经尖锐地指出，"这不是问题的一个'方面'，而是问题的实质"。这就是说：只有从哲学的"基本问题"去理解"世界观理论"，才能把握"世界观理论"的"哲学"性质；反之，如果离开哲学"基本问题"去理解"世界观理论"，就会把"世界观理论"变成某种非哲学的实证知识。在我看来，对于作为"世界观理论"的"哲学"的种种误解，从根本上说，都在于离开哲学的"基本问题"而阐释作为"世界观理论"的"哲学"。

正如人们所熟知的，通常是把"世界观"表述为"关于世界的根本看法"，并因此把"世界观理论"表述为"关于整个世界的普遍规律的理论"。应当承认，这种表述并不是没有根据的。人类思维面对千差万别、千变万化的世界，总是力图把握其内在的统一性，形成"关于世界的根本看法"，特别是形成"关于整个世界的普遍规律的理论"，从而对世界上的一切现象做出最深层次的统一解释。因此，作为人类思维及其现实基础——实践活动——的"意向性"或"指向性"，只要有人类思维，这种"关于世界的根本看法"的"世界观"及其"理论"就会存在下去。问题在于：这样来界说"世界观"及其"理论"，并没有理解恩格斯为什么强调"思维和存在的关系问题"是哲学的"重大的基本问题"，列宁为什么强调哲学的"基本问题"并不是"问题的一个'方面'，而是问题的实质"。

作为哲学"基本问题"的"思维和存在的关系问题"之所以"不是问题的一个'方面'，而是问题的实质"，是因为作为"世界观理论"的哲学并

---

① 《马克思恩格斯选集》第 4 卷，223 页，北京，人民出版社，1995。

不是要"表述"对"世界的根本看法",而是要"揭示""思维和存在"的"矛盾",并从这种"矛盾"中去推进人对自己与世界的相互关系的理解,促进人对自己与世界的相互关系的协调。我们应当从"问题的实质"出发去理解作为"世界观理论"的全部哲学问题,首先是对"哲学"自身的理解问题。

在关于哲学基本问题的论断中,恩格斯的表达方式是发人深省的。他不仅强调"思维和存在的关系问题"特别是"近代哲学的重大的基本问题",而且具体地指出,"思维和存在的关系问题"只是在近代哲学中"才被十分清楚地提了出来","才获得了它的完全的意义"。这是因为,在近代哲学的"认识论转向"之前,古代哲学尚未自觉地从"思维和存在的关系问题"出发去揭示"思维和存在"之间的"矛盾",而是离开"思维和存在"之间的"关系问题"直接"断言"世界的存在。而这种"独断论"的、"非反思"的哲学,正是科学尚处于哲学母体之中、哲学尚承担科学功能的产物,也就是哲学作为"世界观理论"和科学对"世界"的描述与解释尚未分开的产物。与此相反,实现"认识论转向"的近代哲学,则凸显了"思维"与"存在"之间的诸种"矛盾",从而使"思维和存在的关系问题"真正成为哲学的"重大的基本问题"。具体地说,由于近代哲学从对"认识"的反省出发去研究"思维和存在的关系问题",因而不仅从"内容"方面提出和研究了"客观世界与意识内容"的关系问题,而且特别从"形式"方面提出并研究了"意识内容与意识形式""对象意识与自我意识""外延逻辑与内涵逻辑""知性思维与辩证思维""分析判断与综合判断""理论理性与实践理性"等一系列关于"思维和存在"的"关系问题"。这就不仅使哲学的"基本问题"获得了"完全的意义",而且也使哲学的"世界观理论"获得了"真实的意义",即作为哲学的"世界观理论",它不是直接地断言"世界"的理论,而是"揭示"和"反思"思维把握和解释世界的"矛盾"的理论,是推进人对自己与世界的相互关系的理解和协调的理论。正因如此,作为近代哲学理论总结的黑格尔哲学才实现了列宁所说的"辩证法、认识论和逻辑学"的统一,并为马克思主义的辩证唯物主义哲学提供了宝贵的理论来源。

(二)世界观理论与哲学反思

从哲学的基本问题，即"思维和存在的关系问题"去理解作为哲学的"世界观理论"，我们就会进一步提出问题：所谓"世界观"，究竟是人站在"世界"之外"观"世界，还是人把自己同世界的"关系"作为对象来进行"反思"？所谓"世界观理论"，究竟是"观"世界而形成的关于"整个世界"的理论，还是"揭示"和"反思"人同世界的"矛盾"而形成的关于人与世界相互"关系"的理论？

显而易见，如果"世界观理论"是人站在世界之外"观"世界而形成的关于"整个世界"的理论，如果这种"世界观理论"是为了让人们对"整个世界"做出具有"最大普遍性"和"最大普适性"的解释，那么，这样的"世界观理论"就不是以"思维和存在的关系问题"作为自己的"重大的基本问题"，而是以"世界"本身及其运动规律作为自己的研究对象和"基本问题"。这样理解"世界观理论"的理论后果和实践后果，必然是混淆"哲学"与"科学"的区别，乃至于仍然把"哲学"当成是凌驾于一切科学之上的"科学的科学"；不仅如此，这样理解的后果，还必然混淆马克思关于"解释世界"与"改变世界"的区分，以至于把"改变世界"的马克思主义哲学混同于"解释世界"的旧哲学。

哲学作为人类把握世界的一种基本方式，它与科学的根本区别，在于它不是把"整个世界"作为对象"解释世界"，恰恰相反，它是把"思维和存在的关系"当作自己的"重大的基本问题"，揭示"思维与存在""人与世界"之间的无限丰富的矛盾关系，从而引导人们"改变世界"。

哲学对自己的"重大的基本问题"的自觉是一个漫长的过程，与此相适应，哲学对自己的"改变世界"的使命的自觉同样是一个漫长的过程。只有在近代哲学的"认识论转向"的基础上所实现的"实践论转向"，才把"解释世界"的传统哲学变革为"改变世界"的马克思主义哲学，因而才出现了真正是"世界观理论"的"哲学"。

"解释世界"的传统哲学，从根本上说，是以科学与哲学尚未完全分化为前提的哲学，也就是把哲学当作凌驾于全部科学之上的"科学的科学"。与此相反，"改变世界"的哲学则是以科学与哲学的高度分化为前提的哲学，也就是摆脱了把哲学视为"科学的科学"。对此，恩格斯曾经指出，由于细胞学说、能量守恒和转化定律、达尔文生物进化论这三大发现和自然科学的其他巨大进步，"我们现在不仅能够说明自然界中各个领域内的过程之间的联系，而且总的说来也能说明各个领域之间的联系了，这样，我们就能够依靠经验自然科学本身所提供的事实，以近乎系统的形式描绘出一幅自然界联系的清晰图画"。[①] 在这种科学背景下，那种"用观念的、幻想的联系来代替尚未知道的现实的联系"的"自然哲学就最终被排除了。任何使它复活的企图不仅是多余的，而且是倒退"。[②] 恩格斯还指出，由于马克思的历史观终结了历史领域内的哲学，所以，"现在无论在哪一个领域，都不再要从头脑中想出联系，而要从事实中发现联系了"[③]。这表明，马克思主义哲学在哲学史上的革命变革，首先就是以 19 世纪科学的巨大发展为背景，变革了充当"科学的科学"的传统哲学。因此，这种"改变世界"的新哲学并不是企图对世界做出某种永恒的终极性解释，而是不断地为人们提供理解和协调人与世界相互关系的"世界观理论"。正因如此，恩格斯曾经强调指出，这种"改变世界"的马克思主义哲学已经不再是"哲学"，而只是"世界观"。

从"改变世界"的哲学立场去理解哲学的"世界观理论"，我们首先就会超越对人与世界之间的简单的、二元理解，提出构成"世界观"内在矛盾的三个基本概念，即"自在世界""世界图景"和"人类把握世界的基本方式"。

所谓"自在世界"，就是自然而然地存在着的世界，处于生生不息的运动和变化中的世界。把它称作"自在世界"，不仅仅是指它外在于人而存在、不以人的意志为转移而存在，更主要是强调"自在世界"这种提法

---

① 《马克思恩格斯选集》第 4 卷，246 页，北京，人民出版社，1995。
② 同上书，246 页。
③ 同上书，257 页。

本身就意味着还没有从人对世界的关系出发去看世界。一旦从人对世界的关系出发去看世界，世界就成了人的"对象世界"，人的"世界图景"。

所谓"世界图景"，就是人以自己把握世界的各种方式为中介而形成的关于"世界"的"图景"。这种解释表明了"世界图景"的不可或缺的二重内涵：其一，世界图景是关于世界本身的图景，是关于人与世界关系的图景，而不是某种与人或世界无关的图景，即使是宗教的幻化的世界图景，也只能是以幻化的方式所构成的关于人与世界关系的图景；其二，关于世界本身的图景，关于人与世界关系的图景，不是自在的世界，不是自在的人与世界的关系，而是人以自己把握世界的多种方式为中介所构成的图景，这样的"世界图景"离不开人类把握世界的基本方式。

所谓"人类把握世界的基本方式"，简洁地说，就是人类把"自在世界"变成自己的"世界图景"的方式。人类在其漫长的形成和演进过程中，逐渐地形成了人与世界之间的特殊关系，即人类不仅是以其自然器官与世界发生自然的"关系"，而且特殊地以自己的"文化"为"中介"与世界发生"属人"的"关系"。常识、宗教、艺术、伦理、科学和哲学等，就是人类在实践活动的基础上所形成的与世界发生真实关系的"中介"，也就是人类"把握"世界的"基本方式"。

人类以自己"把握"世界的基本方式为"中介"与世界发生关系，这表明人是历史的、文化的存在，人的"世界图景"是与人的历史性的存在与发展密不可分的，因此，不能从"纯自然"的观点去看待人与世界的关系，而必须从历史的、文化的观点去看待人与世界的关系。合理的"世界观理论"只能是从恩格斯所说的"现实的人及其历史发展"出发而构成的哲学理论。因此，在对"自在世界""世界图景"和"人类把握世界的基本方式"这三个重要概念及其相互关系的分析中，重新理解与阐释作为"世界观理论"的"哲学"，这本身正意味着一种理解人与世界关系的真正的"世界观理论"。

人类把握世界的各种基本方式，在其直接性上，首先是为人类提供了丰富多彩的"世界图景"，即宗教的、艺术的、常识的、科学的和哲学的"世界图景";而它们之所以能够提供各种各样的"世界图景",则在于它们本身是人类把握世界的不同方式,即宗教的、艺术的、常识的、科学的和哲学的"基本方式";这些基本方式不仅为人们提供各种各样的"世界图景",而且为人们的思想和行为提供各自的"思维方式"和"价值规范",即宗教的、艺术的、常识的、科学的和哲学的思维方式和价值规范。这样,人类把握世界的各种基本方式,就以"世界图景""思维方式"和"价值规范"的三重内涵构成了哲学反思的对象。这表明,作为"世界观理论"的哲学,并不是直接的以"世界"为对象所形成的关于"世界"的"观点"(包括所谓"关于世界的根本观点");恰恰相反,作为"世界观理论"的哲学,它是从"思维与存在""人与世界"的"关系"出发,以人类把握世界的各种方式所构成的"世界图景""思维方式""价值规范"为对象,批判性地"反思"各种不同的(同时态的和历时态的)"世界图景""思维方式"和"价值规范",为人类提供自己时代水平的真、善、美的观念。这就是哲学的"世界观理论"——从总体上理解和协调人与世界相互关系的理论。

(三)世界观理论与认识论、历史观和价值论

哲学作为理解和协调人与世界相互关系的"世界观理论",它对人与世界相互关系的理解,既要反省人对世界的"认识"问题(认识论),也要反省人的存在与发展问题(历史观),更要反省人对人与世界关系的评价问题(价值论),因此,认识论、历史观、价值论是"世界观理论"的题中应有之义,而不是彼此外在的"结合"。

人类以自己把握世界的各种基本方式所建构的各种"世界图景",以及人类通过这些基本方式所建构的理解和协调人与世界相互关系的各种"思维方式"和"价值模式",都是以人对世界的"认识"为前提的,因此,人类哲学思想从其产生开始,始终关注黑格尔所说的"对认识的认识",这就是所谓的"认识论"。以"认识论转向"为标志的近代哲学,则以区别"意识外的存在"与"意识界的存在"为前提,始终聚焦于对"思想客观性"的追问,从而使"认识论"问题成为近代哲学构建其"世界观理论"的前提

与基础。现代哲学的"语言转向"，则把近代哲学在"认识论转向"中所实现的对"思维和存在的关系问题"的追问，诉诸对"思维和存在"的中介——语言——的追问。这种追问使得哲学的认识论获得了现代的内容与形式。

现代哲学认为，传统哲学的认识论实际上是对认识的心理现象和心理过程的描述，而不是对"意义"的认识论分析，因此应当把它作为心理学而归入经验科学；对"意义"的认识论分析，则阐明了人类通过其把握世界的各种方式（诸如宗教、伦理、科学、哲学等所构成的概念系统和命题系统，从而澄清这些概念系统和命题系统所蕴含的真实"意义"。现代解释哲学进一步提出，人类运用语言来理解和表述对世界的理解，反过来看，语言又是对人的理解方式和理解程度的表达，因此，对语言的"意义"分析，就不仅仅是分析人所理解的世界，更是分析人对世界的"理解"。理解的可能性条件首先是人的理解能力。哲学解释学认为，人的理解能力就是历史给予人的延续历史的能力。这种能力首先表现为每一代人都处于由历史而来的"前理解"，即历史的文化积淀之中，因此，"理解"的可能性在于人的"历史性"。马克思曾经指出，人们并不是随心所欲地创造历史，并不是在他们自己选定的条件下创造，而是在直接碰到的、既定的、从过去承继下来的条件下创造。显然，在每一代人"从过去承继下来的条件"中，既包括物质条件和一般文化条件，也包括哲学解释学所着力阐扬的"前理解"条件。由此我们可以看到，在现代哲学的演进过程中，不仅凸显了以语言为对象的"认识论"问题，而且不可避免地由语言——历史文化的"水库"——而使"认识论"与"历史观"融汇在一起。

在人与世界的相互关系中，人的存在与发展——历史——是一个最具根本性的理论问题。哲学对"人与世界"的相互关系的理解，从根本上说，取决于哲学对人的历史性的存在方式的理解。在哲学发展史上，马克思主义哲学以前的全部旧哲学的根本问题，就在于"非历史""超历史"地看待"人与世界"之间的关系。作为马克思主义哲学的直接理论来源的德国古典哲学，也仍然是以"非历史""超历史"的观点去解决作为哲学基本问题的"思维和存在的关系问题"。在黑格尔那里，"思维和存在的关系"是马克思所批评的"概念规定"与"无人身的理性"的关系；在费尔巴哈那里，"思维和存在的关系"是马克思所批评的"感性对象"与"人的感性存在"的关系；而无论是黑格尔还是费尔巴哈，在他们所理解的"思维和存在"的关系中，"思维"（人）和"存在"（世界）都是"非历史"的、"超历史"的、抽象的存在。正是这种本质上是"非历史"和"超历史"的"历史观"，决定了他们的"世界观理论"只能是一种"解释世界"而非"改变世界"的哲学。他们的"世界观""认识论"和"历史观"是"解释世界"的"统一"。

在被恩格斯称作包含天才世界观萌芽的第一个宝贵文件，即《关于费尔巴哈的提纲》中，马克思就从他对思维与存在、人与世界相互关系的历史的、实践的理解中，形成了以实践论为标志的世界观、认识论和历史观的统一，从而鲜明地提出了"哲学家们只是用不同的方式解释世界，而问题在于改变世界"的纲领性的哲学宣言。马克思认为，人的"社会生活在本质上是实践的"，因此必须从人的实践活动及其发展出发去理解"思维和存在""人和世界"的关系。正因如此，马克思既尖锐地批评旧唯物主义"只是从客体的或者直观的形式去理解""事物、现实、感性"，又深刻地揭露唯心主义"抽象地发展了""能动的方面"，并进而精辟地阐述了二者的共同之处，即它们都不懂得"真正现实的、感性活动本身"，都不了解"革命的""实践批判的"活动的意义，因此全部旧哲学都只能是"解释世界"的哲学。马克思的实践论的世界观，则是从人的实践活动及其历史发展出发去理解"思维和存在""人和世界"的关系，把人同世界的关系理解为人类能动地"改变世界"的过程。这种实践论的世界观既是实践论的认识论——革命的、能动的反映论，又是实践论的历史观——人类以实践方式实现自身发展的历史观，因此，马克思所创立的新哲学是实践论的世界观、历史观和认识论的统一，也就是"改变世界"的世界观、历史观和认识论的统一。

在关于哲学的理解中，我们还应当看到，无论是"解释世界"的哲学，还是"改变世界"的哲学，它们对"思维和存在""人和世界"关系的关切，都有一个共同的旨趣，那就是为人的思想和行为提供某种根据、标准和尺度。如何看待人与世界的关系，怎样评价人与世界的关系，这是激发各个时代的人们进行哲学思考的深层动力。这就是"价值论"问题。

人对世界的价值关系，从根本上说，是一种目的性要求与对象性活动相统一的实践关系；反过来看，人的实践活动作为创造生活意义的目的性、对象性活动，作为否定世界的现存状态而使之变成人所要求的理想性状态的目的性、对象性活动，它本身就是一种价值活动，从而构成了人与世界之间的价值关系。人类的实践活动，是把"自在的世界"变成"属人的世界"的过程，也就是把"自然界"变成"价值界"的过程。人在自己的实践活动中所实现的人与世界之间的价值关系，使得人的"认识"具有了真正的目的性和能动性，人对世界的认识关系表现为人与世界的价值关系密不可分。就此而言，能动的反映论是以实践观的价值论为基础的。

人同世界的关系是一种以人的实践活动为基础而构成的、并通过人的实践活动而深化发展的关系，即"历史"的关系。"历史"，用马克思的话说，就是"追求着自己的目的的人的活动"，用恩格斯的话说，就是"具有意识的、经过思虑或凭激情行动的、追求某种目的的人"的活动过程。在对"历史"的这种理解和解释中，已经凸显了以实践论为基础的世界观、历史观、认识论和价值论的统一，但是，在对马克思主义哲学的"世界观理论"的理解中，我们特别需要思考马克思关于"历史"的两个重大结论：其一，马克思从现实的人及其历史发展出发，抛弃了关于合乎"人的本性"的社会条件的议论，而去考察和揭示人类历史的现实基础，从而在社会有机体众多因素的交互作用中，在社会形态曲折发展的历史进程中，在社会意识相对独立的历史更替中，发现了生产力的最终的决定作用，从而揭示了人类社会发展的客观规律。其二，马克思从宏观的历史视野，把人类存在的历史形态概括为"人的依赖关系""以物的依赖性为基础的人的独立性"和"以个人全面发展为基础的自由个性"。人类的历史，就是人类以自己的实践活动使自己超越"人的依赖关系"和"以物的依赖性为基础的人的独立性"，并使自己获得"以个人全面发展为基础的自由个性"的过程。马克思主义哲学的"世界观理论"，则是"揭示"和"反思"人对世界这种实践关系的理论，是"引导"和"促进"人类争取自身解放的"改变世界"的哲学。这种"改变世界"的哲学，以实践论为基础而实现了世界观、认识论、历史观和价值论的统一，是一种真正的实践论的"世界观理论"。

二 存在论、本体论和世界观①

什么是哲学意义的存在论、本体论和世界观？哲学意义的存在论、本体论和世界观与辩证法是何关系？本文试图以哲学的"重大的基本问题"，即"思维和存在的关系问题"为聚焦点，澄清三者的内涵，厘清三者的关系，进而阐释这三者与辩证法的内在关联。

(一)存在论的辩证法或辩证法的存在论

如果我们承认"思维和存在的关系问题"是哲学的"重大的基本问题"，就不能不首先关切什么是哲学意义上的"思维"和"存在"。对"思维"和"存在"的理解，直接关系到对"思维和存在的关系问题"的理解；或者反过来说，对"思维和存在的关系问题"的理解，直接地取决于对"思维"和"存在"的理解。

1."存在"与"思维和存在的关系问题"

"存在"，从概念的外延和内涵上看，是一个最具矛盾性的概念：它的外延是最宽泛的———一切皆在；它的内涵又是最稀薄的———一切皆

---

① 本文系国家社科基金重点项目"改革开放以来的当代中国哲学史"（编号 IIAZD054）的阶段性成果

无。外延最宽泛而内涵又最稀薄、一切皆在而又一切皆无的"存在"，被黑格尔解说为"无规定性的直接性，先于一切规定性的无规定性，最原始的无规定性"①。这种"最原始的无确定性"，显然不是对"存在"本身而言的，而只能是对"思维"而言的，因此，黑格尔在《逻辑学》的开端，用三个"纯"字来解释作为"最原始的无确定性"的"存在"："纯有""纯无"和"纯思"。探索哲学意义的"思维和存在的关系问题"，不能不首先反思"纯思"对"纯在"的关系。

"存在"作为"一切皆在"，就是"纯有"——没有任何规定性的纯粹的"有"；"存在"作为"一切皆无"，就是"纯无"——没有任何规定性的纯粹的"无"；"存在"作为"一切皆在"和"一切皆无"的"纯有"和"纯无"，就是"纯思"——"先于一切确立性之直接性"的纯粹的"思"。因此，"最原始的无确定性"的"思维"和"存在"，具有自在的"同一性"——"纯有"就是"纯思"，"纯思"就是"纯有"。

黑格尔在自己的《逻辑学》的"开端"，把思维和存在的关系问题首先揭示为"纯思"与"纯有"的关系问题，这绝不是唯心主义的"臆想"，而是哲学思维的理论自觉，也是对"思维和存在的关系问题"的理论自觉。这种理论自觉，在"开端"的意义上，也就是在黑格尔所说的"最原始的无确定性"的意义上，不仅揭示了人类认识史和个体认识史的"开端"，而且揭示了"思维"的能动性的"开端"，从而为理解"思维和存在的关系问题"奠定了"先于一切确定性之直接性"的哲学基础。

作为"最原始的无确定性"，与"纯思"相对的是"纯有"和"纯无"，"纯有"就是"纯无"，"纯无"就是"纯有"，这里的"思"与"在"、"有"与"无"，是"直接同一"的。然而，"思"与"在""有"与"无"，这本身不就是"有区别""非同一"的吗？因此，在"纯存在"的意义上，"思维和存在的关系"就构成了一种根本性的矛盾：应该有区别，实际无区别。这个根本性的矛盾，既揭示了人类认识史和个体认识史的"开端"，又揭示

---

① ［德］黑格尔：《小逻辑》，190 页，北京，商务印书馆，1996。

了思维的能动性的"开端"，也揭示了作为哲学的"重大的基本问题"的"思维和存在的关系问题"的"开端"。这个"开端"，就是"存在论"的"辩证法"或"辩证法"的"存在论"。

作为人类认识史的开端，"纯存在"所体现的乃是人类思维从无到有（即从动物的意识到人类的思维）的演变过程。在这个演变过程中，人类思维处于萌芽的、潜在的状态。它的内容和形式都是极其贫乏的，但同时又包含了人类认识运动的所有矛盾的胚芽。所以，以"纯存在"为开端，就是以人类思维的萌芽状态为开端。

作为个体认识史的开端，"纯存在"所体现的乃是个体天赋的思维能力在其未进行具体的认识活动之前的潜在状态。在这种状态下，个体的思维能力作为天赋的生理—心理机能，只是一种单纯的、没有表现出来的认识能力。它的内容和形式也都是极其贫乏的，但是，这种天赋的能力却是其后来的丰富多彩的认识活动的基础。所以，以"纯存在"为开端，就是以个体天赋的思维能力为开端。

"纯存在"所包含的有与无的直接同一，正是萌芽状态的人类思维和潜在状态的个体思维的逻辑表现。在这种状态下，人类已经萌发了区别于动物的思维能力，个体已经在类的遗传中具有了天赋的思维能力，所以说它是"有"；但是，人类形成过程中的思维还没有取得完全独立的地位，个体在遗传中获得的思维能力还没有通过具体的认识活动显示其现实性，所以又说它是"无"。亦此亦彼，既有又无，这就是"纯存在"这个范畴所表现的人类认识和个体认识的萌芽或潜在状态的本质特征，它蕴含着"思维和存在"的全部"关系问题"的"胚芽"。

2."在者"与"思维和存在的关系问题"

作为"纯有""纯无""纯思"的"纯存在"，只是黑格尔所说的"思维"和"存在"的"最原始的无确定性"，也就是没有任何"规定性"和"区别性"的"存在"。对此，黑格尔指出，"我们说在这个世界中一切皆有，外此无物，这样我们便抹杀了所有的特定的东西，于是我们所得的，便只是绝对的空无，而不是绝对的富有了"①。"所有特定的东西"，都是具有"规定性"和"区别性"的存在，也就是"规定"自己而又"区别"于他者的存在。这就是"在者"。

"存在"被区分为"纯在"（无规定性的存在）与"在者"（有规定性的存在），由此就构成了"思维和存在"的双重关系：一是"思维"与"纯在"的关系，一是"思维"与"在者"的关系。因此，理解"思维和存在的关系问题"，需要诉诸"思维"与"存在"的双重关系，既不能以"思维"与"纯在"的关系取代"思维"与"在者"的关系，也不能以"思维"与"在者"的关系取代"思维"与"纯在"的关系。

"纯在"是"思维"对全部规定性的存在，即"在者"的最高抽象。在这种最高抽象中，"在者"被"蒸发"掉了全部的规定性，变成了没有任何规定性的"纯粹的存在"。思维以这种"纯在"为出发点去把握全部的"在者"，具有双重的重大意义：其一是显示了"思维"的最具根本性的"能动性"——在思维中构成全部的具有规定性的"在者"或构成"在者"的全部规定性；其二是显示了"思维"的最具根本性的"现实性"——思维以概念及其逻辑运动展现"在者"及其运动的逻辑。对于这种最高的抽象，马克思做出自己的唯物主义解释："在最后的抽象（因为是抽象，而不是分析）中，一切事物都成为逻辑范畴"，"正如我们通过抽象把一切事物变成逻辑范畴一样，我们只要抽去各种各样的运动的一切特征，就可得到抽象形态的运动，纯粹形式上的运动，运动的纯粹逻辑公式"。② 因此，范畴逻辑运动的根据，就在于它是现实的事物运动的抽象，是以逻辑公式表现出来的事物运动。黑格尔"颠倒"了这个关系，把范畴的逻辑运动引向了"神秘主义"；但是，黑格尔所揭示的"思维"与"纯在"的关系，可以启发我们重新理解"思维"把握和展现"存在"的双重特性："能动性"和"现实性"。

---

① ［德］黑格尔：《小逻辑》，194 页，北京，商务印书馆，1996。
② 《马克思恩格斯选集》第 1 卷，138、139 页，北京，人民出版社，1995。

在"思维"对"存在"的关系中，一切有规定性的存在即"在者"，并不是"自在"的存在，而是"自为"的存在，即被思维赋予内涵（规定性）的存在，即"概念""范畴"的存在。因此，"思维和存在的关系"意义上的"思维"对"存在"的关系，就是"思维"对"概念"的关系，就是"思维运动"与"概念运动"的关系。在《哲学笔记》中，列宁在摘录黑格尔关于"理解运动，就是用概念的形式来表述运动的本质"之后，进而做出这样的论断："问题不在于有没有运动，而在于如何在概念的逻辑中表达它。"①对此，列宁又引证黑格尔的话说，"从来造成困难的总是思维，因为思维把一个对象的实际上联结在一起的各个环节彼此分隔开来考察"②。因此，列宁在"辩证法是什么"的标题下作出如下的论断："概念之间对立面的同一。"③列宁还特别强调指出，概念、范畴并不是认识的"工具"，而是人类认识的"阶梯"和"支撑点"。正是在概念、范畴的辩证发展中，才实现了"思维和存在"的历史性的统一。这表明，列宁不仅在"思维和存在的关系"上理解"存在"，也不仅在"思维和存在的关系"上理解把握"存在"的"概念"，而且在"思维和存在的关系"上实现了"辩证法"与"存在论"的统一。在黑格尔、马克思和列宁的意义上，"存在论"就是"思维和存在的关系"的辩证法。离开对"思维和存在的关系问题"的反思，就构不成哲学意义的"存在论"。

3."此在"与"思维和存在的关系问题"

对"存在"的分析表明，思维所把握的"存在"具有双重含义：一是赋予规定性的存在，它就是"在者"；二是没有规定性的存在，这就是"纯在"。前者构成思想的内容，后者则是作为"纯思"的抽象力。然而，无论是构成思想内容的"在者"，还是作为"纯思"的"纯在"，都意味着有一个特殊的"存在"：意识到存在的存在——具有自我意识的存在，向存在发问的存在。借用海德格尔的说法，这就是"此在"。

---

① 列宁：《哲学笔记》，281 页，北京，人民出版社，1960。
② 同上书，285 页。
③ 同上书，210 页。

海德格尔提出，如果我们要探寻"存在"，就必须首先向自己发问："我们应当在哪种存在者身上破解存在的意义？我们应当把哪种存在者作为出发点，好让存在开展出来？出发点是随意的吗？抑或在拟定存在问题的时候，某种确定的存在者就具有优先地位？这种作为范本的存在者是什么？它在何种意义上具有优先地位？"①对于这个问题，海德格尔自己的回答是："观看、领会和理解、选择、通达，这些活动都是发问的构成部分，所以它们本身就是某种特定的存在者的存在样式，也就是我们这些发问者本身向来所是的那种存在者的存在样式。因此，彻底解答存在问题就等于说：就某种存在者——即发问的存在者——的存在，使这种存在者透彻可见。……这种存在者，就是我们自己向来所是的存在者，就是除了其他存在的可能性外还能够发问存在的存在者，我们用此在这个术语来称呼这种存在者。"②海德格尔的设问与回答表明，他所规定的在存在论上具有优先地位的"此在"，就是意识到自身存在的存在，也就是人的存在。

"此在"不是某个个体的存在，而是"类"的存在。在论述"我"的时候，黑格尔说："就思维被认作主体而言，便是能思者，存在着的能思的主体的简称就叫做我。"③对于作为主体的"我"，黑格尔又进一步提出，"因为每一个其他的人也仍然是一个我，当我自己称自己为'我'时，虽然我无疑地是指这个个别的我自己，但同时我也说出了一个完全普遍的东西"④。这就是说，"我"作为独立的个体的存在，"我"就是我自己；"我"作为类分子而存在，"我"又是我们。"我"是个别与普遍的对立统一。

"我们"的存在，使"存在"区分为"主体"的存在与"客体"的存在。主

---

① ［德］海德格尔：《存在与时间》，9页，北京，生活·读书·新知三联书店，1987。

② 同上书，9—10页。

③ ［德］黑格尔：《小逻辑》，68页，北京，商务印书馆，1996。

④ 同上书，81页。

客体关系的存在，是以人作为主体的"此在"的存在为前提的。这就是主体之于客体的逻辑上的先在性。对此，马克思、恩格斯曾极为深刻地指出："凡是有某种关系存在的地方，这种关系都是为我而存在的；动物不对什么东西发生'关系'，而且根本没有'关系'；对于动物来说，它对他物的关系不是作为关系存在的。"①这就是说，"关系"之所以作为"关系"而存在，必须以"我"的存在为前提，必须在"我"的自我意识中构成主客体关系。这种主客体关系，就是"此在"对"存在"的关系，也就是"我们"的"思维"对"存在"的关系。这表明，"主体与客体的关系"，就是现实的"思维与存在的关系"，就是现实的"思维与存在的关系"的辩证法。

主体对客体的关系，是以主体的逻辑上的先在为前提的。在主客体关系中，"思维"对"存在"具有逻辑的先在性：存在作为思维的对象，是被思维把握到的存在。被思维把握到的存在，既包括具有规定性的"在者"，又包括没有规定性的"纯在"。思维对存在的规定性即对"在者"的把握是一个不可穷尽的过程，而思维对没有规定性的存在即对"纯存在"的把握则意味着思维和存在的统一的无限的可能性——思维自身所具有的能动性。

思维以自身的能动性把握存在，是实现思存统一的内在根据；思维把存在把握为具有规定性的存在，则必须诉诸创造和变革概念、范畴的历史过程，以概念、范畴作为认识的"阶梯"和"支撑点"，不断地拓展和深化对存在的规定性的认识。黑格尔把思维和存在的同一视为"全体的自由性"与"环节的必然性"的统一，并以概念辩证法展现思维和存在从"自在"到"自为"再到"自在自为"的统一，在其合理性上，就是思维的能动性与认识的现实性的统一。

通过对"存在""在者"和"此在"的反思与分析，我们应当得出的基本认识是：哲学意义的"存在论"，既不是单纯的关于"纯在"之论，也不是

---

① 《马克思恩格斯选集》第 1 卷，81 页，北京，人民出版社，1995。

单纯的关于"在者"之论，而是以"此在"的逻辑上的先在性为前提所构成的"思维"对"存在"的双重关系：一是揭示思维"能动性"的思维对存在的关系，二是揭示思维"现实性"的思维对在者的关系。这两种关系实现为"主体和客体的关系"，本质上则是"思维和存在的关系"。哲学意义的"存在论"，就是以"存在"为反思对象的"思维和存在的关系问题"的辩证法。

（二）本体论的辩证法或辩证法的本体论

在"思维与存在的关系"中，思维的能动性，不仅在于它不断地构成关于"在者"的规定性，而且在于它总是追究"在者"何以存在的根据，总是指向"此在"何以存在的根据。正是这种"追究"和"指向"，显示了哲学意义的"存在论"的一种特殊内涵——本体论。

这样提出问题，有强烈的针对性。在当代哲学中，关于"存在论"与"本体论"的关系，有这样两种值得关切的观点：一种是把"存在论"等同于"本体论"，以"存在论"之名而阐述"本体论"；另一种则是把"存在论"与"本体论"对立起来，以"存在论"之名而讨伐"本体论"。然而，这两种似乎截然相反的观点，却隐含着一系列未揭示出来的共同的前提。

首先，"本体"是"有"还是"无"？在当代哲学中产生广泛而深远影响的蒯因的观点，表明了讨论这个问题的重要性和艰巨性。蒯因提出，关于本体论问题，必须分为"本体论事实"与"本体论承诺"这样两个问题，前者是"何物存在"的问题，后者则是"我们说何物存在"的问题。在通常的解释中，认为离开后者而讲前者，就是离开认识论的本体论，因而是独断论的本体论；以后者为前提而讨论前者，就是以认识论为基础的本体论，因而达到了"没有认识论的本体论为无效"的理论自觉。然而，我们对蒯因提出的问题是：无论是"何物存在"还是"说何物存在"，这里的"何物"究竟是什么？"何物"是有规定性的"在者"，还是没有规定性的"纯在"？如果"何物"就是"在者"，它在什么意义上是"本体论"？如果"何物"是指"纯在"，它又在什么意义上是"何物"？毋庸置疑的是，蒯因所说的"何物"，就是有规定性的"在者"，而不是无规定性的"纯在"。在蒯因这里，作为"本体"的"存在"，并不是哲学反思所构成的存在，而只是日常语言中的存在。蒯因把常识的存在与哲学的存在混为一谈，因而也把"存在"与"本体"混为一谈了。

作为"本体"的"存在"，并不是存在着的"在者"，而是作为"纯思"的"纯在"。在《形而上学导论》中，海德格尔极为深刻地揭示了这个问题。他的问题是："究竟为什么在者在而无反倒不在?"①海德格尔在这里所说的"无"，按照他本人的解释，主要包括三层含义：一是涵括"现在的现成存在者""以往的曾在者"和"未来的终在者"；二是追问"在者由何根据而来""在者处于何根据之上"和"在者照何根据行事"；三是"唯有一种在者，即提出这一问题的人，总是不断在这一追问中引人注目"。这就是说，海德格尔所说的"无"，就是"提出这一问题的人"对"在者"的"根据"的"追问"，而不是"在者"的"存在"。在海德格尔这里，"本体"不是"有"而是"无"，不是"在者"之"在"，而是"在者"之为"在者"的"根据"。因此，本体论是并且只是关于"何以可能"的哲学理论。

这里的关键问题在于，人为何要追究作为"无"的"本体"? 人是现实的存在，人的认识对象都是具有规定性的存在，人与世界的现实关系只能是"此在"与"在者"的关系，而不是"纯思"与"纯在"的关系。在这个意义上，"思维和存在的关系问题"，就是"思维和存在"如何统一的问题，也就是"构成思想"的问题。然而，人类是以思维的能动性而实现思维与存在的统一的，对"思维"本身的追问，就构成了思维以自身为对象反过来而思之的反思，就构成了反思中的"思维和存在"的"关系问题"。在这个"关系问题"中，成为"问题"的就不是"存在"的"规定性"，而是思维把握存在的"根据"。因此，在作为本体论的"思维和存在的关系问题"中，"在者"被彻底地抽象了，变成了"存在"何以存在的"根据"。

其次，"本体"是不是"本原"或"本质"? "本体论"是不是"本原论"或"本质论"? 在哲学史上，追寻"本体"有两种最基本的思路：一种是寻求

① ［德］海德格尔：《形而上学导论》，3 页，北京，商务印书馆，1996。

万物所由来和万物所复归的"始基"和"基质"，这就是把"本体"视为"本原"的路子；另一种则是寻求现象背后的本质，从逻辑关系上把"本体"视为"本质"的路子。前一种路子试图以某一种"在者"而解释全部的"在者"，也就是以一种特殊的存在而解释全部的特殊的存在，这就必然转向以"质"的同一性来解释"量"的多样性，因此必然导致第二种路子——把"本质"作为"本体"。反思这两种"路子"，我们会发现，把"本质"作为"本体"的"本体论"，有三个根本性的思想前提：其一，就其思想本质来说，是把存在本身同存在的现象割裂开来、对立起来，认为经验观察到的现象并非存在本身，存在本身是那种隐藏在经验现象背后的超验的存在；其二，就其思想原则来说，是把主观和客观、主体和客体对立起来，把哲学所追求和承诺的"本体"视为某种超出人类或高于人类的本质、与人类的历史状况无关的自我存在的实体，力图剥除全部主观性，归还存在的本来面目；其三，就其追求目标来说，是把绝对与相对分割开来，企图把从某种直觉中把握的最高确定性作为支配宇宙的最普遍的原则或原理，使人类经验中的各种各样的事物得到最彻底的统一性解释，从而为人类提供一种终极的永恒真理。

从上述三个思想前提可以看到，以追究"本原"或"本质"为本体论的哲学模式，是由于把本质与现象分离开来、主观与客观割裂开来、相对与绝对对立起来而产生的。它的实质，是要求哲学为人类揭示宇宙的绝对之真、至上之善和最高之美。这就是传统哲学关于"存在本身"的"本体论"。当哲学家从对"本体"的追究而转向对人类认识的反省时，哲学研究的理论硬核发生了变革。"没有认识论的本体论为无效"，这是近代哲学的立足点和出发点。由于近代哲学的发展，以探寻存在本身为理论硬核的本体论哲学模式，就被以反省人类认识为理论硬核的认识论哲学模式所取代；以追求纯粹客观性为目标、并把主观性与客观性绝对对立起来的形而上学的思维方式，就被探索思维与存在、主观与客观如何统一的辩证法理论所扬弃。独立存在的本体论哲学及其所代表的形而上学的思维方式，已经被德国古典哲学及其所代表的辩证法的思维方式所否定。批判地继承德国古典哲学的马克思主义哲学认为，人类的社会实践活动，以及实践基础上的人类认识活动，是一个不断发展的历史过程。在这个历史过程中，人类所获得的全部认识成果，包括哲学层面的本体论追求，总是具有相对的性质；但同时，人类的实践和认识又永远不会停留在一个水平上，总是向着全体自由性的目标迈进。恩格斯明确指出，以人的实践为基础的人的思维，是"至上"与"非至上"的辩证统一，"按它的本性、使命、可能和历史的终极目的来说，是至上的和无限的；按它的个别实现情况和每次的现实来说，又是不至上的和有限的"①。哲学的本体论追求正是植根于人类思维的"本性、使命、可能和历史的终极目的"，即植根于人类思维的"至上"性。因此，马克思主义哲学否定传统本体论占有绝对真理的幻想，但并不拒绝基于人类实践本性和人类思维本性的本体论追求。

在对哲学本体论的理解中，值得深思的问题是，"本体"的寻求即矛盾。"本体论"指向对人及其思维与世界内在统一的"基本原理"的终极占有和终极解释，力图以这种"基本原理"为人类的存在和发展提供永恒的"最高支撑点"，而人类的历史发展却总是不断地向这种终极解释提出挑战，动摇它所提供的"最高支撑点"的权威性和有效性，由此构成哲学本体论与人类历史发展的矛盾；"本体论"以自己所承诺的"本体"或"基本原理"作为判断、解释和评价一切的根据、标准和尺度，从而造成自身无法解脱的解释循环，因此，哲学家们总是在相互批判中揭露对方的本体论的内在矛盾，使本体论的解释循环跃迁到高一级层次，这又构成哲学本体论的自我矛盾。在现代哲学中，马克思主义哲学从"现实的人及其历史发展"出发去看待哲学，哲学的"本体论"就发生了真正的革命：人类在自身的历史发展中所形成的判断、解释和评价一切事物并规范自己思想和行为的"本体"观念，既是一种历史的进步性，又是一种历史的局限性，因而它孕育着新的历史可能性。这深切地表明，"本体"作为规

---

① 《马克思恩格斯选集》第 3 卷，427 页，北京，人民出版社，1995。

范人的思想和行为的根据和标准，它永远是作为中介而自我扬弃的。

"本体论"不是关于"在者"的学问，而只是一种"追问"：对"在者之在""是其所是""何以可能"的追问。对"本体"的追问和追寻，是人类思维的追根溯源的意向性追求，是人类为自己的思想和行为寻求根据、标准和尺度的不懈追求。因此，作为"思维和存在的关系问题"的"本体论"，它的"指向"和"追求"具有双重意义：既是以"思维"的"至上性"去追寻和构建规范人的全部思想和行为"最高的支撑点"，又是以"思维"的"至上性"去反思和批判它所构建的"最高的支撑点"。这就是本体论批判的辩证法。

（三）世界观的辩证法或辩证法的世界观

在哲学研究中，人们不仅经常不加区别地使用"存在论"和"本体论"，而且经常不加区别地使用"存在论""本体论"和"世界观"，或者把"世界观"解说为"存在论"，或者把"世界观"解说为"本体论"。厘清"世界观"与"存在论""本体论"的关系，对于深入理解"思维和存在的关系问题"，从而深切地把握哲学的特殊的理论性质和独特的社会机能，是十分必要和重要的。

"世界"不等于"存在"。"世界"是规定性的存在，而不是无规定性的"存在"。"存在"，可以区分为无规定性的"存在"与有规定性的"在者"；"世界"，则必须以某种规定性为标准而区分为各类不同的"世界"。这是"世界"与"存在"的原则性区别。

"世界"是规定性的存在，因而是具有特定内涵的观念。由"存在"的观念转换为"世界"的观念，"存在"就由"纯思"而转换为被思维把握到的存在、被思维赋予规定的存在、被思维划分为"界"的存在。"世界"是"有界"的，而"存在"是"无界"的。"有界"的"世界"，被区分为不同的"世界"。

一是物质世界与精神世界。这是最通常的对"世界"的二分法。在这种划界中，把"存在"区分为"物质"的存在和"精神"的存在。然而，在这种以"物质"和"精神"来划界的"世界"观念中，有两个重要问题是必须予以反思的：其一，"物质"的规定性。在常识的观念中，"物质"就是看得见、摸得着的各种各样的"东西"。这个意义的"物质"，也就是常识观念中的"存在"。与常识观念不同，自然科学的"物质"观念，是指物质的基本形态、构成要素和层次结构。这个意义的"物质"，仍然是经验的对象，但却是以各种实践方法、手段为中介而构成的经验对象。与经验常识和经验科学不同，哲学观念中的"物质"，是对"精神"之外的"在者"的最高抽象。对此，列宁做出了最为明确的回答："物质是标志客观实在的哲学范畴"，物质的唯一特性就是它的"客观实在性"。上述分析表明，在常识的、自然科学的和哲学的观念中，"物质"作为人类把握世界、构成思想的基本观念，各有不同的规定性。在不同的视域中对"物质世界"做出不同的"划界"，而又在视域融合中对"物质世界"形成不同层次的基本观念，才能恰当地以"物质"观念构成关于"物质世界"的思想。其二，"精神"的规定性。与"物质"相对的"精神"，通常指的是"意识"，即"意识"是人脑这种特殊"物质"的机能和属性，也是"物质"在人脑中的"反映"。在这个意义上，作为"意识"的"精神"就是"观念"的存在，而"观念的东西不外是移入人的头脑并在人的头脑中改造过的物质的东西而已"①。作为"观念的东西"，既包括观念的形式，又包括观念的内容。从观念的形式上看，"精神"包括感觉与知觉、表象与抽象、归纳与演绎、分析与综合、联想与想象、直觉与逻辑等多样形式；而"精神"作为"社会意识"，则又包括宗教、艺术、科学、哲学等多种"社会意识形式"；由不同的观念形式所构成的观念内容，又构成人的"神话世界""宗教世界""艺术世界""科学世界"和"哲学世界"。人的"精神世界"是"意义世界"，并以对象化的实践活动来构成"文化世界"。"文化世界"已经不再是"物质"与"精神"二分的两个世界，而是与"自在世界"相区分的"属人世界"。

　　二是自在世界与文化世界。这是以人对世界的关系所划分的"世

---

① 《马克思恩格斯文集》第 5 卷，22 页，北京，人民出版社，2009。

界"。所谓"自在世界"，就是自然而然地存在着的世界，处于生生不息的运动和变化中的世界。把它称作"自在世界"，既因为它外在于人而存在，并不以人的意志为转移，又因为我们在这里还没有从人对世界的关系去看世界。一旦从人对世界的关系去看世界，世界，就成了人的"对象世界"，就成了人的"世界图景"。"世界图景"，是世界显现给人的图景，是人以自己的方式把握到的图景，也就是人在自己的历史发展中所形成的关于世界的图景。人的关于世界的图景，当然是关于"自在世界"即世界本身的图景；但是，人的关于世界的图景，却只能是人以自己把握世界的各种方式为中介而形成的关于世界的图景。因此，人的"世界图景"具有不可或缺的双重内涵：其一，"世界图景"是关于世界本身的图景，而不是虚构的图景；其二，"世界图景"并不是"自在的世界"，而是人以自己的方式所形成的关于世界的图景。这表明，人类形成怎样的"世界图景"，是同人类把握世界的方式密不可分的；只有搞清楚人类把握世界的基本方式，才能懂得人类关于世界的图景。因此，"世界图景"意义上的"思维和存在的关系问题"，又必须引入"人类把握世界"的各种"基本方式"的问题。

"人类把握世界的基本方式"，就是人类把"自在世界"变成自己的"世界图景"的方式。人类把握世界的基本方式，最为直接地是为人类提供了丰富多彩的、日新月异的"世界图景"，即常识的、宗教的、艺术的、伦理的、科学的和哲学的"世界图景"。人们以各种不同的"方式"去看世界，都会形成各种不同的"世界图景"。在"常识的世界图景"中，我们会看到一种源于经验而又适用于经验的"世界图景"；在"宗教的世界图景"中，我们会看到一个与"现实世界""世俗世界""此岸世界"相分裂的"天国世界""神灵世界""彼岸世界"；在"艺术的世界图景"中，我们会看到一个"诗意的""审美的""象征的"世界；在"伦理的世界图景"中，我们会看到一个充满"矛盾"而又趋于"和谐"、相互"冲突"而又显示"秩序"的世界；在"科学的世界图景"中，我们会看到一个首尾一贯、秩序井然的"符号系统"和"概念框架"所表述的世界；而在"哲学的世界图景"中，我们会看到人为自己的思想与行为所悬设的诸种"前提""根据""尺度"和"标准"。由人类把握的各种基本方式而构成的作为"文化世界"的"世界图景"，显示了"思维"对"存在"的复杂的矛盾关系。

三是人类生活的"三重世界"。人类以自己把握世界的"基本方式"为中介而与世界发生关系，不仅仅是为人类提供了"丰富多彩"和"日新月异"的世界，更是使人自己生活于"三重世界"之中。人的实践活动把世界"分化"为"自在的世界"与"自为的世界"、"自然的世界"与"属人的世界"。人类不仅仅生活于"自然世界"之中，而且生活于自己所创造的"文化世界"和"意义世界"之中：人作为自然存在物，同其他生物一样生存于"自然世界"；人作为超越自然的社会存在物，生活于自己所创造的"文化世界"；人作为社会—文化存在物，既被历史文化所占有，又在自己的历史活动中展现新的可能性，因而又生活于历史与个人的视域相融合的"意义世界"。"自然世界""文化世界"和"意义世界"，就是人类生活的三重世界。人类生活的三重世界，把"有界"的世界区分为三类"在者"，也把"思维与存在的关系"区分为三种基本关系：（1）思维与"自然世界"的关系，（2）思维与"文化世界"的关系；（3）思维与"意义世界"的关系。由此所构成的就是现实化的"思维和存在的关系问题"的辩证法。

（四）存在论、本体论和世界观："思维和存在的关系问题"的辩证法

哲学意义的存在论、本体论和世界观，是以"思维和存在的关系问题"为聚焦点所构成的辩证法理论。离开存在论、本体论和世界观，辩证法就会沦为无内容的方法；离开辩证法，存在论、本体论和世界观就会成为相互割裂的实证知识。

哲学问题，说到底是"人之为人"的问题，也就是"此在"何以存在、如何存在和应当怎样存在的问题。这就是哲学意义的"存在论"。构成"存在论"的前提，是人的"存在"的特殊性——人的"思维"对"存在"的"反思"。因此，"存在论"并不是离开"思维"的"存在"问题，而恰恰是在思维的反思中所构成的"思维和存在的关系问题"。由此我们可以对"存在论"做出三点初步的规定：其一，存在论是思维以存在为对象的反思，离开反思的自觉就构不成哲学意义的存在论；其二，思维反思存在的存在论，它的"基本问题"是"思维和存在的关系问题"，离开这个"基本问题"就构不成哲学意义的存在论；其三，以"思维和存在的关系问题"为"基本问题"的存在论，是反思思维与存在的矛盾关系，离开辩证法就构不成哲学意义的存在论。因此，"存在论"就是关于"思维和存在的关系问题"的辩证法。在《逻辑学》中，黑格尔把存在论的辩证法展现为思维和存在由"自在"到"自为"再到"自在自为"的辩证运动，展现为由"存在论"到"本质论"再到"概念论"的辩证发展，由此构成了黑格尔的存在论、认识论和逻辑学"三者一致"的辩证法。

人的"存在"的特殊性，直接地体现为"思维"的能动性。思维的能动性，不仅体现在思维对存在的"肯定"，也就是在思维的运动中获得越来越丰富的"规定性"；而且体现在思维对存在的"否定"，也就是在思维的运动中不断深入地追究存在的"可能性"。追究存在的"可能性"，就是追究"规定性"的"根据"，就是追究思想构成自己的"前提"。思想构成自己的"根据"或"前提"，既不是"无规定性"的"纯在"，也不是"有规定性"的"在者"，而是"隐匿"于思想之中的"存在"。它制约和规范人们的所思所想和所作所为，但却是思想中的"看不见的手"和"幕后的操纵者"。思想中的这个既是"有"又是"无"的"存在"，就是"本体"的"存在"——规范人的全部思想和行为的"存在"，作为人的全部思想和行为的根据、标准和尺度的"存在"，也就是构成思想的前提的"存在"。因此，"本体论"不是关于思维规定的"存在论"，而是反思思维规定的"存在论"；不是"肯定性"的"存在论"，而是"否定性"的"存在论"；不是"现实性"的"存在论"，而是"理想性"的"存在论"。这种"反思性""否定性""理想性"的"存在论"，不是一般意义的"对思想的思想"，而是特殊意义的"对思想的前提批判"。"对思想的前提批判"，构成哲学意义的"本体论"，构成哲学意义的本体论批判的辩证法。

思维的"能动性"，集中地体现在"人给自己构成世界的客观图画"。这个"客观图画"，被称为哲学的"关于整个世界"的"世界观"。然而，在对"世界观"的理解中，却必须深切地思考两个不容回避的重大问题：其一，不能"只是从客体的或者直观的形式"去理解"世界观"，而必须"从主体方面去理解"，从"思维和存在的关系"去理解，把"世界观"理解为思维与存在辩证运动的产物；其二，不能只是从"现实性"去理解世界观，而是必须从"可能性"去理解世界观。"世界"不仅是作为思维所把握到的"在者"而存在的，更是作为思维的目的性要求的"非存在"而存在的。这是思维的"现实性"与"可能性"的对立统一，更是思维的实践基础的"现实性"与"可能性"的对立统一。人是现实的存在，但"人之为人"的特殊性就在于，人是把"理想"变为"现实"的存在，把"现实"变为"理想"的存在。这是人对世界的否定性统一，也是思维对存在的否定性统一。因此，哲学意义的"世界观"就不只是反思存在的"存在论"，而是反思"思想前提"的"本体论"。这个"世界观"，是"此在"的人生在世和人在途中的人的目光。它是把理想变为现实的人的目光，也是把现实变为理想的人的目光。

作为"人的目光"的"世界观"，它的"重大的基本问题"是"思维和存在的关系问题"，它的实质性的理论性质是"存在论"和"本体论"的统一，它的根本性的社会功能是引导人们"在对现存事物的肯定的理解中同时包含否定的理解"，从而为人类的理想性追求敞开广阔的和开放的思想空间。哲学意义的存在论、本体论和世界观，就是以"思维和存在的关系问题"为实质内容的辩证法；以"思维和存在的关系问题"为聚焦点去透视哲学意义的存在论、本体论和世界观，才能深切地理解以辩证法为实质内容的哲学。

三　哲学的特性及其当代形态

哲学的理论形态直接地取决于它的理论特性。构建哲学的当代形态，首先需要思考哲学的理论特性，进而反省哲学的特性与其当代形态的关系。本文主要是从哲学理论的时代性与超时代性、哲学范畴的民族性与超民族性、哲学故事的个体性与超个体性、哲学思想的学科性与超学科性、哲学功能的学术性与超学术性这五个方面，探讨哲学的当代形态。

（一）哲学理论的时代性与超时代性：塑造和引导新的时代精神

哲学是人类把握世界的一种基本方式。它之所以区别于人类把握世界的宗教的、艺术的、科学的等基本方式，就在于它是理论形态的人类自我意识，即以理论方式所构成的人对自己的理解。

作为理论形态的人类自我意识，哲学的首要特性是以时代性内容求索人类性问题。因此，任何真正的哲学，总是具有时代性与超时代性的双重内涵。就其问题而言，哲学是人类性的，因而具有超时代性；就其对问题的理解而言，哲学又是历史性的，因而具有时代性。然而，在对哲学的理解和阐释中，却往往或者以哲学的历史性而否认其超时代性，或者以哲学的人类性而排斥其时代性。正是由于把哲学的时代性与超时代性割裂开来甚至对立起来，因而在对哲学当代形态的探索中，或者弱化了人类性问题的哲学自觉，或者弱化了时代性内涵的哲学自觉。

关于"真正的哲学"，马克思的著名论断是"时代精神的精华"和"文明的活的灵魂"。在这一论断中，前者凸显的是哲学的时代性，后者凸显的则是哲学的超时代性。但是，在引证和阐述马克思的哲学观时，却往往是以功利主义的或实用主义的态度，孤立地解说哲学何以是"时代精神的精华"，而有意或无意地"忽略"了哲学何以是"文明的活的灵魂"。由此所造成的直接后果，就是弱化了人类性问题的哲学自觉，并因而弱化了哲学的凝重和厚重的当代性。

在《〈黑格尔法哲学批判〉导言》中，马克思曾对哲学的历史形态及其历史使命做出这样的概括：确立"人的自我异化的神圣形象"；揭露"人在神圣形象中的自我异化"；揭露"人在非神圣形象中的自我异化"。这是三种不同的哲学形态，它们承担着不同的历史使命。这意味着，人类性的哲学问题，从来不是以抽象的"人的问题"而存在的，恰恰相反，人类性的哲学问题总是表现为具有特殊内涵的时代性课题，哲学理论总是成为"思想中所把握到的时代"。这就是哲学的不可逃避的时代性。然而，无论是确立"神圣形象"，还是揭露"神圣形象"和"非神圣形象"，都蕴含着共同的关于"人"的哲学思考，即为人自身的存在寻求根据的哲学思考，因而都是理论形态的人类自我意识。对于当代哲学来说，传统哲学之所以具有需要继承的"传统"，传统哲学之所以蕴含着可资借鉴的"当代意义"，就在于传统哲学作为理论形态的人类自我意识，对"人"自身进行了睿智的求索。这表明，正是哲学问题的人类性，"真正的哲学"才既是"时代精神的精华"，又是"文明的活的灵魂"，才具有"超时代"的"当代性"。

人是社会的、文化的、历史的存在，而不是非历史的或超历史的存在。哲学的"人类性"就蕴含于哲学的"时代性"之中，哲学的"时代性"就是对"人类性"问题的历史性回答。作为时代精神之"精华"和文明的活的"灵魂"的真正的哲学，绝不仅仅是"反映"和"表达"时代精神，更为重要的是"塑造"和"引导"新的时代精神。这就是哲学理论的"时代性"与"超时代性"的双重内涵。构建哲学的当代形态，就需要从哲学的人类性与历史性、超时代性与时代性的双重内涵去反省哲学：越是具有深刻的时代性的哲学，就越具有超时代的人类性价值；越是具有深刻的人类性的哲学，就越具有超时代的当代性。哲学的当代形态，从根本上说，就是对人类性的哲学问题做出时代性的理论回答，从而为创建人类文明的新形态提供塑造和引导新的时代精神的哲学理论。

（二）哲学范畴的民族性与超民族性：构建人类文明的"支撑点"

作为理论形态的人类自我意识，古今中外的真正的哲学都是"人性的最高表现"，都是"提高人类精神生活的努力"，都是"整个哲学的一支"，都"应该把它们视为人类的公共精神产业"。① 这就是哲学的人类性问题所具有的超民族性。与此同时，人类性的哲学问题又总是以具有

---

① 贺麟：《哲学与哲学史论文集》，127 页，北京，商务印书馆，1990。

民族特征的思维方式予以求索，总是展现在具有民族特征的哲学范畴之中。因此，构建哲学的当代形态，不仅需要深化对哲学的时代性与超时代性的理解，而且需要深化对哲学的民族性与超民族性的理解。由于哲学理论总是表现为以哲学范畴为核心的哲学概念体系，哲学理论的民族性总是集中地体现为哲学范畴的民族特色和民族特征，因此，构建中国哲学的当代形态，还应当着重地探讨哲学范畴的民族性与超民族性。

首先，哲学范畴的民族性是与哲学旨趣的民族性密切相关的。以"究天人之际，通古今之变"，"为天地立心，为生民立命"为己任的中国传统哲学，致力于达到"天人合一"的"天地境界"，因此，它的哲学范畴总是表现为在对应性和辩证性中实现融合与和谐。自先秦以降，中国传统哲学多以天、地、道、德、性、命、礼、义、体、用、理、气、知、行为思考对象，而又以天地、道德、性命、礼义、体用、理气、知行之平衡、互补、融合为出发点与归宿。与中国传统哲学不同，以寻求"最高原因的基本原理"为己任的西方传统哲学，则总是把解释一切的最终的根据与被解释的各种各样的对象区别开来，对立起来，把二者推向对立的两极，由此构成本体与变体、共相与个别、实体与属性、思维与存在、主体与客体、感性与理性等的二元对立的范畴体系。然而，范畴体系各不相同的中西哲学，又都是以理解和协调人与世界的关系为其核心理念，以真、善、美的统一为其根本的价值诉求的，因而又共同地构成了人类理解和协调人与世界关系的理论的"支撑点"。

其次，哲学范畴的民族性是同哲学思维的民族性息息相关的。实际上，在哲学旨趣的民族性中，已经蕴含着哲学思维的民族特性。以"天人合一""知行合一"为旨趣的中国传统哲学，在其致思取向上，表现出显著的辩证性。把宇宙、历史和人生均视为生生不已的过程，并以这样的辩证智慧构成内外、物我、人己、义利、仁智、道器、理欲等"对立统一"的哲学范畴，就把人与自然、人与社会、人与自我的一切矛盾提升为和谐化的辩证法思想，既使"心灵和宇宙净化"，又使"心灵和宇宙深化"，从而"使人在超脱的胸襟里体味到宇宙的深境"。在这个意义上，中国传统哲学的思维方式，正是以化解矛盾的哲学范畴而形成的提升人的境界的辩证智慧。与中国传统哲学不同，注重思维与存在、主体与客体、现象与本质、自由与必然二分的西方传统哲学，其哲学范畴总是以主与从、真与假、是与非的对立方式，去寻求作为"最高原因的基本原理"的深层根据。如果可以把中国传统哲学称作"和谐化"的辩证法，那么就可以在对比的意义上把西方传统哲学称作"冲突化"的辩证法。这种"冲突化"的辩证法，是通过消解内在的逻辑矛盾而达到的对"最高原因的基本原理"的探究。就此而言，中西哲学的致思取向及其范畴体系是具有互补性的。

再次，哲学范畴的民族性是同哲学的历史任务不可分割的。西方近代哲学的根本任务是把哲学从神学中解放出来，把异化给"上帝"的人的本质归还给人本身，在实现消解"神圣形象"这一历史任务的过程中，西方近代哲学凸显了实体与属性、思维与存在、主体与客体等的关系问题，并形成了具有西方哲学特色的哲学范畴体系。在现代西方哲学揭露"非神圣形象"的过程中，又凸显了"消解""治疗""拒斥"这样一些颇具刺激性的哲学范畴。而在所谓的"后现代主义哲学"中，则更为明确地把消解认识的主体与客体的二元对立、逻辑的现象与本质的二元对立、历史的本源与派生的二元对立、文化的深层与表层的二元对立作为自己的历史任务，从而使"摧毁""解构""断裂"这些更具刺激性的哲学范畴占据哲学思考的核心位置。就此而言，当代中国哲学自觉地吸纳和广泛地使用近现代以来的西方哲学范畴，是同"揭露人在非神圣形象中的自我异化"的历史任务直接相关的，而绝不仅仅是对西方哲学的盲目崇拜和简单"移植"。因此，在对中国哲学的当代形态的思考中，不应当仅仅纠缠于是否"吸纳"和"使用"近现代西方哲学的概念和范畴，而应当从新的时代精神与新的历史任务出发，重构哲学的范畴体系。

作为理论形态的人类自我意识，哲学的范畴体系不仅包含着哲学家个人的思辨和体验，而且深层地蕴含着整个民族的理性思辨和生存体验。"中华民族的生命历程、生存命运和生存境遇具有我们的特殊性，我们的苦难和希望、伤痛和追求、挫折和梦想只有我们自己体会得最深，它是西方人难以领会的"，因此我们"应该把哲学研究的主要精力转移到创建属于中国自己的当代中国哲学理论方面上来"①。然而，值得认真思考的是，这种"转移"，并不是简单地以中国传统哲学的范畴体系"置换"西方哲学的范畴体系，而是以中华民族的体验与思辨去寻求创建人类文明新形态的哲学理念，为人类文明形态的变革提供坚实的理论"支撑点"。从哲学范畴的民族性与超民族性的矛盾关系中去创建当代哲学的范畴体系，这是构建中国哲学当代形态的艰巨的历史任务。

（三）哲学故事的个体性与超个体性：创建"有我"哲学

哲学作为理论形态的人类自我意识，它的范畴体系是人类文明史的总结、积淀和升华。在这个意义上，哲学就是以理论的方式讲述"人类故事"。然而，对"人类故事"的理解和讲解，又离不开哲学家个人的体悟和思辨。人类的思想和文明与哲学家的体悟和思辨，熔铸于哲学家所创建的哲学范畴体系之中。因此，作为理论形态的人类自我意识的哲学，既是哲学家以个人的名义讲述人类的故事，又是哲学家以人类的名义讲述个人的故事。这就是"哲学故事"的个体性与超个体性的辩证统一。自觉到这个辩证统一，对于构建哲学的当代形态是至关重要的。

每个时代的人类都有该时代的特定的人类历程和理论资源，由此构成该时代的哲学家的共有的人生历程和理论资源，并因而构成该时代哲学的"广泛而深刻的一致性"。然而，时代性的人类历程又总是表现为哲学家的特殊的人生历程以及哲学家对人类历程和人生历程的独特的生命体验；时代性的理论资源又总是表现为哲学家对特定的理论资源的占有以及哲学家由其所占有的理论资源所形成的特殊的理论想象。特殊的人生历程和独特的生命体验，特殊的理论资源和独特的理论想象，二者的水乳交融构成了个性化的哲学理论。因此，我在《哲学通论》中提出：哲

---

① 高清海：《中华民族的未来发展需要有自己的哲学理论》，载《吉林大学社会科学学报》，2004(2)。

学是以时代性的内容、民族性的形式和个体性的风格去求索人类性问题。在这个意义上，哲学总是以"我"的名义讲述"我们"的故事，并由此形成哲学的个体性与超个体性的辩证统一。

以"我"的名义讲述"我们"的故事，这个"故事"就形成于"我"的"思辨"和"体验"的"理论想象"之中。所谓"思辨"，就是辨析思想或思想辨析，也就是思想以自身为对象反过来而思之的"反思"；所谓"体验"，就是体悟经验或经验体悟，也就是经验以自身为对象反过来而悟之的"领悟"。在哲学的"理论想象"中，思辨与体验，或者说反思与领悟，不仅是不可或缺的，而且必须是融为一体的。没有体验的思辨，或没有思辨的体验，都不会产生"真实的想象"和"想象的真实"。长期以来，哲学界有一种流行的说法：西方哲学重思辨，中国哲学重体验。如果这种说法的含义仅为"重在"，或许是言之有据的；如果这种说法的含义是指"特征"，则不仅夸大了中西哲学的"差异"，而且误解了哲学的"本性"，并会因此窒息哲学的"想象"。

诉诸哲学史，我们会看到，哲学发展的基本形式是派别之间的相互批判。然而，值得深思的是，哲学的派别冲突不仅植根于现实生活，而且与哲学家对人类文明和时代精神的生命体验和理性思辨密切相关。贯穿于哲学史的唯物主义与唯心主义、辩证法与形而上学、经验主义与逻辑主义、绝对主义与相对主义等的派别冲突，无不熔铸着哲学家的生命体验和理性思辨。哲学的唯物主义与唯心主义，深层地蕴含着哲学家对人类的自然性与超自然性的生命体验和理性思辨；哲学的辩证法和形而上学，深层地蕴含着哲学家对人类存在的过程性与确定性的生命体验和理性思辨；哲学的经验主义与逻辑主义，深层地蕴含着哲学家对人类认识的感性与理性的矛盾的生命体验和理性思辨；哲学的相对主义与绝对主义，深层地蕴含着哲学家对人类文明的时代性与超时代性的生命体验和理性思辨。在现代哲学中，本质主义与存在主义、理性主义与非理性主义、科学主义与人本主义乃至"同一"与"差异"、"分析"与"解释"、"结构"与"解构"，更是以错综复杂的派别冲突的方式，深层地蕴含着哲学家对"现代性的酸"所构成的"意义危机"的生命体验和理性思辨。正是这种深沉的生命体验和顽强的理性思辨，激发了哲学家的独特的"理论想象"，形成了各具特色的哲学理论，从而既以人类的名义讲述了个人的故事，又以个人的名义讲述了人类的故事。

在人类哲学史上，任何一种"真正的"哲学都不是"无我的"哲学，而是经过哲学家思维着的头脑所创建的"有我的"哲学。它凝聚着哲学家所捕捉到的自己时代的人类自我意识，它熔铸着哲学家用以观照人与世界关系的解释原则，它贯穿着哲学家对人类命运和人类理想的价值诉求，它体现着哲学家对人类文明的时代性问题的理论自觉。因此，构建哲学的当代形态，既要体现当代哲学家个人的独特的生命体验和理论想象，又要体现这种体验和想象中所蕴含的人类性的和时代性的"广泛而深刻的一致性"。

（四）哲学思想的学科性与超学科性：哲学的"基本问题"的真实意义

在现代学科分类的意义上，构建哲学的当代形态，必须探讨和明确哲学的学科性质，其中最为重要的是探讨和明确"哲学"与"科学"的关系。

哲学和科学是人类理论思维的两种基本方式，二者的根本区别，并不是二者把握规律的"普遍性"程度的区别，而是二者对"思维和存在的关系问题"的"原则立场"的区别。这个"原则立场"的区别，就在于哲学不是把"思维和存在的同一性"作为人类活动的"不自觉和无条件的前提"而予以"承诺"，而是把这个"前提"作为"问题"进行批判性反思，从而不断地变革人们对"思维和存在的关系"的理解。这表明，哲学之于科学的真实意义，并不是凌驾于科学之上的"科学的科学"，而是揭示、反思和批判科学所隐含的"思维和存在的关系问题"。明确哲学与科学的"原则立场"的区别，才能明确哲学自身的学科性质。

哲学以"思维和存在的关系问题"作为自己的"重大的基本问题"，从学科分类上看，具有双重意义：其一，这个"基本问题"是哲学的学科意义上的"专业"。哲学专业的学科性，就在于它把科学不作为问题的"思维和存在的关系问题"作为自己的"重大的基本问题"，为人类提供理解和协调人与世界关系的理论形态的世界观、人生观、价值观；其二，这个"基本问题"又不是哲学的学科意义上的"专利"。哲学的独特的社会功能，就在于它把人的全部活动中的"思维和存在的关系问题"作为批判性反思的对象，引导包括科学在内的人类把握世界的其他基本方式不断变革对"思维和存在""人和世界"的关系的理解。

哲学的"基本问题"是哲学的"专业"而不是哲学的"专利"，哲学对其"基本问题"的批判性反思是哲学的"使命"而不是哲学的"领地"，这对理解哲学的学科性与超学科性，以及对构建哲学的当代形态，具有实质性意义。正因为作为哲学的"重大的基本问题"的"思维和存在的关系问题"是哲学的"专业"而不是它的"专利"，是哲学研究的"使命"而不是它的"领地"，因此哲学既要坚守自己的"专业"和"使命"，又要突破自己的"专利"和"领地"，把哲学思想渗透于包括科学在内的人类把握世界的各种基本方式之中，从而历史地变革人类的世界图景、思维方式和价值追求。这就是哲学思想的学科性与超学科性的辩证统一。

构建哲学的当代形态，从哲学思想的学科性与超学科性的辩证统一出发，不仅要有坚守自己的"专业"和冲破自己的"领地"的双重的理论自觉，还要有把握哲学的"基本问题"和洞悉哲学的"时代主题"的双重的理论自觉。哲学的"基本问题"决定哲学的理论性质，即哲学是思想以自身为对象反过来而思之的"反思"，因而是一种以批判精神为实质的"爱智"；哲学的"时代主题"则是哲学所反思的思想的时代内涵，即哲学的"反思"是对时代性思想的前提批判。在对哲学的"基本问题"与"时代主题"的理解中，以哲学的"时代主题"代替哲学的"基本问题"，就会模糊乃至阉割哲学的独特性质和特殊功能；以哲学的"基本问题"代替哲学的"时代主题"，则会把哲学变成失去生机和活力的"抽象的思想"。以哲学的基本问题的理论自觉而寻求哲学的时代主题，又以哲学的时代主题的理论自觉而反思哲学的基本问题，从而在哲学的"基本问题"与"时代主题"的统一中展开哲学对思想的前提批判，才能使哲学真正成为"时代精神的精华"和"文明的活的灵魂"。这是哲学思想的生命力之所在，也是中国哲学的当代形态的生命力之所在。

（五）哲学功能的学术性与超学术性："学说""学术"和"学养"

哲学作为一个"专业"和一个"学科"，它的基本特性在于它的"学术性"。古今中外的"真正的哲学"，首先是作为人类文明的伟大的"学术"成果而存在的。哲学的"学术"成果，是古今中外的哲学家们以其独特的生命体验和理论想象，在理论与现实的多种可能的某种交错点上，为人类揭示可供选择的新的理想和理念，因而又是作为各异其是的"学说"而存在的。以"学说"的方式构成的"学术"，是哲学的"专业性"的存在方式。然而，无论是从哲学的"源头活水"上看，还是从哲学的"社会功能"上看，"学术性"的哲学又总是具有其不可或缺的"超学术性"。哲学的"超学术性"，就在于它不仅仅是一种"学术"和"学说"，更是一种植根于人民而又回归于人民的"学养"。哲学的"学术"与"学养"的统一，就是哲学的学术性与超学术性的统一。构建哲学的当代形态，离不开对哲学的"学术"与"学养"、"学术性"与"超学术性"的反思。

哲学之所以是"时代精神的精华"和"文明的活的灵魂"，首先是因为"人民最精致、最珍贵和看不见的精髓都集中在哲学思想里"①。人们之所以经常把哲学当作恩格斯所批评的"不过是可以用来在缺乏思想和实证知识的时候及时搪塞一下的词汇语录"②，则首先是因为人们"忽略"了哲学思想所蕴含的"人民最精致、最珍贵和看不见的精髓"。人类文明是人民创造的积极成果，哲学的实质内容是对人民创造的文明的总结、积淀和升华，哲学的价值诉求是对人民的"苦难和希望、伤痛和追求、挫折和梦想"的理论总结、积淀和升华，哲学的理论力量是以"理论的彻底性"去"掌握群众"。哲学的"学术性"源于人民所创造的文明的超学术性。

---

① 《马克思恩格斯全集》第 1 卷，120 页，北京，人民出版社，1956。
② 《马克思恩格斯选集》第 2 卷，40 页，北京，人民出版社，1995。

源于人民的哲学，它的最重要的功能是把自己变为人民的"学养"。我国哲学家贺麟先生曾说，"哲学是一种学养。哲学的探究是一种以学术培养品格，以真理指导行为的努力"[①]。任何一种哲学理论，只有当它成为人的精神生活的真实内容的时候，也就是只有它成为规范人们的思想和行为的"学养"的时候，它才能真正成为人民的世界观、人生观和价值观。对此，需要认真思考的是，马克思主义哲学的"大众化"，是把哲学常识化，而不是把常识哲学化，也就是把作为"学说"和"学术"的哲学转化为人民的"学养"，而不是把哲学的"学说"和"学术"变成"原理"加"实例"的"说教"。因此，只有把哲学的理论形态从"枯燥的条文、现成的结论和空洞的说教"转化为"反思的智慧、批判的智慧和创新的智慧"，才能构成"有理讲理"和"掌握群众"的哲学。马克思说，"理论只要说服人，就能掌握群众；而理论只要彻底，就能说服人。"把人民所创造的文明升华为具有理论"彻底性"的哲学思想，这应当是构建中国哲学当代形态的最为重要的立足点和出发点。

四　哲学的形而上学历险

（一）表征人的形上本性的形而上学

哲学是人类把握世界的一种基本方式。这个命题具有双重含义：其一，不能用哲学方式代替其他方式；其二，不能以其他方式代替哲学方式。因此，对哲学的理解，就是对哲学以何种方式把握世界的理解。从这种思路出发，本文的基本观点是：区别于宗教、艺术和科学的"哲学方式"的特殊性质和独特价值，哲学是人性的理论自觉，是一种表征人的形上本性的"形而上学"，即作为理论形态的人类自我意识的"形而上学"。

---

① 贺麟：《哲学与哲学史论文集》，120 页，北京，商务印书馆，1990。

哲学的形而上学，根源于人类的实践的存在方式。人的存在就是人的生命活动。然而，人的生命活动并不是动物式的本能的"生存"活动，而是"使自己的生命活动本身变成自己意志的和自己意识的对象"①的"生活"活动。"世界不会满足人，人决心以自己的行动来改变世界"②。"为自己绘制客观世界图景的人的活动改变外部现实，消灭它的规定性（＝变更它的这些或那些方面、质）"，"使它成为自在自为地存在着的（＝客观真实的）"。③ 人的实践活动使世界的"现实性"变成"非现实性"，也就是使人的"理想性"成为真正的"现实性"，这就是人与世界之间的否定性的统一关系。在人的实践活动及其历史发展中，人永远以自己的"对象性"活动而实现自己的"目的性"，人永远创造着自己和自己的世界，人本身和人所创造的世界永远是未完成的存在。因此，人是世界上最奇异的存在——理想性的、超越性的、创造性的存在，即与世界否定性统一的存在，也就是把现实变成理想的现实的存在。否定现实和追求理想，是人的"形上"本性；以理论形态表征人对现实的否定和对理想的追求，则构成哲学的"形而上学"。哲学的形而上学正是以理论方式表征了人类关于自身存在的理想性、超越性和创造性的自我意识。

实践是人的思维的"最本质最切近的基础"。实践活动的理想性与现实性的矛盾决定了思维的"至上性"与"非至上性"的矛盾。"人的思维是至上的，同样又是不至上的，它的认识能力是无限的，同样又是有限的。按它的本性、使命、可能和历史的终极目的来说，是至上的和无限的；按它的个别实现情况和每次的现实来说，又是不至上的和有限的。"④基于人类实践本性的人类思维，总是渴求在最深刻的层次上或最彻底的意义上把握世界、解释世界和确认人在世界中的地位和价值，这

① 《马克思恩格斯选集》第 1 卷，46 页，北京，人民出版社，1995。
② 列宁：《哲学笔记》，183 页，北京，人民出版社，1960。
③ 同上书，187 页。
④ 《马克思恩格斯选集》第 3 卷，427 页，北京，人民出版社，1995。

就是人类思维指向终极存在、终极解释和终极价值的"终极关怀"①。哲学的形上追求，从人类把握世界的一种基本方式上说，正是以理论的方式表征了以实践为基础的人类思维的"本性、使命、可能和历史的终极目的"，也就是理论地表征了人类思维"仰望星空"的"终极关怀"。因此，哲学的形而上学，始终是一种追本溯源的意向性追求，是一种自我超越的理想性追求，是一种以理想观照现实和反省现实的"形上之思"，是一种塑造和引导时代精神的"文明的活的灵魂"。

否定现实和追求理想，是人类的"现实的生活过程"。人类文明的历史进程，始终充满着理想的冲突与搏斗、社会的动荡与变革、历史的迂回与前进。由此构成的人类自己创造自己、自己发展自己的扑朔迷离、色彩斑斓的文明史画卷，展现的是人类发展过程的否定现实和追求理想的历险。以理论的方式表征人类发展过程的历险，追究世界、历史和人生的奥秘，反思思想构成自己的根据、标准和尺度，探求政治理想、社会正义、道德基础、价值诉求的"抑制不住的渴望"，则构成哲学发展过程的形而上学历险。因此，哲学的形而上学历险，从根本上说，是以理论的形态表征了人类文明的历险。

在人类文明的历险中，人类的实践活动始终存在着理想性与现实性的矛盾，以实践为基础的人的思维始终存在着"至上性"与"非至上性"的矛盾，因此，作为理论形态的人类自我意识的哲学，在自己的形而上学历险中，始终存在两个基本矛盾：其一，作为人类思维"至上性"的理论表征，它力图以"绝对真理"的化身为人类提供永恒的"安身立命"之本，而人类历史的发展和人类思想的变革却不断地否定"绝对真理"的权威性和有效性；其二，哲学把自己的"绝对真理"作为判断、解释和评价一切的根据、标准和尺度，而哲学自身的发展却实现为哲学挣脱自我解释循环的自我批判，也就是实现为哲学自身的变革。因此，在哲学的形而上学历险中，从其对待"形而上学"的根本理念上看，可以区分为三种基本

---

① 参见孙正聿：《哲学通论》，上海，复旦大学出版社，2007。

的理论形态：一是"不知其不可而为之"，即把哲学当作"绝对真理"化身的"传统形而上学"，它成为今人所诟病和"拒斥"的"形而上学的恐怖"；二是"知其不可而不为之"，即以"科学"取代"哲学"的"拒斥形而上学"，它成为今人所反思和批判的"科学主义思潮"；三是"知其不可而为之"，即把哲学视为人的"形上"本性的理论表征的"形而上学追求"，它成为今人所倡言或拒绝的"形而上学的复兴"。从哲学的形而上学历险看哲学史，"现代哲学"对"传统哲学"的革命，本质上是实现了形而上学由"不知其不可而为之"到"知其不可而为之"的革命性变革，即把"形而上学的恐怖"变革为"形而上学的追求"，把作为"绝对之绝对"的超历史的传统形而上学变革为作为"相对之绝对"的"时代精神的精华"和"文明的活的灵魂"。

形而上学历险中的三种理论形态，从根本上说，是以理论的方式表征了人类文明的历险，因而成为理论形态的人类自我意识，即哲学。通过对人类文明史的总结和概括，马克思把人的存在概括为"人的依赖性""以物的依赖性为基础的人的独立性"和以"每个人的自由发展"为条件的"一切人的自由发展"这三种历史形态。作为理论形态的人类自我意识的哲学，它对人的存在的历史形态的理论表征，构成了哲学的形而上学历险的总体进程：以自然经济中的人的存在方式为根基，确立表征"人的依赖性"的"神圣形象"，以"绝对真理"的化身规范人的全部思想和行为，这就是"形而上学的恐怖"；以市场经济中的人的存在方式为根基，揭露人在"神圣形象"中的"自我异化"和表征"以物的依赖性为基础的人的独立性"，以"无限理性"的化身规范人的全部思想和行为，这就是西方近代以来的"理性形而上学"；以人的未来的或理想的"全面发展"的存在方式为指向，揭露人在诸种"非神圣形象"中的"自我异化"和表征人对自己的"自由而全面的发展"的向往和追求，以"有限理性"的化身批判地反思人的全部思想和行为，这就是现代性反省中的"后形而上学"。确立"神圣形象"、消解"神圣形象"和消解"非神圣形象"，构成哲学形而上学历险的根本性的文化内涵，因而以理论形态表征了人类关于自身存在的自我意识。

(二)作为概念批判史的形而上学

形而上学作为理论形态的人类自我意识，它既不是通常所说的以"整个世界"为对象而观之的"世界观"，也不是通常所理解的凌驾于科学之上的"科学的科学"，而是对人类文明的"反思"，即以思想自身为对象反过来而思之的"反思"，也就是以概念(思想)为对象的"形上之思"。概念作为人类文明史的积淀和"文化的水库"，构成人类文明进程中的"阶梯"和"支撑点"；对概念的批判性反思，就是以理论方式表征人的否定现实和追求理想的"形上"本性，就是以时代性内涵求索人类性问题，也就是对人类文明的反省和引导。这种以对概念(思想)的批判性反思为内容的形而上学历险，从其理论旨趣、思维方式、社会功能和历史演进上看，是作为概念(思想)的批判史而存在的；能否从概念批判史看待哲学的形而上学历险，从根本上制约着人们对"形而上学"的理解。

其一，就形而上学的理论旨趣而言，是寻求超越各种具体的"物理"的"统一性原理"。亚里士多德提出，形而上学就是"寻取最高原因的基本原理"①；对此，黑格尔做出如下解释："要这样来理解那个理念，使得多种多样的现实，能被引导到这个作为共相的理念上面，并且通过它而被规定，在这个统一性里面被认识"②；总结形而上学史，瓦托夫斯基提出："不管是古典形式还是现代形式的形而上学思想，其驱动都在于力图把各种事物综合成一个整体，提供出一种统一的图景或框架，使我们经验中的事物多样性能够在这个框架内依据某些普遍原理而得到解释，或可以被解释为某种普遍本质或过程的各种表现。"③在哲学的形而上学历险中，如何看待形而上学所寻求的"统一性原理"——是"不知其不可而为之"还是"知其不可而为之"——则把全部哲学区分为"传统形而

---

① ［古希腊］亚里士多德：《形而上学》，56 页，北京，商务印书馆，1995。
② ［德］黑格尔：《哲学史讲演录》第 2 卷，385 页，北京，商务印书馆，1983。
③ ［美］M. W. 瓦托夫斯基：《科学思想的概念基础》，19 页，北京，求实出版社，1989。

上学"与"后形而上学"。"传统形而上学"把自身视为它所指向的"统一性原理"的化身，而"后形而上学"则把作为"统一性原理"化身的"传统形而上学"作为自己的最为根本的批判对象，从而把"不知其不可而为之"的"形而上学的恐怖"革命性地变革为"知其不可而为之"的"形而上学追求"。

其二，就形而上学的思维方式而言，寻求"统一性原理"的形而上学，是用超越表象思维和形式推理的思辨思维所展开的概念的反思与批判。对此，黑格尔曾提出：所谓"表象思维"，"可以称为一种物质的思维，一种偶然的意识，它完全沉浸在材料里，因而很难从物质里将它自身摆脱出来而同时还能独立存在"①；所谓"形式思维"，"乃以脱离内容为自由，并以超出内容而骄傲"②；所谓"思辨思维"，则是努力地把思想的"自由沉入于内容，让内容按照它自己的本性，即按照它自己的自身而自行运动，并从而考察这种运动"③，以实现"全体的自由性"与"环节的必然性"的统一。这种"思辨思维"，就是以对"概念"的批判性反思，展现人类思想运动的逻辑，并从而展现人类文明历险的逻辑。瓦托夫斯基提出："形而上学的历史是一部关于这种普遍的或一般类别的概念的批判史，是一部致力于系统表述这些概念的体系的历史……我们也许可以这样总结这种历史，即把形而上学定义为'表述和分析各种概念、对存在的原理及存在物的起源和结构进行批判性、系统性探究的事业。'"④因此，能否从概念批判史的视域看待形而上学历险，而不只是单纯地从对"统一性"原理的寻求看待形而上学历险，从根本上制约着人们对形而上学的理解与解释。在概念批判史的视域中看"后形而上学"，所谓的"后形而上学"不仅不是对形而上学所承担的概念批判的否定，而

---

① ［德］黑格尔：《精神现象学》上卷，40 页，北京，商务印书馆，1979。
② 同上书，40 页。
③ 同上书，40 页。
④ ［美］M. W. 瓦托夫斯基：《科学思想的概念基础》，20—21 页，北京，求实出版社，1989。

恰恰是对形而上学所承担的概念批判的深刻的理论自觉——它自觉地把为人类思想和人类文明奠基的理性、真理、进步、规律等基本概念(思想)作为自己批判反思的对象。

其三,就形而上学的社会功能而言,这种以对概念(思想)的批判性反思为内容的形而上学,是用超越经验常识和实证科学的某种统一性原理来规范人们的全部思想和行为,或把人们的全部思想和行为归结为某种统一性原理的自我实现。罗蒂提出:"自希腊时代以来,西方思想家们一直在寻求一套统一的观念,……这套观念可被用于证明或批评个人行为和生活以及社会习俗和制度,还可为人们提供一个进行个人道德思考和社会政治思考的框架"①。"它成为这样一个文化领域,在这里人们可以脚踏根基……从而可以发现其生命的意义"。具体言之,传统形而上学的社会功能在于:一是以寻求"万物之理"的形上之思来推进理论思维和科学技术的发展,推进人类对自身的生活意义的反思,并为这种"发展"和"反思"提供"抑制不住的渴望";二是以"普遍理性"的方式确认诸种"神圣形象"或"非神圣形象",为社会的价值规范提供"最高的支撑点";三是以"万物之理"和"普遍理性"的方式表征自然经济中的"人的依赖性"和在市场经济中的对"物的依赖性"的存在方式。传统形而上学具有"科学的"和"哲学的"双重内涵:就其作为关于"万物之理"的物理主义,它是以"真正的科学"或"科学的科学"自期自许的;就其以人的"形上本性"而追究"统一性原理"并达成人的"安身立命之本",它又是"哲学的",即以理论形态的人类自我意识而存在的。因此,能否从价值理想的视域看待形而上学历险,而不只是从某种知识论的立场看待形而上学历险,不仅从根本上制约人们理解形而上学的立场与态度,而且从根本上制约着人们如何理解形而上学历险中的"后形而上学"。在概念批判史的视域看"后形而上学",所谓的"后形而上学",不仅不是对形而上学所

---

① [美]理查·罗蒂:《哲学和自然之镜》,"中译本作者序",11页,北京,生活·读书·新知三联书店,1987。

承担的价值诉求的否定，而恰恰是对形而上学所承担的价值诉求的深刻的理论自觉——它自觉地把为人类思想和人类文明奠基的价值、自由、正义、发展等基本概念（思想）作为自己批判反思的对象。

其四，就形而上学的历史演进而言，表征"人的依赖性""以物的依赖性为基础的人的独立性"和以"每个人的自由发展"为条件的"一切人的自由发展"的形而上学历险，即确立"神圣形象"、消解"神圣形象"和消解"非神圣形象"的形而上学历险，它经历了由"古代哲学"到"近代哲学"再到"现代哲学"的变革，并从总体上实现了从"传统形而上学"到"后形而上学"的变革。因此，能否从理论形态的人类自我意识，即理论地表征人的存在形态的历史变革去理解和把握哲学的形而上学历险，不仅从根本上制约着人们对形而上学历程的理解，而且从根本上制约着人们在何种程度上把握到形而上学历险的深层的文化内涵，特别是从根本上制约着人们能否从形而上学历险的视域把握到"后形而上学"的深层的文化内涵。

在西方哲学史上，一直占有统治地位的传统形而上学，就是柏拉图—黑格尔主义。传统形而上学最初的表现形态是客体主义的形而上学，即作为理念世界的柏拉图主义；中世纪的表现形态是一神教的形而上学，即以人的本质的异化形态（上帝）所表现的客体主义的形而上学；自笛卡尔、培根以来的近代哲学表现为反"独断论"的即认识论反省的形而上学，也就是具有主体性特征的形而上学；作为传统形而上学的总结与超越，黑格尔哲学既是把客体主义逻辑化的形而上学，又是把客体主义历史化的形而上学，即历史与逻辑相统一的形而上学，也就是以概念辩证法为内容的形而上学。辩证法形态的形而上学，深刻地体现了被阉割的形而上学的根本性的特质与功能——作为概念批判史的形而上学。因此，传统形而上学的最高形态，就是黑格尔的存在论、认识论和逻辑学相统一的形而上学，即以概念批判为内容的辩证法的形而上学。它既反对单纯主观性的"全体的自由性"，又反对单纯客观性的"环节的必然性"，而要求实现"全体的自由性"与"环节的必然性"的统一。这是主客统一或思存同一的形而上学。

作为理论形态的人类自我意识，哲学所表征的人类自我意识，从来不只是"外向"地指向"万物之理"，更多的是"内向"地指向人的全部精神世界。卡西尔说："走向人的理智和文化生活的那些最初步骤，可以说是一些包含着对直接环境进行某种心理适应的行为。但是在人类的文化进展方面，我们立即就遇见了人类生活的一个相反倾向。从人类意识最初萌发之时起，我们就发现一种对生活的内向观察伴随着并补充着那种外向观察。人类的文化越往后发展，这种内向观察就变得越加显著。"①在古希腊哲学的"人是万物的尺度"的命题中，已经蕴含对人的理性与非理性的矛盾的思考。在哲学的形而上学历险中，一直存在着物理主义与心理主义的矛盾纠缠。作为自然主义的唯物主义，始终表现出对人作为生理存在的关切；而以精神为本体的唯心主义，则从未离开对作为精神现象的心理的关切。黑格尔的思存同一的形而上学，把人的全部精神活动——情感、意志、表象——"复归于"思维，因而是"无人身的理性"（马克思）的自我运动的形而上学。反叛黑格尔，就是反叛"无人身的理性"的自我运动，因而也就是把"主体"——人——"复归"为精神的多样性和丰富性。由此构成的形而上学就是现代意义的心理主义的形而上学。而无论是作为概念批判史的物理主义的形而上学，还是作为精神分析史的心理主义的形而上学，都不可逃避地在"文化"的视域中展开其形而上学，都不可逃避地构成其"在思想中所把握到的时代"。自笛卡尔以来的对概念内涵的形上反思，在近代哲学的终结处构成了作为思想的内涵逻辑的黑格尔哲学，并开启了马克思的作为历史的内涵逻辑的现代哲学。

作为概念批判史的形而上学，它的概念批判具有双重内涵：一方面是对构成思想的基本观念的前提批判，其中主要的是对规范人的思想和行为的真、善、美等基本观念的前提批判；另一方面则是对这些基本观

① ［德］卡西尔：《人论》，5页，上海，上海译文出版社，1985。

念所蕴含的"思维和存在的一致"，即"思想的客观性"的前提批判。前者是形而上学直接指向的"基本观念"，后者则是形而上学在对"基本观念"的批判中所揭示的哲学的"重大的基本问题"——"思维和存在的关系问题"。因此，形而上学的概念批判史，既是对思想构成自己的基本观念的批判史，也是哲学展开其"基本问题"——思维和存在的关系问题——的历史。在对构成思想的基本观念的批判中深化对构成思想的基本信念——思维和存在的关系问题——的前提批判，又在对构成思想的基本信念——思维和存在的关系问题——的前提批判中，展开对构成思想的各种时代性的基本观念的前提批判，这就是作为概念批判史的形而上学。

（三）形而上学历险中的后形而上学

哲学形而上学历险中的最具革命性的"转向"，是由"不知其不可而为之"的"形而上学恐怖"转向"知其不可而为之"的"形而上学追求"。这种"转向"的根本标志和基本形态，就是所谓的"后形而上学"。

"后形而上学"的"后"，集中地体现在两个方面：其一，不是"断言"或"表述"关于"思维和存在"的"统一性原理"，而是展现为对构成思想的各种基本观念——思想的客观性或真理性、历史的必然性或规律性、价值的一元性或绝对性、发展的单一性或单向性、文化的层级性或根基性——的前提批判，从而使哲学自觉地成为"知其不可而为之"的批判活动；其二，不是把理论思维的两种基本方式——哲学和科学——当作"理性"的化身而奉为一切文化的圭臬，而是"反其道而行之"，以对哲学和科学的批判而实现对"理性"本身的具有颠覆性的前提批判——从"无限理性"到"有限理性"的革命性转变。简言之，以"有限理性"的理论自觉而深切地展开对构成思想的各种"基本观念"的前提批判，并由此实现对构成思想的基本信念——思维和存在的同一性——的前提批判，这是真正意义的"后形而上学"，也是"后形而上学"的真实意义。因此，"后形而上学"是形而上学历险中的"现代哲学"，而不是"终结哲学"的"非形而上学"。

西方哲学史上的黑格尔哲学，是全部传统形而上学的集大成；批判黑格尔哲学及其集大成的传统形而上学，则是整个现代哲学的出发点。在《分析的时代——二十世纪的哲学家》一书的开头，美国哲学家 M. 怀特就以"绝对理念之衰微与没落"而提出"几乎二十世纪的每一种重要的哲学运动都是以攻击那位思想庞杂而声名赫赫的十九世纪的德国教授的观点开始的"①；英国哲学家艾耶尔则用"叛离黑格尔"这个极具刺激性的口号阐发《二十世纪哲学》；德国哲学家赖欣巴哈更以《科学哲学的兴起》为题而批判基于人的"不幸的本性"的形而上学。"拒斥形而上学"，不仅成为 20 世纪哲学的最为时尚的"关键词"，而且真实地构成了 20 世纪占有主导地位的"哲学理念"。"拒斥形而上学"的"真实意义"，首先是暴露了传统形而上学的"理性的狂妄"，即暴露了传统形而上学"不知其不可而为之"的"哲学"本质，也就是暴露了传统形而上学把"哲学"当作"无限理性"的化身的本质。这具体地表现在对传统形而上学的集大成的黑格尔哲学的三个方向的前提批判：

一是对黑格尔哲学的马克思主义批判。针对传统哲学以思辨的方式实现思维把握和解释世界的全体自由性的"幻想"，恩格斯提出，"如果世界模式不是从头脑中，而仅仅是通过头脑从现实世界中得出来的，如果存在的基本原则是从实际存在的事物中得来的，那末为此所需要的就不是哲学，而是关于世界以及关于世界中所发生的事情的实证知识；由此产生的也不是哲学，而是实证科学"②。因此，"就哲学被看作凌驾于其他一切科学之上的特殊科学来说，黑格尔体系是哲学的最后的、最完善的形式。全部哲学都随着这个体系没落了"③。正因如此，恩格斯提出，作为"现代唯物主义"的马克思主义哲学"已经根本不再是哲学，而

---

① ［美］M. 怀特编著：《分析的时代——二十世纪的哲学家》，7 页，北京，商务印书馆，1964。

② 《马克思恩格斯全集》第 20 卷，39 页，北京，人民出版社，1971。

③ 《马克思恩格斯选集》第 4 卷，362 页，北京，人民出版社，1995。

只是世界观"①。关于这种不再是"哲学"的"世界观",马克思本人的最为精辟的论断是:"社会生活在本质上是实践的。凡是把理论导致神秘主义方面去的神秘东西,都能在人的实践中以及对这个实践的理解中得到合理的解决。"②

二是对黑格尔哲学的科学主义批判。赖欣巴哈在系统阐述其"科学哲学"与"思辨哲学"原则对立的著作中提出,人类的一大"不幸"在于,"总是倾向于甚至在他们还无法找到正确答案时就作出答案"。这样,"当科学解释由于当时的知识不足以获致正确概括而失败时,想像就代替了它,提出一类朴素类比法的解释来满足要求普遍性的冲动","普遍性的寻求就被假解释所满足了"。③ 由此他提出,形而上学就是"努力想获致一种关于普遍性的、关于支配宇宙的最普遍原则的知识"。卡尔纳普则更为明确地说:"我将把所有那样的一些命题都叫作形而上学的,即这些命题宣称了某种在全部经验之上或之外的东西的知识,例如,表述了事物真实本质的知识,表述了自在之物、绝对者以及诸如此类的东西的知识"。"这些命题都不是可证实的……也就使这些命题失去了任何意义。"由此他得出结论,形而上学"给予知识的幻相而实际上并不给予任何知识。这就是我们为什么要拒斥它的理由"。正是由于科学主义不仅"拒斥"传统形而上学的基本理念和思维方式,而且"拒斥"传统形而上学的追求目标和历史成就,因此,科学主义就由传统形而上学的"不知其不可而为之"而"转向"了"知其不可而不为之"的"终结形而上学"。

三是对黑格尔哲学的人本主义批判。在现代西方人本主义思潮看来,黑格尔的"无人身的理性"是一种"冷酷的理性",它把人的情感、意志、想象、体验、个性等人的全部丰富性都异化给了非人的或超人的思维,这种"冷酷的理性"是敌视个人存在的。他们认为,黑格尔以这种"冷酷的理性"去描述思维与存在的同一性,去展现历史必然性的逻辑,

① 《马克思恩格斯全集》第 20 卷,530 页,北京,人民出版社,1971。
② 《马克思恩格斯选集》第 1 卷,18 页,北京,人民出版社,1972。
③ [德]H. 赖欣巴哈:《科学哲学的兴起》,11 页,北京,商务印书馆,1991。

不仅是纯粹的虚构，是与人的生存状态相悖谬的，更是对个人生存价值的否定。人本主义思潮把它对传统哲学的批判诉诸包括人的情感、意志、想象、人格以及"潜意识"等在内的人生体验和关于人的生存状态、人的"生活世界"的"人学"。在他们的理论中，凸显了人的自在性与自为性、理性与非理性、意识与潜意识、生与死、个人与社会、人生的意义与价值等矛盾，从而把传统形而上学对"绝对真理"的寻求转变为对人的存在的关切。

从总体上说，西方现代哲学所理解的"形而上学"，就是对世界的普遍性做超科学的、不可证实的"假解释"。正因如此，他们不仅"拒斥"传统形而上学的纯思辨的研究方式，而且"拒斥"传统形而上学的追求目标及其历史成就。现代西方哲学的两大思潮，都否认理性的权威性、确定性和统一性，并力图动摇人类生存的合理性、必然性和规律性信念。与追求思维把握和解释世界的全体自由性的传统形而上学相比，他们从对人类理性的鲸吞宇宙的幻想，变成了对人类理性深感忧虑的怀疑；从对人类未来的满怀激情的憧憬，变成了对人类未来的惴惴不安的恐惧；从对真善美的雄心勃勃的追求，变成了对真善美的黯然失色的叹息。这种基本观念是对现代社会生活的理论折射，是对现代人类面临的"文化危机"的敏感反应，也是对当代全球问题的消极回答。因此，这种基本观念具有二重性：一方面，它通过对传统形而上学的批判而启发人们对人类理性及其对象化活动进行深刻的、全面的反省；另一方面，则在哲学层面向人类生存的合理性及历史过程的进步性提出严峻的挑战。"后形而上学"的本质特征就在于，它集中地揭示了形而上学的"普遍理性"的内在矛盾性：其一，它揭露了从柏拉图到黑格尔的"理性主义的放荡"所造成的"形而上学的恐怖"，即"普遍理性"对"人"的"偏离"所构成的"本质主义的肆虐"；其二，它对形而上学的"层级性"追求的"拒斥"，凸显了"顺序性"的选择与安排的生存论意义，从而"终结"了以"普遍理性"扼杀实践的选择性、文化的多样性的"同一性哲学"；其三，它在"瓦解"主体形而上学的进程中，凸显了"主体间性""交往理论""商谈""对话""有机团结"在人类历史活动中的现实意义；其四，它在否定"同一性哲学"的进程中，试图构建以"非同一性"为前提的、超越绝对主义和相对主义的新的哲学理念，从而使得"必要的张力"成为当代哲学的基本理念。这种"后形而上学"思想，对于深入地审视真理—规律—客观性观念，把"对现存的一切进行无情的批判"的哲学理念贯彻到全部社会生活，从而不断深入地"揭露人在非神圣形象中的自我异化"，具有重要的理论意义和实践意义①。

以批判"形而上学"为理论聚焦点的"后形而上学"，从根本上说，是以"哲学"本身为对象的批判活动，也就是以"理论形态的人类自我意识"为对象的批判活动。这种批判活动的实质是变革人类关于自身存在的自我意识，这种批判活动所诉诸的基本方式是各种文化样式之间的"对话"，而在"对话"中所展开的则是"形而上学"的概念批判。"后形而上学"所展开的各种最为重要的"对话"——哲学与其他文化样式的对话、各种哲学理论或哲学思潮之间的对话、哲学与"现实的历史"或"生活世界"的对话——其基本方式和根本内容都是对概念（思想）的前提批判。这包括对"哲学"与"宗教""艺术""科学"的前提批判，对"哲学"与"文化""经济""政治"的前提批判，对"哲学"与"理性""真理""规律"的前提批判，对"哲学"与"自由""正义""平等"的前提批判，对"哲学"与"专制""民主""协商"的前提批判。正是在这种现代意义的概念批判中，"后形而上学"承担起了"揭露人在非神圣形象中的自我异化"的历史使命，转化成了以概念（思想）为对象的"思的事情"，实现了"知其不可而为之"的"形而上学追求"。因此，"后形而上学"是形而上学历险中的关于当代人类自我意识的理论形态，而不是放弃以理论形态表征人类自我意识的"哲学的终结"。

---

① 孙正聿：《理论思维的前提批判》，307—308 页，北京，中国人民大学出版社，2010。

第二章　论黑格尔的哲学观

一　关于真理的哲学

何谓哲学？哲学何为？这是每个接触"哲学"的人都渴望回答而又难以回答的问题，也是每位"哲学家"都苦苦求索而又莫衷一是的问题。黑格尔的哲学史意义，如果借用马克思对黑格尔辩证法的评价，首先就在于他"第一个全面地、有意识地"论述了"哲学"，实现了人类文明史上的哲学理论自觉，以至于"后黑格尔"关于"哲学"的讨论总有一个无法绕开的"黑格尔哲学观"问题。具有反讽意义的是，现代西方哲学之所以把黑格尔哲学当作"声名赫赫而又思想庞杂"的"放荡的理性"而予以"讨伐"，从根本上说，就在于没有深切地把握黑格尔哲学观所达成的哲学理论自觉及其深层的哲学史意义。

关于"哲学"，黑格尔明确地将其定义为"关于真理的科学"。在黑格尔的全部著述中，这绝不是一个抽象空洞的"命题"，而是一个贯穿始终的"主题"。恰如黑格尔自己所说，"我的哲学的劳作一般地所曾趋赴和所欲趋赴的目的就是关于真理的科学知识"①。正是在展开这个"主题"的进程中，黑格尔既系统地、具体地论述了"关于真理"的哲学的理论性质、思维方式、研究对象及其基本功能，又深刻地体现了"哲学"的三个方面的"三者一致"：辩证法、认识论和逻辑学的"三者一致"；存在论、真理论和价值论的"三者一致"；精神现象、概念发展和人类文明的"三者一致"。深入地探讨黑格尔哲学观的思想内涵及其"真实意义"，在当代的哲学研究中是不可或缺的。

(一)构筑"此岸世界"的真理：黑格尔的哲学旨趣

把哲学定义为"关于真理的科学"，这是黑格尔所自觉到的哲学使命，因而也是黑格尔研究和论述其全部哲学的出发点。马克思在《〈黑格尔法哲学批判〉导言》中提出："真理的彼岸世界消逝以后，历史的任务就是确立此岸世界的真理。"②黑格尔把哲学定义为"关于真理的科学"，从根本上说，就是对"确立此岸世界的真理"的哲学自觉。黑格尔的这种哲学自觉，有三个明确的针对性：一是"此岸世界的真理"与"彼岸世界的真理"的对立；二是近代哲学的"思维"与"存在"的对立；三是流行观念中的"真理"与"意见"的对立。正是在揭示和破解这"三大对立"的过程中，黑格尔提出其"关于真理的科学"的哲学观，并致力于构筑关于"此岸世界的真理"的哲学。

1. 揭示和破解"此岸世界的真理"与"彼岸世界的真理"的对立。

黑格尔在其《哲学史讲演录》近代哲学部分的"引言"中提出，"从宗教改革的时候起"，历史"已经踏上了一个转折点"③。这个"转折点"是什么呢？黑格尔说："过去，基督教曾把它的绝对至上的内容放到人们的心里，所以这个内容是封闭的，其中心是个人的；它是作为神圣的、超感性的内容，与世界隔绝的。"④由此造成的直接后果就是"在宗教生

① ［德］黑格尔：《小逻辑》，5页，北京，商务印书馆，1996。
② 《马克思恩格斯选集》第1卷，2页，北京，人民出版社，1972。
③ ［德］黑格尔：《哲学史讲演录》第4卷，3页，北京，商务印书馆，1983。
④ 同上书，3页。

活的对面，矗立着一个外部世界，即自然界，人的心情、欲望和人性的世界"，而"这个世界之所以有价值"，"就仅仅在于它是被克服的障碍物"。① 这个直接后果所造成的更深层的后果则是"永恒的真理也被误放到枯燥的、形式的理智之中"②。破解这种"枯燥的、形式的理智之中"的"此岸与彼岸的统一"，就必须重新思考"此岸与彼岸的和解"，也就是重新构建"关于真理"的哲学。

在黑格尔看来，他所生活的时代已经为这种"和解"提供了"现实的世界"。"有限的东西、内在的和外部的现实被人们用经验加以把握，并且通过理智提升到了普遍性。人们要求认识各种各样规律和力量，也就是说，要求把感觉中的个别的东西转化为普遍的形式。现世的东西要受到现世的裁判，裁判官就是思维的理智。另一方面，那永恒的东西，即自在自为的真理，也通过纯粹的心灵本身为人们所认识、所理解；个人的精神独立地使永恒的东西成为己有"。因此，"神仅仅在精神之中，并不在彼岸，而是个人内心深处所固有的。纯粹的思维也是一种内在的东西；它也接近那自在自为的存在者，并且发现自己有权利去把握那自在自为的存在者"。③

在黑格尔看来，由此所造成的具有文明史意义的哲学变革就在于，"近代哲学的出发点，是古代哲学最后所达到的那个原则，即现实自我意识的立场"。它的"主要的兴趣并不在于如实地思维各个对象，而在于思维那个对于这些对象的思维和理解，即思维这个统一本身"。④ 这深切地表明，黑格尔之所以把哲学定义为"关于真理的科学"，首先在于他要破解"此岸世界的真理"与"彼岸世界的真理"的对立，超越"枯燥的、形式的理智之中"的"此岸与彼岸的统一"，从而在"思维和存在同一"的"现实自我意识"中构筑"此岸世界的真理"。黑格尔的这一哲学立场，必

① ［德］黑格尔：《哲学史讲演录》第 4 卷，3 页，北京，商务印书馆，1983。
② 同上书，3 页。
③ 同上书，5 页。
④ 同上书，5 页。

然引向他的"关于真理"的哲学的第二个针对性：揭示和破解近代哲学所凸显的"思维和存在的关系问题"。

2. 揭示和破解近代哲学的"思维"与"存在"的对立。

反思近代哲学，黑格尔得出的基本结论是："近代哲学的原则并不是淳朴的思维"，"它意识到了思维与存在的对立"。然而近代哲学所造成的"最高的分裂，就是思维与存在的对立，一种最抽象的对立"，因此，"要掌握的就是思维与存在的和解。从这时起，一切哲学都对这个统一发生兴趣"①。黑格尔的"关于真理"的哲学，从根本上说，就是关于"思维与存在的和解"的哲学，关于"思维和存在的同一性"的哲学，也就是破解"思维和存在的抽象对立"的哲学，确认"思想的客观性"的哲学。

破解"思维和存在的抽象对立"，确立"思想的客观性"，从而为"关于真理的哲学"奠基，这是黑格尔为自己设定的首要的哲学任务。为此，他在《小逻辑》中首先集中地讨论了"逻辑学概念的初步规定"，并以一百余页的篇幅系统地批判了"思想对客观性"的三种态度：形而上学；经验主义和批判哲学；直接知识或直观知识。正是通过这种系统化的批判，黑格尔阐明了他的"关于真理"的哲学："哲学的最高目的就在于确认思想与经验的一致，并达到自觉的理性与存在于事物中的理性的和解，亦即达到理性与现实的和解。"②

在黑格尔看来，他所批判的"思想对客观性"的三种态度，本质上都是以非此即彼、两极对立的思维方式去对待"思想的客观性"问题，因而都无法达成"关于真理"的哲学：其一，以往的形而上学还没有认识到思想与客观事物之间的矛盾以及思想自身的矛盾，却"朴素地"相信思想把握到客观事物的真实性，因而只能是"独断论"；其二，经验主义和批判哲学虽然意识到思想与客观事物之间的矛盾，并且揭示了知性规定的有

---

① ［德］黑格尔：《哲学史讲演录》第4卷，6页，北京，商务印书馆，1983。
② ［德］黑格尔：《小逻辑》，43页，北京，商务印书馆，1996。

限性，但却认为有限的概念无力规定无限的对象，因而只能是"怀疑论"或"不可知论"；其三，直接知识或直观知识的"直觉主义"以人们没有无限的概念去把握无限的对象为前提，因此反对以"概念"把握"绝对"，力图以"直觉"把握"真理"，其结果是把"真理"变成了一种偶然的"个人意识"。正是针对上述"思想对客观性"的三种态度，黑格尔不仅把"哲学"确认为"关于真理的科学"，而且以"概念"的辩证发展为内容构筑了他的"关于真理的哲学"。

3. 揭示和破解流行观念中的"真理"与"意见"的对立。

黑格尔极力倡言哲学是"关于真理的科学"，既表达了他对近代以来的哲学的历史任务的理论自觉，也表达了他对弥漫于整个社会的"蔑视真理"的理论自觉。

无论是在1816年海德堡大学的开讲辞中，还是在1818年柏林大学的开讲辞中，黑格尔都痛心疾首地提出，"时代的艰苦使人对于日常生活中平凡的琐屑兴趣予以太大的重视"，"使人们没有自由的心情去理会那较高的内心生活和较纯洁的精神活动"；"由于时代的艰苦，使人对于日常生活的琐事予以太大的重视"，而"现实上最高的兴趣，却在于努力奋斗首先去复兴并拯救国家民族生活上政治上的整个局势"，"致使我们精神上的内心生活不能赢得安静"。为此，黑格尔大声疾呼，"追求真理的勇气和对于精神力量的信仰是研究哲学的第一个条件"，"真理的王国是哲学所最熟习的领域，也是哲学所缔造的，通过哲学的研究，我们是可以分享的"。让人们"尊敬他自己"，并"自视能配得上最高尚的东西"，也就是"分享"真理，这就是黑格尔的"关于真理"的哲学旨趣。

对于自己的哲学旨趣，黑格尔清醒地意识到它的巨大的阻碍——对真理的轻蔑。这种轻蔑，首先是对真理的不以为然："真理是什么东西？"黑格尔分析说，这句话的意思是，"他已经看透了真理是什么东西，他已经不愿再理会这名词了，并且知道天地间并没有关于真理的知识"①。黑格尔接着说，"不去认识真理，只去认识那表面的有时间性的偶然的东西，——只去认识虚浮的东西，这种虚浮习气在哲学里已经广泛地造成，在我们的时代里更为流行，甚至还加以大吹大擂"②。为此，黑格尔给自己提出的哲学任务就是"哲学必须有真实内容"，也就是把关于真理的哲学"发挥出来"。

轻蔑真理的根源，不仅在于"精神沉陷在日常急迫的兴趣中"，而且在于"意见的空疏浅薄"。"精神一旦为这些空疏浅薄的意见所占据，理性便不能追寻它自身的目的。"③在黑格尔看来，"哲学已空疏浅薄到了这样的程度，即哲学自己以为并确信它曾经发现并证明没有对于真理的知识；上帝，世界和精神的本质，乃是一个不可把握不可认知的东西"④。黑格尔所指认的这种关于"真理"的状况，大概就是《红楼梦》里所说的"假作真时真亦假"吧！揭露以假为真的"假"，构建破假为真的"真"，这就是黑格尔的"关于真理"的哲学旨趣。

(二)"对思想的思想"：黑格尔的哲学思维

把"关于真理"的哲学定位为"对思想的思想"，这是黑格尔的哲学思维的理论自觉，也就是实现他的"关于真理"的哲学旨趣的理论自觉。

1. 超越"表象思维"和"形式推理"的"思辨思维"。

黑格尔在其《小逻辑》"导言"的一开头，就提出哲学的"对象"和"方法"问题："哲学不似别的科学可以假定表象所直接接受的为其对象，或者可以假定在认识的开端和进程里有一种现成的认识方法。"⑤那么，区别于"别的科学"的哲学的"对象"和"方法"是什么？黑格尔明确地提出："哲学乃是一种特殊的思维方式，——在这种方式中，思维成为认识，成为把握对象的概念式的认识。"⑥"哲学是以思想、范畴，或更确切地

---

① ［德］黑格尔：《小逻辑》，34 页，北京，商务印书馆，1996。
② 同上书，35 页。
③ 同上书，32 页。
④ 同上书，33 页。
⑤ 同上书，37 页。
⑥ 同上书，38 页。

说，是以概念去代替表象。"①这种"以思想的本身为内容，力求思想自觉其为思想"的"反思"，就是黑格尔的"对思想的思想"的哲学，也就是"达到自觉的理性与存在于事物中的理性的和解"的"关于真理"的哲学。

以"对思想的思想"来规定哲学的"对象"和"方法"，黑格尔的出发点是："哲学的要求可以说是这样的：精神，作为感觉和直观，以感性事物为对象；作为想象，以形象为对象；作为意志，以目的为对象。但就精神相反于或仅是相异于它的这些特定存在形式和它的各个对象而言，复要求它自己的最高的内在性——思维——的满足，而以思维为它的对象。这样，精神在最深的意义下，便可说是回到它的自己本身了。"②在这里，黑格尔把作为"精神"的感觉、想象和目的与"思维"相对照，阐发了以"思维"为哲学"对象"的根据。

值得深入探讨的是，黑格尔把哲学规定为"对思想的思想"，并不是仅仅提出以"思维"为哲学的"对象"，更是进一步提出和论证必须以"思辨的思维"来实现"对思想的思想"，并且是在与"表象思维"和"形式推理"的对比中，深切地阐发和论证了哲学的特殊的思维方式。

在《精神现象学》中，黑格尔所提出的"哲学研究中的要求"，首先就是必须以"概念的思维打断以表象进行思维的习惯"③。黑格尔明确地指出："表象思维的习惯可以称为一种物质的思维，一种偶然的意识，它完全沉浸在材料里，因而很难从物质里将它自身摆脱出来而同时还能独立存在。"④与此同时，哲学研究又必须克服"以脱离内容为自由，并以超出内容而骄傲"的所谓"形式推理"。因此，黑格尔将其关于哲学思维的论证，首先是诉诸对"表象思维"和"形式推理"的批判。

"表象思维"之所以沉浸在物质材料里，从思维方式上看，是以外物作为各个环节彼此联结在一起的整体，它自在地就是全体，但却无自由

---

① ［德］黑格尔：《小逻辑》，40 页，北京，商务印书馆，1996。
② 同上书，51 页。
③ ［德］黑格尔：《精神现象学》，39 页，北京，商务印书馆，1979。
④ 同上书，40 页。

可言。因此，表象思维虽然能够不断地把外在世界的规定性转化成思维的规定性，却根本无法实现思维的全体自由性。这表明，表象思维不是哲学层次的思维方式。"形式思维"以超出内容而骄傲，从思维方式上看，是以抽象的精神活动来实现思想的自我联系，因而是一种空洞的主体性原则。精神作为一种活动性，它自在地就是自由，但却与环节的必然性相脱离。因此，形式思维虽然可以在内心中得到现实中所得不到的满足，却根本达不到真正的自由。形式思维也不是哲学所要求的思维方式。由于"表象思维"和"形式推理"都无法实现"全体的自由性"与"环节的必然性"的统一，因而都无法构成"关于真理"的哲学。

由此黑格尔提出哲学研究的"思辨思维"。黑格尔认为，与"表象思维"和"形式推理"不同，"思辨思维"既不是以经验材料为对象而形成关于经验世界的知识，也不是以形式推理而构成的"返回于空虚的自我的反思"①，而是努力地把思想的"自由沉入于内容，让内容按照它自己的本性，即按照它自己的自身而自行运动，并从而考察这种运动"②。这种思想以自身为对象反过来而思之的"反思"，就是黑格尔所指认的"全体的自由性"与"环节的必然性"相统一的"关于真理"的哲学的"思辨思维"。黑格尔所指认的"思辨思维"，就是"思想自己构成自己"的"辩证法"。

2. 哲学的"内容"和"方法"相统一的"辩证法"。

在黑格尔看来，要实现真理的"全体的自由性"与"环节的必然性"的统一，就要让思维"按照它自己的自身而自行运动，并从而考察这种运动"；而"认识到思维自身的本性即是辩证法"③。因此，对于"关于真理"的哲学来说，"正确地认识并掌握辩证法是极关重要的。辩证法是现实世界中一切运动、一切生命，一切事业的推动原则。同样，辩证法又

---

① ［德］黑格尔：《精神现象学》，40 页，北京，商务印书馆，1979。
② 同上书，40 页。
③ ［德］黑格尔：《小逻辑》，51 页，北京，商务印书馆，1996。

是知识范围内一切真正科学认识的灵魂"①。由此，黑格尔就把他的"关于真理"的哲学的"对象"与"方法"、"内容"与"形式"统一起来：哲学的"真理"就是"对思想的思想"的"辩证法"。

黑格尔认为，以往的哲学家们总是试图从其他科学去寻找哲学研究的"方法"，这是"找错了路子"，因为哲学作为"关于真理的科学"，它所"考察"的正是其他科学中不证自明的"前提"。因此，哲学的"方法"应当是它自己的方法，也就是关于"真理"的方法。这个"方法"就是"对于自己内容的内部自己运动的形式的觉识"，也就是对思维自己运动、自己展开、自己发展的自觉，对思维构成自己的概念自我运动的自觉。这就是"关于真理"的"概念辩证法"。

由此提出的问题是：概念自我运动、自我发展、"自己构成自己"的根据何在？黑格尔的回答是，就在于概念自身的内在否定性。黑格尔十分欣赏斯宾诺莎关于"实体自因""规定即是否定"的看法，把它视为"绝对方法"，即概念自我发展辩证法的灵魂，并将其贯穿于整个逻辑学本体论的建构与反思之中，也就是贯穿于整个的"关于真理"的哲学之中。

在黑格尔的逻辑学中，概念的这种内在的否定性，在思维自己构成自己的进程中，表现为双重的否定性：一方面，思维不断地否定自己的虚无性，使自己获得越来越具体、越来越丰富的规定性，这就是思维自己建构自己的过程；另一方面，思维又不断地反思、批判、否定自己所获得的规定性，从而在更深刻的层次上重新构成自己的规定性，这又是思维自己反思自己的过程。思维在这种双重否定的运动中，既表现为思维规定的不断丰富，实现内容上的不断充实；又表现为思想力度的不断深化，实现逻辑上的层次跃迁。这就是黑格尔所展示的人类思维运动的建构性与反思性、规定性与批判性、渐进性与飞跃性的辩证统一，也就是黑格尔的"关于真理"的概念辩证法。

---

① ［德］黑格尔：《小逻辑》，177 页，北京，商务印书馆，1996。

黑格尔这种认识的深刻性在于，他不是把思维的内在否定性仅仅理解和描写为对"虚无性"的否定，即不是把思维的内在否定性仅仅看作规定性的丰富和建构过程；更是把思维的内在否定性理解和描述为对"规定性"的否定，即把思维的内在否定性看作规定性的批判和反思过程。正因为思维自己构成自己的过程是建构与反思、规定与批判的辩证统一，所以作为"本体"的绝对理念并不是某种凝固、僵化的存在，而是一个不断深化、发展的过程。本体论与辩证法的统一，是黑格尔逻辑学本体论的真实意义之所在。它启发我们既从概念的辩证发展去理解"真理"的具体性、过程性和中介性，又以"真理"的具体性、过程性和中介性去理解概念的辩证发展，并由此引导我们去思考黑格尔的"关于真理"的哲学所要求的辩证法、认识论和逻辑学的"三者一致"。

（三）关于真理的辩证法、认识论和逻辑学的"三者一致"

黑格尔把自己的"哲学理论"命名为《逻辑学》，而不是命名为他要构建的"真理论"或关于真理的"辩证法"，这不能不是探讨黑格尔哲学的一个至关重要的问题。这个问题的实质在于：为什么哲学是逻辑学？什么是哲学意义的逻辑学？哲学意义的逻辑学为何可以构成关于真理的哲学和作为哲学的灵魂的辩证法？这就是黑格尔的关于真理的哲学的辩证法、认识论和逻辑学的"三者一致"问题。

在黑格尔看来，哲学作为"关于真理的科学知识"[①]，它的根本性的内容与使命，在于实现"思维和存在的一致"；而人们对于哲学的最大的误解，则在于不理解（不懂得）体现"思维和存在的一致"的"概念"的真实意义，或者把作为思维规定的"概念"当成离开整个世界和全部生活的空洞的"名称"，或者把整个世界和全部生活当成离开"概念"的杂多的"表象"，从而在"真理"的意义否定了"思维和存在的一致性"[②]。

黑格尔之所以把"思维"作为关于真理的哲学的"对象"，是因为作为

---

① ［德］黑格尔：《小逻辑》，5 页，北京，商务印书馆，1996。
② 同上书，41 页。

思维对象的对象既不是自在的外部世界，也不是抽象的主观世界，而是人类按照自己的思维本性去把握全部的精神活动及其对象所生成的人的特有世界——概念的世界。黑格尔把哲学规定为"概念性的认识"①，就是要把以往的哲学对外部世界或精神世界的统一性的寻求，转换为外部世界与精神世界的统一，即概念世界的研究。由此，就以"概念"为内容构成了他的辩证法、认识论和逻辑学的"三者一致"。

具体言之，对"真理"和关于真理的"辩证法"的最大误解，莫过于把思想的内容与形式割裂开来，把概念的内涵与外延割裂开来，把哲学的理论与方法割裂开来，也就是把关于真理的辩证法、认识论和逻辑学割裂开来，从而把关于真理的"辩证法"当成没有思想内容、没有概念内涵、没有实证知识的"刻板公式"和"词汇语录"。对此，列宁在关于《逻辑学》的摘要中，以全方框方式写下这样的评语："黑格尔则要求这样的逻辑：其中形式是具有内容的形式，是活生生的实在的内容的形式，是和内容不可分离地联系着的形式。"②接着，列宁同样以全方框方式写下具有结论性的评语："逻辑不是关于思维的外在形式的学说，而是关于'一切物质的、自然的和精神的事物'的发展规律的学说，即关于世界的全部具体内容及对它的认识的发展规律的学说。换句话说，逻辑是对世界的认识的历史的总计、总和、结论。"③

在肯定黑格尔所要求的内容与形式相统一的"逻辑"，并做出"逻辑不是关于思维的外在形式的学说"的基础上，列宁提出"客观主义：思维的范畴不是人的用具，而是自然界的和人的规律性的表现"④。对此，列宁又以全方框方式对"范畴"做出如下的论断："人面前是自然现象之网。本能的人，即野蛮人没有把自己同自然界区分开来。自觉的人则区分开来了，范畴是区分过程中的一些小阶段，即认识世界的过程中的一

---

① ［德］黑格尔：《小逻辑》，327 页，北京，商务印书馆，1996。
② 列宁：《哲学笔记》，89 页，北京，人民出版社，1960。
③ 同上书，89—90 页。
④ 同上书，87 页。

些小阶段，是帮助我们认识和掌握自然现象之网的网上纽结。"①因此，这样的逻辑范畴就"不只是抽象的普遍，而且是自身还包含着特殊的东西的丰富性和普遍性"，由这样的逻辑范畴所展开的逻辑就"不是抽象的、僵死的、不动的，而是具体的"。正是基于这种理解，列宁对黑格尔的《逻辑学》写下了这样的评语："典型的特色！辩证法的精神和实质。"

特别引人注目和发人深省的是，列宁在《哲学笔记》中着力最多的主要内容，是在辩证法与逻辑学的一致中重新理解"概念"。列宁指出："对通常看起来似乎是僵死的概念，黑格尔作了分析并指出：它们之中有着运动。有限的？——就是说，向终极运动着的！某物？——就是说，不是他物。一般存在？——就是说，是这样的非规定性，以致存在＝非存在。概念的全面的、普遍的灵活性，达到了对立面同一的灵活性，——这就是问题的实质所在。这种灵活性，如果加以主观的应用＝折衷主义与诡辩。客观地应用的灵活性，即反映物质过程的全面性及其统一的灵活性，就是辩证法，就是世界的永恒发展的正确反映。"②对此，列宁进而提出："（抽象的）概念的形成及其运用，已经包含着关于世界客观联系的规律性的看法、信念、意识"。"否定概念的客观性、否定个别和特殊之中的一般性的客观性，是不可能的。由于黑格尔研究了客观世界的运动在概念的运动中的反映，所以他比康德等人深刻得多"。③

为了进一步说明"概念"的哲学意义，列宁还引证《逻辑学》的话说，"凡是没有思维和概念的对象，就是一个表象或者甚至只是一个名称；只有在思维和概念的规定中，对象才是它本来的那样"，并写下这样的评语："这是对的！表象和思想，二者的发展，而不是什么别的"④。正

---

① 列宁：《哲学笔记》，90 页，北京，人民出版社，1960。
② 同上书，112 页。
③ 同上书，189、190 页。
④ 同上书，242 页。

是基于对"概念"的上述理解，列宁在"辩证法是什么?"的标题下做出如下论断："概念的相互依赖""一切概念的毫无例外的相互依赖""一个概念向另一个概念的转化""一切概念的毫无例外的转化""概念之间对立的相对性……""概念之间对立面的同一"。①

正是基于对辩证法必须是逻辑学的上述理解，也就是基于必须以思维的逻辑运动（概念的辩证法）去把握和描述事物的逻辑（存在的辩证法）、才能实现"思维和存在的一致性"的上述理解，列宁不仅肯定了"具有客观意义的概念的辩证法和认识的辩证法"，而且做出了一个令人惊叹的评语："聪明的唯心主义比愚蠢的唯物主义更接近于聪明的唯物主义"②，并且在《黑格尔辩证法（逻辑学）的纲要》中做出一个结论性的论断："在《资本论》中，逻辑、辩证法和唯物主义的认识论[不必要三个词：它们是同一个东西]都应用于一门科学，而唯物主义则从黑格尔那里吸取了全部有价值的东西，并且向前推进这些有价值的东西。"③列宁在其《哲学笔记》中所做出的一系列论断，深刻地揭示了黑格尔的关于真理的哲学所实现的辩证法、认识论和逻辑学的"三者一致"的重大的哲学史意义。

(四)关于真理的存在论、真理论和价值论的"三者一致"

黑格尔的关于真理的哲学的辩证法、认识论和逻辑学的"三者一致"，并不是通常所指认的"认识论转向"中的"三者一致"，即并不是单纯地回答"思想的客观性"或"认识何以可能"的"认识论"，而是以辩证法、认识论和逻辑学的"三者一致"实现存在论、真理论和价值论"三者一致"的"关于真理"的哲学，是以"认识何以可能"为基础而回答"自由何以可能"的"关于真理"的哲学。这是理解黑格尔哲学观及其哲学史意义的更为深层的重大的理论问题。

黑格尔之所以把哲学视为"关于真理的科学"，是因为他把人的生命

---

① 列宁:《哲学笔记》，210 页，北京，人民出版社，1960。
② 同上书，305 页。
③ 同上书，357 页。

的意义和价值视为"尊敬他自己，并应自视能配得上最高尚的东西"①；而"凡生活中真实的伟大的神圣的事物，其所以真实、伟大、神圣，均由于理念"②；所以，"哲学的目的就在于掌握理念的普遍性和真形相"③。在黑格尔看来，通过"对思想的思想"而实现"个体理性"与"普遍理性"的"辩证融合"，也就是使每个人"尊敬他自己"并从而"配得上最高尚的东西"，这就是哲学的根本性的神圣使命。这表明，对黑格尔来说，"关于真理"的哲学，并不只是对通常所说的"真理"的认同，更是对人的"价值"的认同，对人的"存在"意义的认同。黑格尔的"关于真理"的哲学，深层蕴含的是存在论、真理论和价值论的"三者一致"。

在《小逻辑》的关于"逻辑学概念的初步规定"中，黑格尔就富有深意地提出一个问题："我们对于真理应该如何理解。"④围绕这个问题，他首先是分析了人们对真理的"通常"理解，即"总是认为我们的表象与一个对象相符合叫作真理"⑤。对此，黑格尔反驳说，"从哲学的意义来看"，"真理就是思想的内容与其自身的符合"，⑥ 而不是表象与对象的"符合"；把真理认作表象与对象的"符合"，并不是哲学意义的"真理"。

什么是"思想的内容与其自身的符合"？在黑格尔看来，这个听起来颇有些神秘感的说法，"在平常习用的言语中，已经可以部分地寻得着较深的(哲学的)意义的真理"⑦。那么，什么是"较深的(哲学的)意义的真理"？为此，黑格尔举了三个人人皆知(皆懂)的例子："真朋友"，"真的艺术品"，"真的政府"。黑格尔说："所谓一个真朋友，就是指一个朋友的言行态度能够符合友谊的概念"；"一件真的艺术品"，"不真即可以

---

① ［德］黑格尔：《小逻辑》，36 页，北京，商务印书馆，1996。
② 同上书，35 页。
③ 同上书，35 页。
④ 同上书，85—86 页。
⑤ 同上书，86 页。
⑥ 同上书，86 页。
⑦ 同上书，86 页。

说是相当于不好"；"一个不好的政府即是不真的政府"。① 黑格尔由此得出的结论是："不好与不真皆由于一个对象的规定或概念与其实际存在之间发生了矛盾。"②认真地对待和深入地分析黑格尔关于"哲学意义的真理"的论述，有两个问题是特别发人深省和特别值得关注的：一是"真"与"好"或"真理"与"价值"的关系问题；一是"概念与其实际存在"的关系问题，也就是存在论、真理论和价值论的关系问题。

"真"的朋友必须符合"友谊的概念"，"真"的政府必须是"好"的政府，这深切地表明，作为"思想内容"的"真理"的概念，并不只是单纯的"真"，而是"真"的"好"和"好"的"真"。只有"好"的才是"真"的，只有"真"的才是"好"的，"真理"概念中的"好"与"真"是相互规定的，而不是相互割裂。把"真"与"好"抽象地对立起来，把"关于真理"的哲学的真理论与价值论抽象地割裂开来，都不是"哲学意义的真理"。对此，黑格尔颇有见地地指出："对于这样一种不好的对象，我们当然能够得着一个正确的观念或表象，但这个观念的内容本身却是不真的。"③只有"实际存在"的对象既符合于"真"又符合于"好"，才是关于对象的"真理"。在这里，深切地透露了黑格尔的"上帝人本化"的存在论立场——以人的存在为基点的真理与价值的统一，以人的"合目的性"与"合规律性"的统一为基点的真理论和价值论的统一。由此就构成了黑格尔的"关于真理"的哲学的存在论、真理论和价值论的"三者一致"——"思想的内容与其自身的符合"。

（五）关于真理的精神历程、概念发展和文明进步的"三者一致"

关于真理的哲学，在黑格尔的全部哲学著作中，有三个并列不悖的阐释路径：人类精神现象诸环节的自我展开；人类概念运动诸环节的自我深化；人类文明进步诸环节的自我发展。与这三个阐释路径相对应，黑格尔构筑了三部相互规定的重要著作：《精神现象学》《逻辑学》和《哲

---

① ［德］黑格尔：《小逻辑》，86 页，北京，商务印书馆，1996。
② 同上书，86 页。
③ 同上书，86 页。

学史讲演录》。由这三条阐释路径所构成的三部重要著述，深刻地体现了黑格尔的"关于真理的哲学"的精神历程、概念发展和文明进步的"三者一致"。这是研究黑格尔的"关于真理"的哲学的更为重大的理论问题。

黑格尔所理解的"关于真理的哲学"，既不能是离开"环节的必然性"的主观性的"全体的自由性"，也不能是离开"全体的自由性"的客观性的"环节的必然性"，而只能是（必须是）实现真理的"具体性"的精神历程、概念发展和文明进步的"三者一致"。只有在后者的意义上，才能使"主观性"具有真实的"客观性"，"客观性"具有自由的"主观性"；才能达成"思维与存在的和解"；才能实现"全体的自由性与环节的必然性"的统一；才能构成"关于真理的哲学"。

黑格尔对自己的《精神现象学》《逻辑学》和《哲学史讲演录》的相互关系及其所蕴含的三条阐释路径，做出了系统的解释和论证。关于《精神现象学》与《逻辑学》，黑格尔说："在我的《精神现象学》一书里，我是采取这样的进程，从最初、最简单的精神现象，直接意识开始，进而从直接意识的辩证进展逐步发展以达到哲学的观点，完全从意识辩证进展的过程去指出达到哲学观点的必然性。（也就因为这个缘故，在那本书出版的时候，我把它当作科学体系的第一部分。）……因为哲学知识的观点本身同时就是内容最丰富和最具体的观点，是许多过程所达到的结果。所以哲学知识须以意识的许多具体的形态，如道德、伦理、艺术、宗教等为前提。"①这表明，黑格尔的《精神现象学》是研究精神的自我呈现的过程，是展现"意识的许多具体的形态"的过程，因而可以视为导入《逻辑学》的导言或阶梯。

关于"哲学"与"哲学史"的关系，或者说关于《逻辑学》与《哲学史讲演录》的关系，黑格尔在《小逻辑》的"导言"中做出这样的表述："在哲学史上所表述的思维进展的过程，也同样是在哲学本身里所表述的思维进展的过程，不过在哲学本身里，它是摆脱了那历史的外在性或偶然性，

---

① ［德］黑格尔：《小逻辑》，93—94 页，北京，商务印书馆，1996。

而纯粹从思维的本质去发挥思维进展的逻辑过程罢了。"①对此，黑格尔的进一步解释是："真正的自由的思想本身就是具体的"②，"真理作为具体的，它必定是在自身中展开其自身"③。具体的真理既实现在"历史性的思想"——哲学理论——之中，又实现在"思想性的历史"——哲学史——之中；每一种"历史性的思想"既是"思想性的历史"中的一个"环节"，又是这一环节的"概念"的体现与升华。这就是黑格尔所要达成的《哲学史讲演录》的"思想性的历史"的诸环节的展开，与《逻辑学》的诸环节的"逻辑规定"的统一。黑格尔说："全体的自由性，与各个环节的必然性，只有通过对各环节加以区别和规定才有可能。"④《逻辑学》和《哲学史讲演录》，正是通过"概念"和"历史"的"各环节"的"区别"和"规定"，而实现真正的"全体的自由性"与"各个环节的必然性"的统一。

值得深入思考的是，在黑格尔看来，虽然"哲学史所昭示给我们的，是一系列的高尚的心灵，是许多理性思维的英雄们的展览"，但是其真实意义却不在于个人的"心灵"和"理性"，而是在于"他们凭借理性的力量深入事物、自然和心灵的本质"，"为我们赢得最高的珍宝，理性知识的珍宝"。因此，"在哲学史里，它归给特殊个人的优点和功绩愈少，而归功于自由的思想或人之为人的普遍性格愈多，这种没有特异性的思想本身愈是创造的主体，则哲学史就写得愈好"⑤。黑格尔的这一基本观点，在理解他的"关于真理"的哲学时，是不可以忽略的。对此，黑格尔至少是从三个至关重要的方面予以论证的：一是概念规定的文明史内涵，二是概念规定的时代性内涵，三是概念规定的"现实自我意识"内涵。深入地探讨这三个方面的重要论述，不仅有助于我们深化对《精神现象学》《逻辑学》和《哲学史讲演录》这三部著作及其所蕴含的三种阐释

① ［德］黑格尔：《小逻辑》，55 页，北京，商务印书馆，1996。
② 同上书，55 页。
③ 同上书，56 页。
④ 同上书，56 页。
⑤ ［德］黑格尔：《哲学史讲演录》第 1 卷，7 页，北京，商务印书馆，1983。

路径的理解，而且能引导我们从"精神历程""概念发展"和"文明进步"的"三者关系"中深化对"关于真理的哲学"的理解，深化对黑格尔的"个体理性"与"普遍理性"的辩证融合的理解。

第一，概念规定的文明史内涵。

黑格尔说，"我们之所以是我们，乃是由于我们有历史"，"我们在现世界所具有的自觉的理性，并不是一下子得来的，也不只是从现在的基础上生长起来的，而是本质上原就具有的一种遗产"，是"人类所有过去各时代工作的结果"。① 但是，"这种传统并不仅仅是一个管家婆"，"毫不改变地保持着并传给后代"，"它也不像自然的过程那样"，"永远保持其原始的规律，没有进步"，而是"生命洋溢的，有如一道洪流"。② 因此，一方面，"每一世代对科学和对精神方面的创造所产生的成绩，都是全部过去的世代所积累起来的遗产"，这些遗产"构成下一代习以为常的实质、原则、成见和财产"；③ 另一方面，"当我们去吸收它、并使它成为我们所有时，我们就使它有了某种不同于它从前所有的特性"，"那经过加工的材料因而就更为丰富，同时也就保存下来了"。④

正是从人类活动与文明史的继承创新这个宏伟的辩证关系出发，黑格尔阐发了作为"历史性的思想"的哲学理论与作为"思想性的历史"的哲学史的辩证关系："我们的哲学，只有在本质上与前此的哲学有了联系，才能够有其存在，而且必然地从前此的哲学产生出来。"⑤正因如此，黑格尔坚决反对把哲学史当作"只是一些意见的展览"，坚决反对把哲学史视为"堆满着死人的骨骼"的"死人的王国"，而把哲学史视为"发展史"。这个发展史的实质内容，在黑格尔看来，就是"哲学的进步在于使前此的一般的、不明确的理念，更加自身明确。理念的较高发展与它的更大

---

① ［德］黑格尔：《哲学史讲演录》第 1 卷，7—8 页，北京，商务印书馆，1983。
② 同上书，8 页。
③ 同上书，9 页。
④ 同上书，9 页。
⑤ 同上书，9 页。

的明确性乃是同一意义"①。正是"根据这种观点"，黑格尔提出："历史上的那些哲学系统的次序，与理念里的那些概念规定的逻辑推演的次序是相同的"。"如果我们能够对哲学史里面出现的各个系统的基本概念，完全剥掉它们的外在形态和特殊应用，我们就可以得到理念自身发展的各个不同阶段的逻辑概念了。反之，如果掌握了逻辑的进程，我们亦可从它里面的各主要环节得到历史现象的进程"②。这就是黑格尔的"历史性的思想"与"思想性的历史"的统一，也就是他的哲学（逻辑）与哲学史（历史）的统一。正是在这种"历史与逻辑的统一"中，深切地体现了概念规定的文明史内涵。

第二，概念规定的时代性内涵。

黑格尔把哲学史视为"发展史"，就必须具体地阐释哲学的人类性与时代性、绝对性与相对性的关系问题。对此，黑格尔的回答是："每一哲学曾经是、而且仍是必然的，因此没有任何哲学曾消灭了，而所有各派哲学作为全体的诸环节肯定地保存在哲学里。"③既然如此，哲学的"发展"何在？黑格尔回答说："那被推翻了的并不是这个哲学的原则，而只不过是这个原则的绝对性、究竟至上性"；"每一原则在一定时间内都曾经是主导原则"，"当整个世界观皆据此唯一原则来解释时，——这就叫做哲学系统"；④因此，"虽说它是历史，但它所研究的却并不是业已过去的东西"。⑤在这里，黑格尔深切地、辩证地阐明了每一种哲学"原则"的二重性，并从而阐明了哲学"发展"的绝对性与相对性：一方面，每一种哲学"原则"的绝对性、至上性都会被"推翻"，这显示了哲学的历史性、时代性和相对性；另一方面，每一种哲学"原则"又会作为"环节"而"保存"在哲学中，这又显示了哲学的人类性、超时代性和绝对

---

① ［德］黑格尔：《哲学史讲演录》第1卷，32页，北京，商务印书馆，1983。
② 同上书，34页。
③ 同上书，40页。
④ 同上书，40—41页。
⑤ 同上书，42页。

性。马克思说，任何"真正的哲学"，都既是"时代精神的精华"，又是"文明的活的灵魂"。从黑格尔的哲学"发展观"中，我们可以深切地把握马克思哲学观对黑格尔哲学观的批判继承关系。

在黑格尔的哲学"发展观"中，突出地显示了哲学的"时代性"内涵。黑格尔明确地断言："每一哲学都是它的时代的哲学，它是精神发展的全部锁链里面的一环，因此它只能满足那适合于它的时代的要求或兴趣。"①对此，黑格尔还具体地解释说："个人是他的民族，他的世界的产儿"，"个人无论怎样为所欲为地飞扬伸张——他也不能超越他的时代、世界"。② 因此，"每一种哲学都代表一特定的发展阶段，在它里面只有在它那一阶段范围内的精神的形式和需要才被揭示出来"③。对此，黑格尔还举例说，"作为一个人生来就是自由的，——这点柏拉图不知道，亚里士多德也不知道，西塞罗不知道，罗马的立法者也不知道，虽说惟有自由这一概念才是法律的泉源"④。由此，黑格尔更为明确地指出："哲学并不站在它的时代以外，它就是对它的时代的实质的知识"，"没有人能够真正地超出他的时代"。⑤ 那么，哲学又何以具有"超时代性"呢？黑格尔说："就哲学是在它的时代精神之内来说，则这精神就是哲学的特定的内容，但同时哲学作为知识又超出了这内容，而与这内容处于对立的地位……成为产生一种发展的新形式的媒介。"⑥这表明，黑格尔是从发展的"中介"性来看待哲学的"时代性"与"超时代性"的，并因此把概念规定的文明史内涵与时代性内涵熔铸于"关于真理"的哲学"发展史"中。

第三，概念规定的"现实自我意识"内涵。

在黑格尔看来，具有文明史内涵和时代性内涵的概念规定，不仅决

---

① ［德］黑格尔：《哲学史讲演录》第1卷，48页，北京，商务印书馆，1983。
② 同上书，48页。
③ 同上书，51页。
④ 同上书，51页。
⑤ 同上书，56—57页。
⑥ 同上书，57页。

定人的"现实自我意识",而且构成人的"现实自我意识"的真实内容,并且成为人"尊敬他自己"的现实力量。这是黑格尔的"关于真理"的哲学的最根本的、最深层的哲学指向和价值诉求。

黑格尔认为,"在哲学史里,我们所了解的运动乃是自由思想的活动,它是思想世界理智世界如何兴起如何产生的历史"。"人的一切文化之所以是人的文化,乃是由于思想在里面活动并曾经活动"。① 因此,他的哲学史所要表明的,从根本上说,就是"精神的进展是合乎理性的"②。这种"合乎理性"的"精神进展"之所以能够成为"人的文化",并且能够成为作为"历史性的思想"的哲学和作为"思想性的历史"的哲学史,就在于"哲学"并不是"普遍成见"所认为的"只从事研究抽象的东西和空洞的共性",就在于"哲学是最敌视抽象的,它引导我们回复到具体"③。黑格尔深切地指出:"健康的人类理性趋向于具体的东西";"如果真理是抽象的,则它就是不真的"。④ 由精神历程、概念发展和文明进步所构成的"现实自我意识",就是"具体的健康的"人类理性,它具有黑格尔所说的"实践性"。这种"实践性",就是"个体理性"与"普遍理性"辩证融合的过程,就是"个体理性"认同"普遍理性"并构成"现实自我意识"的过程,就是"普遍理性"取得"现实性"并构成"时代精神"的过程。

重新探讨黑格尔的哲学旨趣和哲学思维,特别是深入揭示黑格尔的辩证法、认识论和逻辑学的"三者一致",存在论、真理论和价值论的"三者一致",精神历程、概念发展和文明进步的"三者一致",我所形成的基本结论是:黑格尔构建的"关于真理的哲学",从其真实内容上看,是关于"普遍理性"的哲学;从其价值诉求上看,是"个体理性"与"普遍理性"的辩证融合的哲学,也就是使人"尊敬他自己"并从而"配得上最高尚的东西"的哲学。这是黑格尔哲学的实质贡献,也是黑格尔哲学的根

---

① ［德］黑格尔:《哲学史讲演录》第1卷,10页,北京,商务印书馆,1983。
② 同上书,24页。
③ 同上书,29页。
④ 同上书,29页。

本性局限。马克思恩格斯所开辟的"关于现实的人及其历史发展"的哲学道路，批判地继承了黑格尔哲学的实质性贡献——把哲学规定为实现"人的全面发展的哲学"，又批判地超越了黑格尔的根本性问题——为"人的全面发展"而创造"改变世界"的哲学。

二　人类思想运动的逻辑

马克思的辩证法，在其直接的理论来源上，是黑格尔的唯心主义概念辩证法，这是学界所公认的；问题在于，承认马克思辩证法的这个直接理论来源，要求我们从怎样的辩证法理论出发去反思和发展辩证法？因此，我们必须重新理解黑格尔概念辩证法的真实意义。

(一)"思想体系的时代"的哲学理论

在对黑格尔概念辩证法的理解中，最大的问题是离开黑格尔哲学所体现的时代精神，把它说成某种神秘莫测或难以理喻的东西。

黑格尔自己曾经说过，哲学总是"思想中所把握到的时代"。这个关于哲学的基本论断，既符合黑格尔哲学本身，也应当是研究黑格尔哲学的出发点。从黑格尔哲学所体现的"时代精神"上看，可以概括为三个方面的统一：其一，从其直接性上看，黑格尔哲学作为 19 世纪的"思想体系的时代"的"时代精神"，他的哲学集中地表现为以概念自我运动的形式即概念发展的辩证法，而展示人类思想运动的逻辑，从而为恩格斯所说的"整理材料"的 19 世纪科学提供建立各门科学体系的"逻辑基础"。在哲学发展史上首次以"建立在通晓思维的历史和成就的基础上的理论思维"去展现"人类思想运动的逻辑"，这是黑格尔概念辩证法的"真实内容"和"真实意义"；其二，在其间接性上，黑格尔哲学作为"法国革命的德国理论"，他的哲学是以概念自我运动的方式而表现人类理性的自由运动，为人类"理性"的"自由"进行哲学论证。这可以说是现实生活激发黑格尔哲学追求的"政治关怀"；其三，在其深层的自我意识中，黑格尔哲学作为整个德国古典哲学"使人崇高起来"的哲学目标的集大成者，是以概念自我运动的方式而实现"个体理性"与"普遍理性"的"辩证融合"，也就是把"个体理性"融合到作为"崇高"化身的"普遍理性"之中，因此在黑格尔看来，他的概念辩证法的自我运动和自我认识乃是人的"崇高"的自我认识和自我实现，这可以说是黑格尔辩证法的深层的"人文关怀"。这种"思想体系的时代""法国革命的德国理论"和"使人崇高起来"的三者统一，构成了黑格尔哲学的内涵丰厚而又形式神秘的概念发展的辩证法理论体系。

美国出版的"导师哲学家丛刊"曾对欧洲中世纪以来的各个世纪的时代精神做出哲学概括，把中世纪称作"信仰的时代"，把文艺复兴时期称作"冒险的时代"，把 17 世纪称作"理性的时代"，把 18 世纪称作"启蒙的时代"，而把 19 世纪称作"思想体系的时代"。这个概括对于重新理解和阐释黑格尔概念辩证法与时代精神的关系，特别是黑格尔概念辩证法与 19 世纪的科学精神的关系，是富有启发性的。

作为"冒险的时代"，文艺复兴时期是恩格斯所说的"需要巨人而且产生了巨人"的时代，是科学的求真求实精神在近代重新开启的时代；作为"理性的时代"，17 世纪的欧洲是近代实验科学兴起、科学理性逐渐扩展和深化的时代；作为"启蒙的时代"，18 世纪的欧洲是逐渐盛行的崇尚理性力量的时代；作为"思想体系的时代"，19 世纪的欧洲则是恩格斯所说的由"搜集材料"的科学转向"整理材料"的科学，也就是建立各门科学的概念发展体系的时代。黑格尔的概念辩证法正是源于他对自己的时代——"思想体系的时代"，即建立科学体系的时代——的理论自觉。

近代科学的发展经历了从"搜集材料"的科学到"整理材料"的科学的历程，到 19 世纪，"经验自然科学积累了如此庞大数量的实证的知识材料，以致在每一个研究领域中有系统地和依据材料的内在联系把这些材料加以整理的必要，就简直成为无可避免的。建立各个知识领域互相间的正确联系，也同样成为无可避免的。"①正因如此，人们把19世纪称作"思想体系的时代"。德国古典哲学的集大成者黑格尔正是适应了以概念发展的逻辑为各门科学提供逻辑基础的需要，以其创建的概念发展的辩证法，深刻地展现了人类思想运动的逻辑，集中地体现了这个"思想体系的时代"的时代精神。对此，列宁曾经明确地指出，黑格尔的逻辑学是关于思想的内容与形式相统一的逻辑，是关于思想"自己构成自己"的逻辑。不仅如此，在"辩证法是什么"的题目下，列宁还在探索黑格尔概念辩证法的真实意义的基础上，对辩证法的实质内容做出如下的论断：概念的相互依赖，一切概念的毫无例外的相互依赖，一个概念向另一个概念的转化，一切概念的毫无例外的转化，概念之间对立的相对性，概念之间对立面的同一，每一概念都处在和其余一切概念的一定关系中、一定联系中②。这说明，黑格尔的概念辩证法不仅以理论的方式体现了"思想体系的时代"的时代精神，而且把辩证法理论从自发形态升华为自觉的理论形态。

(二)"自觉形态"的辩证法理论

从辩证法史上看，黑格尔哲学的最突出和最重大的价值，在于它实现了辩证法从自发到自觉的理论形态的根本性转换，把辩证法展现为本体论、认识论和逻辑学相统一的人类思想运动的逻辑。黑格尔所自觉到的这个理论任务，既来源于他对"思想体系的时代"的哲学自觉，也形成于他对以往哲学的批判总结。

在哲学史上，黑格尔以前的哲学家都把哲学分割为研究世界本原的本体论、探索人类认识的认识论和考察思维形式的逻辑学这三大部分，黑格尔则试图以人类思想运动的逻辑作为统一性原理，把本体论、认识论和逻辑学熔铸为概念发展的辩证法体系。在这种概念辩证法体系中，不仅没有认识论基础的本体论是无效的，而且没有思维自己构成自己的

①　《马克思恩格斯选集》第20卷，382页，北京，人民出版社，1971。
②　参见《列宁全集》第38卷，210页，北京，人民出版社，1959。

逻辑学基础的认识论也是无效的。本体论、认识论和逻辑学在黑格尔哲学中所实现的统一，并非如通常所解说的那样，仅仅是使黑格尔哲学具有了本体论、认识论和逻辑学这三个方面的意义，而是以人类思想运动的逻辑去展现思维和存在所服从的同一"原理"，也就是把思维和存在所服从的同一"规律"展现为人类思想运动的逻辑，即概念发展的辩证法。

黑格尔的这种努力还有其更深层的根据。以往的哲学或者把思维和存在的关系问题归结为意识内容与感性对象的统一，即黑格尔所说的作为感觉和直观的精神与其对象的统一（如 18 世纪的法国唯物论）；或者把思维的规律与存在的规律对立起来，否认思维规律具有客观逻辑的意义（如康德的先验论），而从来没有实现思维和存在在规律层次上的统一。在黑格尔看来，哲学的真正使命，是要实现"全体的自由性"与"各个环节的必然性"的统一，也就是要以逻辑的必然性去实现思维的"全体的自由性"。以人类思想运动的逻辑去展现思维和存在所服从的同一规律，从而理论地表达思维把握和解释世界的全体自由性，这就是黑格尔的绝对理念作为统一性原理的实质内容。它把全部哲学，特别是近代哲学的重大的基本问题——思维和存在的关系问题——明确地提升到两个系列规律的统一问题上，即思维规律和存在规律所服从的同一规律的问题。

黑格尔的概念辩证法作为人类思想运动的逻辑，既是思想内容发展的"内涵逻辑"，也是展现这种"内涵逻辑"的方法，因此在黑格尔这里"内容"与"方法"是统一的。然而，在哲学史上，哲学家却总是试图从其他科学去寻找方法。笛卡尔、斯宾诺莎、莱布尼茨、沃尔夫等人都曾从数学中去寻求建立哲学体系的方法。黑格尔认为这是"找错了路子"，因为哲学所研究的正是数学中不证自明的前提。黑格尔提出，哲学的方法应当是它自己的方法，"方法就是对于自己内容的内部自己运动的形式的觉识"，即思维自己构成自己的方法。黑格尔对"方法"的这种规定，是基于这样的认识，即哲学是"关于真理的客观科学，是对于真理之必然性的科学"①。方法作为"真理之必然性"的逻辑，它就是作为"全体的自由性"的真理的"各个环节的必然性"的展开过程，也就是思维自己运动、自己展开、自己发展的过程。离开绝对理念的自我认识就不存在表现这种自我认识进程的绝对方法；离开绝对方法的逻辑展开也不存在实现自我认识的绝对理念。这样，黑格尔就把他的本体论与辩证法统一起来了：他的逻辑学本体论就是概念自我发展的辩证法；他的概念发展的辩证法就是他的逻辑学本体论。黑格尔的本体论、认识论和逻辑学，是以辩证法为内容而实现的统一。就此而言，黑格尔哲学就是内容与形式、体系与方法、本体与逻辑相统一的辩证法。我们完全可以用一个词来表达黑格尔的全部哲学，这就是"辩证法"。把辩证法、认识论和逻辑学解释为"三个方面""三个部分"或"三个层次"的统一，并没有理解黑格尔辩证法的"真实意义"。

列宁把黑格尔的这种理解与前黑格尔哲学相比较，指出："在旧逻辑中，没有过渡，没有发展（概念的和思维的），没有各部分之间的'内在的必然的联系'，也没有某些部分向另一些部分的'过渡'。"②而"黑格尔则要求这样的逻辑：其中形式是富有内容的形式，是活生生的实在的内容的形式，是和内容不可分离地联系着的形式"③。因此，列宁非常重视黑格尔关于"只有沿着这条自己构成自己的道路……哲学才能成为客观的、论证的科学"的看法，提出"'自己构成自己的道路'＝真正的认识的、不断认识的、从不知到知的运动的道路（据我看来，这就是关键所在）"④。

概念自我运动、自我发展、"自己构成自己"的根据何在？就在于概念自身的内在否定性。黑格尔十分欣赏斯宾诺莎关于"实体自因""规定即是否定"的看法，并把它视为"绝对方法"即概念自我发展辩证法的灵

---

① ［德］黑格尔：《哲学史讲演录》第 1 卷，17—18 页，北京，商务印书馆，1983。
② 《列宁全集》第 55 卷，81 页，北京，人民出版社，1959。
③ 同上书，77 页。
④ 同上书，73 页。

魂，贯穿于整个逻辑学本体论的建构与反思之中。就此而言，黑格尔的辩证法就是概念自我否定的辩证法。这是黑格尔的辩证法遗留给我们的最富启发性的理论遗产。

在黑格尔哲学中，这种内在的否定性，在思维自己构成自己的进程中，表现为双重的否定性：一方面，思维不断地否定自己的虚无性，使自己获得越来越具体、越来越丰富的规定性，这就是思维自己建构自己的过程；另一方面，思维又不断地反思、批判、否定自己所获得的规定性，从而在更深刻的层次上重新构成自己的规定性，这又是思维自己反思自己的过程。思维在这种双重否定的运动中，既表现为思维规定的不断丰富，实现内容上的不断充实；又表现为思想力度的不断深化，实现逻辑上的层次跃迁。这种思想运动中的思维规定的充实与逻辑层次的跃迁，就是人类思维运动的建构性与反思性、规定性与批判性、渐进性与飞跃性的辩证统一。

在人们的通常理解中，思维的否定性，只是对"错误"思想的否定，也就是把错误的思想转化成正确的思想。黑格尔的关于人类思想运动的逻辑的辩证法的深刻性则在于：他不是把思维的内在否定性仅仅理解和描写为对"虚无性"的否定，即不是把思维的内在否定性仅仅看作思维规定性的丰富和建构过程；更是把思维的内在否定性理解和描述为对"规定性"的否定，即把思维的内在否定性看作规定性的批判和反思过程，把思维的否定性理解和描述为思想在逻辑层次上自我跃迁的过程。正因为思维自己构成自己的过程是建构与反思、规定与批判的辩证统一，所以作为"本体"的绝对理念不是某种凝固、僵化的存在，而是一个不断深化、发展的过程。本体论与辩证法的统一，或者说本体论就是辩证法，这才是黑格尔逻辑学本体论的真实意义之所在。它启发人们从本体论批判的角度去理解辩证法，又从辩证法的内在否定性的角度去理解本体论的自我批判和自我发展。

(三)"通晓思维的历史和成就"的理论思维

恩格斯曾经提出，黑格尔哲学的理论力量，在于它的"巨大的历史感"。正是在系统总结和深刻反思包括黑格尔哲学在内的人类思想史的基础上，恩格斯明确地指出，所谓"辩证哲学"就是一种"建立在通晓思维的历史和成就的基础上的理论思维"[①]。

在《哲学笔记》中，列宁也向人们提出一个意义重大的理论问题，即：为什么"普遍运动和变化的思想"，在"未被应用于生命和社会以前"，就在黑格尔的逻辑学中"被猜测到了？"这就是说，为什么自觉形态的辩证法理论不是首先从生命自然领域和社会历史领域中总结出来，而是首先由研究概念逻辑运动的黑格尔把世界理解和描述为一个过程？这个问题的确是发人深省的。

在论述黑格尔哲学时，恩格斯一再强调，黑格尔的辩证法是以最宏伟的形式总结了全部哲学的发展，是二千五百年来的哲学发展所达到的成果，黑格尔的每个范畴都是哲学史上的一个阶段。同样，列宁也强调地指出，黑格尔的辩证法是思想史的概括，黑格尔在哲学中着重探索辩证的东西，黑格尔是把他的概念、范畴的自我发展和全部哲学史联系起来了。这就十分清楚地告诉我们，黑格尔之所以能够在人类认识史上第一个创立自觉形态的辩证法理论，就在于这个理论本身是全部人类认识史的成果，是从人类认识史的总结中产生出来的。一句话，黑格尔的概念辩证法之所以是自觉形态的辩证法理论，就在于它是恩格斯所说的"建立在通晓思维的历史和成就的基础上的理论思维"。

黑格尔的辩证法理论向我们提出了一个具有重大意义的哲学问题：人类思维所面对的世界具有无限丰富的规定性，人又如何以自己的思维去实现把握和解释思维和存在的"全体自由性"？这就构成了传统哲学无法解决的两大矛盾：一是哲学的宏伟目标与实证科学的历史成果的矛盾，即实证科学在其历史的发展中所取得的认识成果与哲学所指向的"终极存在""终极解释"和"终极价值"的矛盾；二是人类思维的至上性与非至上性的矛盾，即恩格斯所说的思维的"每次现实"和"个别实现"的

---

① 《马克思恩格斯全集》第 20 卷，552 页，北京，人民出版社，1971。

"非至上性"以及思维按其"本性""使命"和"终极目标"来说的"至上性"的矛盾。值得人们深思的是，黑格尔的概念辩证法正是作为解决这两大矛盾的独特方式而产生的。黑格尔解决这两大矛盾的方式，就是在概念自我运动和自我认识的辩证法中，实现"全体的自由性"与"各个环节的必然性"的统一。在我看来，只有理解黑格尔哲学所面对的巨大的理论困难以及黑格尔解决这一困难的独特方式，才能深入地理解黑格尔的辩证法。

黑格尔认为，传统哲学之所以陷入这两大矛盾而不能自拔，是因为它们分属于两种错误的思维方式——表象思维和形式思维。"表象思维的习惯可以称为一种物质的思维，一种偶然的意识，它完全沉浸在材料里，因而很难从物质里将它自身摆脱出来而同时还能独立存在。与此相反，另一种思维，即形式推理，乃以脱离内容为自由，并以超出内容而骄傲。"①这就是说，"表象思维"陷入"各个环节的必然性"中而无法实现"全体的自由性"；与此相反，"形式推理"则使"全体的自由性"离开了它的根基，即"各个环节的必然性"；因此二者都无法解决黑格尔面对的理论困难。

黑格尔提出，哲学层次的思维方式，是一种必须把自由沉入内容，让内容按照它自己的本性而自行运动并从而考察这种运动的思维方式。这就是不同于表象思维和形式思维的思辨思维。黑格尔的深刻而睿智的哲学思考把哲学的视角从表象思维的直观的客体性原则和形式思维的空洞的主体性原则，转换成思辨思维的主体性原则。

思辨思维的内容就是绝对理念，即人类思想运动的逻辑。把自由沉入内容，并让内容按照它自己的本性而自行运动，就是把哲学对全体自由性的追求从对自在的外部世界和抽象的内心世界的关注，转移到既使外部世界逻辑化，又使内心世界具体化的人类思维运动的过程上来；而考察这种运动，则是人类思维反过来以自己为对象而思之，即哲学层次

---

① ［德］黑格尔：《精神现象学》上卷，40 页，北京，商务印书馆，1979。

的反思活动。这表明，黑格尔所强调的哲学的"反思"，是同他所建构的本体论辩证法即人类思想运动的逻辑密不可分的。

在这种反思活动中，绝对理念既是主体又是客体。作为主体，它不是能思者，而是能思者的思维；作为客体，它不是自在的外部世界和抽象的精神活动，而是思维自己构成自己的进程。这里，黑格尔对传统哲学的追求实行了两大转变：第一，把主体由个体的思维转换成人类的思维，用人类思维的普遍性来克服个体思维的有限性；第二，把客体由自在的外部世界和精神世界转换成人类思维自为地把握精神活动及其全部对象的逻辑进程，用人类思想运动的逻辑来取代客观世界的外在性和精神活动的抽象性（主观性）。这样，人类思维就在自己的反思活动中实现了黑格尔自己所期待的思维的"全体的自由性与各个环节的必然性的统一"。

（四）"无人身的理性"的自我运动

黑格尔的概念辩证法是自觉地解决传统哲学的巨大理论困难的产物。黑格尔的解决问题的方式，以及由此而形成的理论成果，既是一种巨大的理论贡献，又是一种根本性的理论缺陷。这种理论贡献，就在于他以概念辩证法的方式展现人类思想运动的逻辑；这种理论缺陷，则在于他是以"无人身的理性"的自我运动的方式来展现人类思想运动的逻辑；这种理论贡献与理论缺陷在黑格尔哲学中的统一，就是黑格尔的唯心主义概念辩证法。

黑格尔哲学的出发点和归宿，是实现"全体的自由性"与"各个环节的必然性"的统一，因而他深刻地揭露了"表象思维"和"形式思维"的非哲学性，并以"思辨思维"的方式实现了"主体"和"客体"的两大转换：既把"主体"从"能思者"转换为"能思者的思维"，又把"客体"由自在的外部世界和抽象的精神活动转换为"思维自己构成自己"的概念运动。

在这两大转换中，黑格尔既把现实的主体抽象为普遍性的思维；又把一切事物抽象为逻辑范畴，把各式各样的运动抽象为范畴的逻辑运动，因而是一种如马克思所批评的"无人身的理性"的自我运动。这表明黑格尔的思辨思维是一种彻底的唯心主义的思维方式。但它又是如同列宁所说的"聪明的唯心主义"即辩证的唯心主义，它以概念发展的辩证法展现了人类思想运动的逻辑，因此，它"比愚蠢的唯物主义更接近于聪明的唯物主义"①。它孕育着马克思的辩证法理论和整个现代哲学。

关于黑格尔概念辩证法的唯心主义性质，马克思曾做过精辟的论述。马克思提出，"在抽象的最后阶段"，"一切事物都成为逻辑范畴"；"正如我们通过抽象把一切事物变成逻辑范畴一样，我们只要抽去各种各样的运动的一切特征，就可得到抽象形态运动，纯粹形式上的运动，运动的纯粹逻辑公式"②。因此马克思提出，所谓的"绝对方法"，只不过是"运动的抽象"，"抽象形态的运动"。这种"纯理性的运动"，"从简单范畴的辩证运动中产生群"，"从群的辩证运动中产生系列"，"从系列的辩证运动中又产生整个体系"③。这就是黑格尔概念辩证法的唯心主义实质。

黑格尔把概念作为客观主观化和主观客观化的中介环节，以概念自身的生成和外化去实现思维与存在、主观与客观、真与善的统一，就把概念发展变成了"无人身的理性"的自我对置、自我运动，从而也就把人与世界的现实的辩证关系神秘化了。因此，马克思尖锐地指出，"黑格尔认为，世界上过去发生的一切和现在还在发生的一切，就是他自己的思维中发生的一切。因此，历史的哲学仅仅是哲学的历史，即他自己的哲学的历史"，"他以为他是在通过思想的运动建设世界；其实，他只是根据自己的绝对方法把所有人们头脑中的思想加以系列的改组和排列而已"④。这就要求必须把被黑格尔哲学神秘化了的概念辩证法扬弃为实践辩证法的内在环节，不是用概念的辩证运动去说明人类的实践活动，而是用人类的实践活动去解释概念的辩证发展。马克思的"实践转向"立

---

① 《列宁全集》第38卷，305页，北京，人民出版社，1959。
② 《马克思恩格斯选集》第1卷，105、106页，北京，人民出版社，1972。
③ 同上书，107页。
④ 同上书，108页。

足于人类实践活动的内在矛盾及其历史发展，既为概念辩证法奠定了坚实的实践基础，又为概念辩证法提供了作为"大写的逻辑"的《资本论》的范例，从而构成了合理形态的实践辩证法理论。

三　对抽象理性的批判

以辩证法重建形而上学，实现辩证法与形而上学的"合流"，这是黑格尔为自己确立的哲学使命；把形而上学变成辩证法，并以辩证法构成形而上学，黑格尔的这个哲学使命是以关于概念的逻辑学来完成的。"概念"作为黑格尔哲学的主体和实体，也就是黑格尔以概念所达成的辩证法与形而上学的"合流"。这是人类思想史上关于形而上学的一次里程碑式的尝试。它是形而上学的"完成"，而不是哲学的"终结"——它开启了超越形而上学的辩证法的哲学道路。

关于自己的哲学，黑格尔明确地提出："我的哲学的劳作一般地所曾趋赴和所欲趋赴的目的就是关于真理的科学知识。""哲学的最高目的就在于确认思想与经验的一致，并达到自觉的理性与存在于事物中的理性的和解，亦即达到理性与现实的和解。"[1]这就是黑格尔的关于"思存同一"的"真理"的哲学。由此黑格尔提出："哲学可以定义为对于事物的思维着的考察。"[2]而哲学之所以能够承担自己的使命，则在于"哲学乃是一种特殊的思维方式，——在这种方式中，思维成为认识，成为把握对象的概念式的认识。"[3]概念是思想的规定性，而思想的规定是关于事物的规定，因此，概念是思想关于事物的规定。这就是概念的思存同一性。超越对"概念"的知性理解，达到对"概念"的"思存同一性"的具体把握，这就是黑格尔所说的哲学思维方式。黑格尔正是以这种特殊的思维

①　[德]黑格尔：《小逻辑》，43 页，北京，商务印书馆，1996。
②　同上书，38 页。
③　同上书，38 页。

方式改造形而上学，构成了辩证法与形而上学的"合流"。

作为哲学的形而上学，它的根本特征是以思维（概念）规定感性（事物），在概念中确认哲学所追求的"最高原因的基本原理"。这种"基本原理"可以使人类经验中的各种各样的事物得到统一性的解释，或者可以被解释为某种普遍本质的各种具体表现，从而使思维实现其把握和解释世界的"全体的自由性"。黑格尔完全赞同这种哲学目标，但他认为，以往的哲学或者是在把各种现象提高到概念里面之后，却又使概念分解为一系列彼此外在的特定的概念，或者是以"实体"概念去统摄各种特殊概念，但却没有自觉到对"基本原理"的追求必须以思维自身为对象，因此都没有实现"全体的自由性"。

黑格尔以辩证法改造形而上学，是通过对构成旧形而上学的抽象理性的批判，以概念的辩证运动实现思维规定感性的形而上学，把"全体的自由性"与"环节的必然性"统一起来，从而把形而上学构建成本体论、认识论和逻辑学相统一的辩证法。这就是黑格尔所实现的辩证法与形而上学的"合流"。这个"合流"的实质，是以概念自身的由"抽象的同一性"（抽象的普遍性）到"具体的同一性"（具体的普遍性）的矛盾运动而展现"最高原因的基本原理"。把形而上学变成概念辩证法，这是形而上学所能达到的最高境界，因而是形而上学的"完成"。

黑格尔概念辩证法的出发点是双重的：一是思维与存在的同一性，即概念是思维和存在同一的规定性；二是思维与存在的差别的内在的发生，即概念是在自身的辩证运动中所达到的思存同一性。因此，黑格尔所描述的辩证法，是概念由抽象的同一性逐次地升华（跃迁、飞跃）到具体的同一性的运动过程。这是形而上学作为"最高原因的基本原理"自己构成自己的辩证法，因而是辩证法与形而上学的"合流"。

黑格尔以辩证法构成的形而上学，既是"概念"作为主体和实体所实现的思存同一性与具体普遍性的统一，也是全体的自由性与环节的必然性的统一，更是个体理性与普遍理性的统一。首先，概念所实现的思存同一性，无论是在抽象的同一性的水平上，还是在具体的同一性的水平上，都只能是一种"普遍性"，而不可能是一种"个别性"。因此，概念由抽象的同一性到具体的同一性的升华（跃迁、飞跃）的过程，也就是概念由抽象的普遍性（作为名称的思想）到具体的普遍性（作为概念的思想）的运动过程。这是思存的同一性与具体的普遍性的统一过程。其次，概念由抽象的普遍性到具体的普遍性的运动过程，是一个双重的否定过程：一方面，思想否定自己的抽象性或虚无性，由自在走向自为，获得越来越具体、越来越丰富的规定性；另一方面，思想又不断地否定自己作为"正题"和"反题"的各种片面的规定性，在新的逻辑层面重新构建自己作为"合题"的规定性。这就是概念的肯定与否定、渐进与飞跃的矛盾运动。这是全体的自由性与环节的必然性的统一。再次，概念由抽象的普遍性到具体的普遍性的运动过程，又是一个个体理性认同普遍理性、个体理性与普遍理性的辩证融合过程，是一个普遍理性融入个体理性、个体理性自觉为普遍理性的过程。这是个体理性与普遍理性的统一。黑格尔的概念辩证法，就是概念作为主体和实体所实现的思存同一性与具体普遍性、全体自由性与环节必然性、个体理性与普遍理性的统一的运动过程，即思想的历史与逻辑相统一的运动过程。

在哲学史的意义上，黑格尔的概念辩证法，构成了一种双重的"何以可能"的逻辑：一是"认识何以可能"的逻辑，二是"自由何以可能"的逻辑。就前者说，黑格尔以思存同一性的逻辑先在和思存差别的内在发生为双重前提，把认识的可能性归结为概念的辩证运动，即思维与存在的统一展现为概念由抽象的同一到具体的同一的运动过程；就后者说，黑格尔以全体的自由性与环节的必然性为双重前提，把自由何以可能的问题同样归结为概念的辩证运动，即概念由抽象的普遍性（自在的全体的自由性）到具体的普遍性（环节的必然性）的运动过程，这就是"自由"由自在到自为再到自在自为的运动过程。

在黑格尔的概念辩证法中，"认识何以可能"和"自由何以可能"的双重逻辑，实现在个体理性认同普遍理性的运动过程之中，即个体理性对普遍理性的认同过程，既是由抽象的同一性到具体的同一性的认识过程，又是由抽象的普遍性到具体的普遍性的自由过程。黑格尔哲学的个体理性认同普遍理性的认识过程和自由过程，对于黑格尔的辩证法的形而上学来说，具有极为重要的意义。在黑格尔看来，之所以必须把形而上学改造成辩证法，是因为作为真理的哲学必须是使"心灵深入于这些内容，借它们而得到教训，增进力量"①，"引导一个个体使之从它的未受教养的状态变为有知识，这是个任务"，"每个个体，凡是在实质上成了比较高级的精神的，都是走过这样一段历史道路的"，"都必须走过普遍精神所走过的那些发展阶段"。② 对此，科尔纽曾深刻地指出："不幸和努力是结合在一起的，没有这种结合，就没有深刻的生活。基督的形象就是这种结合的象征。这一思想构成了黑格尔体系的基础。"③个体理性认同普遍理性，融入普遍理性，自觉为普遍理性，这才是黑格尔以辩证法改造形而上学、实现辩证法与形而上学"合流"的"真谛"。

黑格尔所达成的辩证法与形而上学的"合流"，既是传统形而上学的否定，又是传统形而上学的完成。作为传统形而上学的否定，它在思维规定感性的形而上学传统中，揭示了概念——思维规定感性的主体和实体——的内在的矛盾性，迫使形而上学与辩证法合流，也就是把形而上学变成辩证法；作为传统形而上学的完成，它在思维规定感性的形而上学传统中，确认了概念（普遍理性）作为唯一的主体和实体的地位，又把辩证法变成了概念形而上学。

黑格尔的概念辩证法及其所构成的概念形而上学，是黑格尔"在思想中所把握到的时代"。从直接的理论动机上看，黑格尔自觉到了以市场经济代替自然经济之后的"现代性困境"——"普遍理性"的失落所表征的"伦理总体性"的丧失。黑格尔认为，"放弃对真理的知识"，"走到对

---

① ［德］黑格尔：《小逻辑》，5 页，北京，商务印书馆，1996。
② ［德］黑格尔：《精神现象学》上卷，17—18 页，北京，商务印书馆，1981。
③ ［法］奥古斯特·科尔纽：《马克思的思想起源》，17 页，北京，中国人民大学出版社，1987。

于理性的绝望","却被我们的时代推崇为精神上最高的胜利"。① 因此，他力图以"具体的""普遍的"理性的辩证法，改造由"抽象理性"所构成的旧形而上学，通过辩证法与形而上学的"合流"构成"关于真理的科学知识"。从深层的社会根源看，黑格尔则是以哲学的方式表征了他所生活于其中的资本主义社会的内在矛盾性：一方面，资产阶级除非使全部社会关系不断地革命化便不能生存下去，"否定"构成资本主义生产方式的内在要求；另一方面，资产阶级社会的商品交换原则的"同一性"构成全部社会生活的根本模式，"概念"成为规范一切生活领域的意识形态。这就是黑格尔的概念形而上学的现实基础。马克思说，黑格尔的哲学是以"最抽象"的形式表达了人类"最现实"的生存状态，这就是人们正在受"抽象"的统治——"以物的依赖性为基础的人的独立性"——的生存状态。黑格尔的与形而上学"合流"的辩证法，正是理论地表征了人们的社会存在——由"资本"的逻辑所构成的人们的社会存在。这表明，统治人们社会生活的抽象存在——资本——才是黑格尔的辩证法与形而上学"合流"的"秘密"。

四　传统哲学向现代哲学转化的中介

对于黑格尔的绝对理念，人们的注意力通常集中在批判其唯心主义实质和吸收其辩证法思想上，而忽视了它在哲学发展史中的重要地位：系统总结了以往哲学的全部发展史并将其推到最高峰，而现代哲学所研究的许多重大问题又开端于此。重新探索它的思想内涵及其真实意义，在当代的哲学反省中是不可或缺的。

(一)"绝对理念"的真实内涵

绝对理念究竟是什么？就其要者，可概括为全体的自由性、原理的

---

① ［德］黑格尔：《小逻辑》，34 页，北京，商务印书馆，1996。

统一性、逻辑的先在性、内在的否定性、概念的系统性和历史的思想性。黑格尔主要是从这六个方面把传统哲学推到最高峰的。

（1）目标——把传统哲学对思维全体自由性的追求上升为人类思维的反思活动。

人类思维面对复杂多变的世界，总是力图在最深刻的层次上把握其内在的统一性，并以这种统一性去解释世界上的一切现象以及关于这些现象的全部知识。这就是思维所追求的把握和解释世界的全体自由性。思维的这种追求以理论的形态表现出来，就构成了古往今来的各种哲学形态。

在欧洲，古希腊哲学家亚里士多德最先对以全体自由性为目标的哲学做出明确的界说。他指出，形而上学（哲学）是一种研究"实是之所以为实是"，"寻取最高原因的基本原理"的学术①。这种"基本原理"可以使人类经验中的各种各样的事物得到统一性的解释，或者可以被解释为某种普遍本质的各种具体表现，从而也就使思维实现了把握和解释世界的全体自由性。

黑格尔完全赞同亚里士多德所规定的哲学目标，但他认为，亚里士多德把各式各样现象提高到概念里面之后，却又使概念本身分解为一系列彼此外在的特定的概念，并没有实现哲学的目标。后来的哲学虽然力图以"实体"概念去统摄各种特殊概念，但由于这些哲学没有自觉到思维的追求必须以人类思维自身为对象，同样没有达到思维的全体自由性。

仅从思维的主观性上看，它作为一种普遍性的精神活动，内部直接地就包含着全体的自由性；但由于这样的自由只不过是抽象的思想的自我联系，所以又只能是一种没有任何规定的虚幻的自由。而从思维的客观性上看，它必须在内容上包含事物的各种规定。但如果思维只是按照自己的本性（而非事物的本性）去把握事物，则思维所实现的也只能是主观臆想的自由。因此黑格尔认为，哲学的最高任务在于确认思维本性与

---

① ［古希腊］亚里士多德：《形而上学》，56 页，北京，商务印书馆，1995。

事物本性的一致性，进而达到理性与现实的"和解"。而要完成这个任务，就必须以思维本身为对象，通过思维的自我认识来确认思维和存在的同一性。

思维之所以能够进行自我认识，在于人同自然界的区别。"自然界不能使它所含蕴的理性得到意识，只有人才具有双重的性能，是一个能意识到普遍性的普遍者"①。人不仅以外在世界为对象，对事物的规定自觉为思维的规定，从而使事物"所含蕴的理性得到意识"，而且以思维自身的规定为对象，从而反省思维规定与事物规定的一致性。

思维的自我认识不是一般的精神活动。精神作为感觉和直观，它以感性事物为对象；精神作为想象，它以形象为对象；精神作为意志，它以目的为对象。而精神作为相反于或仅是相异于它的这些特定存在形式和它的对象而言，则要求以它的最高的内在性——思维——为对象。这就是黑格尔所说的人类思维的反思活动，即人类思维反过来以自己为对象而思之。

在人类思维的反思活动中，作为感觉和直观、想象和意志的全部精神活动，以及这些精神活动的无限丰富的对象，就被人类思维的本性统摄起来，并在思维的统一性中得到解释。因此黑格尔认为，以思维的全体自由性为目标的哲学，既不能求助于对外在事物的研究（那只能把事物的具体规定自觉为思维的具体规定），也不能满足于对精神活动的考察（那只能使具体形式的精神活动得到发展），而必须集中于思维的自我认识。这样，黑格尔就把传统形而上学对思维全体自由性的追求上升为人类思维的反思活动。

（2）对象——把传统哲学追求的统一性原理归结为人类思想运动的逻辑。

思维反思自己的目的，在于认识思维把握全部现实（各种精神活动及其对象）的统一性原理。这种统一性原理能够把各种知识吸收进理性

①　[德]黑格尔：《小逻辑》，81页，北京，商务印书馆，1996。

的形式之中，掌握并保持它们的本质，扬弃外在的东西，并以这种方式从它们之中抽出逻辑的东西，给逻辑东西的抽象基础充实任何真理的内容。因此，"要这样来理解那个理念，使得多种多样的现实，能被引导到这个作为共相的理念上面，并且通过它而被规定，在这个统一性里面被认识"①。可见，作为统一性原理的绝对理念，其实质就是人类思想运动的逻辑。

黑格尔把哲学的对象归结为绝对理念，即人类思想运动的逻辑，既来源于他对自己的时代——建立科学体系的时代——的哲学反省，也形成于他对以往哲学的批判总结。黑格尔以前的哲学家都把哲学分割为研究世界本原的本体论、探索人类认识的认识论和考察思维形式的逻辑学这三大部分。黑格尔则试图以绝对理念即人类思想运动的逻辑作为统一性原理，把本体论、认识论和逻辑学熔铸为统一的哲学理论。在这种哲学理论中，不仅没有认识论基础的本体论是无效的，而且没有思维自己构成自己的认识论也是无效的。本体论、认识论和逻辑学在黑格尔哲学中所实现的统一，并非如通常所解说的那样，仅仅是使绝对理念具有三个方面的意义，更是以思想运动的逻辑去展现思维和存在所服从的同一"原理"。

黑格尔的这种努力有其更深层的根据。以往的哲学或者把思维和存在的关系问题归结为意识内容与感性对象的统一，即黑格尔所说的作为感觉和直观的精神与其对象的统一（如18世纪的法国唯物论）；或者把思维的规律与存在的规律对立起来，否认思维规律具有客观逻辑的意义（如康德的先验论），而从来没有实现思维和存在在规律层次上的统一。以人类思想运动的逻辑去展现思维和存在所服从的同一规律，从而理论地表达思维把握和解释世界的全体自由性，这就是绝对理念作为统一性原理的实质内容。它把全部哲学，特别是近代哲学的重大的基本问题——思维和存在的关系问题——明确地提升到两个系列规律的统一问题上。

---

① ［德］黑格尔：《哲学史讲演录》第2卷，385页，北京，商务印书馆，1983。

（3）前提——把传统哲学的本体论承诺归结为思维与存在统一的逻辑先在性。

传统形而上学对思维全体自由性的追求，总是以某种本体论承诺为前提的。从泰勒斯的"水"和毕达哥拉斯的"数"，到德谟克利特的"原子"和柏拉图的"理念"，从笛卡尔的"我思"和斯宾诺莎的"实体"，到康德的"物自体"和费希特的"自我"，都是如此。但是，在这些本体论承诺中，都是先把思维和存在分割开来，再以某种形式（关系）把它们统一起来（或否定它们的同一性）。黑格尔则认为，思维和存在必须首先是自在统一的，然后才能有自为的统一。或者说，在形而上学的本体论承诺中，就必须包含思维和存在的同一性。这就是绝对理念的逻辑先在性。

绝对理念的逻辑先在性，是指它首先自在地内蕴于人类思维和客观事物之中。不管人类思维是否自觉到自己的以及事物的本性，它们的本性都是存在的，并且是统一的。因此，逻辑上的先在，并不是超然于世界之上或游荡于世界之外的幽灵，而是相对于自为存在的自在存在。正因为绝对理念只有在人类思维的反思中才能被自觉到，所以在思维自觉到自己的本性之前，作为自在存在的绝对理念，只能是一种逻辑上的即思维推断上的先在。这就是黑格尔的本体论承诺。

黑格尔的这种本体论承诺是极其深刻的。只要对绝对理念的逻辑先在性予以唯物主义的解释，其真实意义就显而易见。恩格斯说："我们的主观的思维和客观的世界服从于同样的规律，因而两者在自己的结果中不能互相矛盾，而必须彼此一致，这个事实绝对地统治着我们的整个理论思维。它是我们的理论思维的不自觉的和无条件的前提。"① 显然，恩格斯同样是把思维和存在的自在的统一作为人类认识和理论思维的前提，并且强调了这个前提的无条件性。

在黑格尔看来，是否承认绝对理念的逻辑先在性（也就是理论思维的无条件的前提），对哲学理论来说是至关重要的。康德之所以否认思

---

① 恩格斯：《自然辩证法》，243 页，北京，人民出版社，1971。

维与存在的同一性，就在于他把思想看作只是"我们的"思想，而与"物自体"之间有一个无法逾越的鸿沟。肯定思维与存在的同一性，则必须承认思想不仅是我们的思想，同时又是事物的自身。黑格尔强调绝对理念的逻辑先在性，其目的在于说明：第一，思维和存在之所以能够在人类思维的进程中自为地实现统一，根源在于它们自在地就是统一的；第二，人类思维自为地实现的统一，是把自在的统一升华成自为的统一、把潜在的东西转化成现实的东西；第三，哲学的任务就在于使人们自觉到思维的本性，按照思维自己构成自己的道路去实现思维与存在的自在自为的统一。因此，绝对理念的逻辑先在性，或思维和存在的自在统一，并不是说思维先在地包含了存在的具体内容，而是说思维和存在在本质上服从于同一规律。哲学在对思维的反思中把思维与存在的自在同一性转化为自在自为的同一性，就以理论的形态表达了人类思想运动的逻辑。

（4）方法——把传统哲学的辩证法升华为思维自己构成自己的方法。

绝对理念为什么必然会由自在的存在转化成自为的存在，并最后达到自在自为的存在？黑格尔明确地回答：绝对理念具有内在的否定性，它是绝对理念自我发展的绝对方法。

绝对方法不是外在于绝对理念的附加物，而是绝对理念自身所具有的规定性，即思维自己构成自己的方法。作为《逻辑学》开端范畴的"纯存在"，是一种"先于一切确定性之直接性"，因而也就是"纯思"。它是思维与存在的自在的或潜在的，即逻辑上先在的统一，因而是一种"一切皆有、外此无物"的"有"；然而，由于这种逻辑上先在的"有"还没有任何具体的规定性，所以它同时又是绝对的"无"。逻辑上先在的绝对理念既是有，又是无，自己与自己相对立，因而具有内在的否定性。

这种内在的否定性，在思维自己构成自己的进程中，表现为双重的否定：一方面，思维不断地否定自己的虚无性，从而使自己获得越来越丰富的规定性，这就是思维自己建构自己的过程；另一方面，思维又不断地反思、批判、否定自己所获得的规定性，从而在更深刻的层次上重新构成自己的规定性，这又是思维自己反思自己的过程，思维在这种双重否定的运动中，既表现为思维规定的不断丰富，又实现了思维在逻辑层次上的不断转化，从而使人类思维运动的逻辑展现为建构性与反思性、渐进性与飞跃性的辩证统一。按照黑格尔的描述，其基本的进程就是：绝对理念在自我否定的运动中由自在的存在而获得不断丰富的规定性；规定性的不断丰富使绝对理念由抽象向具体发展；发展的进程是绝对理念在越来越高级的层次上的自我回复，从而构成思维进展的螺旋式上升的圆圈；这个发展进程所构成的最大圆圈，就是绝对理念由自在的存在到自为的存在，最后达到自在自为的存在。这样，黑格尔就把思维的全体自由性归结为人类思想自己构成自己的进程，并把传统哲学对思维的全体自由性的追求归结为对思维自己构成自己的进程的辩证的、批判的反思活动。

（5）体系——把传统哲学的成果对象化为概念的有机组织。

绝对理念自我发展的进程是实现思维的全体自由性与各个环节的必然性的统一的过程。展现这一过程的哲学体系就不能是一种"散漫的整体性"，而必须是"作为概念的一种有机组织而出现"。

对此，黑格尔是这样论证的：由于传统哲学进程中的每种哲学都是绝对理念的特定表达，所以各种哲学都是一个哲学全体，但又由于这些哲学只表达绝对理念特殊的规定性，所以绝对理念又要打破这些特殊规定性的限制，使自己上升为一个更丰富的哲学全体；这样，绝对理念的每个环节就都不是孤立的、偶然的存在，而是处于普遍的联系和转化之中的必然的存在；这些必然的环节构成整个理念，理念也同样表现在每一个环节之中，因而体系便成为由抽象向具体发展的概念系统。

这个概念系统所表达的是人类思想运动的逻辑，因而是思维自我认识的对象。哲学通过对概念运动的研究，既认识了人类思维的本性，又认识了人类以概念所建构的世界，从而实现"自觉的理性与存在于事物中的理性的和解"。所以，黑格尔才把自己的哲学研究集中于"运用概念的艺术"上，努力运用"经过琢磨的、整理过的、灵活的、能动的、相对的、相互联系的、在对立中是统一的"①概念去表达人类思想运动的逻辑。

(6)基础——把传统哲学的历史提升为概念圆圈运动的具体内容。

在黑格尔看来，哲学史是哲学思想发展的历史，哲学体系是历史发展的哲学思想，二者的实质内容都是表达绝对理念即人类思想运动的逻辑。二者的区别则在于：哲学史所表现的是绝对理念发展进程中的各个特殊的规定性或因素，而哲学体系则纯粹从思维的本性去展现思维运动的逻辑，它把哲学史上所积淀下来的绝对理念的各种规定性提升为概念圆圈运动中的各个环节。

黑格尔的这种理解表现了哲学史与哲学理论之间的双向关系：一方面，哲学史作为绝对理念的历史展开过程，它的实质内容是人类思想运动的逻辑，因而是历史服从于逻辑；另一方面，哲学理论作为摆脱了历史的外在性和偶然性的逻辑展开过程，每个环节都具有历史的规定性，因而又是逻辑服从历史。由此便造成这样一种结果：黑格尔实际上是通过总结思维的历史和成就而形成他的哲学理论(《哲学史讲演录》与《逻辑学》的相互关系就是证明)，但他又把绝对理念的逻辑先在性归结为历史屈从于逻辑。应该说这是黑格尔以唯心主义的形式表达了人类思维运动的辩证法：人类按照自己的思维本性去建构思维的过程，与思维建构自己的结果推进思维自身发展的对立统一。

绝对理念作为人类思想运动的逻辑，它在自己建构自己与自己批判自己的矛盾运动中，把自己与对象世界的统一表现为依次渐进的概念系统，又以这些概念系统作为批判反思的对象，自觉地实现思维的全体自由性与各个环节的必然性之统一。这就是黑格尔绝对理念的实质内容。

(二)"绝对理念"的中介意义

黑格尔的绝对理念把传统哲学的追求推到最高峰，因而成为传统哲学向现代哲学转化的中介环节，它孕育着现代哲学，并不自觉地为现代

---

① 《列宁全集》第 38 卷，154 页，北京，人民出版社，1959。

哲学指出了一条走出传统形而上学的迷宫的现实道路。但要理解绝对理念的真实意义，却需要现代哲学有了较为充分的发展时才能做到。这就是中国俗话所说的"隔代相知"。

（1）哲学视角的转换——由客体性原则到主体性原则。

人类思维所面对的世界具有无限丰富的规定性，人又如何以自己的思维去实现把握和解释世界的全体自由性？这就构成了传统哲学无法解决的两大矛盾：一是哲学的宏伟目标与实证科学的历史成果的矛盾；二是人类思维的至上性与非至上性的矛盾。黑格尔的绝对理念是作为解决这两大矛盾的独特方式而出现的。

黑格尔认为，传统哲学之所以陷入这两大矛盾而不能自拔，是因为它们分属于两种错误的思维方式——表象思维和形式思维。"表象思维的习惯可以称为一种物质的思维，一种偶然的意识，它完全沉浸在材料里，因而很难从物质里将它自身摆脱出来而同时还能独立存在。与此相反，另一种思维，即形式推理，乃以脱离内容为自由，并以超出内容而骄傲"①。表象思维之所以沉浸在物质材料里，从思维方式上看，是以外物作为思维的尺度，因而是一种消极的客体性原则。客观世界作为各个环节彼此联结的整体，它自在地就是全体，却无自由可言。因此，表象思维虽然能够不断地把外在世界的规定性转化成思维的规定性，却根本无法实现思维的全体自由性。表象思维不是哲学层次的思维方式。形式思维以超出内容而骄傲，从思维方式上看，是以抽象的精神活动来实现思想的自我联系，因而是一种空洞的主体性原则，精神作为一种活动性，它自在地就是自由，却与环节的必然性相脱离。因此，形式思维虽然可以在内心中得到现实中所得不到的满足，却根本达不到真正的自由。形式思维也不是哲学所要求的思维方式。黑格尔提出，哲学层次的思维方式，是一种必须把自由沉入内容，让内容按照它自己的本性而自行运动，并从而考察这种运动的思维方式。这就是不同于表象思维和形

---

① ［德］黑格尔：《精神现象学》上卷，40 页，北京，商务印书馆，1979。

式思维的思辨思维。它把哲学的视角从表象思维的客体性原则和形式思维的空洞的主体性原则，转换成思辨思维的主体性原则。

思辨思维的内容就是绝对理念，即人类思想运动的逻辑。把自由沉入内容，并让内容按照它自己的本性而自行运动，就是把哲学对全体自由性的追求，从对自在的外部世界和抽象的内心世界的关注，转移到既使外部世界逻辑化又使内心世界具体化的人类思维运动的过程上来；而考察这种运动，则是人类思维反过来以自己为对象而思之，即哲学层次的反思活动。

在这种反思活动中，绝对理念既是主体又是客体。作为主体，它不是能思者，而是能思者的思维；作为客体，它不是自在的外部世界和抽象的精神活动，而是思维自己构成自己的进程。这里，黑格尔对传统哲学的追求实行了两大转变：第一，把主体由个体的思维转换成人类的思维，用人类思维的普遍性来克服个体思维的有限性；第二，把客体由自在的外部世界和精神世界转换成人类思维自为地把握精神活动及其全部对象的逻辑进程，用人类思想运动的逻辑来取代客观世界的外在性和精神活动的抽象性（主观性）。这样，人类思维就在自己的反思活动中实现了思维的全体自由性与各个环节的必然性的统一。

在这两大转换中，黑格尔既把现实的主体抽象为普遍性的思维，又把一切事物抽象为逻辑范畴、把各式各样的运动抽象为范畴的逻辑运动，因而是一种如马克思所批评的"无人身的理性"的自我运动。这表明思辨思维是一种彻底的唯心主义的思维方式。但它又是如同列宁所说的"聪明的唯心主义"，它"比愚蠢的唯物主义更接近于聪明的唯物主义"①。它孕育着马克思的实践唯物主义和整个现代哲学。

黑格尔把主体由个体的思维转换成人类的思维，把客体由自在的外部世界和抽象的精神活动转换成人类思维运动的逻辑，从而把哲学归结为思维的自我认识（反思），把哲学对思维全体自由性的追求归结为对思

---

① 列宁：《哲学笔记》，305 页，北京，人民出版社，1960。

维本性的自觉。这是对人类自觉到思维巨大的能动作用、自觉到"人给自己构成世界的客观图画"（列宁语）的哲学反映。它由物的外在尺度来透视人的内在尺度，转向以人的内在尺度来把握物的外在尺度；由认识的客体性原则，转向认识的主体性原则；由追求思维结果的统一性转向探究思维活动和思维过程的统一性。它把哲学的视角彻底地引向了人类的自我认识。

（2）哲学对象的转换——由外部世界和精神世界到概念世界。

黑格尔的主体性原则，不仅要求以人的内在尺度去把握物的外在尺度，而且要求以人的世界去代替物的世界；不仅要求思维反思自己，而且要求这种反思展示世界对人类思维的生成。这标志着哲学对象的重大转换。

作为思维对象的思维，既不是自在的外部世界，也不是抽象的精神世界，而是人类按照自己的思维本性去把握全部的精神活动及其对象所生成的人的特有世界——概念的世界。这样，黑格尔就把传统哲学对外部世界的统一性或精神世界的统一性的寻求，转换成对外部世界与精神世界的统一，即概念世界的研究。

概念世界是外部世界对人类思维的生成，因而是客观世界的主观化；概念世界又是精神世界对外部世界的生成，因而是主观世界的客观化。概念世界作为客观世界主观化和主观世界客观化的产物，不仅以观念的形态构成思维把握对象的工具，而且以千姿百态的形式构成人类的文化世界。卡尔·波普尔引人注目地提出的"世界三"，恩斯特·卡西尔《人论》中所论述的神话、宗教、语言、艺术、历史和科学，就是对黑格尔所提示的概念世界的引申和发挥。这种引申和发挥更加深刻地提醒现代人：人与动物虽然生活在同一个物理世界（自然世界）之中，但人的生活世界却完全不同于动物的世界，人只有掌握人类所创造的各种概念系统，才能成为真正意义上的人，并在运用和创造概念的活动中，获得思维的全体自由性。

人对概念的学习有两种不同的方式：一是学习概念本身，即掌握关于对象的各种各样的知识，并运用这些概念去把握世界和指导自己的行为；二是以概念为对象，通过对概念的研究来考察人类的思维本性，探索思维把握精神活动及其对象的逻辑，揭露各种概念系统的狭隘性、片面性和历史的暂时性，促成概念系统之间的渗透和综合，推动概念系统的扩展和深化，从而实现人类的思维运动由旧逻辑向新逻辑的转化、人类的思维方式由旧模式向新模式的跃迁。这种对概念本身的考察，就是黑格尔所说的"对思想的思想""对认识的认识"，即哲学层次的反思。

黑格尔把哲学规定为思维的自我反思，实质上是将哲学把握世界的方式同人类把握世界的其他方式既联系起来，又区别开来。人类通过神话的、宗教的、常识的、艺术的和科学的等各种方式去把握世界，从而形成关于世界各个领域的不同层次的概念系统。这些概念系统取得"外部现实性"，构成人类的物质态文化；这些概念系统凝聚积淀成人的思维模式、价值观念、审美意识等，构成人类的心理态文化；这些概念系统客观化为各种各样的符号系统，则构成人类的理论态文化。由此便构成了属人的世界——文化世界。黑格尔所说的概念对象化而生成世界，其实质就是指世界对人的概念的生成，即真正的人的世界——文化世界——的生成。在黑格尔看来，文化世界的灵魂就是概念，所以人的自我认识的实质内容只能是概念的自我认识。

概念的自我认识以概念系统的存在为前提，所以哲学必须通过对哲学史的总结（恩格斯把这种总结概括为"通晓思维的历史和成就"，"沿着实证科学和利用辩证思维对这些科学成果进行概括的途径"；列宁又把这种总结具体化为对"各门科学的历史""儿童智力发展的历史""动物智力发展的历史""语言的历史""心理学"和"感觉器官的生理学"的研究）来实现概念的自我认识。同时，由于哲学以概念本身为对象，所以它研究的是人类把握世界的各种方式及其成果，而不是这些方式所把握的对象。这样，哲学的使命就不是通过对外在世界或内心世界的研究而形成概念和发展概念（那里包括数学、自然科学、社会科学和思维科学在内的各门科学的任务），而是通过对发展着的各种概念系统的研究而展现人类思维运动的逻辑；哲学的功能就不是为人类提供各种具体的知识和方法(那是科学的功能)，而是对各种概念系统进行批判性的反思，启发人类从新的视角去观察世界和理解世界，从世界中获得新的"意义"。对此，美国当代著名科学哲学家瓦托夫斯基曾做出这样的总结：哲学是"表达和分析各种概念"，"对科学的概念和概念框架进行系统研究的事业"，"理解科学理解的事业"，"对科学的人文主义理解"的事业。

黑格尔把哲学对象由外在世界和精神世界转换成概念世界，从而把哲学的主体性原则深化为哲学以人的世界为对象，这对现代哲学的产生和发展具有深远的影响。第一，它引发现代哲学将人类把握世界的哲学方式同其他方式既联系起来，又区别开来，从而把哲学的视角彻底地引向了属人的世界——人的文化世界及其灵魂即概念的世界。现代的哲学文化学、科学人类学、哲学符号学等，就是沿着这条道路发展的。第二，它引发现代哲学将人的文化世界的各个侧面、各个层次、各种形式的概念系统综合起来考察，并从而形成某种说明人的文化世界的统一性原理。现代的现象学、解释学、语言分析哲学以及科学哲学所提供的科学结构的逻辑模型和科学发展的历史模式等，在本质上都是如此。第三，它引发现代哲学在对科学、艺术、语言、历史、伦理、法律以及宗教等的反思中，形成关于人类把握世界的各种方式的哲学，诸如科学哲学、艺术哲学、语言哲学、历史哲学、人生哲学、法哲学以及宗教哲学等等。第四，它引发现代哲学在对人的世界的反思中重新考察哲学本身，形成现代意义的、逐步深化的各种"元哲学"理论。这就是黑格尔的绝对理念不自觉地为现代哲学走出传统哲学的迷宫所提示的道路。

(3)哲学功能的转换——由解释和说明世界到规范和改变世界。

黑格尔的绝对理念把传统哲学对思维全体自由性的追求提升为对人类思想运动的逻辑的反思，就把传统哲学对思维结果的统一性的寻求变成对思维活动的统一性的考察，把传统哲学对世界的统一性的解释变成对思维创造过程的统一性的反省。这种转换使哲学从传统的解释性功能转变为现代的规范性功能，并使哲学从消极的说明性功能转变为积极的改造性功能。

在黑格尔看来，人类思想运动的逻辑既是人类思维本性的表达，也是人类思维所自觉到的思维和存在所服从的同一规律体系。所以，哲学通过对人类思想运动的逻辑的反思，不仅仅是达到对世界统一性的哲学解释，更重要的是使人自觉到自己的思维本性，从而按照思维的本性去观察世界和理解世界，去认识自己和规范自己的行为。思维在历史与逻辑相统一的发展进程中，不断地把概念变成目的性要求，给自己构成不断更新的客体图景，并把这种"善"的要求，"通过扬弃外部世界的各个规定来使自己获得具有外部现实性形式的实在性"。

毫无疑问，由于黑格尔的绝对理念是以唯心主义的形式"抽象地"发挥了思维的能动性，在其原有的形态上难以实现其改变世界的功能。但是，绝对理念所提示的从人类的角度来理解人的世界，从人类的角度来理解人类个体，从人类活动的过程来理解人与世界的统一，把哲学对思维全体自由性的追求转换成人类的自我认识，却孕育着哲学发展史上最伟大的革命。它是马克思的实践唯物主义和整个现代哲学的理论先导。

哲学史是人类的艰难而曲折的自我认识史。伟大的哲学家之所以伟大，并不在于他们为人类的知识宝库增添了多少财富，而在于他们适应时代的要求，以敏锐的洞察力发现人类思维面对的巨大困难，以深刻的批判力找到解决这种困难的思维方式，从而为后来的哲学提示新的发展道路。黑格尔绝对理念的真实意义就在这里。

五　哲学革命：黑格尔与马克思

19世纪上半叶，德国先后产生了具有世界史意义的两位伟大哲人——黑格尔和马克思，并因而相继实现了两次具有文明史意义的哲学革命——黑格尔以"理性"代替"上帝"的"形而上学的完成"和马克思以"实践"变革"现实"的"形而上学的终结"。

黑格尔和马克思之所以成为具有文明史意义的哲学革命的命名式标志，从根本上说，是因为他们变革了人类对人与世界关系的理解：黑格尔以"理性"为内容论证了人与世界的"和解"，论证了人的个体理性与普遍理性的"融合"；马克思则以"实践"为基点论证了人与世界的"否定性统一"，论证了人的历史活动所构成的人类历史的发展规律。

　　马克思对黑格尔的"批判继承"关系，集中地体现在四个方面：其一，二者所面对的都是空前的具有革命意义的"现实的历史"即资本主义社会，然而，作为"法国革命的德国理论"的黑格尔哲学的历史任务是以"理性"为资本主义的合理性"奠基"，作为"科学社会主义学说"的马克思哲学的历史任务则是以"实践"为资本主义的暂时性"揭谜"；其二，二者所承担的哲学使命都是把"彼岸世界的真理"变为"此岸世界的真理"，然而，作为"法国革命的德国理论"的黑格尔哲学是以个体理性认同普遍理性为内容而致力造就"有教养的现代公民"，作为"科学社会主义学说"的马克思哲学则是以"实践观点的思维方式"致力于"对现存的一切进行无情的批判"；其三，二者所要改变的都是"人的自我异化"，然而，作为"法国革命的德国理论"的黑格尔哲学主要是致力于揭露人在"神圣形象"中的自我异化，即以"理性"代替"上帝"，作为"科学社会主义学说"的马克思哲学则是致力于揭露人在"非神圣形象"中的自我异化，即把"资本"的独立性和个性变为"人"的独立性和个性；其四，二者所要追究的都是"何以可能"的根据，然而，作为"法国革命的德国理论"的黑格尔哲学，主要是致力于追究以"认识何以可能"基础上的"自由何以可能"，作为"科学社会主义学说"的马克思哲学则是致力于追究以"历史何以可能"为基础的"解放何以可能"。

　　黑格尔哲学是"形而上学的完成"，马克思哲学则是"形而上学的终结"。前者赋予后者以反思理性的深刻性，后者则赋予前者以改变世界的现实性。理性的形而上学沉思被实践的形而上学追求代替了。这就是马克思哲学对黑格尔哲学及其所完成的全部的"以往的哲学"的革命——马克思创建了关于"现实的人及其历史发展"的哲学，并开辟了创建人类文明新形态的哲学道路。

上篇以"理性"代替"上帝"：黑格尔的"形而上学的完成"。

下篇以"实践"变革"现实"：马克思的"形而上学的终结"。

第三章　论马克思的哲学观

一　马克思对"真正的哲学"的理解

马克思的哲学观，就是马克思所理解的"真正的"哲学，或马克思对"真正的"哲学的理解；而这种"真正的哲学"，就是体现或实现马克思的"哲学观"的哲学。

"重读马克思"，我们会形成一个强烈而鲜明的印象，这就是：马克思从来不喜欢抽象地提出问题和谈论问题，而是从一开始就倾向于具体地提出问题，并有明确针对性地谈论问题。马克思的这种理论特征，鲜明地表现在他对"哲学"的理解之中。

马克思对"哲学"本身的集中论述，最早的文章大概可以确认为写于 1842 年 6、7 月间的《〈科隆日报〉第 179 号的社论》。在这篇文章中，马克思明确地以"真正的哲学"来表达自己对"哲学"的理解与要求。探索这篇文章对"真正的哲学"的论述，我们可以比较具体地理解马克思的"哲学理念"，即马克思的"哲学观"。

由于马克思从"真正的哲学"提出问题，因此马克思对"哲学"的论述具有显著的论战的特征。

这种以理论论争为背景而展开的哲学研究，贯穿于马克思整个理论活动的始终，从而构成马克思哲学的鲜明特点。因此，我们反思和阐释马克思的哲学观，需要着眼于和着力于下述几个方面：一是马克思批判或否定什么样的哲学，即马克思认为什么样的哲学并不是"真正的哲学"；二是马克思赞赏或肯定什么样的哲学，即马克思认为什么样的哲学才是"真正的哲学"；三是马克思提出或显示了什么样的哲学理念，即马克思为"真正的哲学"开辟了什么样的哲学道路。

首先，马克思批判或否定了怎样的哲学？

在《科隆日报》第179号的"社论"中，马克思从"哲学"是否应该"在报纸的文章中讨论宗教事务"这个问题出发，对"德国哲学"提出这样的批评："哲学，尤其是德国哲学，爱好宁静孤寂，追求体系的完满，喜欢冷静的自我审视；所有这些，一开始就使哲学同报纸那种反应敏捷、纵论时事、仅仅热衷于新闻报道的性质形成鲜明对照。哲学，从其体系的发展来看，不是通俗易懂的；它在自身内部进行的隐秘活动在普通人看来是一种超出常规的、不切实际的行为；就像一个巫师，煞有介事地念着咒语，谁也不懂得他在念叨什么。"①

马克思的这个批评，不是偶发的感慨。在写于1842年5月的关于《集权问题》的文章中，马克思就明确地表达了他对"现实的问题"的关切。马克思认为，"一个时代的迫切问题，有着和任何在内容上有根据的因而也是合理的问题共同的命运：主要的困难不是答案，而是问题"②。"问题"的重要意义就在于，"问题"是"公开的、无所顾忌的、支配一切个人的时代之声。问题是时代的格言，是表现时代自己内心状态的最实际的呼声"③。正因如此，"哲学"必须把"问题"作为研究对象，而"当人们把哲学同幻想混为一谈的时候，哲学必须严肃地提出

---

① 《马克思恩格斯全集》第1卷，219页，北京，人民出版社，1995。
② 同上书，203页。
③ 同上书，203页。

抗议"①。

马克思对"德国哲学"的批判，就是代表他自己所理解的"真正的哲学"而对"哲学"本身的"抗议"。在马克思看来，"爱好宁静孤寂，追求体系的完满，喜欢冷静的自我审视"的"德国哲学"，直接地同"反应敏捷、纵论时事、仅仅热衷于新闻报道的性质形成鲜明对照"。对于这种"鲜明对照"，马克思的评价是审慎的和理智的：一方面，马克思认为"哲学，从其体系的发展来看，不是通俗易懂的"，因而不应该让"哲学"屈就于"仅仅热衷于新闻报道的性质"；而另一方面，马克思则批评"哲学""在自身内部进行的隐秘活动在普通人看来是一种超出常规的、不切实际的行为；就像一个巫师，煞有介事地念着咒语，谁也不懂得他在念叨什么"②。

马克思对"哲学"，特别是对"德国哲学"的批判，不仅仅是对它的"宁静孤寂"的批判，更重要的是对它的落后于时代要求的批判。马克思在 1843 年底至 1844 年初写的《〈黑格尔法哲学批判〉导言》中，一开头就指出，"就德国来说，对宗教的批判实际上已经结束；而对宗教的批判是其他一切批判的前提"③。正因如此，马克思提出，"彼岸世界的真理消逝以后，历史的任务就是确立此岸世界的真理。人的自我异化的神圣形象被揭穿以后，揭露非神圣形象中的自我异化，就成了为历史服务的哲学的迫切任务。于是对天国的批判就变成对尘世的批判，对宗教的批判就变成对法的批判，对神学的批判就变成对政治的批判"④。但是，直到费尔巴哈，"德国哲学"却仍然是"从宗教上的自我异化，从世界被二重化为宗教的、想象的世界和现实的世界这一事实出发的"⑤。因此，马克思对费尔巴哈的批判是："他致力于把宗教世界归结于它的世俗基

---

① 《马克思恩格斯全集》第 1 卷，204 页，北京，人民出版社，1995。
② 同上书，219 页。
③ 《马克思恩格斯选集》第 1 卷，1 页，北京，人民出版社，1972。
④ 同上书，2 页。
⑤ 同上书，17 页。

础。他没有注意到，在做完这一工作之后，主要的事情还没有做哩。因为，世俗的基础使自己和自己本身分离，并使自己转入云霄，成为一个独立王国，这一事实，只能用这个世俗基础的自我分裂和自我矛盾来说明。因此，对于世俗基础本身首先应当从它的矛盾中去理解，然后用排除这种矛盾的方法在实践中使之革命化。"①

正是通过对包括费尔巴哈在内的"德国哲学"的批判，马克思明确地提出了自己的哲学的"出发点"："德国哲学从天上降到地上；和它完全相反，这里我们是从地上升到天上，就是说，我们不是从人们所说的、所想象的、所设想的东西出发，也不是从只存在于口头上所说的、思考出来的、想象出来的、设想出来的人出发，去理解真正的人。我们的出发点是从事实际活动的人，而且从他们的现实生活过程中我们还可以揭示出这一生活过程在意识形态上的反射和回声的发展。"②由此我们可以看到，探索马克思的哲学观，不能简单地以作为共性内容的"哲学观模式"去梳理它的研究对象、研究方法、社会功能等，而是必须首先从马克思对"哲学"，特别是对"德国哲学"的批判入手，深切地理解马克思哲学的"出发点"："现实的问题"和"从事实际活动的人"。以此为基础，才可能理解马克思的"实践转向"和马克思的"实践观的世界观"。

其次，马克思赞赏或肯定什么样的哲学？

在《科隆日报》第179号的"社论"中，以批判"哲学，尤其是德国哲学"为背景，马克思对自己所理解的"真正的哲学"做出了明确的、深入的论述。在马克思的著作中，这篇"社论"关于"哲学"本身的论述是最为集中的，因而构成我们反思和解读马克思"哲学观"的最重要"文本"。

马克思在这篇"社论"中首次明确地提出，"任何真正的哲学都是自己时代的精神上的精华"③。这个命题被广泛引证，并被确认为马克思关于哲学的最简洁、最精辟的论断。如果对这个极其重要的论断进行解

---

① 《马克思恩格斯全集》第 3 卷，4 页，北京，人民出版社，1960。
② 同上书，30 页。
③ 《马克思恩格斯全集》第 1 卷，116 页，北京，人民出版社，1956。

析，我们可以获得两个方面的重要提示：其一，必须从"哲学"与"时代"的关系去理解"哲学"；其二，"哲学"与"时代"的关系是确认"真正的哲学"的标准，即"任何真正的哲学都是自己时代的精神上的精华"。

理解马克思这个命题的两层含义，对于理解马克思的哲学观是十分重要的。如果我们仅仅从"哲学"与"时代"的关系去理解"哲学"，即仅仅肯定哲学是时代的产物，并从时代的状况去解释哲学，那还无法确认一种哲学是否是马克思所说的"真正的哲学"，因而也无法确认马克思的"哲学理念"。只有从第一层含义过渡到第二层含义，即从一种哲学理论或哲学学说是否是"自己时代的精神上的精华"出发，才能确认它是否是"真正的哲学"。

"真正的哲学"必须捕捉到"一个时代的迫切问题"，必须把自己时代的"迫切问题"作为哲学思考的聚焦点。马克思强调"问题是时代的格言，是表现时代自己内心状态的最实际的呼声"①。每个时代的人类都有自己的特殊的生存困境，因而也都有自己的特殊的"迫切问题"。哲学要成为"自己时代的精神上的精华"，首要的是捕捉到自己时代的"迫切问题"，并使其升华为理论形态的人类自我意识。

"真正的哲学"不仅必须捕捉到"一个时代的迫切问题"，而且必须成为"自己的时代、自己的人民的产物"，把"人民的最美好、最珍贵、最隐蔽的精髓都汇集在哲学思想里"②。在马克思对"真正的哲学"的这种理解中，表达了马克思的强烈的"人民"意识，他不仅要求哲学面向自己时代的"迫切"问题，而且认为"真正的哲学"只能是"自己的时代、自己的人民的产物"，认为"真正的哲学"就在于它把"人民的最美好、最珍贵、最隐蔽的精髓都汇集在哲学思想里"了，因而它才能够成为"自己时代的精神上的精华"。马克思所赞赏和肯定的哲学，是源于时代、源于人民的哲学，是把时代的"问题"和人民的"精髓"升华为理论的哲学。

---

① 《马克思恩格斯全集》第 1 卷，203 页，北京，人民出版社，1956。
② 同上书，219—220 页。

马克思认为，如果哲学真正成为"自己时代的精神上的精华"，那么，"哲学"就会成为这样的"哲学"：其一，"哲学不仅从内部即就其内容来说，而且从外部即就其表现来说，都要和自己时代的现实世界接触并相互作用"①。这就是说，"真正的哲学"既要以自己的理论内容构成"自己时代的精神上的精华"，也要以自己的理论活动与"自己时代的现实世界"发生切实的相互作用。应当说，在这里已经包含了马克思的"问题在于改变世界"的哲学理念。其二，"哲学对于其他的一定体系来说，不再是一定的体系，相对的而正在变成世界的一般哲学，即变成当代世界的哲学"②。这个思想应当说是上一个思想的逻辑延伸，即如果"哲学"在自己的内容上成为"自己时代的精神上的精华"，并在外部表现上"同自己时代的现实世界接触并相互作用"，那么，当然就不再是各种特定哲学体系的相互对立，而是统一的"面对世界"的"一般哲学"。对于这个"面对世界"的"一般哲学"来说，它必然表现为"哲学"与"世界"之间的双向关系，即一方面是哲学的"世界化"，哲学成为"面对世界"的"一般哲学"；另一方面则是世界的"哲学化"，整个世界（人类世界）都被这个"一般哲学"所"改变"。应当说，这里已经包含了马克思的"人类解放"的哲学理念，即"真正的哲学"应当是把人的世界还给人本身。

仅从马克思在《科隆日报》第 179 号"社论"中对"哲学"的论述看，我们可以发现，马克思所赞赏或肯定的"真正的哲学"，是捕捉到"一个时代的迫切问题"的哲学，是作为"自己的时代、自己的人民的产物"的哲学，是"同自己时代的现实接触并相互作用"的哲学，是走向"世界化"的"一般哲学"。这种"真正的哲学"，表达了马克思哲学观的雏形，也构成我们解读马克思哲学观的重要内容。

最后，我们应当追问的是，马克思究竟形成或提出了什么样的哲学理念？"重读马克思"，我觉得下述几个方面是值得认真思考的：

---

① 《马克思恩格斯全集》第 1 卷，121 页，北京，人民出版社，1956。
② 同上书，121 页。

其一，从哲学的"人类性"去理解哲学。马克思提出，他的哲学的"出发点"是"从事实际活动的人"①，他的哲学的"立足点"是"人类社会或社会化了的人类"②，而他的哲学的"归宿点"则是以"每个人的自由发展"为条件的"一切人的自由发展"③。马克思哲学的"出发点""立足点"和"归宿点"显示了马克思关注人类命运的博大的人文情怀，显示了马克思的解放全人类的哲学旨趣。马克思说，哲学"所关心的'是一切人的'真理，而不是个别人的真理"，他所参与的运动不是"少数人的或为少数人谋利益的运动"，而是"绝大多数人的、为绝大多数人谋利益的独立的运动"④。这种关注人类命运的人文情怀和致力人类解放的哲学旨趣，是马克思哲学的灵魂，是马克思哲学的普照光，是构成马克思哲学的最为根本的哲学理念。这个哲学理念就是马克思的哲学观。

其二，从哲学的"时代性"去理解哲学。马克思对人类命运的关切和对人类解放的论证，并不是基于抽象的"人性"，而是基于人类的历史发展。马克思认为，"意识在任何时候都只能是被意识到了的存在，而人们的存在就是他们的实际生活过程"⑤，"对现实的描述会使独立的哲学失去生存环境，能够取而代之的充其量不过是从对人类历史发展的观察中抽象出来的最一般的结果的综合。这些抽象本身离开了现实的历史就没有任何价值。它们只能对整理历史资料提供某些方便，指出历史资料的各个层次间的连贯性。但是这些抽象与哲学不同，它们绝不提供可以适用于各个历史时代的药方或公式。相反，只是在人们着手考察和整理资料(不管是有关过去的还是有关现代的)的时候，在实际阐述资料的时候，困难才开始出现。这些困难的克服受到种种前提的制约，这些前提在这里根本是不可能提供出来的，而只是从对每个时代的个人的实际生

---

① 《马克思恩格斯选集》第 1 卷，30 页，北京，人民出版社，1972。
② 同上书，19 页。
③ 同上书，273 页。
④ 同上书，262 页。
⑤ 同上书，30 页。

活过程和活动的研究中得出的"①。马克思在这里所说的"哲学"，是指脱离历史和时代的"哲学"，这样的"哲学"在"对现实的描述"中"失去生存环境"，因此马克思要求"哲学""不仅从内部即就其内容来说，而且从外部即就其表现来说，都要和自己时代的现实世界接触并相互作用"②。从时代性的状况去反思人类的存在，从时代性的问题出发去求索人类的解放，并使哲学成为"自己时代的精神上的精华"，这是马克思哲学理念的重要特征。

其三，从哲学的"实践性"出发理解哲学。马克思在创建自己的哲学学说的过程中，一个最直接的论敌是青年黑格尔派；或者说，马克思是在同青年黑格尔派的论战中，形成和确立了自己的哲学理念的。马克思认为，"尽管青年黑格尔派思想家们满口讲的都是'震撼世界'的词句，而实际上他们是最大的保守分子。他们之中最年轻的人确切地表达了他们的活动，说他们仅仅是为反对'词句'而斗争。不过他们忘记了：他们只是用词句来反对这些词句，既然他们仅仅反对现存世界的词句，那末他们就绝不是反对现实的、现存的世界。这种哲学批判所能达到的唯一结果，就是从宗教史上对基督教作一些说明，但就连这些说明也是片面的。至于他们的全部其他论断，只不过是进一步来粉饰他们的一种奢望，以为他们用这样一些微不足道的说明作出了仿佛具有世界历史意义的发现"，"这些哲学家没有一个想到要提出关于德国哲学和德国现实之间的联系问题，关于他们所作的批判和他们自身的物质环境之间的联系问题"。③ 马克思则清醒地意识到，"理论在一个国家的实现程度，决定于理论满足这个国家的需要的程度"④。因此，马克思从实践需要去理解哲学，并把这种理解扩展和深化为对哲学自身的重新理解。从实践的观点反观全部哲学史，马克思认为，全部的旧哲学——包括"从前的一

① 《马克思恩格斯选集》第 1 卷，31—32 页，北京，人民出版社，1972。
② 《马克思恩格斯全集》第 1 卷，121 页，北京，人民出版社，1956。
③ 《马克思恩格斯全集》第 3 卷，22—23 页，北京，人民出版社，1960。
④ 《马克思恩格斯全集》第 1 卷，462 页，北京，人民出版社，1956。

切唯物主义"和"唯心主义"——的根本问题，就在于不理解"革命的""实践批判的"活动的意义。因此，马克思提出，"人的思维是否具有客观的真理性，这并不是一个理论的问题，而是一个实践的问题。人应该在实践中证明自己思维的真理性，即自己思维的现实性和力量，亦即自己思维的此岸性。关于离开实践的思维是否现实的争论，是一个纯粹经院哲学的问题"①。马克思为"哲学"指出的道路则是："社会生活在本质上是实践的。凡是把理论导致神秘主义方面去的神秘东西，都能在人的实践中以及对这个实践的理解中得到合理的解决。"②我们需要从"实践"观点去理解马克思的哲学理念。

其四，从哲学的"批判性"去理解哲学。马克思认为，哲学作为时代的、实践的产物，"真正的哲学"都不是自己孤立地生长出来的，"哲学家并不像蘑菇那样是从地里冒出来的"，恰恰相反，"哲学是在它的敌人的叫喊声中进入世界的；然而就是哲学的敌人的内心也受到了哲学的感染，他们要求扑灭思想火焰的求救哀嚎就暴露了这一点。对于哲学来说，敌人的这种叫声就如同初生婴儿的第一声哭叫对于一个焦急地等着孩子叫声的母亲一样；这是哲学思想的第一声喊叫。哲学思想冲破了固定不变的、令人费解的体系的外壳，以世界公民的姿态出现在世界上。"③纵观哲学史，我们可以发现，"任何一种真正的哲学"都是被现实的和哲学的"敌人的叫喊声引进世界的"。黑格尔说，哲学史是一个"厮杀的战场"④，并非言过其实；但是，黑格尔尚未明言，哲学的"厮杀"，还包括哲学与"现实"的"厮杀"。马克思则从这两种"厮杀"去理解"真正的哲学"。马克思具体地提出，"应该向德国制度开火！一定要开火！这种制度虽然低于历史水平，低于任何批判，但依然是批判的对象，正象一个低于做人的水平的罪犯，依然是刽子手的对象一样。在同这种制度

---

① 《马克思恩格斯全集》第3卷，3页，北京，人民出版社，1960。
② 《马克思恩格斯选集》第1卷，18页，北京，人民出版社，1972。
③ 《马克思恩格斯全集》第1卷，121页，北京，人民出版社，1956。
④ 参见［德］黑格尔：《哲学史讲演录》第1卷，21—22页，北京，商务印书馆，1983。

进行斗争当中，批判并不是理性的激情，而是激情的理性。它不是解剖刀，而是武器。"①马克思认为，"……实际上和对实践的唯物主义者，即共产主义者说来，全部问题都在于使现存世界革命化，实际地反对和改变事物的现状"②。因此，马克思给哲学提出的历史任务是，锻造一种世界观武器，使之成为一种革命的、批判的思维方式即辩证法的思维方式，"对现存的一切进行无情的批判"。而这种"无情的批判"所要达到的目的，则是实现人类自身的解放。

二 怎样理解马克思的哲学革命

推进当代中国的马克思主义哲学研究的重要理论前提，是深化对马克思的哲学革命的理解。本文围绕哲学界正在展开争鸣的三个重要理论问题，探索马克思的哲学革命。

（一）"解释世界"与"改变世界"

关于马克思的哲学革命，人们经常引证马克思本人的一句名言，即"哲学家们只是用不同的方式解释世界，问题在于改变世界"③，因而断言马克思哲学之外的哲学都是"解释世界"的哲学，而马克思的哲学则是"改变世界"的哲学。

在这种通常的理解与解释中，显而易见地包含了两个方面的悖论性问题：一方面，对马克思主义哲学而言，作为"改变世界"的哲学，是否也是"解释世界"的哲学？或者说，马克思主义哲学是以"解释世界"为前提的"改变世界"的哲学？另一方面，对马克思主义哲学之外的哲学而言，作为"解释世界"的哲学，是否也以"改变世界"为目的？或者说，马克思主义哲学之外的各种哲学也是以"改变世界"为目的的"解释世界"的

---

① 《马克思恩格斯选集》第1卷，3—4页，北京，人民出版社，1972。
② 同上书，48页。
③ 《马克思恩格斯全集》第3卷，8页，北京，人民出版社，1960。

哲学?

从对马克思主义哲学的理解说,"哲学"作为人们最容易理解和接受的说法,即"理论化、系统化的世界观",它是一种理论形态的存在,它的直接的社会功能是对"世界""社会""历史"和"人生"的理论"解释",因而在它的直接的存在形态和社会功能上,都不是"改变世界",而只能是"解释世界"。这正如马克思本人所说,"批判的武器当然不能代替武器的批判,物质力量只能用物质力量来摧毁;但是理论一经掌握群众,也会变成物质力量"①。因此,人们往往是从马克思主义哲学"掌握群众"和"批判现实"的角度去说明马克思主义哲学是"改变世界"的哲学的。但是,这种解释,已经不自觉地模糊了关于马克思主义哲学不再是"解释世界"而只是"改变世界"的哲学的基本观点,已经不自觉地把马克思主义哲学视为以"解释世界"为前提的"改变世界"的哲学。

在我看来,以"解释世界"与"改变世界"的对立来标志马克思主义哲学与其他各种哲学的根本区别,来说明马克思的哲学革命,既不是由于马克思主义哲学排斥自身所具有的"解释世界"的基本功能,也不是由于马克思主义之外的哲学不期待或不具备"改变世界"的基本功能,而是因为马克思在革命的意义上改变了"哲学",这就是恩格斯所说的,马克思的学说"这已经根本不再是哲学,而只是世界观"②,"哲学在黑格尔那里完成了"。

关于"哲学",当代哲学家理查德·罗蒂曾做出这样的"划界"性的论断:"自希腊时代以来,哲学家们一直在寻求一套统一的观念,……这套观念可被用于证明或批评个人行为和生活以及社会习俗和制度,还可以为人们提供一个进行个人道德思考和社会政治思考的框架"。那么,哲学如何保证它所寻求和提供的这套"观念"或"框架"的合法性与有效性呢?罗蒂说,"作为一门学科的哲学,把自己看成是对由科学、道德、

---

① 《马克思恩格斯全集》第 1 卷,460 页,北京,人民出版社,1956。
② 《马克思恩格斯选集》第 3 卷,178 页,北京,人民出版社,1972。

艺术或宗教所提出的知识主张加以认可或揭穿的企图。它企图根据它对知识和心灵的性质的特殊理解来完成这一工作。哲学相对于文化的其他领域而言，能够是基本性的，因为文化就是各种知识主张的总和，而哲学则为这种主张进行辩护。"①正是基于对整个西方传统哲学的这种理解，罗蒂提出了哲学理性的当代任务："摒弃西方特有的那种将万物万事归结为第一原理或在人类活动中寻求一种自然等级秩序的诱惑"②。由此，罗蒂提出了反表象主义、反本质主义和反基础主义的"后哲学文化"。

我国学者在反省整个西方传统哲学时，亦做出了大体相似的理论概括："经过20世纪西方哲学对传统哲学的批判，西方传统哲学的理论性质、思维方式和功能作用等元哲学或哲学观问题更为清晰可见。简单地说，西方传统哲学是追求绝对真理的超验形而上学，其思维方式是以意识的终极确定性为基础或目标的罗各斯中心主义或理性主义，其功能和作用是以最高真理和人类理性名义发挥思想规范和统治作用的意识形态。"因此，西方传统哲学"本质上是一种脱离现实而又统治现实的颠倒的世界观"，而马克思给自己提出的历史任务则是"把这种颠倒的世界观再颠倒过来，以使人们正视真实的现实世界"③正因为马克思哲学不是以"绝对真理"之名去充任规范人的全部思想与行为的"意识形态"，而是从"现实的人及其历史发展"出发而展开"意识形态批判"，因而马克思主义哲学才不再是"解释世界"的旧哲学，而只是"改变世界"的新哲学。

诉诸哲学史，我们可以发现，近代以来的西方哲学，在"上帝人本化"的哲学演进中，一直致力于寻求和论证"人的自由何以可能"；然而，以黑格尔为代表的"法国革命的德国理论"，它为人的自由所提供的"根

---

① ［美］理查・罗蒂：《哲学和自然之镜》，1页，北京，生活・读书・新知三联书店，1987。

② 同上书，"序"。

③ 高清海、孙利天：《马克思的哲学观变革及其当代意义》，见叶汝贤、孙麾主编：《马克思与我们同行》，22页，北京，中国社会科学出版社，2003。

据"，是"绝对理念"即"无人身的理性"的"自己运动"，也就是"个人受抽象统治"的现实。马克思的哲学革命，则是要求把人从"抽象"的统治中解放出来，从"物"的普遍统治中解放出来，也就是从"资本"的普遍统治中解放出来，把"资本"的独立性和个性变为人的独立性和个性。马克思明确地提出："对实践的唯物主义者，即共产主义者说来，全部问题都在于使现存世界革命化，实际地反对和改变事物的现状"①。这样，马克思就把关于"人的自由何以可能"的理性思辨，革命性地变革为关于"人类解放何以可能"的"实践的唯物主义"。"实践"，成为马克思主义哲学的基本理念和核心范畴。这就是"改变世界"的马克思主义哲学。

（二）"实践唯物主义"与"实践观点的思维方式"

以"改变世界"来标志马克思的哲学革命，是同以"实践唯物主义"来解释马克思主义哲学密不可分的。在作为根本性的解释原则的意义上，兴起于 20 世纪 80 年代的"实践唯物主义"这个口号或旗帜，以"实践"为核心范畴重新理解马克思主义哲学并重新建构马克思主义哲学的概念发展体系，并不仅仅关系到马克思主义哲学的"称谓"问题，更关系到马克思主义哲学的"定位"问题，也就是如何理解马克思主义哲学的问题。正因如此，关于"辩证唯物主义""历史唯物主义""现代唯物主义"与"实践唯物主义"的哲学论争迄今非但未见减弱，反而有愈益激烈之势。

在这里，我想引入讨论的也许是一个更为值得关注的问题。

自 20 世纪 80 年代以来，中国的马克思主义哲学界在新的历史条件下重新探索马克思的哲学革命，形成了某些具有"研究范式"或"解释原则"意义的理论观点。作为批评和超越传统哲学原理教科书的产物，"实践唯物主义"和"实践观点的思维方式"是两种最具代表性的"研究范式"。我在这里讨论的，就是这两种"研究范式"或"解释原则"。在我看来，厘清这两种"研究范式"或"解释原则"，对于深入理解马克思的哲学革命和推进马克思主义哲学研究是重要的和必要的。

----

① 《马克思恩格斯全集》第 3 卷，48 页，北京，人民出版社，1960。

"实践唯物主义"所强调的是以"实践"为核心范畴重新理解和重新建构马克思的"现代唯物主义"。在这种"研究范式"中，"实践"不仅作为认识的基础而成为马克思主义认识论的核心范畴，也不仅作为人的历史活动而成为马克思主义历史观的核心范畴，更是作为人与世界的现实基础而成为马克思主义世界观的核心范畴。就此而言，"实践唯物主义"并不是关于马克思主义哲学如何"称谓"的问题，而是关于马克思主义哲学如何"定位"的问题，也就是如何理解马克思的哲学革命的问题。

"实践观点的思维方式"这种研究范式或解释原则，同"实践唯物主义"一样，也是在批评和超越传统哲学原理教科书的解释模式的过程中形成的，也是以实践为核心范畴重新理解马克思主义哲学的哲学理论的。但是，超越传统哲学教科书的这两种解释模式，在对"实践"范畴的不同理解中，却蕴含着值得深入研究的学理上的重要区别。

首先，对实践范畴哲学意义的不同理解。在人们经常引证的《关于费尔巴哈的提纲》中，马克思曾经这样提出问题："全部社会生活在本质上是实践的。凡是把理论引到神秘主义方面去的神秘东西，都能在人的实践中以及对这个实践的理解中得到合理的解决。"①从实践出发去理解人的社会生活，并以人的实践活动的观点去批判"把理论导致神秘主义方面去的神秘的东西"，这是"实践唯物主义"和"实践观点的思维方式"这两种解释模式的共同之处；但是，"实践唯物主义"所理解的"实践"和所强调的"实践"，是人的实践活动本身，也就是从人的实践活动的特性——诸如实践的客观性、历史性、能动性、目的性等——出发去解释各种哲学问题。这就是说，在"实践唯物主义"这里，"实践"是一个被描述的对象，是一个实体性的哲学范畴，尚未构成一种哲学意义的解释原则。正因如此，"实践唯物主义"既试图把实践作为核心范畴贯穿于各种哲学问题之中，又无法把实践作为解释原则而重新解释全部哲学问题。

与"实践唯物主义"不同，所谓"实践观点的思维方式"，它所理解的

---

① 《马克思恩格斯全集》第 3 卷，5 页，北京，人民出版社，1960。

"实践"和所强调的"实践"，是马克思所说的"对这个实践的理解"，也是把"实践观点"作为一种"思维方式"来理解人、理解人与世界的关系，从而构成一种可以称之为实践论的世界观。正因为是把实践的哲学意义理解为"实践观点的思维方式"，所以这里的"实践"既不是一种"实体"范畴，也不是客体意义上的"关系"范畴，而是一种哲学意义上的解释原则。这种解释原则，就是从人的内在矛盾以及由此构成的人与世界之间的内在矛盾出发，去理解和解释全部哲学问题。正因为"实践观点的思维方式"是一种具有革命意义的解释原则，因而才构成了哲学史上的马克思主义哲学革命。

其次，对实践范畴的本体论意义的不同理解。由于"实践唯物主义"是从"实体"意义上理解"实践"范畴，因而合乎逻辑地认为，马克思的哲学变革"首先在于把实践引进了本体论，把实践提升到世界本原的行列中去"。这种解释表明，"实践唯物主义"作为一种解释原则，尚未跳出传统哲学寻求世界本原的形而上学窠臼，只不过是把作为世界本原的"物质"或"精神"替换为"实践"而已。正是这种本质上属于传统哲学的解释原则，使得"实践唯物主义"陷入难以自拔的困惑和窘境之中。这就是：如果把作为人的存在方式的"实践"视为"世界的本原"，那么，如何解释人类产生之前的世界的存在？传统哲学教科书解释模式正是以此向"实践唯物主义"提出挑战和诘难的，而"实践唯物主义"则迫不得已地做出这样的解释："马克思并没有用实践把物质从本体论中排除出去，并没有用实践本体论去取代物质本体论"。这种解释，使得作为解释原则的"实践唯物主义"显露了其内在的理论的不彻底性。这就是：在马克思主义的哲学革命中，实践范畴的哲学意义到底是什么？如果可以用"实践"和"物质"这两种本体论解释马克思主义哲学，又如何解释马克思实现了哲学史上的革命性变革？

与"实践唯物主义"不同，"实践观点的思维方式"不是把"实践"当成作为"世界本原"的"本体"，恰恰相反，是从"实践观点"作为"思维方式"的反本体论的哲学革命来阐释马克思主义哲学的。这应当是"实践观点的思维方式"与"实践唯物主义"这两种解释模式的原则区别。

在"实践观点的思维方式"来看，寻求"世界本原"的"本体论"，其哲学意义并不在于把某种存在视为"本体"，而在于它以寻求"本原"或"本体"的方式构成一种哲学意义上的思维方式。具体言之，这种寻求"世界本原"的本体论的思维方式有三个根本性的思想前提：其一，就其思想本质来说，是把存在本身同存在的现象割裂开来、对立起来，把本体视为隐藏在经验现象背后的超验的存在；其二，就其思想原则来说，是把主观和客观割裂开来、对立起来，把本体视为排除掉主观性的纯粹客观性；其三，就其追求目标来说，是把绝对与相对割裂开来、对立起来，把本体视为排除掉相对性的纯粹绝对性。

与这种思维方式相反，马克思的哲学革命，则是从"现实的人及其历史发展"出发去理解人与世界的关系，彻底变革了这种把本质与现象分离开来、把主观与客观割裂开来、把相对与绝对对立起来的本体论的思维方式，从而构成了重新理解人及其与世界关系的"实践观点的思维方式"。如果我们仍然以寻求"本原"的思维方式去解释马克思的实践范畴，并把"实践"解释成作为"世界本原"的"本体"，就不是在马克思的哲学意义上"终结形而上学"，而是难以避免地从马克思这里倒退回传统哲学意义上的形而上学。

在这里，我还想提出的是，把"实践观点的思维方式"贯彻到底，我们就可以对哲学意义的"本体"和"本体论"获得新的理解和解释。这就是："人类作为改造世界的实践—认识主体，其全部活动的指向与价值，在于使世界满足人类自身的需要，把世界变成对人类来说是真善美相统一的世界。具有历史展开性的实践活动是人类思维的最本质最切近的基础。基于人类实践本性的理论思维，总是渴求在最深刻的层次上或最彻底的意义上把握世界、解释世界和确认人在世界中的地位与价值。理论思维的这种渴求，是一种指向终极性的渴求，或者说，是一种终极性的关怀，这种终极性的渴求或关怀的理论表达构成贯穿古今的本体论……本体论作为一种追本溯源式的意向性追求，作为一种对人和世界及其相互关系的终极关怀，它的可能达到的目标，并不是它所追求的'本'或'源'；它的真实的意义，也不在于它是否能够达到它所指向的终极存在、终极解释和终极价值；本体论追求的合理性是在于，人类总是悬设某种基于现实而又超越现实的理想目标，否定自己的现实存在，把现实变成更加理想的现实；本体论追求的真实意义就在于，它启发人类在理想与现实、终极的指向性与历史的确定性之间，既永远保持一种'必要的张力'，又不断打破这种'微妙的平衡'，从而使人类在自己的全部活动中保持生机勃勃的求真意识、向善意识和审美意识，永远敞开自我批判和自我超越的空间。"①在这个意义上，本体论即辩证法。因此在我看来，正是本体论批判的辩证法构成了哲学意义上的"实践观点的思维方式"。

由对"实践观点的思维方式"的理解，我们还能够深化对马克思所实现的"实践转向"的理解。近 20 年来，学界通常是以"实践转向"来标志马克思的哲学革命。那么，"实践转向"的真实内涵和真实意义是什么？是指马克思把哲学的对象"转向"人类的"实践"活动吗？如果把"实践转向"理解成哲学对象的改变，那么，这里作为哲学对象的"实践"，就仍然是"实践唯物主义"所指认的实践活动本身，而不是理解人与世界关系的思维方式；如果把"实践转向"理解为思维方式的转向，则会以"实践观点"的思维方式去理解人与世界的关系，从而形成具有革命意义的马克思主义哲学的"世界观"。

这种"实践观点的思维方式"即"实践论的世界观"，它以实践自身的矛盾性为基础，深刻地揭示了人对世界的否定性统一关系。在人对世界的否定性统一关系中，显现了现实世界的自然性与属人性的二重化、人类自身的自然性与社会性的二重性以及社会历史的创造性与规律性的二象性。由"实践观点的思维方式"或"实践论的世界观"所构成的马克思主义哲学，正是恩格斯所说的"关于现实的人及其历史发展"的哲学理论。

---

① 孙正聿：《终极存在、终极解释和终极价值——作为终极关怀的本体论》，载《社会科学战线》，1991(4)。

由此我们可以更深层地发现，"实践观点的思维方式"并非仅仅是一种"思维方式"，而是马克思用以揭示人类历史发展、探索人类解放的世界观和方法论。

（三）马克思学说的"哲学性"与"科学性"

在关于马克思哲学的学术论争中，最大的问题莫过于马克思是否把自己的学说视为"哲学"，因而最大的分歧莫过于把马克思的学说理解为"科学"，还是"哲学"。在这里，我从探讨恩格斯的《在马克思墓前的讲话》入手，回应对马克思思想的不同理解。

1883 年 3 月 14 日，马克思与世长辞，"最伟大的思想家停止思想了"。他的最亲密的战友恩格斯发表了著名的《在马克思墓前的讲话》，对这位"最伟大的思想家"及其"思想"做出了最为简洁而精辟的总结与评价。从学术研究的角度看，这篇讲话应当是研究马克思这位"最伟大的思想家"及其"思想"的最可宝贵的文献。但是，在我看来，如果说学界一直比较重视恩格斯在这篇讲话中对马克思的"思想"的评价，并把这个评价作为马克思一生的伟大贡献而构成阐释马克思及其"思想"的重要出发点，那么，学界并未像重视恩格斯对马克思的"思想"的评价那样关注恩格斯在这篇讲话对这位"最伟大的思想家"本人的评价。这种状况直接地影响到对这位"最伟大的思想家"的"思想"的理解。

在这里提出这个问题，是因为我们在阐释马克思的哲学观时，遇到的一个更为深层的、更为重要的问题是，马克思的学说与哲学和科学的关系问题，或者说是马克思学说的"哲学性"或"科学性"问题。如果更为尖锐地提出问题，这就是：马克思是"哲学家"还是"科学家"？马克思的学说或思想是"哲学"还是"科学"？

正是关系到对马克思这位"最伟大的思想家"及其"思想"的理解和评价问题，我们应当而且必须"回到"马克思的最亲密的战友——恩格斯——对这位"最伟大的思想家"及其"思想"的理解和评价上。

这里，首先讨论作为"革命家"与"哲学家"和"科学家"的马克思。这个讨论，对于理解马克思的"思想"是至关重要的。

在《马克思墓前的讲话》中，对于这位"最伟大的思想家"的评价，恩格斯是这样做的："马克思首先是一个革命家。""革命家"，这对于马克思具有"首要性"，因而也是我们理解和评价马克思及其思想的根本出发点；反之，离开这个根本出发点，我们对马克思及其思想的理解和评价就会本末倒置或不得要领。

"马克思首先是一个革命家"。那么，马克思是怎样的"革命家"？他所从事的是什么样的"革命"？恩格斯在"讲话"中做出了高度概括性的明确回答："他底一生之真正使命，乃是在于：用这种或那种方法参加推翻资本主义社会及其所建立的国家制度的事业，参加解放现代无产阶级的事业，这一阶级，是他首先使之自觉到本身地位与需要，自觉到本身解放的条件。"[①]

马克思作为从事"绝大多数人的、为绝大多数人谋利益的独立的运动"的"革命家"，他认为，"在实践方面，共产党人是世界各国工人政党中最坚决的、始终鼓舞大家前进的一部分；在理论方面，他们比其余的无产阶级群众更善于了解无产阶级运动的条件、进程和一般结果"[②]。马克思对于自己所从事的"革命"运动的理论自觉，已经向我们展现了马克思作为"革命家"与"理论家"或"思想家"的统一：作为"革命家"，他自觉地担当"各国工人政党中最坚决的、始终推进运动前进的部分"；作为"理论家"或"思想家"，则是为"无产阶级运动的条件、进程和一般结果"做出"理论方面"的论证。

为"无产阶级运动的条件、进程和一般结果"做出"理论方面"的论证，这表明，马克思"首先"是作为"革命家"而进行他的"理论"研究的，因而不能离开"革命家"的马克思去理解和评价"理论家"的马克思。正是这个根本的出发点表明，马克思的思想、理论、学说，是关于无产阶级和人类解放的思想、理论、学说。同时，我们也只有从马克思给自己提

① 恩格斯：《卡尔·马克思》，18页，北京，人民出版社，1953。
② 《马克思恩格斯全集》第4卷，479页，北京，人民出版社，1958。

出的从"理论方面"论证"无产阶级运动的条件、进程和一般结果"的使命，才能真正理解和评价作为"革命家"的马克思究竟是"哲学家"还是"科学家"，马克思的思想、理论和学说究竟是"哲学"还是"科学"。

《在马克思墓前的讲话》中，恩格斯这样概括和评价马克思的"思想"："正象达尔文发现有机界的发展规律一样，马克思发现了人类历史的发展规律，即历来为繁茂芜杂的意识形态所掩盖着的一个简单事实：人们首先必须吃、喝、住、穿，然后才能从事政治、科学、艺术、宗教等等；所以，直接的物质的生活资料的生产，因而一个民族或一个时代的一定的经济发展阶段，便构成为基础，人们的国家制度、法的观点、艺术以至宗教观念，就是从这个基础上发展起来的，因而，也必须由这个基础来解释，而不是象过去那样做得相反。""不仅如此。马克思还发现了现代资本主义生产方式和它所产生的资产阶级社会的特殊的运动规律。由于剩余价值的发现，这里就豁然开朗了，而先前无论资产阶级经济学家或者社会主义批评家所做的一切研究都只是在黑暗中摸索。"[1]"一生中能有这样两个发现，该是很够了。甚至只能作出一个这样的发现，也已经是幸福的了。但是马克思在他所研究的每一个领域（甚至在数学领域）都有独到的发现，这样的领域是很多的，而且其中任何一个领域他都不是肤浅地研究的。"[2]

对马克思的"思想"的概括和评价，是恩格斯的"墓前讲话"的主体部分。人们通常是把恩格斯的这个概括和评价表达为"马克思的两大发现"。这表明，如何理解"马克思的两大发现"，就成为把马克思的"思想"解释为"哲学"或"科学"的基本依据。

在通常的学科分类中，人们是把马克思所发现的"人类历史的发展规律"称作"唯物史观"或"历史唯物主义"的，并因而视之为"哲学"；人们又把马克思发现的"现代资本主义生产方式和它所产生的资产阶级社

---

① 《马克思恩格斯选集》第 3 卷，574 页，北京，人民出版社，1972。
② 同上书，574—575 页。

会的特殊的运动规律"即"剩余价值"规律作为经济学理论而视之为"科学"。这样，恩格斯在"墓前讲话"中所概括的"两大发现"，似乎就构成了作为"哲学家"和"科学家"的马克思，以及作为"哲学家"的马克思所创建的"哲学"和作为"科学家"的马克思所创建的"科学"（经济学）。

然而，在把马克思的"两大发现"作为学术对象而展开的研究过程中，人们一方面质疑"历史唯物主义"的"哲学性"而力图论证其为"科学"，另一方面则质疑马克思的"政治经济学"的"科学性"而力图论证其为"哲学"。这样，由"两大发现"而构成的"哲学家"与"科学家"的马克思，似乎又模糊了他的"哲学家"与"科学家"的双重身份，因而由"两大发现"而构成的"哲学"与"科学"的马克思思想也就模糊了其"哲学"性与"科学"性。

质疑"历史唯物主义"的"哲学"性，其出发点是论证"历史唯物主义"的"科学"性。这种论证，可以从马克思和恩格斯的文献中得到有力的支持。在《德意志意识形态》中，马克思和恩格斯明确地提出，"思辨终止的地方，即在现实生活面前，正是描述人们的实践活动和实际发展过程的真正实证的科学开始的地方。关于意识的空话将销声匿迹，它们一定为真正的知识所代替。对现实的描述会使独立的哲学失去生存环境，能够取而代之的充其量不过是从对人类历史发展的观察中抽象出来的最一般的结果的综合"①。在《德意志意识形态》这部通常称之为关于历史唯物主义的系统性文献，正是"从对人类历史发展的观察中抽象出来的最一般的结果的综合"，也就是马克思和恩格斯在这里所说的"真正实证的科学"或"真正的知识"。对此，马克思和恩格斯强调地指出，"我们的出发点是从事实际活动的人"②，是处在"现实的、可以通过经验观察到的发展过程中的人"③。因此，马克思和恩格斯认为，他们的"历史观就在于：从直接生活的物质生产出发考察现实的生产过程，并把与该生产方式相联系的、它所产生的交往形式，即各个不同阶段上的市民社会，理

---

① 《马克思恩格斯选集》第1卷，31页，北京，人民出版社，1972。
② 同上书，30页。
③ 同上书，31页。

解为整个历史的基础；然后必须在国家生活的范围内描述市民社会的活动，同时从市民社会出发阐明各种不同的理论产物和意识形式，如宗教、哲学、道德等等，并在这个基础上追溯它们产生的过程。这样做当然就能够完整地描述全部过程（因而也就能够描述这个过程的各个不同方面之间的相互作用）了。"①由此，马克思和恩格斯认为，"这种历史观和唯心主义历史观不同，它不是在每个时代中寻找某种范围，而是始终站在现实历史的基础上，不是从观念出发来解释实践，而是从物质实践出发来解释观念的东西"②。正是从这种根本区别出发，马克思和恩格斯批判"哲学家"及其构建的"独立的哲学"。这就是说，在《德意志意识形态》中，马克思恩格斯已经抛弃了"独立的哲学"及其"哲学家"的幻想，而把他们所创立的历史观视作关于历史的科学。

1886 年恩格斯在他的晚年，写下了《路德维希·费尔巴哈和德国古典哲学的终结》这部讨论马克思和他怎样从黑格尔哲学出发并且怎样用它脱离进行"简要而有系统的说明"的著作中，对于哲学的历史做出这样的总结："哲学在黑格尔那里终结了：一方面，因为他在自己的体系中以最宏伟的形式概括了哲学的全部发展；另一方面，因为他（虽然是不自觉地）给我们指出了一条走出这个体系的迷宫而达到真正地切实地认识世界的道路。"③而"哲学"的"终结"是因为"哲学""要求一个哲学家完成那只有全人类在其前进的发展中才能完成的事情"④。因此，恩格斯认为，新的哲学应当是"把沿着这个途经达不到而且对每个人也是达不到的'绝对真理'撇在一边，而沿着实证科学和利用辩证思维对这些科学成果进行概括的途径去追求可以达到的相对真理"⑤。

恩格斯的这个思想，在他的《在马克思墓前的讲话》中，还以评价马

---

① 《马克思恩格斯全集》第 3 卷，42—43 页，北京，人民出版社，1960。
② 同上书，42 页。
③ 《马克思恩格斯选集》第 4 卷，215 页，北京，人民出版社，1972。
④ 同上书，215 页。
⑤ 同上书，215—216 页。

克思的方式得以阐述。恩格斯说，"在马克思看来，科学是一种在历史上起推动作用的、革命的力量。任何一门理论科学中的每一个新发现，即使它的实际应用甚至还无法预见，都使马克思感到衷心喜悦，但是当有了立即会对工业、对一般历史发展产生革命影响的发现的时候，他的喜悦就完全不同了。例如，他曾经密切地注意电学方面各种发现的发展情况，不久以前，他还注意了马赛尔·德普勒的发现"①。在这里，恩格斯明确地把"两大发现"的马克思称作"科学巨匠"，并强调在马克思看来，"科学是一种在历史上起推动作用的、革命的力量"，因而表现一位"革命家"对具有"革命力量"的"科学"的深切认同。

与质疑历史唯物主义的"哲学"性而强调其"科学"性的思潮相并行，是质疑马克思经济学，特别是他的《资本论》的"科学"性而强调其"哲学"性。宾克利提出："马克思对于我们今天的吸引力乃是一个道德的预言，人们如果根据人类价值考察现在社会上的种种事实，然后根据自己的发现而行动，以使我们的世界成为一个一切人都能变成更有创造性和更为自由的地方，这样我们就是忠于马克思了。"②因此，他认为，"作为我们选择世界观时的一位有影响的预言家的马克思永世长存，而作为经济学家和历史必然道路的预言家的马克思则已经降到只能引起历史兴趣的被人遗忘的地步。"③

阿尔都塞在《读〈资本论〉》这部名著中，从我们如何阅读它并从而构成我们所理解的《资本论》入手，讨论了他对问题的理解。阿尔都塞提出，"毫无疑问，我们都读过《资本论》，而且仍在继续阅读这部著作。近一个世纪以来，我们每天都可以透过人类历史的灾难和理想，论战和冲突，透过我们唯一的希望和命运所系的工人运动的失败和胜利，十分清楚地阅读它。可以说，自从我们'来到这个世界上'，我们从未停止透

---

① ［美］《马克思恩格斯选集》第 3 卷，575 页，北京，人民出版社，1972。
② ［美］宾克利：《理想的冲突——西方社会中变化着的价值观念》，106 页，北京，商务印书馆，1983。
③ 同上书，106 页。

过那些为我们阅读《资本论》的人的著作和演说来阅读《资本论》。他们为我们所作的阅读有好有坏，他们中间有些人已经死去，有些人还活着。这些人有恩格斯、考茨基、普列汉诺夫、列宁、罗莎、卢森堡、托洛茨基、斯大林、葛兰西、各工人组织的领导人、他们的追随者或者他们的论敌：哲学家、经济学家和政治家。我们阅读了形势为我们"选择"的《资本论》的片断和章节。① 这就是说，人们对《资本论》的理解，是同人们对它的期待密切相关的，又是同别人对《资本论》的解说密切相关的。由此，阿尔都塞提出问题，"我们"属于哪一种"阅读"？ 在阿尔都塞看来，作为"哲学家""经济学家"或"逻辑学家"来阅读《资本论》，是大不一样的，而"我们都是哲学家"，"我们是作为哲学家来阅读《资本论》的"。② 而"我们在对《资本论》进行哲学的阅读时所犯的错误是，我们用马克思阅读古典政治经济学时给予我们深刻印象的那种方法来阅读马克思的著作。我们要承认的错误就是，固执地囿于这些方法，在这些方法中停滞不前，死死地抓住它们并希望有朝一日完全依靠这些方法来认识马克思著作的狭小的空间中所包含的无限领域即马克思的哲学领域。"③阿尔都塞提出，"如果认为整个马克思的哲学包含在《关于费尔巴哈的提纲》中的几个短短的命题中，或者包含在《德意志意识形态》的否定的论述中，也就是包含在断裂的著作中，那么就严重误解了一个全新的理论思想生长所必不可少的条件，而这种思想的成熟、界定和发展是需要一定时间的。"④阿尔都塞引证恩格斯的话说，"我们这一世界观，首先在马克思的《哲学的贫困》和《共产党宣言》中问世，经过了二十余年的潜伏时间，到《资本论》出版以后……"。因此阿尔都塞提出，"我们可以读到马克思真正哲学的地方是他的主要著作《资本论》"。⑤

① ［法］路易·阿尔都塞：《读〈资本论〉》，1—2 页，北京，中央编译出版社，2001。
② 同上书，2—3 页。
③ 同上书，23 页。
④ 同上书，24 页。
⑤ 同上书，24 页。

关于对《资本论》的"哲学阅读"，阿尔都塞还耐人寻味地提出另一个问题，即"只有应用马克思的哲学才能对《资本论》进行哲学的阅读，而马克思的哲学又是我们的研究对象本身。这个循环之所以可能，只是因为马克思的哲学存在于马克思主义的著作之中"。① 阿尔都塞的上述观点是值得深入思索的。从此出发，我想讨论如下几个问题。

人们阅读《资本论》，是同人们的阅读目的密切相关的；而阅读《资本论》的目的，是同对社会主义和共产主义的渴望和追求密切相关的；因此，人们从《资本论》中能够读到的最重要的是它对社会主义取代资本主义的承诺，即远远超过其经济学研究的哲学价值观。这种阅读效果，不仅源于阅读目的，更源于被阅读的对象。恩格斯说，"《资本论》经常被称为'工人阶级的圣经'。本书所得的结论，一天多似一天的，成了工人阶级伟大运动的基本原理"②。作为"工人阶级的圣经"，《资本论》并不是一般意义的理论著作，而是关于无产阶级和人类解放的学说，它要研究的是"物和物的关系掩盖下的人和人的关系"，它要揭示的是"资本的独立性和个性"如何代替了"个人的独立性和个性"。马克思在《资本论》中所揭示的，不仅仅是资本主义的特殊规律，而且是人类发展的现实根基。马克思提出，"时间实际上是人的积极存在，它不仅是人的生命的尺度，而且是人的发展的空间"③，"时间是人类发展的空间"。马克思对"必要劳动时间"与"剩余劳动时间"的分析，不仅具有揭示"剩余价值"生产的特定的政治经济学含义，而且包含着实现人类自身发展的深刻的哲学内涵。因此马克思说，"政治经济学所研究的材料的特殊性质，会把人心中最激烈最卑鄙最恶劣的感情，代表私人利益的仇神，召唤到战场上来反对它"④。《资本论》所蕴含着的这种根本性的价值理想和伦理要求，名副其实地构成马克思的最主要的哲学著作。

---

① ［法］路易·阿尔都塞：《读〈资本论〉》，29 页，北京，中央编译出版社，2001。
② 《资本论》英文版，"序"
③ 《马克思恩格斯全集》第 47 卷，532 页，北京，人民出版社，1979。
④ 《资本论》英文版，"序"

把《资本论》视为马克思的最重要的哲学著作，还与它"应用的方法"即辩证法密切相关。辩证法是马克思主义的活的灵魂，而《资本论》则是列宁所说的"大写的逻辑"，即马克思辩证法的具体体现。马克思说："辩证法，在其神秘形式上，成了德国的时髦东西，因为它似乎使现存事物显得光彩。辩证法，在其合理形态上，引起资产阶级及其夸夸其谈的代言人的烦恼和恐怖，因为辩证法在对现存事物的肯定的理解中同时包含对现存事物的否定的理解，即对现存事物的理解；辩证法对每一种既成的形式都是从不断的运动中，因而也是从它的暂时性方面去理解；辩证法不崇拜任何东西，按其本质来说，它是批判的和革命的。"①正是《资本论》体现了这个本质上是批判的、革命的辩证法，辩证法正是在《资本论》中展现了自己的批判的、革命的本质；离开《资本论》，马克思并没有为我们提供现成的辩证法著作，而研究马克思的辩证法，最基本和最重要的文献就是《资本论》；《资本论》已经构成马克思的哲学与科学、哲学反思与科学研究的水乳交融。就此而言，我同意阿尔都塞所说的对《资本论》的"哲学阅读"或"经济学阅读"，但我更倾向于认为，阅读《资本论》，乃至阅读马克思的全部著作，都只能是一种我称之为"双重化"的阅读，即哲学阅读与科学阅读的统一，因为马克思首先是作为"革命家"的"哲学家"和"科学家"，马克思的思想是把哲学反思和科学研究融为一体的关于人类解放的学说。

在这个意义上，我比较赞同葛兰西在《狱中札记》中表达的看法："一个大人物表现他思想的较有创造力的方面，并不是在从表面的分类的观点来看显然应当是最合乎逻辑的形式中，而是在别处，在表面上看来可以被认为是与之无关的部分中，一个搞政治的人进行哲学写作：情况可能是，他的'真正的'哲学反倒应该在他的政治论著中去寻找。每个人都有一种占支配地位的活动：正是必须从这里去寻找他的思想，这种思想处在一种往往不是暗含在，而且甚至经常是同公开表达的东西相互

---

① 《马克思恩格斯选集》第 2 卷，218 页，北京，人民出版社，1972。

矛盾的形式中。"①跳出我们现行的体制化、职业化、学院化、科层化的思考方式，也就是跳出现在通行的关于学科分类的思考方式，不再用"哲学""经济学"或各种学科分类的视域去阅读和研究马克思这个"最伟大的人物的思想"，我们才能更深切地理解马克思的哲学革命，理解马克思的关于人类解放的学说。

三　解放的旨趣、历程和尺度

尽管人们可以根据学科分类的角度把马克思的学说分述为哲学、政治经济学和科学社会主义理论，然而，就其实质内容和社会功能而言，马克思的学说就是关于人类解放的学说，也就是关于实现人的全面发展的学说。这个学说既表达了人类解放的旨趣，即对人的全面发展的价值理想的承诺；又表达了人类解放的历程，即对人的全面发展的实现过程的揭示；还表达了人类解放的尺度，即以人的全面发展的价值标准观照人类全部的历史活动和整个的历史进程。我们需要从解放的旨趣、历程和尺度的统一中去理解马克思的关于人的全面发展的学说。

(一)解放的旨趣：理想之维的承诺

把人类奋斗的最高理想定位为人类自身的解放，即以"每个人的自由发展"为条件的"一切人的自由发展"，这首先意味着马克思对真正的"以人为本"的价值理想的承诺——把人从一切"非人"的或"异化"的境遇中"解放"出来的价值理想的承诺。

在发表于 1844 年的《〈黑格尔法哲学批判〉导言》中，马克思就明确地将自己对人类解放的价值理想的承诺做出这样的表述："对宗教的批判最后归结为人是人的最高本质这样一个学说，从而也归结为这样一条

---

① ［意］安东尼奥·葛兰西：《狱中札记》，317 页，北京，中国社会科学出版社，2000。

绝对命令：必须推翻那些使人成为受屈辱、被奴役、被遗弃和被蔑视的东西的一切关系，……"①"推翻"使人"受屈辱""被奴役""被遗弃""被蔑视"的"一切关系"，这是马克思创建自己的全部学说的真正的出发点，也就是马克思的全部学说所承诺的最高的价值理想——以人的全面发展为内容的人类解放。正是从自己所承诺的人类解放的价值理想出发，马克思超越了费尔巴哈对宗教的批判，而把"对宗教的批判"视为对"其他一切批判的前提"，从而把"对天国的批判"变成"对尘世的批判"，把"对宗教的批判"变成"对法的批判"，把"对神学的批判"变成"对政治的批判"。

马克思的人类解放的价值理想，直接针对的是人被"异化"、被"物化"的现实。马克思提出，当"劳动所生产的对象，即劳动的产品，作为一种异己的存在物，作为不依赖于生产者的力量，是同劳动相对立。劳动的产品就是固定在某个对象中、物化为对象的劳动，这就是劳动的对象化。劳动的实现就是劳动的对象化。在被国民经济学作为前提的那种状态下，劳动的这种实现表现为工人的失去现实性，对象化表现为对象的丧失和被对象奴役，占有表现为异化、外化"②正是这种"异化劳动把自我活动、自由活动贬低为手段，从而把人的类生活变成维持人的肉体生存的手段"，即造成了"人从人那里的异化"；而"当人与自己本身相对立的时候，那么其他人也与他相对立"；因此，"人同他的类本质相异化这一命题，说的是一个人同他人相异化，以及他们中的每个人都同人的本质相异化"③。正是针对人类的这种"非人"的或"异化"的存在状态，马克思不仅把自己的价值理想定位为人类解放，而且把人类解放的价值理想确定为每个人的全面发展，即以"每个人的自由发展"为条件的"一切人的自由发展"。

马克思的人的全面发展的价值理想，针对的是人的"非人"的或"异

---

① 《马克思恩格斯全集》第 1 卷，460 页，北京，人民出版社，1956。
② 《马克思恩格斯全集》第 42 卷，91 页，北京，人民出版社，1979。
③ 同上书，98 页。

化"的存在状态,而用以反观这种存在状态的价值理想则奠基于马克思对"人"的理解。

马克思曾经以"生活"与"生存"的区别来标志人与动物的不同的生命活动。马克思说:"动物是和它的生命活动直接同一的。动物不把自己同自己的生命活动区别开来。它就是这种生命活动。人则使自己的生命活动本身变成自己的意志和意识的对象。他的生命活动是有意识的。""有意识的生命活动把人同动物的生命活动直接区别开来"。① 人根据自己的意志和意识而进行自己的生命活动,人的生命活动就变成了实现人的目的性要求的活动。这表明,人不仅依据"物"的尺度,而且依据"人"的尺度,进行自己的生命活动。马克思提出:"动物只是按照它所属的那个种的尺度和需要来进行建造,而人却懂得按照任何一个种的尺度来进行生产,并且懂得怎样处处都把内在的尺度运用到对象上去;因此,人也按照美的规律来建造"。② 人按照"任何物种的尺度"进行生产,就是按照世界上各种存在物的"客观规律"进行生产;人按照自己"内在固有的尺度"进行生产,则是按照"人"的"需要""欲望""目的"进行生产,把人的生命活动变成实现自身发展的"生活活动"。这表明,人类的"生活活动"是人的全面发展的人类性根源。正是从人的"生活活动"的内在要求去观照人被"非人化"或"异化"的现实,马克思以人的全面发展为价值理想而构成自己的关于人类解放的学说。

(二)解放的历程:现实道路的探索

对于马克思所承诺和追求的人的全面发展的价值理想,人们的评价历来是迥然不同的。在比较系统地论述"西方社会中变化着的价值观念"的《理想的冲突——西方社会中变化着的价值观念》这部著作中,作者宾克利就提出,"马克思对于我们今天的吸引力乃是一个道德的预言","作为我们选择世界观时的一位有影响的预言家的马克思永世长

① 《马克思恩格斯全集》第 42 卷,96 页,北京,人民出版社,1979。
② 同上书,96 页。

存，而作为经济学家和历史必然道路的预言家的马克思则已经降到只能引起历史兴趣的被人遗忘的地步"①。

承认马克思的人的全面发展的价值理想的"道德的号召力"，而否认马克思所揭示的实现这一价值理想的"历史必然道路"，这不仅仅是一种由来已久的学术思潮（如波普对历史决定论的诘难），而且形成一种影响广泛的社会思潮。因此，在对马克思的人的全面发展学说的思考中，有必要更多地思考马克思对人类解放的现实道路的探索。

马克思的人的全面发展的价值理想奠基于马克思对人的特殊的生命活动即"生活活动"的理解，但是，马克思所理解的人的"生活活动"并不是某种抽象的、不变的"人性"，而是这种"生活活动"的"目的性"或"理想性"与"历史性"的统一。马克思提出："一旦人已经存在，人，作为人类历史的经常的前提，也是人类历史的经常的产物和结果，而人只有作为自己本身的产物和结果才成为前提"②。马克思在这里所揭示的是人的特殊的"生活活动"的辩证法，是这种"生活活动"所构成的人类所特有的"历史"的辩证法，这个辩证法回答了"人们自己创造自己的历史"与"历史发展的客观规律"之间的辩证关系，从而也回答了人类的"理想性追求"与"历史必然道路"之间的辩证关系。

人类作为物质世界的链条上的特定环节，物质世界是人类存在的前提，而"一旦人们开始生产他所必需的生活资料的时候（这一步是由他们的肉体组织所决定的），他们就开始把自己和动物区别开来"③。物质资料的生产活动开创了人类与动物相区别的"历史"。在人的"历史"活动中，人作为"历史的经常的前提"，总是"历史的经常的产物和结果"，即人的历史活动总是决定于在他们以前已经存在，不是由他们创立而是由先前的人们所创立的历史条件。"历史条件"构成人的"历史活动"的"前

① ［美］宾克利：《理想的冲突——西方社会中变化着的价值观念》，106页，北京，商务印书馆，1983。
② 《马克思恩格斯全集》第26卷，545页，北京，人民出版社，1974。
③ 《马克思恩格斯全集》第42卷，96页，北京，人民出版社，1979。

提"，因此，人们的"历史活动"就不是"随心所欲"的，人们的"价值理想"就不是"虚无缥缈"的。"历史"的发展为"人"的发展提供了"条件"，"人"的发展实现于"历史"的发展进程之中。同时，"人"作为"历史的经常的产物和结果"，又获得了创造"历史"的现实条件和现实力量，从而凭借这种现实条件和现实力量去改变自己的"生活世界"，把发展自己的理想变成实现自身发展的现实。"历史"是追求自己的目的的人的活动过程，也就是实现人的自身发展的现实过程。

在马克思所创立的唯物史观中，马克思在社会有机体众多因素的交互作用中，在社会形态曲折发展的历史进程中，在社会意识相对独立的历史更替中，发现了生产力在人类"历史"中的最终的决定作用，从而为人类实现自身全面发展的价值理想揭示出一条"历史必然道路"。马克思提出，在人类追求自己的目的的"历史"活动中，人类自身的存在表现为三大历史形态，即与自然经济形态相适应的"人的依赖关系"、与市场经济形态相适应的"以物的依赖性为基础的人的独立性"和"建立在个人全面发展和他们共同的社会生产能力成为他们的社会财富这一基础上的自由个性"[1]。

马克思关于人类存在的历史形态的论述，对于我们理解人的全面发展的现实道路，具有多方面的启发意义：首先，人的全面发展的价值理想以人类社会的历史发展为基础，因而是一个现实的而非虚幻的历史过程；其次，市场经济所形成的"以物的依赖性为基础的人的独立性"，既尖锐地暴露了人的"异化"状态，又为人类走出这种"异化"状态提供了前提条件；最后，也是最为重要的，马克思的关于人的全面发展学说所蕴含的"解放的旨趣"一再提示人们，人类的当代使命，绝不仅仅是使人的"独立性"奠基于"对物的依赖性"，而且必须使人从"对物的依赖性"中解放出来，把"物"的独立性真正地变成"人"的独立性，即人自身的全面发展。

---

[1] 《马克思恩格斯全集》第 46 卷（上），104 页，北京，人民出版社，1979。

(三)解放的尺度：反观历史的根据

历史过程的客观性或规律性并不是与历史活动的自主性和创造性相对立，恰恰相反，"历史不过是追求着自己的目的的人的活动而已"①。人的"目的"即"理想性要求"规范人的历史活动、校正人的历史活动，从而使人的历史活动成为实现人自己的目的的历史过程。就此而言，任何一种真正的哲学或社会科学理论都不仅承诺着某种引导人们进行历史活动的价值理想，而且这种价值理想又是为人们提供一种反观和校正自己的历史活动的根据、标准和尺度。马克思的关于人的全面发展的学说，正是为我们反观人的历史活动提供了一个"解放的尺度"。

人类历史的一个突出特征在于，"片面性"是它的"发展形式"，即历史总是以某种"退步"的形式而实现自身的"进步"。历史过程中的任何进步都要付出相应的"代价"，任何"正面效应"都会伴生相应的"负面效应"，任何"整体利益"的实现都意味着某些"局部利益"的牺牲，任何"长远利益"的追求都意味着某些"暂时利益"的舍弃，由此便造成了人的历史活动的"目的"的自相矛盾，也造成了反观和评价人的历史活动及其"标准"的自相矛盾。这种历史活动的"目的"及其评价"标准"的自相矛盾，最重要的是反观历史的"大尺度"与"小尺度"的矛盾。

所谓历史的"大尺度"，就是以人的"根本利益""长远利益""整体利益"为出发点的反观历史的尺度；与此相对应，所谓历史的"小尺度"，则是以人的"非根本利益""暂时利益""局部利益"为出发点的规范人的历史活动的尺度。生活本身告诉我们，当我们离开历史的"小尺度"而仅仅承诺历史的"大尺度"的时候，我们不仅无法实现"大尺度"所承诺的价值理想，而且尤为惨痛的是会使这个"大尺度"所承诺的价值理想变形，把"大尺度"变成某种压抑个人发展的"本质主义的肆虐"；与此相反，当我们离开历史的"大尺度"而仅仅着眼于历史的"小尺度"的时候，我们不仅会失去"大尺度"的价值理想，而且尤为严峻的是使这个"小尺度"所

---

① 《马克思恩格斯全集》第 2 卷，118 页，北京，人民出版社，1957。

规范的历史活动危及人自身的存在，从而使人们在这种"小尺度"中感受到一种"生命中不能承受之轻的存在主义的焦虑"。

毫无疑问，马克思的关于人的全面发展的价值理想，是一种反观人的全部历史活动的"大尺度"；然而，正是在这个"大尺度"中，又蕴含着规范和反观人的历史过程的"小尺度"。在相当长的时期里，我们离开这个"大尺度"所蕴含的"小尺度"，不仅造成了极"左"思潮的泛滥，而且使这个"大尺度"本身失去了自己的感召力。在建设社会主义市场经济的过程中，一种非常值得重视的社会思潮在于，对马克思所承诺的人的全面发展的价值理想的"冷漠"与"淡化"。然而，在人们（每个人）的现实的价值选择中，却总是不可避免地蕴含着某种"大尺度"的制约与规范：其一，个人的价值理想总是某种具有社会内容的价值理想，而不可能是某种超社会性的自我幻想；其二，个人的价值认同总是"认同"某种社会性的价值规范，而不可能是某种超社会性的自我认同；其三，个人的价值取向总是"取向"某种社会的价值导向，而不可能是某种超社会性的自我导向。因此，我们需要从马克思的人的全面发展的价值理想去引导和规范人们的价值理想、价值取向和价值认同，从而自觉地把建设社会主义市场经济的过程塑造和引导为实现人的全面发展的过程。

总之，以"每个人的自由发展"为条件的"一切人自由发展"，这并不是一个"解放的神话"，而是"解放"的真实内涵、"解放"的现实道路和反观"解放"的人的尺度。

四 解放何以可能：马克思的本体论革命

（一）本体论问题：探索马克思本体论的理论前提

讨论马克思的本体论，无法回避的理论前提是对"本体论"的理解，即对本体论做何种理解，我们能够提出并讨论马克思的本体论；反过来说，对本体论做何种理解，我们又必须拒绝把本体论"塞给"马克思哲学。从当代中国哲学界，特别是马克思主义哲学界所论争的问题看，主要是从三个不同的层次展开了关于本体论的讨论。

其一，自20世纪80年代以来的一个时期内，哲学界基本上是在直接断言的意义上论争"什么是正确的本体论"或"究竟什么是马克思的本体论"。这种论争隐含和回避了关于"什么是本体论"的理论前提，直接地诉诸对何种本体论为"正确"的论争，由此便构成了延续至今的关于"物质本体论"与"实践本体论"和"社会存在本体论"等各种提法之间的争论。

其二，在关于"什么是正确的本体论"的论争中，逐渐地出现了以哲学史为背景的对"什么是本体论"的反思，由此便越来越清晰地凸显了当代中国哲学界关于本体论问题的三个理论聚焦点：一是如何理解和评价本体论的"原义"，即本体论的"原义是否合理"的问题，二是这种"原义"的本体论是否具有哲学的普遍性，即本体论的"问题是否普遍"的问题，三是本体论的"原义"是否发生了历史演化，即本体论的"引申是否合法"的问题。由于对本体论的"原义是否合理""问题是否普遍""引申是否合法"的不同回答，不仅构成了哲学界的"坚持"和"复兴"本体论与"拒斥"和"讨伐"本体论的论争，而且直接地构成了能否以本体论解释马克思哲学的论争。问题很明显，如果本体论只是"西方哲学特有的一种形态"即已经被现代哲学所否弃的理论形态，那么，合乎逻辑的结论就不仅是否认本体论的"原义"的合理性，也不仅是否认本体论的"问题"的普遍性，更是必须否认本体论的"引申"的合法性，因此也就必须否认作为现代哲学的马克思哲学具有本体论。或者说，如果本体论只是"西方哲学特有的一种形态"，那么，关于"马克思的本体论"的讨论，就只能是源于对"马克思哲学"和"本体论"的双重"误解"，并且只能是造成阐释"马克思哲学"和"本体论"的双重"误区"。这表明，讨论"什么是本体论"，或者说追究关于"什么是正确的本体论"的理论前提，并不仅仅是推进了对"本体论"自身的理解，尤其重要的是为讨论"马克思的本体论"拓宽了理论视野、深化了理论思考。

其三，正是在对"什么是本体论"的反思中，人们逐步地把对"本体论"的追问诉诸对"哲学"本身的追问，诉诸对"哲学"演进过程中所形成的本体论变革的追问，从"哲学"在人类生活中的独特价值及其历史演变去思考"本体论"的"原义是否合理""问题是否普遍""引申是否合法"等问题。这种思考，把"什么是正确的本体论"和"什么是本体论"的问题，引导为"何以有本体论"和"本体论的历史形态"的问题。这两个问题构成我们在 21 世纪讨论"马克思的本体论"的直接的理论前提。

哲学是人类关于自身存在的自我意识的理论表现，或者说，哲学是以理论形态所表现的人类关于自身存在的自我意识。哲学在对人类自身存在的理论思考中，最根本的问题就是人自身的存在何以可能的问题，即人为什么能够存在？这种对人的存在的根据的追问，构成哲学的本体论问题。因此，只有把"本体论"与人的存在联系起来，才能回答"何以有本体论"的问题。

人的存在就是人的生命活动。人的生命活动不是动物式的"生存"活动，而是人所特有的"生活"活动，即"把自己的生活活动本身变成自己的意志和意识的对象"的活动，也就是把"理想"变为"现实"的活动。人类的这种变"理想"为"现实"的"生活"活动是一个无限的历史展开过程，而基于人的"生活"活动的人类思维则总是渴求在最深刻的层次上或最彻底的意义上把握世界、解释世界和确认人在世界中的地位与价值，这就是恩格斯所说的"按它的本性、使命、可能和历史的终极目的来说的"思维的"至上性"的要求。哲学作为人类关于自身存在的自我意识理论，它以理论的方式表现基于"生活"本身的人类思维的"至上性"要求，从而构成了对"人的存在何以可能"的反思与追问，也就是构成了哲学的本体论。

哲学的本体论是一种追本溯源式的意向性追求，是一种理论思维的无穷无尽的指向性，是一种指向无限性的终极关怀。它以寻求"终极存在""终极解释"和"终极价值"的方式，为人类自身的存在寻找"根据""标准"和"尺度";它又以自己所承诺的"本体"作为根据、标准和尺度,批判地反思人类一切活动和全部观念的各种前提,为人类的"生活"提供"安身立命之本"或"最高的支撑点"。哲学的本体论追求表现了哲学的特殊性质,即表现了哲学"追根究底""从头问起"并且"穷追不舍""一问到底"的特殊性质。本体论所体现的哲学的这种特殊性质,正是理论化的人的超越性存在的特殊性质,因此,哲学的本体论追求就是理论化的人的自我追问,这种追求和追问不仅具有深刻的人性的合理性,而且具有人类性的普遍性。

哲学的本体论追求,既根源于人类实践和人类思维的本性,又决定于人类生活在不同时代的特殊要求,因而它总是以时代性的内容去寻求人的存在何以可能的根据。在哲学发展史上,本体论对人的存在何以可能的追问,发生过一系列历史性的变革:古代哲学以追问"万物何以可能"的方式去探索人类存在的根据,最终则导致了一神教的产生;中世纪哲学以追问"世界何以可能"的方式去回答人类存在的根据,其结果是构成了作为"神圣形象"的"上帝"本体论;整个近代哲学的发展过程,就是"消解"作为"神圣形象"的"上帝"的过程,也就是把"上帝""人化"的过程;正是在这个上帝人化的过程中,出现了"自然本体论""物质本体论"和"理性本体论",为人的存在寻求代替"上帝"的根据;在德国古典哲学中,则更为自觉地以反思人的"认识何以可能""道德何以可能""自由何以可能"和"崇高何以可能"的方式去探索人类存在的根据。黑格尔说,"一个定义的意义和它的必然证明只在于它的发展里,这就是说,定义只是从发展过程里产生出来的结果"。关于本体论,我们也应当从"它的发展里"去理解它的实质,并在对它的合乎历史与逻辑的"引申"中去实现自己时代的本体论追求。由此我们便可以理解,寻求"何以可能"的根据,这是本体论的实质;而寻求"什么"何以可能的根据,则构成本体论的历史。

(二)黑格尔的本体论遗产和马克思对它的扬弃

为了具体地阐明对本体论的这种理解,并为提出马克思的本体论问题提供历史与逻辑的前提，我们在这里特别有必要阐释对黑格尔本体论的理解。恩格斯曾经提出，作为德国古典哲学集大成者的黑格尔哲学，既以"最宏伟的形式概括了哲学的全部发展"，又"终结"了"全部以往所理解的哲学"①。据此，一些学者认为，黑格尔哲学作为"本体论的最后的辉煌"，哲学本体论在黑格尔哲学那里已经"终结"了。我在这里提出的问题是：黑格尔哲学是"终结"了"全部以往所理解的哲学"的本体论的追求方式，还是"终结"了"全部以往的哲学"所进行的本体论追求？我认为是前者，而不是后者。

　　黑格尔以其"本体"即"绝对理念"的自我运动和自我认识构建了他的庞大的哲学体系。对此，我们需要追问的是，在黑格尔哲学那里，作为"本体"的"绝对理念"究竟要回答的是什么问题？在我看来，黑格尔的"绝对理念"所回答的是关于人的存在的"三位一体"的问题：其一，在其直接性上，黑格尔哲学作为 19 世纪的"思想体系时代"的"时代精神"，他的"绝对理念"是以概念自我运动的形式即概念发展的辩证法表现人类思想运动的逻辑，为各门科学构建"思想体系"提供"逻辑基础"的，也就是为"人的理性何以可能"提供根据；其二，在其间接性上，黑格尔哲学作为"法国革命的德国理论"，他的"绝对理念"是以概念自我运动的形式展现人类理性的自由运动，展现个体理性与普遍理性相融合的进程中所实现的理性自由，也就是为"人的自由何以可能"提供根据；其三，在其深层的自我意识中，黑格尔的"绝对理念"的自我运动所实现的乃是他所期待的"全体的自由性"与"各个环节的必然性"在"对各环节加以区别和规定"中所实现的统一。在黑格尔看来，"凡生活中真实的伟大的神圣的事物，其所以真实、伟大、神圣，均由于理念。哲学的目的就在于掌握理念的普遍性和真形相"②。因此，黑格尔的"绝对理念"作为"本体"，又是为"人的崇高何以可能"提供根据。由此我们可以看到，黑格尔的

---

① 《马克思恩格斯选集》第 4 卷，216、215 页，北京，人民出版社，1972。
② ［德］黑格尔：《小逻辑》，35 页，北京，商务印书馆，1996。

"本体论"，在其真实的意义上，乃是对人的理性、人的自由和人的崇高"何以可能"的追问；而他对这种追问的回答，则是"绝对理念"的自我运动和自我认识。

然而，黑格尔在他的"三位一体"的"绝对理念"中对人的理性、自由和崇高"何以可能"所做的论证，是以"无人身的理性"自我运动的形式实现的，是黑格尔自己所说的"作为内心的必然性而存在"的，这种"本体论"的最大限度也只不过是黑格尔自己所说的"培养自己的精神"。因此，黑格尔哲学作为"法国革命的德国理论"，只不过是恩格斯所说的"睡帽中的革命"。这种以"无人身的理性"自我运动的方式所实现的本体论追求，已经被马克思的哲学革命终结了。值得我们认真思考的是，马克思并不只是彻底地否弃了以黑格尔哲学为标志的传统哲学的本体论的追求方式，而且深切地求索这种本体论追求中所蕴含的真实的历史内容，从而以真实的历史内容为出发点而展开自己的本体论追求。在我看来，这是讨论马克思的本体论的极为重要的出发点。

马克思认为，黑格尔的思辨哲学并不是某种超然于世界之外的玄思和遐想，而是"形而上学地改了装"的现实的存在。马克思指出，黑格尔的思辨哲学体系有三个因素，第一个因素是形而上学地改了装的、脱离了人的自然，第二个因素是形而上学地改了装的、脱离了自然的精神，第三个因素是形而上学地改了装的以上两个因素的统一，即现实的人和现实的人类。因此，去掉这种"形而上学地改了装的"思辨性和神秘性，作为传统本体论哲学之总结的黑格尔哲学，正是以追寻"本体"的方式而表达了对"人"自身"何以可能"的追问与论证。

那么，黑格尔所追问和论证的人的"理性""自由""崇高"的"何以可能"的"根据"，即"绝对理念"究竟是什么？马克思指出，黑格尔是以"最抽象的形式"表达了"最现实的人类状况"，即"个人现在受抽象统治，而他们以前是互相依赖的。但是，抽象或观念，无非是那些统治个人的物质关系的理论表现"①。这就是说，作为黑格尔哲学之"本体"的"绝对理念"，是根源于理论所表现的现实——现实被"抽象"所统治的现实；黑格尔哲学为人的"理性""自由"和"崇高"所寻求到的"根据"即"本体"，正是这种统治现实的"抽象"。

对于这个统治现实的"抽象"，马克思是从"统治个人的物质关系"去寻求根据。马克思说："法的关系正象国家的形式一样，既不能从它们本身来理解，也不能从所谓人类精神的一般发展来理解，相反，它们根源于物质的生活关系，这种物质的生活关系的总和，黑格尔按照十八世纪的英国人和法国人的先例，称为'市民社会'，而对市民社会的解剖应该到政治经济学中去寻求"②。正是在这种哲学—政治经济学批判中，马克思深刻地揭示了"把人变成帽子"的李嘉图和"把帽子变成观念"的黑格尔的实质，即黑格尔的"抽象"是把物和物的关系、物和人的关系、人和人的关系都变成观念与观念之间的关系，从而构成了黑格尔的"纯粹的、永恒的、无人身的理性"的自我运动。而在黑格尔的"抽象"或"观念"中所掩盖的"统治个人的物质关系"，则是"劳动"与"资本"的关系，即在资本主义社会的"现实"中，"抽象"的"资本"具有独立性和个性，而活动着的个人却丧失了独立性和个性，这就是现实受"抽象"（资本）统治的最普遍的、最根本的现实。正是通过这种哲学—政治经济学批判，马克思的合乎逻辑的结论是，人之为人的根据，人的"自由"和"崇高"，"不能从所谓人类精神的一般发展来理解"，而必须从"物和物的关系"掩盖下的"人和人的关系"来理解。正是在这里，马克思把传统哲学本体论对"人的存在何以可能"的追问，变革为对"人和人的关系"的理论求索，并把自己的本体论定位为对"人的解放何以可能"的寻求。

以黑格尔哲学为代表的"法国革命的德国理论"，为人的存在所提供的"根据"，是"资本"取得统治地位的现实，是"个人受抽象统治"的现

---

① 《马克思恩格斯选集》第46卷（上），111页，北京，人民出版社，1979。
② 《马克思恩格斯选集》第2卷，82页，北京，人民出版社，1972。

实。作为无产阶级革命理论的马克思哲学，则要求把人从"抽象"的统治中解放出来，从"物"的普遍统治中解放出来，从"资本"的普遍统治中解放出来，把"资本"的独立性和个性变为人的独立性和个性。"人的解放"，这是马克思的哲学旗帜；"解放"的"根据"，则是马克思哲学的本体论问题。这表明，马克思的本体论，既是从思维方式上与传统本体论的断裂，又是从"人的解放何以可能"的本体论求索中开辟了它的现代道路。

(三)马克思的本体论革命：人的解放何以可能？

马克思究竟是追问"什么何以可能"？对这个作为主词的"什么"问题的回答，直接构成了对马克思的本体论的不同理解。

把马克思的本体论称之为"物质本体论"，这从追问"什么何以可能"的视野去看，问题就比较清楚了。在《路德维希·费尔巴哈和德国古典哲学的终结》中，恩格斯明确地提出："什么是本原的，是精神，还是自然界？——这个问题以尖锐的形式针对着教会提了出来：世界是神创造的呢？还是从来就有的？"[①]这就是说，关于"精神"与"自然界"孰为"本原"的问题，就其实质而言，是"世界"何以可能的根据问题。具体地说，就是"世界"是"神创的"还是"从来就有的"。由此我们可以看到，所谓"物质本体论"，是对"世界何以可能"这个问题的回答，我们应当在这个"问题域"去看待"物质本体论"。

"世界何以可能"这个问题，具有重大的理论意义。这正如恩格斯所说，"哲学家依照他们如何回答这个问题而分成了两大阵营。凡是断定精神对自然界说来是本原的，……组成唯心主义阵营。凡是认为自然界是本原的，则属于唯物主义的各种学派"[②]。这就是说，在"世界何以可能"这个根本问题上，是否承认和坚持"自然界是本原的"，构成唯物主义与唯心主义的对立。这也就是说，作为唯物主义哲学的马克思哲学，

---

① 《马克思恩格斯全集》第 21 卷，316 页，北京，人民出版社，1965。
② 同上书，316 页。

在"世界何以可能"的问题上，必须坚守"自然界是本原的"这个基本论断。

但是，恩格斯的论述非常清楚地告诉人们，提出"世界何以可能"的问题，并承认"自然界是本原的"，这是"唯物主义的各种学派"的共同点，而不是马克思的唯物论向自己提出的历史性问题，也不是马克思的唯物论对自己的历史性问题的理论回答。恩格斯在对唯物主义与唯心主义做出区分之后，紧接着就告诫人们，除了在"世界何以可能"的意义上，"唯心主义和唯物主义这两个用语本来没有任何别的意思，它们在这里也不能在别的意义上被使用"①。这就是说，如果我们承认马克思哲学不是旧唯物主义，而是新唯物主义，那么，我们就不能仅仅是在"世界何以可能"的问题域去理解马克思哲学，必须在马克思所提出的新的问题域去理解马克思哲学。在这个意义上，已经不能以"唯物主义的各种学派"共同坚持的"物质本体论"来界说马克思的本体论。

马克思的哲学不是离开人类文明发展大道的宗派主义的东西，其直接的理论渊源是哲学自身的发展史。对"世界何以可能"的追问，这是近代以来的西方哲学所面对的基本问题；而对于以市场经济取代自然经济为生活基础的近代西方哲学来说，它的根本使命是实现"上帝人化"，即把"上帝"作为世界的"根据"而转化为"人"自己是自己的"根据"。因此，在"上帝"自然化、物质化、精神化和人本化的近代哲学的发展进程中，哲学本身经历了以"自然本体论""物质本体论""精神本体论"和"人学本体论"取代"上帝本体论"的过程。在黑格尔哲学那里，"本体论"问题已经发展为人的"自由何以可能"的问题，而在费尔巴哈那里，更是明确地提出，哲学的任务就是把异化给"上帝"的"人的本质"归还给"人"。因此，对马克思哲学来说，其哲学使命是把德国古典哲学对人的"自由"和人的"本质"的抽象的肯定，实现为人类自身的解

---

① 《马克思恩格斯全集》第21卷，316页，北京，人民出版社，1965。

放。正因如此，恩格斯曾经自豪地提出，"德国的工人运动是德国古典哲学的继承者"。

1842年，马克思提出："任何真正的哲学都是自己时代的精神上的精华"的著名论断时，就对新哲学提出这样的期待："那时哲学不仅从内部即就其内容来说，而且从外部即就其表现来说，都要和自己时代的现实世界接触并相互作用。"①在这里，马克思表达了超越黑格尔思辨哲学的强烈渴望和实现哲学与"自己时代的现实世界接触并相互作用"的强烈要求。这种渴望与要求，促使马克思把对"人"的理性思辨转化为对"人"的现实理解。

1843年，在《〈黑格尔法哲学批判〉导言》中，马克思明确地提出，理论的彻底性，在于抓住事物的根本；而"人的根本就是人本身"。这个论断，可以说是马克思的本体论的"根本"——把对人的追问彻底地诉诸人本身。正是从这个"根本"出发，马克思对整个近代以来的"上帝人化"或反宗教的斗争做出这样的总结："宗教把人的本质变成了幻想的现实性，因为人的本质没有真实的现实性。因此，反宗教的斗争间接地也就是反对以宗教为精神慰藉的那个世界的斗争。"②。由此马克思进而对新哲学的使命又做出这样的概括："彼岸世界的真理消逝以后，历史的任务就是确立此岸世界的真理。人的自我异化的神圣形象被揭穿以后，揭露非神圣形象中的自我异化，就成了为历史服务的哲学的迫切任务。"③正是从这个历史"任务"出发，马克思明确地提出："对宗教的批判最后归结为人是人的最高本质这样一个学说，从而也归结为这样一条绝对命令：必须推翻那些使人成为受屈辱、被奴役、被遗弃和被蔑视的东西的一切关系，……"④把人从非人的存在中"解放"出来，这就是马克思为新哲学提出的使命。

---

① 《马克思恩格斯全集》第1卷，121页，北京，人民出版社，1956。
② 《马克思恩格斯选集》第1卷，1页，北京，人民出版社，1972。
③ 同上书，2页。
④ 《马克思恩格斯全集》第1卷，460—461页，北京，人民出版社，1956。

"解放何以可能"？这构成了马克思哲学的本体论。在《1844年经济学哲学手稿》中，马克思从"人的本质"和"异化劳动"去探索"解放的根据"。马克思提出，虽然"人（和动物一样）赖无机自然来生活，"但人的"万能"却在于人把自然变成"人的无机的身体"。人的这种"万能"的特性表现了人的"类的特性"，这就是"创造生命的生活"活动、"自由自觉的活动"。对此，马克思做出具体的论证："动物是和它的生命活动直接同一的。动物不把自己同自己的生命活动区别开来。它就是这种生命活动。人则使自己的生活活动本身变成自己的意志和意识的对象。他的生命活动是有意识的。这不是人与之直接融为一体的那种规定性。有意识的生命活动把人同动物的生命活动直接区别开来。正是由于这一点，人才是类存在物。或者说，正因为人是类存在物，他才是有意识的存在物，也就是说，他自己的生活对他是对象。仅仅由于这一点，他的活动才是自由的活动。"①这就是马克思对人的"自由自觉的活动"的"类的特性"所做出的论证。

　　与此同时，马克思又极为深刻地把作为人的"类的特性"的"自由自觉的活动"与现实的人的"异化劳动"联系起来，指出"异化劳动把这种关系颠倒过来：以至人正因为是有意识的存在物，才把自己的生命活动、自己的本质变成仅仅维持自己生存的手段"②。其结果是，"异化劳动，由于（1）使自然界，（2）使人本身，他自己的活动机能，他的生命活动同人相异化，也就使类同人相异化"；（3）人的类的本质——无论是自然界，还是人的精神的、类的能力——变成人的异己的本质，变成维持他的个人生存的手段"；"（4）人同自己的劳动产品、自己的生命活动、自己的类本质相异化这一事实所造成的直接结果就是人同人相异化。当人同自身相对立的时候，他也同他人相对立"，"总之，人同他的类本质相异化这一命题，说的是一个人同他人相异化，以及他们中的每个人都同

---

① 《马克思恩格斯全集》第42卷，96页，北京，人民出版社，1979。
② 同上书，96页。

人的本质相异化"①。这就是马克思从"异化劳动"所造成的人的"类的特性"的异化所作出的论证。

由此可见，在马克思这里，人的"解放"的根据是双重的：一方面，人的"自由自觉活动"的"类的特性"构成人的解放的可能性的"根据"；另一方面，人的"类的特性"的"异化"状态则是人的解放的必要性的"根据"。正是从人的"解放"的可能性与必要性的双重"根据"出发，马克思不断地深化了自己的本体论求索。

1845 年春，马克思写出了被恩格斯称作"包含天才世界观萌芽的第一个宝贵文件"的《关于费尔巴哈的提纲》。这个"宝贵文件"凝聚着马克思对全部哲学史的高度概括性总结，熔铸了马克思对哲学自身的深切反思，表达了马克思对全部旧哲学的根本性批评，升华了马克思探索人类解放的理论成果，构成了以"实践"为核心范畴的对人的"解放"何以可能的理论回答。因此，以这份"宝贵文件"为标志的哲学史上的"实践转向"，也标志着把"解释世界"的旧哲学与"改变世界"的新哲学区别开来的现代本体论追求。

人们都承认，"实践"是这份"宝贵文件"的核心范畴。问题在于，对马克思来说，他把"实践"作为核心范畴所要回答的哲学问题是什么？在《提纲》的第一条中，马克思明确地提出，以往的全部哲学——包括唯物主义哲学和唯心主义哲学——的根本问题，就在于不是从人的"实践"的"感性活动"去理解人对世界的关系，因而不能真实地理解人与世界的真实关系。在这里，马克思已经把"人的存在何以可能"的根据，从《手稿》中关于人的"自由自觉活动"的"类特性"，确认为人的"实践"活动。这在马克思的哲学思想演进的过程中具有重大意义。在《提纲》的第二条中，马克思针对整个传统哲学、特别是整个西方近代哲学所思考和论争的根本性问题——思想的客观性问题——进一步地明确了"实践"范畴的本体论意义。马克思提出，"人的思维是否具有客观的真理性，这并不是一

① 《马克思恩格斯全集》第 42 卷，96、97、98 页，北京，人民出版社，1979。

个理论的问题，而是一个实践的问题"①。这就是说，对于思想的客观性"何以可能"的这个贯穿于整个近代哲学的本体论问题，马克思把"实践"范畴确认为它的"根据"即"本体"。在《提纲》第三条中，马克思又针对近代唯物主义哲学关于"人"与"环境"的相互关系的争论，也就是针对"人"何以为"人"的争论，明确地把"人"的存在的根据归结为"革命的实践"。在《提纲》的第四、五、六、七这四条中，马克思以批评费尔巴哈的相关哲学观点的方式，集中地论述了从"实践的、人类感性的活动"出发去理解人的世界、人的本质和人的宗教感情。而在《提纲》的第八条中，则把上述思想凝结为一个根本性的论断："社会生活在本质上是实践的。凡是把理论导致神秘主义方面去的神秘东西，都能在人的实践中以及对这个实践的理解中得到合理的解决。"②这样，马克思就在把确认"社会生活"的"本质"与解决"理论"的"神秘主义"相统一的意义上，确认了"实践"的本体地位，即用"实践"作为"根据"去理解"社会生活"的"本质"和破解对"理论"的"神秘主义"理解。在《提纲》的第九、十两条中，马克思又把这种"实践转向"的根据诉诸实现这种"转向"的主体，即"人类社会或社会化了的人类"。而在《提纲》的最后一条即第十一条中，马克思以其"实践转向"的本体论革命为根据，把以往的旧哲学归结为"用不同的方式解释世界"，而把他所开拓的新的哲学道路归结为"问题在于改变世界"。

在这里，我之所以逐条地分析马克思在《关于费尔巴哈的提纲》中的论述，是因为这个"包含天才世界观萌芽的第一个宝贵文件"以宣言书式的方式阐明了马克思的"实践转向"所实现的哲学革命，其中最重要的是阐明了马克思的本体论革命。这个本体论革命就是以"实践"为"根据"去理解人的存在、人的本质、人的思维和人的世界，一句话，以"实践"为"根据"去理解"人"，把"实践"定位为"人的存在何以可能"的"本体"。在

---

① 《马克思恩格斯全集》第 3 卷，3 页，北京，人民出版社，1960。
② 同上书，5 页。

这个意义上，把马克思的本体论称作"实践本体论"，并不是没有根据的。但是，马克思对"人"的追问，并不是抽象地或一般地追问"人的存在何以可能"，而是具体地、特别地追问"人的解放何以可能"，因此，我们又不能简单地把马克思的本体论归结为"实践本体论"。

在 1843 年的《〈黑格尔法哲学批判〉导言》中，马克思把他的本体论追求定位为对"人的解放何以可能"的追寻，即寻求"解放"的"根据"；在1844 年的"经济学哲学手稿"中，马克思又在对人的"自由自觉的活动"及其"异化"的双重阐释中，把"人的解放"的"根据"诉诸人的"类特性"；而在 1845 年的《关于费尔巴哈的提纲》中，则以理论飞跃的方式把人的"类特性"即"自由自觉的活动"明确为人的"实践"活动，从而以"实践"为"根据"去理解人的存在，并因此把这种"实践转向"的新哲学定位为"改变世界"的哲学。正是从"改变世界"的哲学使命出发，马克思以"实践转向"的理论成果为出发点，形成了他的以"解放何以可能"为聚焦点的本体论求索。这种理论求索的结果，集中地表现为《德意志意识形态》和《共产党宣言》这两部著作。

在写于 1845—1846 年的《德意志意识形态》中，马克思和恩格斯首要地、醒目地强调一个问题，这就是研究的"出发点"和研究的"前提"。这对于我们理解马克思的本体论是至关重要的。马克思和恩格斯提出，"德国哲学是从天上降到地上；和它完全相反，这里我们是从地上升到天上，就是说，我们不是从人们所说的、所想像的、所设想的东西出发，也不是从只存在于口头上所说的、思考出来的、想像出来的、设想出来的人出发，去理解真正的人"①。在这里，马克思不只是把"德国哲学"与"我们"的哲学区分为"从天上降到地上"和"从地上升到天上"，而且明确地把这种区分的实质内容确认为对"人"的理解——是以"设想出来的人"为出发点，还是以"真正的人"为出发点？明确这个问题是十分重要的。

---

① 《马克思恩格斯全集》第 3 卷，30 页，北京，人民出版社，1960。

德国古典哲学已经把本体论问题归结为"人"的问题，把"人"的认识、道德、自由和崇高的"何以可能"作为其本体论内涵。因此，对于马克思哲学来说，真正的问题是如何理解被德国古典哲学追问的"人"。对此，马克思和恩格斯的回答是："我们的出发点是从事实际活动的人，而且从他们的现实生活过程中我们还可以揭示出这一生活过程在意识形态上的反射和回声的发展。"①那么，究竟怎样理解"从事实际活动的人"？马克思和恩格斯提出，"全部人类历史的第一个前提无疑是有生命的个人的存在。因此，第一个需要确认的事实就是这些个人的肉体组织以及由此产生的个人对其他自然的关系"。"一当人开始生产自己的生活资料的时候，这一步是由他们的肉体组织所决定的，人本身就开始把自己和动物区别开来。人们生产自己的生活资料，同时间接地生产着自己的物质生活本身"。②"因此第一个历史活动就是生产满足这些需要的资料，即生产物质生活本身"③。正是从"人类历史的第一个前提"和"第一个历史活动"出发，马克思明确地做出结论，"任何历史观的第一件事情就是必须注意上述基本事实的全部意义和全部范围，并给予应有的重视"④。正是基于对"历史观"这种理解，马克思和恩格斯把这种研究结果归结为"不是意识决定生活，而是生活决定意识"，"不是从观念出发来解释实践，而是从物质实践出发来解释观念的东西"⑤。这样，马克思和恩格斯就在历史唯物主义的意义上把人类的实践活动（首先是生产物质生活资料的实践活动）确认为"人的存在何以可能"的"根据"和"人的解放何以可能"的"前提"。

在发表于 1848 年的《共产党宣言》中，马克思和恩格斯以他们在《德意志意识形态》中所创立的历史唯物论为基础，对于他们的本体论承诺

---

① 《马克思恩格斯全集》第 3 卷，30 页，北京，人民出版社，1960。
② 《马克思恩格斯选集》第 1 卷，67 页，北京，人民出版社，1995。
③ 《马克思恩格斯全集》第 3 卷，31 页，北京，人民出版社，1960。
④ 同上书，32 页。
⑤ 《马克思恩格斯全集》第 3 卷，42 页，北京，人民出版社，1960。

做出了简捷、明确的表述："代替那存在着各种阶级以及阶级对立的资产阶级旧社会的，将是一个以各人自由发展为一切人自由发展的条件的联合体。"①对于这个本体论承诺的现实依据，马克思在后来的研究中更为具体地揭示了人在自己的历史活动中所实现的人自身存在方式的变革。就历史事实而言，人已经从总体上实现了从"人的依赖关系"转化为"以物的依赖性为基础的人的独立性"。因此，马克思的理论聚焦点，就是揭示这个"以物的依赖性为基础的人的独立性"所造成的人的"异化"状态及其为人类走出这种"异化"状态所提供的前提条件。正是基于对人的存在和发展的现实理解，马克思把人的未来的存在方式描述为"建立在个人全面发展和他们共同的社会生产能力成为他们的社会财富这一基础上的自由个性"②。由此我们可以看到，在马克思的关于人的"全面发展"或"自由个性"的学说中，表达的是一种革命性的本体论追求：把人从一切"非人"的或"异化"的状态中"解放"出来。

在马克思这里，人类解放并不是某种"状况"，而是一个"过程"，是一个"使现存世界革命化"的过程。马克思明确地提出，"共产主义对我们说来不是应当确立的状况，不是现实应当与之相适应的理想。我们所称为共产主义的是那种消灭现存状况的现实的运动"③。因此，马克思进一步提出，"实际上和对实践的唯物主义者，即共产主义者说来，全部问题都在于使现存世界革命化，实际地反对和改变事物的现状"④。这就是说，在本体论的意义上，马克思对共产主义的承诺，并不是承诺了某种"状况"或"实体"，而是承诺了"消灭现存状况的现实的运动"，承诺了"实际地反对和改变事物的现状"。马克思对共产主义的这种阐释，对于我们理解马克思的本体论是至关重要的。这就是说，实现人类解放的共产主义，它是一个"否定性"的过程，即是一个"消灭现存状况"、

---

① 《马克思恩格斯全集》第 4 卷，491 页，北京，人民出版社，1958。
② 《马克思恩格斯全集》第 46 卷（上），104 页，北京，人民出版社，1979。
③ 《马克思恩格斯全集》第 3 卷，40 页，北京，人民出版社，1960。
④ 同上书，48 页。

"实际地反对和改变事物的现状"的过程。把这个"否定性"的过程视为"解放"的"根据"，或者说，从"否定性"的过程去理解"解放"的"根据"，这是马克思的本体论极其重要的思想内涵，即革命的、批判的辩证法的思想内涵。

总括以上论述，我认为马克思的本体论革命主要包括三个方面：一是把本体论对"何以可能"的追问定位为对"人的解放何以可能"的寻求，从而变革了传统本体论对人的存在何以可能的抽象思辨，实现了本体论的理论内容的变革；二是把对"人的解放何以可能"的寻求诉诸对人的历史活动的理解，从而变革了传统本体论以唯心史观为依托所进行的对人的意识活动的追问，实现了以唯物史观为依托的理论基础的变革；三是把对"人的解放何以可能"的寻求诉诸人对自己既定状态的扬弃，从而变革了传统本体论把对"何以可能"的追问定位为某种"永恒在场"的研究方式，实现了本体论与"革命的、批判的"的辩证法的统一。这就是我所理解的马克思哲学在理论内容、理论基础和研究方式上所实现的本体论革命。

五　历史的唯物主义与马克思主义的新世界观

（一）"历史"的唯物主义与历史的"唯物主义"

什么是"历史唯物主义"？它是把"历史"作为解释原则而变革了唯物主义，从而实现了一场"世界观"革命，还是把"唯物主义"作为解释原则而变革了历史理论，从而实现了一场"历史观"革命？这表明，在对"历史唯物主义"的理解和阐释中，隐含着两条不同的解释路径和两种不同的解释原则：一是把"历史"作为解释原则所构成的"历史"唯物主义的解释路径，一是把"唯物主义"作为解释原则所构成的历史"唯物主义"的解释路径。这两条不同的解释路径和两种不同的解释原则，直接关系到如何理解和阐释马克思主义的"新世界观"。

关于历史唯物主义，长期以来主要是从两个方面予以阐释和论证的：其一，从唯心主义历史观与唯物主义历史观的对立出发，说明历史唯物主义所实现的历史观变革；其二，从旧唯物主义历史观与新唯物主义历史观的对立出发，说明旧唯物主义历史观的唯心主义性质，从而深化对历史唯物主义所实现的历史观变革的理解。这两方面的阐释与论证的深层的共同之处在于，都是在"历史观"的视域中来阐释和论证历史唯物主义，都是把历史唯物主义的理论内涵限定为唯物主义的"历史观"，都是从"历史观"变革来确认历史唯物主义的真实意义，而不是把"历史唯物主义"视为马克思主义的"新世界观"。这就是把历史唯物主义归结为以唯物主义说明历史而构成的"历史观"的解释路径。

关切这条把历史唯物主义归结为"历史观"的解释路径，是因为这条解释路径包含着一个极为重要的理论前提，这就是：如果历史唯物主义仅仅是一种"历史观"，如果历史唯物主义的创立仅仅是一场"历史观"变革，那么，就应当而且必须有一种超越于唯物主义"历史观"的"世界观"，就应当而且必须有一种超越于"历史观"变革的马克思的"世界观"革命。正是这个超越于"历史观"的"世界观"前提，正是这个超越于"历史观变革"的"世界观革命"前提，合乎逻辑地引导人们去寻找区别于历史唯物主义的马克思的"世界观"，寻找区别于创建历史唯物主义的马克思的"世界观革命"。其结果，就是把马克思的"世界观"界说为区别于历史唯物主义的"辩证唯物主义"，把马克思的哲学革命解释为创建"辩证唯物主义"，而把历史唯物主义解释为"辩证唯物主义"在历史领域的"推广和应用"。

针对这条把历史唯物主义归结为"历史观"的解释路径，特别是针对这条解释路径所包含的把马克思的"世界观"归结为"辩证唯物主义"的理论前提，应当提出的最根本的问题是："历史唯物主义"的创立是变革了全部"哲学"，从而实现了从"解释世界"到"改变世界"的哲学革命，还是仅仅变革了"历史观"，从而实现了"历史观"的革命？这就是把历史唯物主义理解为"历史"的唯物主义与历史的"唯物主义"这两种解释原则、两条解释路径的根本分歧。

在把历史唯物主义阐释为"历史观"的解释原则和解释路径中，其理论内涵是把"唯物主义"原则贯彻到"历史领域"，其重大意义是把"半截"的唯物主义变成"完整"的唯物主义，也就是把"自然观"的唯物主义和"历史观"的唯心主义的旧唯物主义变成"自然观"和"历史观"相统一的唯物主义。由此便产生一个理论难题：为什么"从前的一切唯物主义"只能是"自然观"的唯物主义，而不能实现"历史观"的唯物主义？回答这个理论难题，通常主要是从"世界观"和"历史观"两个方面做出解释：其一，从"世界观"做出解释，认为马克思创建了不同于旧唯物主义的"辩证唯物主义"，从而以"辩证唯物主义"的"世界观"去观察和分析历史，实现了"历史观"的变革；其二，从"历史观"做出解释，认为马克思在历史领域贯彻唯物主义的解释原则，揭示了生产劳动对包括人的精神生活在内的全部社会生活的决定作用，实现了"历史观"的革命。在这种解释中，后者是从属于前者的，即历史观的唯物主义是以"辩证唯物主义"的"世界观"为前提而形成的，历史观的唯物主义是作为"辩证唯物主义"的"世界观"的理论内容而存在的。这就不难理解，为什么长期以来总是把"历史唯物主义"解释成"辩证唯物主义"在社会历史领域的"推广和应用"。然而，在这种"推广论"的解释框架中，把马克思主义哲学称之为"辩证唯物主义和历史唯物主义"，显然是不合逻辑的。在形式逻辑的意义上，这种称谓是把概念之间的包含关系变成了概念之间的并列关系。正是为了解决这个逻辑矛盾，在通常的关于"辩证唯物主义和历史唯物主义"的论证中，总是从强调旧唯物主义的根本问题是"半截"的唯物主义来予以解释，也就是从把唯物主义原则贯彻到历史领域的重大意义来予以解释的。然而，这种"弱"的解释并不能真正克服这个逻辑矛盾：如果"辩证唯物主义"是"世界观"，而"历史唯物主义"只是"辩证唯物主义"的"世界观"所包含的"历史观"，二者不仍然是"包含关系"吗？有什么真实的根据把二者确认为"并列关系"呢？

由此我们可以看到，把马克思主义哲学称之为"辩证唯物主义和历史唯物主义"，表面上看是一种概念关系上的逻辑困难，其实质是一种哲学意义上的理论困难。这个深层的理论困难就是：是否存在一种不是"历史唯物主义"的"辩证唯物主义"？"历史唯物主义"是马克思主义哲学的"世界观"，还是仅仅是马克思主义哲学的"历史观"？"历史唯物主义"是马克思主义的"哲学革命"，还是仅仅是马克思主义的"历史观"变革？

为了充分理解这个理论困难，提一件当代中国马克思主义哲学研究中的往事，也许有助于关于这个问题的讨论。20世纪50年代末，我的导师高清海教授和他的老师刘丹岩教授，曾经发表过被指斥为"分家论"的文章。这篇文章的核心观点是，以"辩证唯物主义和历史唯物主义"表述马克思主义哲学，不符合列宁关于"一整块钢铁"的思想，应当以作为"世界观"的"辩证唯物主义"概括和表述马克思主义哲学，而把作为"社会理论"的"历史唯物主义"归入科学的社会学。这个"分家论"思想在当时遭到严厉的批判，但在今天反观这个思想，我们不难看出两点：从表层上看，这个思想是为从理论上解决"并列论"的逻辑困难而提出的；从深层上看，这个思想在实质上是为了确立"辩证唯物主义"的"世界观"的地位而提出的。因此，与通常的关于历史唯物主义的解释一样，这个思想本身所贯彻的同样是把"历史唯物主义"归结为"历史观"的解释原则。21世纪初，我们提出区分"历史"的唯物主义与历史的"唯物主义"这两种解释原则和解释路径，揭示把马克思主义哲学的"世界观"归结为"辩证唯物主义"的深层的理论困难，包含着对50年来的马克思主义哲学研究成果的某种程度的总结。例如，探索高清海教授的思想历程，我们可以看到，自20世纪80年代以来，他对马克思主义哲学提出了一种新的总体性理解，这就是：作为"世界观"的马克思主义哲学，是以"实践观点的思维方式"去看待人与世界的关系，把人对世界的关系理解为以人的实践活动所构成的否定性统一关系，因此在这个意义上，"实践观"才是马克思主义哲学的"世界观"。在这种理解中，正是蕴含了以"历史"（实践）的唯物主义来解释马克思主义哲学的基本思想。与此同时，学界在关于马克思主义哲学观的讨论中，比较集中地表现了以"实践唯物主义"来克服把马克思主义哲学分解为"辩证唯物主义"和"历史唯物主义"

的理论困难。在这种讨论中，一些学者还明确地提出马克思主义哲学就是"历史唯物主义"，并对这种提法做出了各自的独立的论证。但是，究竟如何理解马克思主义哲学就是"历史唯物主义"，怎样从两种解释原则和两条解释路径的重大分歧中来论证马克思主义的"历史唯物主义"的"世界观"，则是需要深入探讨的重大的理论问题。

（二）作为"新世界观"的历史唯物主义

恩格斯在他的晚年所撰写的《路德维希·费尔巴哈和德国古典哲学的终结》的单行本序言中，曾经这样评价马克思写于 1845 年春的《关于费尔巴哈的提纲》：它是"包含着新世界观的天才萌芽的第一个文件"①。这就是说，探索马克思的"新世界观"，应当把《关于费尔巴哈的提纲》作为研究的最重要的出发点。正是在这里，我们可以发现，"历史唯物主义"是作为"新世界观"而诞生的。

《提纲》的第一段话是："从前的一切唯物主义——包括费尔巴哈的唯物主义——的主要缺点是：对事物、现实、感性，只是从客体的或者直观的形式去理解，而不是把它们当作人的感性活动，当作实践去理解，不是从主观方面去理解。所以，结果竟是这样，和唯物主义相反，能动的方面却被唯心主义发展了，但只是抽象地发展了，因为唯心主义当然是不知道真正的、感性的活动的"。② 这段主题式话语的理论内涵是极为丰富的，理论意义是极为重大的——它是对马克思主义哲学革命，即"新世界观"的自我揭示和自我澄明。

面对《提纲》，非常耐人寻味的是，马克思的"包含着新世界观的天才萌芽的第一个文件"，并不是从批判与唯物主义相对立的唯心主义入手的，而是从揭示"从前的一切唯物主义"的"主要缺点"入手，这表明了马克思对自己的哲学革命及其"新世界观"的理论自觉：只有准确地揭示"从前的一切唯物主义"的"主要缺点"，变革这种旧唯物主义的"世界

---

① 《马克思恩格斯选集》第 4 卷，208—209 页，北京，人民出版社，1972。
② 《马克思恩格斯全集》第 3 卷，3 页，北京，人民出版社，1960。

观"，才能真正批判唯心主义的"世界观"，并在此基础上创建了"新世界观"。这表明，马克思对"从前的一切唯物主义"的批判，与对唯心主义的批判一样，在其所实现的哲学革命的意义上，都是一种"世界观"批判。

马克思明确地指出，"从前的一切唯物主义"的"主要缺点"就在于，它不是把"对象、现实、感性"当作"感性的人的活动，当作实践去理解，不是从主体方面去理解"，而"只是从客体的或者直观的形式去理解"。这就是说，"从前的一切唯物主义"的"主要缺点"，就在于它不理解人与世界的真实关系；就在于它不理解人对世界的关系是"感性的人的活动"，即"实践"所形成的现实关系；就在于它不理解这种现实关系而把人与世界的关系当作了人对世界的"直观"关系。这表明，"从前的一切唯物主义"的"主要缺点"，是不理解人对世界的真实关系的"世界观"问题；而这个"世界观"问题的实质，就在于如何理解"感性的人的活动"以及由此构成的人对世界的现实关系。马克思的哲学革命，正是从"感性的人的活动"出发去理解人对世界的关系，从而构成了实现哲学史上的伟大革命的"新世界观"。

在《提纲》中，马克思是以揭示"从前的一切唯物主义"的"主要缺点"——"只是从客体的或者直观的形式"去理解人对世界的关系——为前提，进而揭露和批判唯心主义的"世界观"。马克思说，"和唯物主义相反，能动的方面却被唯心主义抽象地发展了，当然，唯心主义是不知道现实的、感性的活动本身的"。这里，马克思是把对"从前的一切唯物主义"的批判，直接地过渡为对唯心主义的批判，也就是从对旧唯物主义"只是"以"直观"的方式看待人与世界关系的批判，过渡为对唯心主义"只能"以"抽象"的方式看待人的"能动的方面"的批判。马克思对唯心主义的批判，是超越"从前的一切唯物主义"的批判，是立足于"感性的人的活动"即"实践"所进行的批判，因而深切地揭露了唯心主义哲学的"世界观"本质——"抽象"地发展了人的"能动的方面"。这表明，马克思是以超越了"从前的一切唯物主义"的"新世界观"而实现了对唯心主义世界观的批判；没有这个以"感性的人的活动"为立足点的"新世界观"，马克思就不可能超越旧唯物主义对唯心主义的批判，也就不可能实现对唯心主义的真正的批判。而这个以"感性的人的活动"为立足点的"新世界观"，就是马克思恩格斯所创建的以"现实的人及其历史发展"为内容的"历史唯物主义"。

通过对"从前的一切唯物主义"的批判，并通过以这个批判为基础而实现的对"唯心主义"的批判，马克思在他的"包含新世界观萌芽的第一个文件"中得出了两个最基本的结论：其一，"全部社会生活在本质上是实践的。凡是把理论引向神秘主义的神秘东西，都能在人的实践中以及对这个实践的理解中得到合理的解决"；其二，"哲学家们只是用不同的方式解释世界，问题在于改变世界。"①这里的第一个结论，明确地表述了马克思的"新世界观"的理论内涵，即这个"新世界观"是"在人的实践中以及对这个实践的理解中"来看待人与世界的关系。正是以这个"新世界观"去揭示旧唯物主义和唯心主义的"世界观"，马克思尖锐而深刻地提出，全部旧哲学的"世界观"，都是"把理论引向神秘主义的神秘东西"。这就不难理解，为什么恩格斯说马克思主义哲学已经根本不再是"哲学"，而只是"世界观"。由此，我们就可以更加深刻地理解人们广为引用的第二个结论："哲学家们只是用不同的方式解释世界，问题在于改变世界。"无论是"从前的一切唯物主义"以"直观"的方式解释人与世界的关系，还是全部的唯心主义哲学以"抽象"的方式解释人与世界的关系，它们的"世界观"都不是人与世界的现实的（真实）的关系，因而都只能是"把理论引向神秘主义的神秘东西"，都只不过是以其"神秘东西"来"解释世界"，而无法"改变世界"。只有超越这些"神秘东西"，形成以"现实的人及其历史发展"为其理论内涵的"新世界观"，从而"在人的实践中以及对这个实践的理解中"来回答人对世界的关系，才是真正的"改变世界"的马克思主义哲学。马克思主义哲学的创立是真正意义的哲学革命。这个哲学革命，在唯物主义的历史上，实现了从"直观"的唯物主

---

① 《马克思恩格斯选集》第1卷，56、57页，北京，人民出版社，1995。

义到"历史"的唯物主义的革命，也就是实现了从旧唯物主义的"世界观"到历史唯物主义的"新世界观"的革命。

"历史唯物主义"，是把"历史"作为解释原则或"理论硬核"的唯物主义，而不是把"历史"作为研究领域或解释对象的唯物主义。在前者的意义上，历史唯物主义是马克思的唯物主义的"世界观"；在后者的意义上，历史唯物主义则只是马克思的唯物主义的"历史观"。马克思的"包含着新世界观的天才萌芽的第一个文件"，表明马克思所创建的新哲学是以"历史"作为解释原则或理论硬核的唯物主义，这就是"历史唯物主义"。"历史唯物主义"不仅是以"历史"为其解释原则的"唯物主义"，也是以"历史"为其解释原则的"辩证法"。"历史"是"追求自己的目的的人的活动过程"，也就是实现人对世界的否定性统一的过程，即把理想变为现实的过程。在"历史"的"过程"中，蕴含并展现了人与世界的全部矛盾关系，并不断地实现了"人的尺度"与"物的尺度"、"合目的性"与"合规律性"的统一，也就是人与自然、人与社会、人与他人、人与自我的矛盾运动中的统一。离开人对世界的否定性统一过程的"历史"，就没有马克思的"唯物主义"，也没有马克思的"辩证法"。在马克思的"新世界观"中，"辩证法"和"唯物主义"是以"历史"为其解释原则和理论硬核而实现的统一。"历史唯物主义"所实现的"辩证法"与"唯物主义"的统一，既不是在旧唯物主义基础上"引入"了辩证法，也不是把唯心主义的辩证法"建立"在旧唯物主义的基础上，而是由"现实的人及其历史发展"所构成的"辩证法"与"唯物主义"的统一。因此，在马克思主义哲学中，并不存在独立于"历史唯物主义"之外或超然于"历史唯物主义"之上的"辩证唯物主义"。

(三)《德意志意识形态》的"历史观"就是马克思主义的"新世界观"

马克思主义的"历史唯物主义"的"新世界观"，在马克思恩格斯合著的《德意志意识形态》中得到了系统性的论证和体系化的表述。在这部以青年黑格尔派为直接对象的论战性的著作开头，马克思恩格斯就明确地指出，他们所指向的是青年黑格尔派的"种种努力"都没有离开过的"哲学的基地"，他们所揭示的是青年黑格尔派的"一般哲学前提"，他们所批判的是青年黑格尔派的"共同思想前提"。这就清楚地表明，被人们公认的"历史唯物主义"的奠基之作——《德意志意识形态》——在马克思恩格斯的思想出发点上，就不只是一部"历史观"之作，而是一部"新世界观"之作。"历史唯物主义"的"新世界观"，是《德意志意识形态》的根本思想。

马克思恩格斯指出，青年黑格尔派的"一般哲学前提"或"共同思想前提"，就是"黑格尔体系"，因此，不仅是他们对"一般哲学前提"的回答，而且"连它所提出的问题本身，都包含着神秘主义"——"青年黑格尔派思想家们尽管满口讲的都是所谓'震撼世界'的词句"，但却"只为反对'词句'而斗争"；"既然他们仅仅反对这个世界的词句，那末他们就绝对不是反对现实的、现存的世界"①。正是针对这个"一般哲学前提"，马克思恩格斯提出，"我们开始要谈的前提不是任意提出的，不是教条，而是一些只有在想象中才能撇开的现实前提"。这个被确立为"一般哲学前提"的"现实前提"，就是"现实的个人，是他们的活动和他们的物质生活条件"②。这表明，在作为"一般哲学前提"的意义上所提出的"现实前提"，是马克思恩格斯重新理解和阐释人与世界的全部关系的出发点，也就是他们的"新世界观"的出发点。

正是以"现实的个人"即"他们的活动和他们的物质生活条件"作为"现实的前提"，马克思恩格斯在"一般哲学前提"的意义上，在《德意志意识形态》中首先是提出了"意识"与"存在"的关系问题。他们明确地指出："意识在任何时候都只能是被意识到了的存在"，而"人们的存在就是他们的现实生活过程"，因此，"不是意识决定生活，而是生活决定意识"。③ 这三个重要命题的理论内涵及其内在关联是需要深入思考的，这是探索马克思的"新世界观"的根本性的理论前提。首先，人的"意识"

---

① 《马克思恩格斯选集》第 1 卷，23 页，北京，人民出版社，1972。

② 同上书，67 页。

③ 同上书，72、73 页。

并不是离开人的生活的某种孤立的、独立的、神秘的东西，而是"人们物质活动的直接产物"，它"在任何时候都只能是被意识到了的存在"；其次，被意识到了的"存在"，在其现实性上，同样不是某种与人无关的神秘的东西，而正是人本身的"现实生活过程"；最后，由于"意识"在任何时候都是被意识到了的"生活"，因此，"不是意识决定生活，而是生活决定意识"。在这三个基本命题中，马克思恩格斯所提出的"意识"与"存在"（生活）的关系问题，并不是通常所解释的"历史观"的基本问题，而是"一般哲学前提"即"世界观"的基本问题；马克思恩格斯对这个问题的回答，并不是通常所解释的作为"历史观"的"历史唯物主义"的基本命题，而是作为"世界观"的"历史唯物主义"的根本命题。

这里的关键问题，首先在于如何理解被意识到了的"存在"，即"存在"是与人无关的神秘的东西，还是人的"生活"本身？马克思在《1844年经济学哲学手稿》中就曾提出："在人类历史中即在人类社会的产生过程中形成的自然界是人的现实的自然界。""自然界，就它本身不是人的身体而言，是人的无机的身体。人靠自然界生活。这就是说，自然界是人为了不致死亡而必须与之不断交往的、人的身体"①，"被抽象地孤立地理解的、被固定为与人分离的自然界，对人说来也是无"②。正是针对这种对"自然界"的抽象理解，马克思恩格斯在《德意志意识形态》中，对费尔巴哈的唯物主义做出这样的揭露与批判："他没有看到，他周围的感性世界决不是某种开天辟地以来就已存在的、始终如一的东西，而是工业和社会状况的产物，是历史的产物，是世世代代活动的结果，其中每一代都在前一代所达到的基础上继续发展前一代的工业和交往方式，并随着需要的改变而改变它的社会制度。甚至连最简单的'可靠的感性'的对象也只是由于社会发展、由于工业和商业往来才提供给他的。"③正是由于费尔巴哈从来没有把"感性世界"理解为构成这一世界的个人的全

---

① 《马克思恩格斯全集》第 42 卷，95 页，北京，人民出版社，1979。
② 同上书，178 页。
③ 《马克思恩格斯选集》第 1 卷，48 页，北京，人民出版社，1972。

部活生生的感性活动，因此，"当费尔巴哈是一个唯物主义者的时候，历史在他的视野之外；当他去探讨历史的时候，他决不是一个唯物主义者。在他那里，唯物主义和历史是彼此完全脱离的"①。应当特别指出的是，与"历史"彼此完全脱离的"唯物主义"，并不仅仅是"非历史"地看待"历史"，更是"非历史"地看待"自然界"，也就是"非历史"地看待全部的"存在"。这种"唯物主义"，就是以"直观"的方式看待人与世界的全部关系的"从前的一切唯物主义"。从"直观"的"唯物主义"到"历史"的唯物主义，并不仅仅是改变了旧唯物主义的"历史观"，更是变革了旧唯物主义以"直观"方式看待人与世界关系的"世界观"。历史唯物主义是作为变革旧唯物主义的世界观的"新世界观"而诞生的。

其次，关于"意识"本身，马克思恩格斯在《德意志意识形态》中指出，"意识一开始就是社会的产物，而且只要人们还存在着，它就仍然是这种产物"②。在对"意识"的具体分析中，马克思恩格斯首先回答了"意识"与"自然界"的关系，即"自然界起初是作为一种完全异己的、有无限威力的和不可制服的力量与人们对立的，人们同它的关系完全像动物同它的关系一样，人们就像牲畜一样服从它的权力，因而，这是对自然界的一种纯粹动物式的意识（自然宗教）"③；而这种"纯粹动物式的意识"的实质是，"人们对自然界的狭隘的关系制约着他们之间的狭隘的关系，而他们之间的狭隘的关系又制约着他们对自然界的狭隘的关系，这正是因为自然界几乎还没有被历史的进程所改变"④。由"纯粹动物式的意识"发展为真正的人的"意识"，这是"被历史的进程所改变"的结果。这表明，与"被意识到了的存在"一样，"意识"本身也是"历史"的产物。"意识"与"存在"的关系，在其现实性上，就是"社会意识"（现实的人的意识）与"社会存在"（现实的人的生活过程）在"历史的进程"中所形成的

① 《马克思恩格斯选集》第 1 卷，50 页，北京，人民出版社，1972。
② 《马克思恩格斯全集》第 3 卷，34 页，北京，人民出版社，1960。
③ 同上书，35 页。
④ 同上书，35 页。

关系。离开"现实的人的意识"与"现实的人的生活过程"，并不存在抽象的"意识"与"存在"的关系；离开"历史的进程"去说明"意识"与"存在"的关系，只能是"把理论引向神秘主义的神秘东西"；只有从"历史的进程"提出和回答"意识"与"存在"的关系问题，才能"在人的实践中以及对这个实践的理解中得到合理的解决"。离开"历史的进程"而提出"意识"与"存在"的关系，这是马克思主义以前的全部旧哲学；以"历史的进程"为出发点而提出"意识"与"存在"的关系，这才是马克思恩格斯所创立的历史唯物主义的"新世界观"。

对"意识"与存在及其关系的上述分析，表明了"历史唯物主义"的"世界观"性质。然而，对于这个基本结论，人们会提出的质疑是：在《德意志意识形态》中，马克思恩格斯曾一再以"历史观"来概括和表述他们所提出的问题和他们所做出的回答，为什么可以用"新世界观"来代替"历史观"呢？总结以上的论述，我认为主要理由有三：其一，马克思所批判的全部旧哲学，或者以"直观"的方式看待人与世界的关系（旧唯物主义），或者以"抽象"的方式看待人与世界的关系（唯心主义），其实质都是以"超历史"或"非历史"的观点看待人与世界的关系，从而形成全部旧哲学的"超历史"或"非历史"的"世界观"。正是针对全部旧哲学的"世界观"，马克思以"历史"即"现实的人及其历史发展"的观点重新理解人与世界的关系、意识与存在的关系，创立了历史唯物主义的"新世界观"。这个"新世界观"的实质内容是"新历史观"，这种"新历史观"的真正意义是"新世界观"。在马克思恩格斯所实现的哲学革命的意义上，"新历史观"构成"新世界观"。其二，在马克思恩格斯所创建的"历史唯物主义"之外，并不存在某种抽象的"新世界观"。对马克思恩格斯来说，"意识"是人的历史活动所形成的"意识"，"存在"是人们的"现实的生活过程"的"存在"，"意识"与"存在"的关系是"生活决定意识"的关系。那种"把人对自然界的关系从历史中排除出来"，并因而"造成了自然界和历史之间的对立"的哲学，是马克思恩格斯所批判的旧哲学，而不是马克思恩格斯所创建的新哲学。在马克思恩格斯这里，"意识"与"存在"的关系，"自然界"与"历史"的关系，是以其"历史观"的革命而获得的新的理解。马克思恩格斯以"历史"作为新的解释原则而实现了自己的"世界观"革命。其三，马克思恩格斯的"世界观"革命，不是"解释世界"的革命，而是"改变世界"的革命，他们的"毕生的真正使命"，是"参加推翻资本主义社会及其所建立的国家制度的事业，参加现代无产阶级的解放事业"①，是"使现代无产阶级意识到自身的地位和需要，意识到自身解放的条件"，马克思的"两个发现"是"发现了人类历史的发展规律"和"现代资本主义生产方式和由它所形成的资产阶级社会的特殊运动规律"②。马克思的这"两个发现"是新的"历史观"，也就是关于无产阶级和人类解放的"新世界观"。马克思恩格斯的"新历史观"是作为马克思主义的"新世界观"而诞生的。

六　历史唯物主义与哲学基本问题

关于马克思主义哲学，人们经常引证马克思恩格斯的两个著名论断：其一是马克思所说的"哲学家们只是用不同的方式解释世界，问题在于改变世界"③；其二是恩格斯所说的"这已经根本不再是哲学，而只是世界观"④。对于这两个关系到如何理解马克思主义哲学的著名论断，人们不能不以追问的是："不再是哲学"的"改变世界"的世界观究竟是什么？这个世界观是"扬弃"还是"抛弃"了作为哲学基本问题的"思维和存在的关系问题"？

（一）探析恩格斯的"不再是哲学"的"世界观"

在《反杜林论》中，恩格斯提出一个著名论断，即作为"现代唯物主

---

① ［德］梅林：《马克思传》，657 页，北京，生活·读书·新知三联书店，1965。
② ［法］保尔·拉法格等：《回忆马克思恩格斯》，404 页，北京，人民出版社，1973。
③ 《马克思恩格斯全集》第 3 卷，8 页，北京，人民出版社，1960。
④ 《马克思恩格斯选集》第 3 卷，178 页，北京，人民出版社，1972。

义"的马克思主义哲学"已经根本不再是哲学，而只是世界观"。由此所引发的最为严峻的理论问题是：不再是哲学的世界观还是否是哲学？与世界观相区别的哲学是何种哲学？作为世界观的哲学又是何种哲学？对此，恩格斯的回答是：与世界观相区别的哲学，是一种"特殊的科学的科学"；与哲学相区别的世界观则是"在各种现实的科学中得到证实和表现出来"的哲学；不再是哲学的世界观的哲学含义在于，"哲学在这里被'扬弃'了，就是说，'既被克服又被保存'；按其形式来说是被克服了，按其现实的内容来说是被保存了"①。然而，对于恩格斯自己所做的回答，人们必然又会提出下述问题：被"扬弃"了的"哲学"是一种什么样的"世界观"？在这种"扬弃"中，被"克服"了的"形式"究竟是什么，被"保存"下来的"现实的内容"究竟又是什么？

在恩格斯的回答中，最为引人注目的是从哲学对科学的关系来区分"哲学"与"世界观"，即"一旦对每一门科学都提出了要求，要它弄清它在事物以及关于事物的知识的总联系中的地位，关于总联系的任何特殊科学就是多余的了。"②正是基于这个总体判断，在《路德维希·费尔巴哈和德国古典哲学的终结》《反杜林论》《自然辩证法》这三部哲学名著中，恩格斯又提出了一个内容相同、表述相近的更为明确的论断，即"对于已经从自然界和历史中被驱逐出去的哲学来说，要是还留下什么的话，那就只留下一个纯粹思想的领域：关于思维过程本身的规律的学说，即逻辑和辩证法"③。由此提出的意义更为重大的理论问题是：按照恩格斯的这个论断，是否应当把作为"现代唯物主义"的马克思主义哲学定义为"关于思维过程本身的规律的学说"？是否应当把马克思主义哲学的理论内容归结为"关于思维过程本身的规律"的"逻辑和辩证法"？这无论是诉诸科学史还是诉诸哲学史，都是说不通的。

从科学史看，关于"思维过程本身的规律的学说"，日益显著地成为

---

① 《马克思恩格斯选集》第 3 卷，178—179 页，北京，人民出版社，1972。
② 同上书，422 页。
③ 《马克思恩格斯选集》第 4 卷，253 页，北京，人民出版社，1972。

语言学、心理学、逻辑学、符号学、信息论等广义的思维科学的根本内容。因此，借用恩格斯本人的说法，"哲学"已经不仅被"驱逐"出了自然界和历史，而且被"驱逐"出了思维领域，试图充当思维科学的"哲学"已经被现代的思维科学所取代。从哲学史看，关于"思维过程本身的规律的学说"，其集大成者就是黑格尔的以概念的辩证否定为内容的"思想的内涵逻辑"，它本身已经被马克思恩格斯所"扬弃"，即把黑格尔的思辨的辩证法"扬弃"为"对现存的一切进行无情的批判"的辩证法。因此，以思想的内涵逻辑为内容的"逻辑和辩证法"同样是被"扬弃"了的"哲学"，而不是"已经不再是哲学"的"世界观"。

面对科学史和哲学史，我们究竟应当如何理解恩格斯所说的"不再是哲学"的"世界观"？这种"世界观"在何种意义上是"关于思维过程本身的规律"的"逻辑和辩证法"？回答这个问题，必须重新思考恩格斯对哲学所关切的"思维规律"的理解和关于哲学本身的"重大的基本问题"的概括。

关于哲学所研究的思维规律，恩格斯的最为重要的论断是："我们的主观的思维和客观的世界服从于同样的规律，因而两者在自己的结果中不能互相矛盾，而必须彼此一致，这个事实绝对地统治着我们的整个理论思维。它是我们的理论思维的不自觉的和无条件的前提。"[①]这清楚地表明，恩格斯所说的"关于思维过程本身的规律的学说"，并不是关于思维的实证科学，而是反思"理论思维的本能的和无条件的前提"，即恩格斯本人在做出上述论断时所提示的关于"思维和存在的一致"的学说。

必须深入思考的是，在提出关于"理论思维的本能的和无条件的前提"的论断之后，恩格斯围绕这个论断展开了三个方面的论述：一是"18世纪的唯物主义，由于其本质上的形而上学的性质，只是从内容方面研究这个前提。它只限于证明一切思维和知识的内容都应当来源于感性的经验，并且重新提出下面这个命题：感觉中未曾有过的东西，理智中也

不存在"；二是"只有现代的唯心主义的，同时也是辩证的哲学，特别是黑格尔，才又从形式方面研究了这个前提"。"这个哲学在许多场合下和在极不相同的领域中证明了思维过程同自然过程和历史过程的类似之处以及反过来的情形并且证明同一些规律对所有这些过程都是适用的"；三是"现代自然科学已经把一切思维内容都来源于经验这一命题以某种方式加以扩展，以致把这个命题的旧的形而上学的界限和表述完全抛了"。①

在这段具有鲜明的针对性和深刻的思想性的论述中，恩格斯表达了三个重要思想：其一，"思维和存在的一致"是"理论思维的本能的和无条件的前提"，对这个"前提"的批判性反思构成哲学意义上的"关于思维过程本身的规律"的"逻辑和辩证法"，并因而构成哲学与科学（包括自然科学、社会科学和思维科学在内的全部科学）这两种理论思维方式之间的原则区别；其二，旧唯物主义和辩证的唯心主义"只是"分别地探讨了这个"无条件的前提"的"内容方面"或"形式方面"，均未合理地解决哲学与科学这两种理论思维方式之间的原则区别，因而无法合理地回答"理论思维的本能的和无条件的前提"问题；其三，"现代自然科学"承诺了"一切思维内容都来源于经验这一命题"，并因而"完全抛弃"了对这个"无条件的前提"的形而上学反思。由这三个重要思想所引发的基本结论，应当是把哲学的"重大的基本问题"归结为"理论思维的本能的和无条件的前提"，即"思维和存在的一致"问题。事实正是这样。在《路德维希·费尔巴哈和德国古典哲学的终结》中，恩格斯就以简洁明确的论断方式提出："全部哲学，特别是近代哲学的重大的基本问题，是思维和存在的关系问题。"②由此可以得出的重要结论是：这个"重大的基本问题"，就是在"世界观"中被保存的"现实内容"；而在"世界观"中被克服了的"形式"，则是企图提供总联系的作为科学的科学的"哲学"。这就是

---

① 《马克思恩格斯选集》第 4 卷，364—365 页，北京，人民出版社，1995。
② 《马克思恩格斯全集》第 21 卷，315 页，北京，人民出版社，1965。

"已经不再是哲学"的"世界观"对"哲学"的"扬弃"。

然而，值得深思的是，在相当长的时期里，关于恩格斯所概括的哲学的"重大的基本问题"，人们往往只是引证这个论断本身，而没有关切这个论断所指认的问题，即"理论思维的本能的和无条件的前提"问题，因此，不是从理论思维的两种基本方式——哲学与科学的关系中去理解"思维和存在的关系问题"，特别是没有从恩格斯所强调的"内容方面"和"形式方面"及其关系去理解这个"重大的基本问题"。由此导致的一个严重后果，就是把恩格斯所说的"关于思维过程本身的规律的学说"解释为"思维科学"，而不是把这个"学说"理解为关于"思维和存在的关系问题"，即关于"理论思维的本能的和无条件的前提"的学说。从哲学与科学的关系上看，这两种理解方式，具有重大的原则区别：前者把作为世界观的马克思主义哲学归结为一种与自然科学、历史科学相并列的思维科学，后者则是把作为世界观的马克思主义哲学理解为对"哲学"的"扬弃"，既"克服"了作为科学的科学的"哲学"，又"保存"了作为哲学"重大的基本问题"的"思维和存在的关系问题"，也就是对"理论思维的本能的和无条件的前提"的批判和反思。因此，正是并且只是在后者的意义上，作为"世界观"的马克思主义哲学，是一种"已经不再是哲学"的哲学——世界观。

这里的根本问题在于，"不再是哲学"的"世界观"，是一种根本不同于旧唯物主义的新唯物主义——现代唯物主义。这是恩格斯在论述哲学"基本问题"时突出强调的重要思想，因而也是我们理解马克思主义"世界观"的至关重要的思想。然而，在通常的关于哲学"基本问题"的阐释中，恰恰是因为"忽视"甚至是"忽略"了这个最为重要的思想，结果反而把作为现代唯物主义的"世界观"与作为旧唯物主义的"哲学"混为一谈，把现代唯物主义与旧唯物主义对"思维和存在的关系问题"的回答混为一谈，从而阉割了马克思主义世界观的真实含义。

恩格斯在做出"全部哲学，特别是近代哲学的重大的基本问题，是思维和存在的关系问题"这个具有根本性的论断之后，紧接着就论述了这个"基本问题"的历史演化，并提出这个问题"只是"在近代哲学"才被十分清楚地提了出来，才获得了它的完全的意义"。以此为基础，恩格斯集中论述了哲学基本问题的历史演化与唯物主义的发展阶段的关系问题。这对于理解"已经不再是哲学，而只是世界观"的现代唯物主义具有不容忽视的重要意义。

恩格斯指出，费尔巴哈唯物主义对黑格尔唯心主义的批判，只是形成了"物质不是精神的产物，而精神本身只是物质的最高产物"这个"自然是纯粹的唯物主义"的观点，然而"到这里就突然停止不前了"。恩格斯认为，"费尔巴哈在这里把唯物主义这种建立在对物质和精神关系的特定理解上的一般世界观同这一世界观在特定的历史阶段即十八世纪所表现的特殊形式混为一谈了"①。恩格斯由此提出，"象唯心主义一样，唯物主义也经历了一系列的发展阶段。甚至随着自然科学领域中每一个划时代的发现，唯物主义也必然要改变自己的形式；而自从历史也被唯物主义地解释的时候起，一条新的发展道路也在这里开辟出来了"②。

正是在关于唯物主义的"发展阶段"的论述中，恩格斯向我们展现了以发现历史的运动规律为任务的"现代唯物主义"，与"关于思维过程本身的规律"的"逻辑和辩证法"的内在关联，即只有"历史也得到唯物主义的解释以后"，才能合理地回答哲学的"重大的基本问题"——思维和存在的关系问题。这正如恩格斯所提出的："费尔巴哈不能找到从他自己所极端憎恶的抽象王国通向活生生的现实世界的道路。他紧紧地抓住自然界和人；但是，在他那里，自然界和人都只是空话。无论关于现实的自然界或关于现实的人，他都不能对我们说出任何确定的东西。"③恩格斯由此得出的根本性结论是："要从费尔巴哈的抽象的人转到现实的、活生生的人，就必须把这些人当做在历史中行动的人去研究"。④ "费尔

---

① 《马克思恩格斯选集》第 4 卷，223—224 页，北京，人民出版社，1972。
② 同上书，224 页。
③ 同上书，236 页。
④ 同上书，236—237 页。

巴哈所没有走的一步，终究是有人要走的。对抽象的人的崇拜，即费尔巴哈的新宗教的核心，必须由关于现实的人及其历史发展的科学来代替。这个超出费尔巴哈而进一步发展费尔巴哈观点的工作，是由马克思于 1845 年在《神圣家族》中开始的。"①

由此，关于"不再是哲学"的"世界观"，就回到恩格斯在提出这个判断的同时所提出的另一个论断，即"现代唯物主义把历史看做人类的发展过程，而它的任务就在于发现这个过程的运动规律"②。这个论断同马克思恩格斯在《德意志意识形态》中的论断是完全一致的，即"对现实的描述会使独立的哲学失去生存环境，能够取而代之的充其量不过是从对人类历史发展的观察中抽象出来的最一般的结果的综合。这些抽象本身离开了现实的历史就没有任何价值"③。显然，马克思恩格斯在这里所指认的"独立的哲学"，就是恩格斯所说的与"世界观"相区别的"哲学"；而恩格斯所说的"不再是哲学"的"世界观"，则是"从对人类历史发展的考察中抽象出来的最一般的结果的概括"。这正是马克思恩格斯所创建的历史唯物主义。

通过探析恩格斯所论述的"已经不再是哲学"的"世界观"，我们可以形成关于"现代唯物主义"的两点基本结论：其一，现代唯物主义对"哲学"的扬弃，一方面是"克服"了作为"科学的科学"的"哲学"，另一方面则是"保存"了作为"理论思维的本能的和无条件的前提"的"思维和存在的关系问题"，并自觉地把这个"关系问题"确认为哲学的"重大的基本问题"；其二，"现代唯物主义"是从"历史中行动的人"出发去回答作为哲学的重大的基本问题的思维和存在的关系问题，因此，现代唯物主义的真实含义就是历史唯物主义，只有历史唯物主义才是"不再是哲学"的马克思主义的"世界观"。

———————————

① 《马克思恩格斯选集》第 4 卷，237 页，北京，人民出版社，1972。
② 《马克思恩格斯全集》第 19 卷，224 页，北京，人民出版社，1963。
③ 《马克思恩格斯选集》第 1 卷，31 页，北京，人民出版社，1972。

(二)探析马克思的"改变世界"的"世界观"

对"思维和存在的关系问题"的历史唯物主义回答，就是作为"现代唯物主义"的马克思主义的世界观。这是通过探析恩格斯关于"已经不再是哲学"的"世界观"的论断所形成的总体判断。这个判断与马克思的"改变世界"的论断是相互印证的，还是相互矛盾的？这是必须深入讨论的又一个重大理论问题。

在被恩格斯称之为"包含着新世界观的天才萌芽的第一个文件"的《关于费尔巴哈的提纲》中，马克思提出了被人们经常引证的著名论断，即"哲学家们只是用不同的方式解释世界，问题在于改变世界"①。然而，在对这个著名论断的阐释中，人们却往往得出这样的结论，即"思维和存在的关系问题"只是"解释世界"的"哲学家们"的"基本问题"，而不是"改变世界"的马克思主义哲学的"基本问题"。这样的结论，不仅构成了马克思与恩格斯在"哲学基本问题"上的对立，而且构成了关于什么是马克思主义世界观的原则分歧。这就需要首先以马克思的《关于费尔巴哈的提纲》(以下简称《提纲》)为"文本"对象，认真地探析马克思的"改变世界"的"世界观"。

诉诸"文本"，我们可以看到：其一，《提纲》的立意是明确的，问题是鲜明的，这就是马克思所指认的"人的思维是否具有客观的真理性"问题，而这正是恩格斯所概括的作为哲学的重大的基本问题的"思维和存在的关系问题"；其二，《提纲》的回答同样是明确的、鲜明的，这就是马克思所说的"全部社会生活在本质上是实践的。凡是把理论引向神秘主义的神秘东西，都能在人的实践中以及对这个实践的理解中得到合理的解决"②。这又正是恩格斯所总结的马克思"超出费尔巴哈进一步发展费尔巴哈观点的工作"——从"历史中行动的人"出发去回答"思维和存在的关系问题"，也就是对哲学的"重大的基本问题"的历史唯物主义回答。

---

① 《马克思恩格斯全集》第 3 卷，8 页，北京，人民出版社，1960。
② 《马克思恩格斯选集》第 1 卷，56 页，北京，人民出版社，1995。

在《提纲》的第一段中，马克思直截了当地提出："从前的一切唯物主义（包括费尔巴哈的唯物主义）的主要缺点是：对对象、现实、感性，只是从客体的或者直观的形式去理解，而不是把它们当作感性的人的活动，当作实践去理解，不是从主体方面去理解。因此，和唯物主义相反，能动的方面却被唯心主义抽象地发展了，当然，唯心主义是不知道现实的、感性的活动本身的。"①在这里，马克思正是从思维和存在的关系问题出发，简洁而明确地批判了旧唯物主义和唯心主义这两种"哲学"：其一，旧唯物主义"只是从客体的或者直观的形式"去看待思维和存在的关系问题，从而把思维对存在的关系看成是直观地反映关系，而这正是恩格斯所指认的旧唯物主义只是从"内容"方面去看待思维对存在的关系；其二，唯心主义只是"抽象地发展了""能动的方面"，把思维对存在的关系归结为思维的能动作用，而这又正是恩格斯所指认的唯心主义只是从"形式"方面去看待思维对存在的关系；其三，马克思明确地指出，旧唯物主义之所以只是从客体的或者直观的形式去理解思维与存在的关系，唯心主义之所以只能是抽象地发展了能动的方面，其根源就在于离开"感性的人的活动"去看待思维与存在的关系，而这又正是恩格斯所指认的离开"历史中行动的人"去解决思维和存在的关系问题。由此我们可以看到，在马克思的这段被人们广泛引证的主题式话语的论断中，并不是否定了恩格斯所概括的哲学的重大的基本问题，而恰恰是从马克思所说的"感性的人的活动"或恩格斯所说的"历史中行动的人"出发去回答"思维和存在的关系问题"。由此可以看到：哲学的基本问题，正是在《提纲》中被"保存"下来的"世界观"的根本问题；对哲学基本问题的历史唯物主义回答，则构成马克思主义的世界观。

诉诸《提纲》全文，我们可以看到，正是以揭示和批判旧唯物主义和唯心主义这两种以"哲学"方式所构成的世界观为"纲"，马克思在《提纲》中逐段深入地阐述了"现代唯物主义"的世界观。具体言之，在《提纲》的

---

① 《马克思恩格斯选集》第1卷，54页，北京，人民出版社，1995。

第二段，马克思明确地提出："人的思维是否具有客观的真理性，这不是一个理论的问题，而是一个实践的问题。人应该在实践中证明自己思维的真理性，即自己思维的现实性和力量，自己思维的此岸性。关于思维——离开实践的思维——的现实性或非现实性的争论，是一个纯粹经院哲学的问题。"①在这段论述中，马克思明确地提出了必须以实践的观点看待"人的思维是否具有客观的真理性"问题，也就是以实践的观点去看待作为哲学的重大的基本问题的思维和存在的关系问题。在紧接其后的第三段中，马克思针对旧唯物主义所探讨的"关于环境和教育起改变作用"的问题，又提出"环境的改变和人的活动或自我改变的一致，只能被看作是并合理地理解为革命的实践"。在其后的第四段中，马克思又针对费尔巴哈不能从"世俗基础的自我分裂和自我矛盾"来说明"世界被二重化为宗教世界和世俗世界"，提出"对于这个世俗基础本身应当在自身中、从它的矛盾中去理解，并在实践中使之革命化"。由此，马克思在《提纲》的第五段揭示了费尔巴哈哲学的本质："费尔巴哈不满意抽象的思维而喜欢直观；但是他把感性不是看作实践的、人的感性的活动。"②正是基于这种洞见，马克思在《提纲》的第六段提出："人的本质不是单个人所固有的抽象物，在其现实性上，它是一切社会关系的总和。"③又在《提纲》的第七段提出，费尔巴哈"所分析的抽象的个人，是属于一定的社会形式的"④。正是依据上述论断，马克思在《提纲》的第八做作出一个具有根本性的论断："全部社会生活在本质上是实践的。凡是把理论引向神秘主义的神秘东西，都能在人的实践中以及对这个实践的理解中得到合理的解决。"⑤由此提出的问题是：为什么"从前的一切唯物主义"不能"在人的实践中以及对这个实践的理解中"去解决"人的

---

① 《马克思恩格斯选集》第 1 卷，55 页，北京，人民出版社，1995。
② 同上书，56 页。
③ 同上书，56 页。
④ 同上书，56 页。
⑤ 同上书，56 页。

思维是否具有客观的真理性"，反而是"把理论引向神秘主义"？马克思在《提纲》的第九、十段所做的回答是："直观的唯物主义，即不是把感性理解为实践活动的唯物主义至多也只能达到对单个人和市民社会的直观"；"旧唯物主义的立脚点是市民社会，新唯物主义的立脚点则是人类社会或社会的人类。"①这就是说，新唯物主义之所以在理论上超越了旧唯物主义，从根本上说，是因为新唯物主义在其现实基础上超越了旧唯物主义。正是基于上述论断，马克思在《提纲》的第十一段即最后一段，做出了人们经常引证的基本结论："哲学家们只是用不同的方式解释世界，问题在于改变世界。"②

在这里如此详细地逐段引证和阐述马克思的《提纲》，对于深入地探析马克思的"改变世界"的"世界观"，特别是深入地探析这个"世界观"与恩格斯所指认的"不再是哲学"的"世界观"的内在一致性，是非常必要和十分重要的：其一，从理论内容上看，马克思恩格斯的"现代唯物主义"的"世界观"对"哲学"的扬弃，既"克服了""哲学家们"把哲学当作关于"总联系"的"科学的科学"的幻想，又"保存"了作为"理论思维的本能的和无条件的前提"即"人的思维是否具有客观的真理性"的"思维和存在的关系问题"；其二，从根本理念上看，"现代唯物主义"与"哲学家们"的根本区别则在于，"哲学家们"不是"在人的实践中以及对这个实践的理解中"去解决"思维和存在的关系问题"，而是以"直观"的方式或抽象的"能动"原则去回答这个"重大的基本问题"，因而他们的"哲学"只能是"解释世界"的哲学，并且只能是"把理论引向神秘主义的神秘东西"，与此相反，马克思恩格斯的现代唯物主义则是从"全部社会生活在本质上是实践的"这一根本理念出发，"在实践中证明自己思维的真理性"；其三，从现实基础上看，"哲学家们"之所以不能"在实践中以及对这个实践的理解中"提出和回答"人的思维是否具有客观的真理性"问题，根源

---

① 《马克思恩格斯选集》第1卷，56—57页，北京，人民出版社，1995。
② 同上书，57页。

在于"旧唯物主义的立脚点是市民社会",因而"至多也只能达到对单个人和市民社会的直观",只有立足于"人类社会或社会的人类"的现代唯物主义,才能超越"只是用不同的方式解释世界",而形成"不再是哲学"的"世界观"——"改变世界"的"世界观"。这种以"人类社会或社会的人类"为"立脚点"、"在实践中以及对这个实践的理解中"所构成的世界观,就是马克思恩格斯所创建的"现代唯物主义"——历史唯物主义——的世界观。这是认真思考和深入探析马克思在《提纲》中所论证的"改变世界"的"世界观"应当得出的基本结论。

(三)历史唯物主义的世界观的理论内涵

马克思恩格斯创建的历史唯物主义,从"感性的人的活动"或"历史中行动的人"出发去解决"思维和存在的关系问题",形成了以"历史"为解释原则、以"生活决定意识"为核心理念、以"历史的内涵逻辑"为基本内容、以"人类解放"为价值诉求、以"改变世界"为理论指向的历史唯物主义的世界观。这个"不再是哲学"的"世界观"具有极其深刻和丰厚的理论内涵。

1. 历史唯物主义的世界观,是以"历史"作为解释原则的世界观。

在《关于费尔巴哈的提纲》中,马克思明确地揭示了由三种不同的解释原则所构成的世界观:一是以"客体的或者直观"的解释原则回答思维和存在的关系问题的旧唯物主义的世界观;二是以"抽象的"能动性的解释原则回答思维和存在关系问题的唯心主义世界观;三是以"感性的人的活动"的解释原则回答思维和存在关系问题的现代唯物主义的世界观。对于后一种解释原则,恩格斯明确地表述为以"现实的人及其历史发展"为出发点的"现代唯物主义"的世界观。

"历史"是"追求着自己的目的的人的活动",是"人们的现实生活过程",是"现实的人及其历史发展"。人"作为人类历史的经常前提,也是人类历史的经常的产物和结果,而人只有作为自己本身的产物和结果才成为前提"①。人自身作为历史的"前提"和"结果"，以自己的活动构成自身的存在、自身的历史。历史是人的存在的现实，是人的现实的世界。正是在"历史"即"人们的现实生活过程"中，才形成现实的思维与存在的关系，因此，只有从"历史"即"人们的现实生活过程"出发，才能合理地提出和回答作为哲学基本问题的"思维和存在的关系问题"。

关于"历史"，值得深入思考的一个重大问题是，历史不只是一个"过程"，即不只是"感性的人的活动"，更是一种"结果"，即"感性的人的活动"或"历史中行动的人"所创造的"文明"。文明结晶着人的历史活动，体现着人与世界的现实关系，并规范着人类社会的趋势与未来。因此，历史唯物主义的历史概念远不只是活动或过程的概念，更是文明的概念。以历史作为解释原则的历史唯物主义，从根本上说，是以文明为其内涵而实现的对思维和存在关系问题的回答，也就是以文明为其内涵构成的世界观。这正如马克思恩格斯所说："历史不外是各个世代的依次交替。每一代都利用以前各代遗留下来的材料、资金和生产力；由于这个缘故，每一代一方面在完全改变了的环境下继续从事所继承的活动，另一方面又通过完全改变了的环境来变更旧的环境。"②这才是具有革命意义的、以历史作为解释原则的马克思主义的世界观。然而，通常所说的"实践唯物主义"，则只是把"实践"解释为"感性的人的活动"，而没有凸显人的实践活动所构成的历史的文明内涵。正因如此，我们不赞同以辩证唯物主义和历史唯物主义来称谓和定位马克思主义哲学，也不认同以实践唯物主义来称谓和定位马克思主义哲学，而把马克思主义哲学称谓和定位为历史唯物主义。

2. 以"历史"为解释原则的世界观，是以"生活决定意识"为核心理念的世界观。

关于意识与存在的关系问题，马克思恩格斯在《德意志意识形态》中

---

① 《马克思恩格斯全集》第 26 卷(第三册)，545 页，北京，人民出版社，1974。
② 《马克思恩格斯选集》第 1 卷，88 页，北京，人民出版社，1995。

十分明确地提出："意识在任何时候都只能是被意识到了的存在，而人们的存在就是他们的现实生活过程。"①这表明：马克思恩格斯所指认的"存在"，并不是某种超验的、与人无关的神秘的东西，而是人的"现实生活过程"，所谓的自然界则是"在人类历史中即在人类社会的产生过程中形成的自然界是人的现实的自然界"；马克思恩格斯所指认的"意识一开始就是社会的产物，而且只要是人们存在着，它就仍然是这种产物"②。马克思恩格斯认为，由"纯粹动物式的意识"发展为真正的人的"意识"，这是"被历史的进程所改变"的结果。这表明，与"被意识到了的存在"一样，"意识"本身也是"历史"的产物。因此，"意识"与"存在"的关系，在其现实性上，就是"社会意识"（现实的人的意识）与"社会存在"（现实的人的生活过程）在"历史的进程"中所形成的关系。在"历史的进程"中所形成的意识与存在的关系，就是社会意识与社会存在的关系；在这种现实的社会意识与社会存在的关系中，从根本上说，"不是意识决定生活，而是生活决定意识"③。这是历史唯物主义的世界观的核心理念和根本观点。

离开"现实的人的意识"与"现实的人的生活过程"，并不存在抽象的"意识"与"存在"的关系；离开"历史的进程"去说明"意识"与"存在"的关系，只能是"把理论引向神秘主义的神秘东西"；只有从"历史的进程"提出和回答"意识"与"存在"的关系问题，才能"在人的实践中以及对这个实践的理解中得到合理的解决"。由此可以明确：离开"历史的进程"而提出"意识"与"存在"的关系问题，这是马克思主义以前的全部旧哲学；以"历史的进程"为出发点而提出"意识"与"存在"的关系问题，这才是马克思恩格斯的世界观——历史唯物主义的世界观。

3. 以"历史"为解释原则的世界观，是以"历史的内涵逻辑"为内容的世界观。

历史唯物主义的"唯物主义"，是唯物主义发展史上的马克思主义的

---

① 《马克思恩格斯选集》第 1 卷，72 页，北京，人民出版社，1995。

② 同上书，81 页。

③ 同上书，73 页。

唯物主义；历史唯物主义的"辩证法"，是辩证法发展史上的马克思主义的辩证法；因此，历史唯物主义的世界观，并不是一般意义的唯物主义与辩证法的统一，而是马克思主义的唯物主义与辩证法的统一，这就是以"历史"为解释原则的唯物主义与辩证法的统一。它的最为重要的理论问题，并不是抽象的"思维"和"存在"的关系问题，而是解决"思维和存在的关系问题"中的"历史"与"逻辑"的关系问题、"理论"与"实践"的关系问题；它的主要的和直接的批判对象，是黑格尔以唯心主义辩证法所构成的"历史与逻辑的一致"；它的真实的理论内容，是作为历史的内涵逻辑的历史唯物主义。

在《资本论》的"第二版跋"中，马克思明确地提出："我的辩证方法，从根本上说，不仅和黑格尔的辩证方法不同，而且和它截然相反。在黑格尔看来，思维过程，即他称为观念而甚至把它转化为独立主体的思维过程，是现实事物的创造主，而现实事物只是思维过程的外部表现。我的看法则相反，观念的东西不外是移入人的头脑并在人的头脑中改造过的物质的东西而已。"马克思由此提出，"辩证法，在其合理的形态上"，是"在对现存事物的肯定的理解中同时包含对现存事物的否定的理解，即对现存事物的必然灭亡的理解；辩证法对每一种既成的形式都是从不断的运动中，因而也是从它的暂时性方面去理解；辩证法不崇拜任何东西，按其本质来说，它是批判的和革命的"①。在这里，马克思提出了关于"辩证法"的两个根本性论断：其一，是观念决定现实，还是现实决定观念，这是黑格尔的辩证法与马克思的辩证法的根本区别；其二，"合理形态"的辩证法，不仅是肯定现实决定观念，而且"按其本质来说"是"批判的和革命的"。马克思的这两个论断表明，"现代唯物主义"的世界观是"对现存的一切进行无情的批判"的世界观，是"实际地反对并改变现存的事物"的世界观。这个世界观，既变革了以"客体的或者直观"的方式看待人与世界关系的旧唯物主义的世界观，也变革了把思维看成

---

① 《马克思恩格斯选集》第 2 卷，218 页，北京，人民出版社，1972。

是"现实事物的创造主"的唯心主义的世界观。

黑格尔辩证法的唯心主义本质，深刻地体现为"历史屈从逻辑"。在《哲学的贫困》中，马克思就揭露了黑格尔的历史与逻辑的一致的唯心主义本质："黑格尔认为，世界上过去发生的一切和现在还在发生的一切，就是他自己的思维中发生的一切。因此，历史的哲学仅仅是哲学的历史，即他自己的哲学的历史。""他以为他是在通过思想的运动建设世界，其实，他只是根据绝对方法把所有人们头脑中的思想加以系统的改组和排列而已"。① 不仅如此，马克思还深刻地揭示了形成黑格尔唯心主义辩证法的认识论根源："在最后的抽象（因为是抽象，而不是分析）中，一切事物都成为逻辑范畴，这用得着奇怪吗？"②"正如我们通过抽象把一切事物变成逻辑范畴一样，我们只要抽去各种各样的运动的一切特征，就可得到抽象形态的运动，纯粹形式上的运动，运动的纯粹逻辑公式。"③因此，马克思关于历史与逻辑的关系的基本观点是："不是在每个时代中寻找某种范畴，而是始终站在现实历史的基础上，不是从观念出发来解释实践，而是从物质实践出发来解释观念的形成。"④

马克思肯定历史决定逻辑，并不是否认以逻辑的方式把握历史，而是把逻辑视为对历史的理论把握。在《〈政治经济学批判〉导言》中，马克思对逻辑与历史的一致做出这样的论述："比较简单的范畴可以表现一个比较不发展的整体的处于支配地位的关系，或者可以表现一个比较发展的整体的从属关系，后面这些关系，在整体向着以一个比较具体的范畴表现出来的方面发展之前，在历史上已经存在。在这个限度内，从最简单上升到复杂这个抽象思维的进程符合现实的历史过程。"⑤"比较简

---

① 《马克思恩格斯选集》第 1 卷，141 页，北京，人民出版社，1995。
② 同上书，138 页。
③ 同上书，139 页。
④ 同上书，92 页。
⑤ 《马克思恩格斯选集》第 2 卷，105 页，北京，人民出版社，1972。

单的范畴，虽然在历史上可以在比较具体的范畴之前存在，但是，它的充分深入而广泛的发展恰恰只能属于一个复杂的社会形式，而比较具体的范畴在一个比较不发展的社会形式中有过比较充分的发展。"①在《资本论》中，马克思正是通过分析"比较具体的范畴"而把握"比较简单的范畴"，通过考察"比较发展的整体"而透视"比较不发展的整体"，通过揭示"一个复杂的社会形式"即资本主义的社会形式而实现对全部"人类生活形式"即"历史过程"的揭示，从而"发现"了人类历史的发展规律。②

历史与逻辑的关系问题，从根本上说，是"人的活动"与"历史规律"的关系问题。黑格尔辩证法的真实意义，在于它在批判"抽象理性"的过程中，构成了以概念的辩证运动所展现的人类思想运动的逻辑，即"思想的内涵逻辑"。然而，在黑格尔的历史与逻辑一致的"思想的内涵逻辑"中，却把历史的"规律"视为"无人身的理性"的自我实现过程，从而把历史视为"逻辑"的自我展开，而把人的历史活动本身当作这种"逻辑"的外在表现。这是黑格尔辩证法的唯心主义实质。与此相反，马克思是把历史的"规律"视为人作为历史的前提和结果的辩证运动，而把"逻辑"视为关于人的历史活动的理论把握，从而把黑格尔的作为"思想的内涵逻辑"的辩证的唯心主义"扬弃"为作为"历史的内涵逻辑"的历史的唯物主义。马克思说："人们自己创造自己的历史，但是他们并不是随心所欲地创造，并不是在他们自己选定的条件下创造，而是在直接碰到的、既定的、从过去承继下来的条件下创造。"③以理论的方式把握人的历史活动及其所形成的历史规律，这就是马克思的唯物论与辩证法相统一的"历史的内涵逻辑"，即存在论、认识论和逻辑学相统一的历史唯物主义。

---

① 《马克思恩格斯选集》第 2 卷，105 页，北京，人民出版社，1972。
② 参见孙正聿：《"现实的历史"：〈资本论〉的存在论》，载《中国社会科学》，2010（2）。
③ 《马克思恩格斯全集》第 8 卷，121 页，北京，人民出版社，1961。

4. 以"历史"为解释原则的世界观，是以人类解放为其价值诉求的世界观。

哲学作为理论形态的人类自我意识，既不是单纯的存在论，也不是单纯的认识论，而是具有存在论、认识论和价值论的三重内涵，即一方面是为了确立某种价值理想而诉诸对真理的追求和对存在的反思，另一方面则是以对真理的追求和对存在的反思而确立某种价值理想。价值诉求，是哲学的根本旨趣，是哲学的基本理念，是哲学的主要功能。一种哲学理论的价值诉求，从根本上决定该种哲学对"存在"和"真理"的理解，也就从根本上决定该种哲学的世界观。历史唯物主义的世界观，是以"人类社会或社会的人类"为立脚点、以人类解放为价值目标的世界观。这是"已经不再是哲学"的马克思主义世界观的最具革命性的根本特质。

推翻使人"被侮辱""被奴役""被遗弃""被蔑视"的"一切关系"，是马克思恩格斯创建自己的全部学说的真正的出发点，也是马克思恩格斯全部学说所承诺的最高的价值理想——以人的全面发展为内容的人类解放。正是从这个价值理想出发，马克思批判一切把理论引向神秘主义的神秘东西，从揭露"人的自我异化的神圣形象"转向揭露"具有非神圣形象的自我异化"，把"对天国的批判变成对尘世的批判，对宗教的批判变成对法的批判，对神学的批判变成对政治的批判"，[①] 从而实现"对现存的一切进行无情的批判"，并在这种批判中形成了以人类解放为价值目标的历史唯物主义的世界观。离开这个价值目标，就会像马克思恩格斯所批判的"独立的哲学"一样，不了解"革命的、实践批判的活动的意义"，"至多也只能达到对单个人和市民社会的直观"，而不可能"在人的实践中以及对这个实践的理解中"去对待"人的思维是否具有客观的真理性"问题，也就是不可能以历史为解释原则而实现哲学的存在论、真理性和价值论的统一。

---

① 《马克思恩格斯选集》第 1 卷，2 页，北京，人民出版社，1995。

5. 以"历史"为解释原则的世界观，是以"改变世界"为其理论指向的世界观。

正如恩格斯《在马克思的墓前讲话》中所说，马克思"首先是一个革命家"。马克思反对"哲学，尤其是德国哲学的爱好宁静孤寂，追求体系的完满，喜欢冷静的自我审视"的理论态度，认为哲学应当是"自己的时代、自己的人民的产物"，"任何真正的哲学都是自己时代精神的精华，所以，必然会出现这样的时代：那时哲学不仅从内部即就其内容来说，而且从外部即就其表现来说，都要和自己时代的现实世界接触并相互作用"。①"改变世界"，这是马克思的哲学革命的根本理念——把"哲学"变革为指向实践的"世界观"。

关于理论与实践之间的关系，马克思在《黑格尔法哲学批判导言》中提出一系列值得特别关切的重要论述：其一，"理论在一个国家实现的程度，总是决定于理论满足这个国家需要的程度"；其二，"光是思想力求成为现实是不够的，现实本身应当力求趋向思想"；其三，"理论只要说服人，就能掌握群众；而理论只要彻底，就能说服人。所谓彻底，就是抓住事物的根本。但是，人的根本就是人本身。"②马克思的这些论述告诉人们：首先，理论不仅源于实践，而且其实现的程度同样取决于实践需要的程度，离开实践既不会形成理论也不会实现理论；其次，源于实践的理论并不是消极地反映现实，而是以其既"合目的"又"合规律"的思想对现实进行批判性的反思、规范性的矫正和理想性的引导，从而使"现实趋向思想"；最后，引导现实的思想必须是具有彻底性的思想，即抓住事物的根本也就是人本身的思想，因此，只有从"感性的人的活动"或"历史中行动的人"出发，才能构成真正具有实践意义的世界观。

马克思关于理论与实践关系的论述，凸显了以"历史"为解释原则的世界观对哲学的基本问题——思维和存在的关系问题——的"扬弃"：无

---

① 《马克思恩格斯全集》第1卷，120—121页，北京，人民出版社，1956。
② 《马克思恩格斯选集》第1卷，9页，北京，人民出版社，1972。

论是"解释世界"的"哲学"，还是"改变世界"的"世界观"，都是作为理论形态存在的，都是以"思维和存在的关系问题"为其"重大的基本问题"的；二者的根本区别，不仅在于如何看待思维与存在的关系，更在于如何对待理论与实践的关系。思维和存在的关系问题是理论和实践的关系问题中所蕴含的"基本问题"，而理论与实践的关系问题则是思维和存在的关系问题的"现实内容"。历史唯物主义的世界观，以"历史"的解释原则回答了哲学的基本问题——思维和存在的关系问题，以"历史"的解释原则论证了人对世界的关系——人在自己的实践活动及其历史发展中所实现的人对世界的否定性统一关系，以"历史"的解释原则最深切地体现了哲学的批判本质——"对现存的一切进行无情的批判"，以"历史"的解释原则升华了哲学对自由和崇高的追求——历史作为"追求自己的目的的人的活动过程"所指向的人类解放和人的全面发展的崇高理想。因此，历史唯物主义的世界观，不只是改变了对"思维和存在的关系问题"的理解，更在于改变了对"理论与实践的关系问题"的态度。正是在理论与实践的关系问题中，深刻地体现了历史唯物主义的"改变世界"的世界观。

七 塑造和引导新的时代精神

马克思曾经把"任何真正的哲学"比喻为"时代精神的精华"和"文明的活的灵魂"。这个比喻精辟地显示了哲学的人类性与时代性的不可割裂的统一性：哲学作为"文明的活的灵魂"，它总是结晶为"时代精神的精华"；哲学作为"时代精神的精华"，则总是凝聚为"文明的活的灵魂"；而哲学作为"时代精神"之"精华"与"文明"之"活的灵魂"的统一，则不仅仅是"反映和表达"自己时代的"时代精神"，更为重要的是"塑造和引导"新的"时代精神"。面向新千年的马克思主义哲学，其根本的使命与价值就是用"文明的活的灵魂"塑造和引导新世纪乃至新千年的时代精神。

（一）时代精神的变革与哲学使命的跃迁：两个"消解"与两种"归还"

早在 19 世纪 40 年代中期，马克思就对时代的变革与哲学的使命及其相互关系做出这样的论述："彼岸世界的真理消逝以后，历史的任务就是确立此岸世界的真理。人的自我异化的神圣形象被揭穿以后，揭露非神圣形象中的自我异化，就成了为历史服务的哲学的迫切任务。于是对天国的批判就变成对尘世的批判，对宗教的批判就变成对法的批判，对神学的批判就变成对政治的批判。"①

马克思的这段论述，既总结了近代哲学的基本状况，又提出了现代哲学的历史任务，这就是两个"消解"与两种"归还"：近代以来的哲学是"消解"人在"神圣形象"中的"自我异化"，把异化给"神圣形象"的人的本质"归还"给人；现代哲学的使命则是"消解"人在"非神圣形象"中的"自我异化"，把异化给"非神圣形象"的人的本质"归还"给人。这两个"消解"的对象与任务是不同的，因此，这两种"归还"的内容与使命也是不同的。

近代以来的西方历史，从经济形态上说，是以市场经济取代自然经济的过程；从人的存在形态上说，是人从人对人的"依附性"存在转化为"以物的依赖性为基础的人的独立性"的过程；而从文化形态上说，则是从"神学文化"转化为"哲学—科学文化"的过程。这个历史过程中所构成的时代精神的变革，是哲学使命的历史性转换的最重要的生活基础。

如果说前市场经济的自然经济所要求的是经济生活的禁欲主义、精神生活的蒙昧主义和政治生活的专制主义，并从而造成"人的依附性"存在，即造成人在"神圣形象"中的"自我异化"，那么，取代自然经济的市场经济则是反对经济生活的禁欲主义而要求人的现实幸福、反对精神生活的蒙昧主义而要求人的理性自由、反对政治生活的专制主义而要求人的天赋人权，从而形成了市场经济的三个基本取向的统一，即功利主义的价值取向、工具理性的思维取向和民主法治的政治取向的统一。市场

---

① 《马克思恩格斯选集》第 1 卷，2 页，北京，人民出版社，1972。

经济的这种价值取向、思维取向和政治取向的统一，实现了马克思所说的"以物的依赖性为基础的人的独立性"，即"消解"了人在"神圣形象"中的"自我异化"，把人的存在方式从人对人的"依附性"存在转换成人对物的"依赖性"存在。这是人类从自然经济中的生存状态跃迁为市场经济中的生存状态所实现的历史性的飞跃，同时也是人类的自我意识从"依附性"的存在跃迁为"以物的依赖性为基础的人的独立性"的存在所实现的"时代精神"的飞跃。

人类存在的历史性飞跃以及由此形成的时代精神的飞跃，以理论的形态构成哲学理念的飞跃，这就是从中世纪的"信仰的时代"的哲学跃迁为近代的"理性的时代"的哲学。从总体上看，近代以来的西方哲学，正是在"自我先于上帝、理性先于信仰"的哲学进军中，理论地表征了取代"信仰的时代"的"理性的时代"，也就是理论地表征了人从"依附性"的存在到"独立性"的存在的历史性转化。

作为"信仰的时代"的中世纪哲学，它理论地表征着人在"神圣形象"中的"自我异化"，即人在"上帝"中的"自我异化"。人把自己的本质异化给作为"神圣形象"的"上帝"，"上帝"就成为无所不在、无所不知、无所不能的"神圣形象"，而人本身则成了依附于"上帝"的存在。马克思说，"宗教是那些还没有获得自己或是再度丧失了自己的人的自我意识和自我感觉"①，正是深刻地揭示了以宗教的方式而表现的"人的依附性"存在的生存状态。而中世纪的哲学沦为神学的"婢女"，则恰恰是理论地表征着人在"神圣形象"中的"自我异化"。因此，自文艺复兴以来的西方近代哲学，它的根本使命就是"消解"人在"神圣形象"中的"自我异化"，把人的本质"归还"给人本身，由此便构成了贯穿整个西方近代哲学的"上帝"的自然化、物质化、精神化和人本化的过程，即"上帝"的"人化"过程。

近代西方哲学"消解"人在"神圣形象"中的"自我异化"的过程，从根

---

① 《马克思恩格斯选集》第 1 卷，1 页，北京，人民出版社，1972。

本上说，是以"理性"代替"上帝"的过程。在以自然经济为基础的传统社会中，作为"神圣形象"的"上帝"凌驾于人的"理性"之上，窒息了理性对世界的求索，从而严重地阻碍了生产和科学的发展，因此，表征近代精神的近代哲学，以其所弘扬的"理性"精神塑造和引导了长达数百年的"理性的时代"的时代精神。对此，恩格斯曾做过这样的评论："要知道，当这个黑格尔发现，他借助理性不能得到另一个凌驾于人之上的真正的上帝时，他是多么为理性而感到自豪，以致他干脆宣布理性为上帝。"[①]

把"理性"变成"上帝"，也就是用"理性"这个"非神圣形象"去代替"上帝"这个"神圣形象"，这种"代替"集中地显示了以"理性的时代"为标志的近代哲学的深刻的内在矛盾：一方面，近代哲学实现了人在"理性"中的自我发现，即以"理性"消解了人在"神圣形象"中的"自我异化"，把人的本质"归还"给了人的"理性"；另一方面，近代哲学又使人在"理性"中造成了新的"自我异化"，即以"理性"构成了人在"非神圣形象"中的"自我异化"，把"理性"变成了凌驾于人之上的"本质主义的肆虐"。马克思在评论黑格尔的"绝对理念"即"无人身的理性"时，就极其精辟地阐释了这种"理性主义"哲学与整个近代以来的人类生存状况的关系，即：黑格尔的"无人身的理性"是以"最抽象"的形式表达了人类"最现实"的生存状况——"个人现在受抽象统治，而他们以前是相互依赖的。但是，抽象或观念，无非是那些统治个人的物质关系的理论表现"[②]。由此我们可以看到，把人的本质"归还"给"理性"的近代哲学，其实质是以理论的方式表达了正在受"抽象"统治的近代以来的人类生存状况，也就是人的"独立性"建立在对"物的依赖性"的基础之上的生存状况。

近代哲学的历史任务是"消解"人在"神圣形象"中的"自我异化"，即把异化给"上帝"的人的本质"归还"给人的"理性"；所谓的现代哲学，它的历史任务则是"消解"人在"非神圣形象"中的自我异化，即把异化给

---

① 《马克思恩格斯全集》第 41 卷，276 页，北京，人民出版社，1982。
② 《马克思恩格斯全集》第 46 卷（上），111 页，北京，人民出版社，1979。

"理性"的人的本质归还给作为个体的个人。因此，如果我们把整个近代哲学所表征的时代精神称之为"理性的时代"，那么，我们可以把超越近代哲学的现代哲学概括为"理性的批判"，而把现代哲学所表征的时代精神称之为"反省理性的时代"。

现代哲学中的两大思潮——科学主义思潮和人本主义思潮——都是以反省理性、批判理性为使命的。所谓科学主义思潮，它把近代哲学所弘扬的理性视为一种"狂妄的理性"，认为近代哲学，特别是作为其集大成者的黑格尔哲学是把哲学自身当作无所不在、无所不至、无所不能的理性，从而把"理性"变成了"上帝"，造成了"理性的放荡"，因此它要求用"谦虚的理性"去改造"狂妄的理性"，也就是用"科学"去改造"哲学"，把哲学变成"科学哲学"；所谓人本主义思潮，则把近代哲学所弘扬的理性视为一种"冷酷的理性"，认为近代哲学，特别是作为其集大成者的黑格尔哲学，是把人异化为"理性"，用"上帝"一样的"理性"去规范人的存在，从而造成了"本质主义的肆虐"，因此它要求用"丰富的人性"去改造"冷酷的理性"，也就是用"文化"去改造"哲学"，把哲学变成"文化哲学"或"人学"。

同整个现代哲学一样，马克思主义哲学的历史任务，也同样是"消解"人在"非神圣形象"中的"自我异化"，把人的本质"归还"给人本身。应当指出的是，这个历史任务，正是马克思在《〈黑格尔法哲学批判〉导言》中明确提出的。但是，我们特别关切的是，在下述三个方面，马克思主义哲学与作为现代哲学的科学主义和人本主义两大思潮具有不容回避的原则区别，并因此显示了马克思主义哲学的不容否认的当代价值。

第一，马克思认为，"对宗教的批判是其他一切批判的前提"，因为"反宗教的斗争间接地也是反对以宗教为精神慰借的那个世界的斗争"[①]。由于现代哲学只是把"对宗教的批判"作为"其他一切批判的前提"，而不是把"宗教"当作唯一的批判对象，因此，现代哲学的使命就

---

① 《马克思恩格斯全集》第 1 卷，452 页，北京，人民出版社，1956。

不仅仅是消解人在"神圣形象"中的"自我异化"，而是必须致力于消解人在"非神圣形象"中的"自我异化"；现代哲学所面对的"非神圣形象"，也并非仅仅是抽象的"理性"，更为根本的是那些"统治个人的物质关系"，因此马克思要求把"对天国的批判"变成"对尘世的批判"，把"对宗教的批判"变成"对法的批判"，把"对神学的批判"变成"对政治的批判"，并具体地展开了对德国古典哲学、英国古典政治经济学和英、法空想社会主义的批判，从而实现了"凡是把理论引到神秘主义方面去的神秘东西，都能在人的实践中以及对这个实践的理解中得到合理的解决"①，即实现了哲学史上的革命性的"实践转向"。

第二，以"实践转向"为标志的马克思主义哲学，既不是像科学主义思潮那样仅仅把近代哲学所弘扬的理性视为"狂妄的理性"，力图以"谦虚的理性"即"科学"去改造"哲学"，把哲学变成"拟科学"的哲学，也不是像人本主义思潮那样仅仅把近代哲学所弘扬的理性视为"冷酷的理性"，试图以"丰富的人性"即文化的多样性去改造"哲学"，把哲学变成"拟文学"的哲学，而是如恩格斯强调指出的那样，从"现实的人及其历史发展"出发，以实践观点的思维方式去揭示思维与存在、人与世界之间的无限丰富的矛盾关系，用"现实的理性"（实践）去批判"抽象的理性"（绝对精神），从而达到对思维与存在、人与世界之间的否定性统一的辩证理解，真正地扬弃了近代哲学所造成的人在"理性"这个"非神圣形象"中的"自我异化"。

第三，以"实践转向"为标志的马克思主义哲学，从人对世界的实践关系出发，不是把"哲学"视为凌驾于科学之上的"解释世界"的"普遍理性"，而是把"哲学"视为"改变世界"的"世界观"，即从总体上理解和协调人与世界的相互关系的理论，因此从根本上"消解"了人在以"哲学"为化身的"普遍理性"中的"自我异化"，并从而把人的"本质""归还"给人类以自身的实践活动及其历史发展所实现的人类自身的解放——"以个人

---

① 《马克思恩格斯全集》第 3 卷，8 页，北京，人民出版社，1960。

全面发展为基础的自由个性"。正是在这个把"解释世界"的哲学变革为"改变世界"的哲学的意义上，恩格斯提出，马克思主义哲学已经不再是"哲学"，而只是"世界观"。正是这个以"改变世界"为己任的"世界观"理论，不仅消解了人在"神圣形象"中的"自我异化"，而且真正地消解着人在"非神圣形象"中的"自我异化"，使人从各种非人的关系中解放出来，特别是从人对"物的依赖性"中解放出来。这是马克思主义哲学的当代价值的集中体现，也是 21 世纪乃至新千年的哲学的根本使命。

（二）"消解"人对"物的依赖性"：历史的视野与"归还"的实现

近代哲学塑造和引导的以"理性"为核心的时代精神，弘扬了人的理性权威，确认了人的主体地位，发挥了人的能动作用，从而推进了社会的进步和人自身的发展，但是，近代哲学对"理性"的阐扬却是具有二重性的：代替作为"神圣形象"的"上帝"，把人从"神圣形象"中的"自我异化"解放出来，这个"理性"是积极的、进步的；而把"理性"变成作为"非神圣形象"的"上帝"，造成人在"非神圣形象"中的"自我异化"，这个"理性"则是必须扬弃的。一百多年来的现代哲学之所以要"终结哲学"或"消解哲学"，其实质正是以"消解""终结"哲学的方式而批判地反省近代哲学所弘扬的"理性"。然而，跨入 21 世纪的哲学，首要的任务却是反省一百多年来的现代哲学对"哲学"的"消解"。

以"理性"为核心的近代的时代精神，首先是一种以科学进步为基础的"科学精神"。正是近代以来的科学进步为近代哲学弘扬"理性"提供了时代的科学精神。然而，近代以来的科学发展，特别是现当代科学的空前迅猛的发展，并不仅仅是为哲学弘扬"理性"提供了现实的根据，而是越来越尖锐地向以"理性"化身自居的"哲学"提出了两个方面的严峻挑战：其一，如果人类有效地解释世界的方式只能是科学，如果人类有效地改造世界的活动只能以科学为指导，那么，"超越"科学的"哲学"将如何"安身立命"？这种"哲学"所代表的"理性"又当如何评价？其二，如果人类所创建的科学并不能有效地说明人自身，并不能有效地阻止人类对自身的危害（如两次世界大战以及所谓的"全球问题"），那么，人类又当如何对待"科学"所代表的"理性"？人类是否需要一种超越"科学理性"的新的"哲学"？正是在回应这两方面的严峻挑战中，20世纪的西方哲学形成了双峰对峙的两大思潮——科学主义思潮和人本主义思潮，并构成了贯通这两大思潮的新的哲学方式及其所蕴含的哲学精神——以"终结哲学"的方式"反省理性"。

作为对第一个挑战的回应，即回应科学对哲学的挑战，所谓的科学主义思潮采取的是"妥协"的策略，也就是承诺科学解释世界的唯一合法性，试图以"科学"的理论和方法改造"哲学"，把"哲学"改造成"拟科学"或"准科学"的"科学的副产品"；所谓的人本主义思潮则采取的是"对抗"的策略，也就是在承诺科学解释世界的唯一合法性的同时，申诉"哲学"探索科学所无力解释的人的存在意义的权力，试图以"拟价值"或"拟文学"的方式延续"哲学"的生存。然而，作为"妥协"策略的科学主义思潮，为了保留"解释世界"的"真理"的权力而丢弃了哲学对价值理念的寻求；作为"对抗"策略的人本主义思潮，为了坚持"理解人自身"的"价值"的权力而丢弃了哲学对真理理念的寻求；在"哲学科学化"和"哲学文学化"的双重冲击中，哲学对真善美的统一性寻求被断裂了，哲学的真理性与价值性被分割了，哲学已经无力构成"时代精神的精华"和"文明的活的灵魂"。

作为对第二个挑战的回应，即回应生活对科学的挑战，则集中地表现为所谓"后现代主义"的兴起。被称之为"后现代主义"的哲学思潮，是以反本质主义、反中心主义、反根源主义和反基础主义而著称于世的。所谓反本质主义，就是消解现象与本质的逻辑二元对立，亦即消解哲学所追求的超验的"本体"；所谓反中心主义，就是消解中心与边缘的结构二元对立，亦即消解哲学所追求的"全体的自由性"；所谓反根源主义，就是消解本源与派生的历史二元对立，亦即消解哲学所追求的"发展的规律性"；所谓反基础主义，就是消解深层与表层的文化二元对立，亦即消解"知识分类表"或"自然等级秩序"对哲学的"诱惑"。在这种后现代主义思潮中，德里达试图以"边缘"颠覆"中心"，福柯试图以"断层"取消

"根源"，罗蒂试图以"多元"代替"基础"，把西方现代哲学的"消解哲学"运动推向了极端。这个长达百年的"消解哲学"运动，它的自我期待是"消解"使人"异化"的一切的"非人"的存在，然而，它在"消解"各种"非神圣形象"的过程中，却否认了理性的权威性、确定性和统一性，动摇了人类存在的合理性、必然性和规律性的信念。与现代西方哲学所讨伐的黑格尔哲学的"狂妄的理性"相比，他们从对人类理性的鲸吞宇宙的幻想，变成了对人类理性的深感忧虑的怀疑；从对人类未来的满怀激情的憧憬，变成了对人类未来的惴惴不安的恐惧；从对人类所渴望的真善美的雄心勃勃的追求，变成了对人类所指向的真善美的黯然失色的叹息。真理观的多元主义，价值观的相对主义，历史观的非决定论，构成了20世纪西方哲学的主流与基调。这样，一向以"崇高"的化身而自期自许的"哲学"，就变成了"往昔时代旧理想的隐退了的光辉"。

20世纪的西方哲学，刚刚走过它的长达百年的"消解哲学"的哲学历程。它为人类理性的自我反省进行了种种的哲学探索，并在反省人类理性的进程中，在哲学的层面上挺立了个人的独立性、文化的多样性和选择的合理性；然而，由于它在人类理性的自我反省中否弃人类对"崇高"的追求，蔑视人类精神生活的支撑点，因而也使它自身走向了"消解"——21世纪的哲学将重新审视人类理性和哲学对崇高的追求。反省包括"后现代主义"在内的现代西方哲学的"消解哲学"运动，总结这场长达百年的"消解"运动的经验教训，使我们更加清晰地把握到马克思主义哲学的当代意义。

首先，在哲学的理论旨趣和追求方式上，马克思主义哲学以对传统哲学的扬弃而发展了人类的哲学追求。

马克思和恩格斯认为，基于人类实践本性的人类思维，它的"个别实现和每次的现实"都是"非至上"的，而它的"本性、使命、可能和历史的终极目的"则是"至上"的。对于人类思维的这种"至上性"与"非至上性"的矛盾，传统哲学是以牺牲思维的"现实性"而实现思维的"全体自由性"，现代西方哲学则以抛弃对"全体自由性"的寻求为代价而"拒斥"传统哲学的"形而上学"追求。马克思主义创始人认为，哲学对思维把握世界的"全体自由性"的寻求，其根源在于人类的实践活动永不满足于已达到的水平，人类的思维活动永不满足于对世界的已有认识，因而作为人类自我意识理论的哲学总是批判地反思人类认识和改造世界的认识论前提和价值论前提，总是超越人类的现实存在而提供新的理想性目标，因此，马克思主义哲学在对传统哲学的批判中，抛弃了传统哲学占有绝对真理的幻想而肯定了哲学追求思维全体自由性的目标，否定了传统哲学的"解释世界"的研究方式而继承了它所积淀的思维的历史和成就。把哲学所追求的思维全体自由性与人类实践的历史发展统一起来，把真理的绝对性与相对性统一起来，把哲学的进步与科学的发展统一起来，运用"通晓思维的历史和成就的"辩证思维深化哲学对"全体自由性"的追求，这是马克思主义哲学在对传统哲学的批判中所开拓的新的哲学道路，也是马克思主义哲学的始终不渝的历史使命。

其次，马克思主义创始人对传统哲学的批判及其所开拓的哲学道路，深深地植根于他们对社会历史的深切理解和对人自身的"全面发展"的追求中。

由近代哲学对"神圣形象"的批判而发展为现代哲学对"非神圣形象"的批判，这理论地表征着人类存在的历史形态的变革。马克思正是从宏观的历史视野把哲学的理论批判与人类的存在方式统一起来，并用后者去解释前者，从而不仅在"时代精神"转换的意义上定位哲学的历史特征，而且在"归还"人的本质的意义上揭示哲学的历史使命。

马克思从"现实的人及其历史发展"出发，抛弃了关于合乎"人的本性"的社会条件的议论，而去考察和揭示人类历史的现实基础，从而在社会有机体众多因素的交互作用中，在社会形态曲折发展的历史进程中，在社会意识相对独立的历史更替中，发现了生产力的最终的决定作用，从而揭示了人类社会发展的客观规律。与此相对应，马克思提出，人类的存在表现为三大历史形态，即"人的依赖关系""以物的依赖性为基础的人的独立性"和"建立在个人全面发展和他们共同的社会生产能力成为他们的社会财富这一基础上的自由个性"①。在"人的依赖关系"的历史形态中，个人依附于群体，个人不具有独立性，只不过是"一定的狭隘人群的附属物"，因而造成人在以"群体"名义而存在的"神圣形象"中的"自我异化"。与人的这种存在形态相适应的哲学，只能是确立"神圣形象"的哲学，即作为"神学文化"的哲学。为了挣脱人在"神圣形象"中的"自我异化"，把人从"依附性"的存在中解放出来，作为"时代精神的精华"的哲学，其历史任务就是"消解"人在"神圣形象"中的"自我异化"。但是，在"以物的依赖性为基础的人的独立性"的历史形态中，虽然个人摆脱了人身依附关系而获得了"独立性"，但这种"独立性"却是"以物的依赖性为基础"的，人在对"物的依赖性"中"再度丧失了自己"，因此哲学的现代使命就跃迁为对"非神圣形象"（物）的批判。马克思把哲学的批判首先指向黑格尔的"无人身的理性"，使现实的关系从抽象的观念中显现出来，又从哲学批判转向政治经济学批判，使人与人的关系从物与物的关系中显现出来。这样，马克思的"批判的武器"，就明确地承担起把人从"抽象"的"普遍理性"中解放出来的使命，承担起把人从"物"的普遍统治中解放出来的使命，把人从"资本"的普遍统治中解放出来的使命，承担起把"资本"的独立性和个性变为人的独立性和个性的使命。人类今天所面对的最大问题不正是人的"物化"问题吗？人类在 21 世纪乃至新千年所追求的根本目标不正是人从对"物的依赖性"中解放出来吗？因此，马克思自觉地承担起的哲学使命，不正是理论地表征了我们今天的"时代精神"吗？不正是理论地塑造和引导了新世纪乃至新千年的新的"时代精神"吗？

最后，马克思主义哲学所实现的"实践转向"，及其所确认的"消解"人对"物的依赖性"的哲学使命，不仅为哲学承担的历史任务做出了明确的定位，而且为哲学范式的革命性变革提供了新的理念。

人类的哲学思想，归根到底是对人类自身的存在的关切，即为人类

① 《马克思恩格斯全集》第 46 卷（上），104 页，北京，人民出版社，1979。

自身的存在寻求"安身立命之本"。然而，从哲学的宏观历史上看，哲学对人类生存的关切，却可以划分为两种基本方式：一种是以文化的"层级"性去关切人类存在，即以"深层"文化的"基础性""根源性"来规范人类的全部思想与行为，从而将"深层"文化作为人类的"安身立命之本"。这种"层级"性的关切，可以说是一种"解释"性的关切——以"深层"文化解释"表层"文化；另一种则是以文化的"顺序"性去关切人类存在，即把"重要"的文化选择为人的"安身立命之本"，以它来规范人的思想与行为。这种"顺序"性的关切，可以说是一种"操作"（实践）性的关切——以"重要"的规范"次要"的。

对比"层级"性的关切与"顺序"性的关切，我们首先就会发现，这是"非历史"的关切与"历史"的关切这样两种不同的关切。"层级"性的关切，它先验地断定了文化样式的不同"层级"，并先验地承诺了"深层"文化对"表层"文化的基础性和根源性，因而它给自己提出的是"非历史"的任务——寻求"超历史"的、永恒的、终极的"本体"。与此相反，"顺序"性的关切，是以否定文化样式的先验的"层级"性为前提的，并致力于"消解"文化样式"层级性"的先验原则，因而它给自己提出的是"历史"的任务——在自己时代的水平上对人的"安身立命之本"做出慎重的文化选择。

在对"层级"性的关切与"顺序"性的关切的对比中，我们还会发现，"层级"性的关切总是"两极对立"的。在"层级"性的关切中，哲学的核心范畴总是离开人的历史性存在，表现为"本体"对"变体""共相"对"个别"、"本质"对"现象"、"必然"对"偶然"等等的"两极对立"关系，并且具有"本体"规定"变体"、"共相"解释"个别"、"本质"决定"现象"、"必然"支配"偶然"的恒定的"层级"关系。与此相反，在"顺序"性的关切中，则是以人的历史性存在为前提，构成表征人与世界、人与历史、人与社会、人与他人、人与自我之间的辩证关系的哲学范畴，诸如"自然"与"超自然"、"能动"与"受动"、"理想"与"现实"、"公平"与"效率"、"真理"与"价值"、"标准"与"选择"等相辅相成的矛盾关系。在这种"顺序"

性的哲学关切中，它的诸对范畴具有显著的"平等"的特性，其"主从"关系则是"历史"性的。这表明，哲学从"层级"性的关切转向"顺序"性的关切，不只是从"思维方式"上体现了现代哲学的"从两极到中介"的变革，更是从"价值导向"上实现了现代哲学的"从两极到中介"的变革。

哲学追求的"层级性"与"顺序性"，是与如何处理"标准"和"选择"这对范畴的相互关系密不可分的。人的"生命"活动是寻求和实现"意义"的"生活"活动，而"生活"活动的"意义"则总是存在于"标准"与"选择"这对范畴的矛盾关系之中，即"选择"什么样的"标准"来确定生命活动的"意义"。哲学作为理论形态的关于人类存在意义的自我意识，它的全部理论活动，都可以归结为处理"标准"与"选择"这对范畴的矛盾关系。

我们之所以说"传统哲学"是一种"层级"性的追求，从根本上说，就在于它以"表层"与"深层"的对立关系"弱化"甚至是"取代"了"标准"与"选择"的矛盾关系；具体地说，"传统哲学"是以"变体"与"本体"的对立代替了"标准"与"选择"的矛盾关系，把"本体"作为无须"选择"的"标准"，并因而否弃人们对"标准"进行"选择"的权力。而我们之所以说"现代哲学"是一种"顺序"性的追求，从根本上说，就在于它以"重要"与"次要"的历史性的矛盾转化关系实现了"标准"与"选择"的矛盾关系；具体地说，"现代哲学"是从"重要"与"次要"的"选择"中历史性地确认"标准"，而不是先验地确认"标准"并排斥历史性的"选择"。就此而言，我们可以说"传统哲学"追求的是一种"没有选择的标准"，而"现代哲学"则承诺的是一种"可以选择的标准"。

在"层级"性的传统哲学的追求中，"本体"与"变体"的"层级"关系是永恒不变的；哲学的任务，只不过是寻找那个作为永恒真理的"本体"，并用它来"解释"一切"变体"的存在。正因如此，以"层级"性的追求为使命的传统哲学，只能是"用不同的方式解释世界"，并且只能是以"超历史"的"神"或"非历史"的"物"作为"本体"或"标准"，去规范人的全部思想和行为。这就是传统哲学的"本质主义的肆虐"。而在"顺序"性的现代哲学的追求中，"顺序"既是对历史文化的一种承诺，更是对现实生活的一种"选择"和"安排"，因而真正成为马克思所说的"改变世界"的活动。

哲学从"层级"性的追求到"顺序"性的选择，它所改变的是以"层级"的先验性而确认的"标准"的永恒性、终极性，而不是取消人的历史性选择的标准。哲学作为社会的自我意识（或人类的而非个人的自我意识），它所承担的使命，总是以"历史的大尺度"（人类的、社会的、整体的、世代的尺度）去观照和反省人类的思想与行为，把"历史的小尺度"（当下的或局部的尺度）所忽略的东西提升到"重要"的位置，从而在价值"排序"中"选择"某种"历史的大尺度"作为人的思想与行为的"标准"。马克思主义哲学正是以实现人的全面发展这个"历史的大尺度"，为当代哲学确认了"消解"人对"物的依赖性"的历史任务，并为当代哲学的自我发展确认了"从两极到中介"和"从层级到顺序"的基本理念。这就是马克思主义哲学的当代使命与当代意义的统一。

八　马克思哲学观研究的若干难点问题

对马克思哲学观的解读，既受到各种历史条件的制约，更取决于我们所发现的理论困难、我们所提出的理论问题和我们对这些理论困难和理论问题的回答。我们在这里提出反思和解读马克思哲学观的主要理论难点，并以此作为本书讨论的理论重点。

（一）"精华"问题：马克思哲学的"时代性"与"人类性"

在对马克思哲学观的解读与阐释中，人们往往依据马克思关于"任何真正的哲学都是自己时代的精神上的精华"[1]的论述，突出地强调"哲学"的时代性，并以此为根据去批判一切"超时代"的"哲学狂想"或"哲学妄想"，特别是以此为根据去批判黑格尔的"绝对理念"，认为黑格尔哲学的根本性弊端就在于他把"绝对理念"视为"超时代""超历史"的"永恒

---

① 《马克思恩格斯全集》第 1 卷，121 页，北京，人民出版社，1956。

真理""终极真理"。

毫无疑问，上述解释与批判是有根据、有道理的。问题在于，当我们这样解释与批判的时候，必须考虑到下述问题，否则我们就会在下述问题中陷入窘境：其一，我们经常强调马克思主义是"普遍真理"，强调马克思主义哲学为人类揭示和提供了关于"自然、社会和思维发展的普遍规律"，而"规律"并不会随着人类历史时代的发展而变更，那么，马克思哲学是否是"超时代""超历史"的？同样，其二，马克思哲学产生于一个半世纪之前，当我们在今天论证马克思哲学的"当代性"的时候，我们是否同样隐含着对马克思哲学的"超时代"的认可？其三，如果产生于19世纪中叶的马克思哲学具有"超时代"特性，为什么产生于其前的包括黑格尔哲学在内的传统哲学，以及产生于其同时代的现代西方哲学就不具有"超时代"特性？其四，如果这些哲学不具有"超时代性"，为什么自古希腊的苏格拉底、柏拉图和亚里士多德到德国古典哲学的康德、黑格尔的哲学仍然被当代人所认同，甚至许多当代哲学家从"回到康德"直至"回到希腊"？

我们之所以会在上述问题陷入窘境，在我看来，就是因为我们孤立地、片面地，甚至是绝对化地强调了哲学的"时代性""历史性"，而简单地、庸俗地，甚至是机会主义地否定了哲学的"人类性"或"超时代性"。

应当看到，任何思想家的任何论断，都有其特定的背景和特别的针对性，因而总是突出地强调问题的某个方面，即毛泽东所说的"矫枉必然过正，不过正不能矫枉"①。马克思在《科隆日报》第179号的"社论"中，是从"哲学"是否"应该在报纸的文章中谈论宗教事务"这个问题出发，直接针对"爱好宁静孤寂，追求体系的完满，喜欢冷静的自我审视"的"德国哲学"，特别是针对这种哲学与"反应敏捷、纵论时事"的"新闻报道"所形成的"鲜明对照"，提出"哲学不是在世界之外"，"任何真正的哲学都是自己时代精神上的精华"，突出地强调和论述了哲学的时代性。

---

① 《毛泽东著作选读》（甲种本），13页，北京，人民出版社，1965。

值得深思的是，马克思由"任何真正的哲学都是自己时代的精神上的精华"所引发的直接论断，却是"必然会出现这样的时代：那时哲学不仅在内部通过自己的内容，而且在外部通过自己的表现，同自己时代的现实世界接触并相互作用。那时，哲学不再是同其他各特定体系相对的特定体系，而变成面对世界的一般哲学，变成当代哲学的哲学"。马克思认为，这样的哲学，就是作为"文化的活的灵魂"的哲学，就是"世界化"的哲学。

毫无疑问，马克思关于哲学的"时代性"的论述的意义是十分重大的，但是我们不能以哲学的"时代性"去否定哲学的"人类性"，否则我们就无法解释古往今来的任何一种"真正的哲学"的生命力，特别是无法解释马克思哲学的"当代性"。在我看来，离开马克思哲学的"人类性"，就不足以理解和解释马克思哲学的"当代性"。

在关于马克思哲学"当代性"的论证中，人们往往着眼于我们今天仍然生活在马克思哲学得以形成的时代，即着眼于我们与马克思的"同时代"性。这样的论证是贫乏的：首先，20世纪是人类历史上翻天覆地的新世纪，人类的文明形态、人们的存在方式以及人们的思想观念都发生了空前的革命，把20世纪称作人类历史的"新时代"决不会言过其实；其次，如果从市场经济取代自然经济、现代社会取代传统社会为标准来划分"时代"，从而说明我们与马克思的"同时代性"，那么，我们就无法解释，为什么处于这一过程之中的西方近代以来的哲学，特别是以康德、黑格尔为代表的德国古典哲学不具有"同时代性"？最后，如果仅仅从"时间"来划分"时代"，那么，晚于马克思的现、当代西方哲学是否比马克思哲学具有更强的"当代性"？

这样，问题就回到对哲学的"时代性"的理解，特别是对马克思哲学的"时代性"的理解上。在我看来，我们既不能离开哲学的"时代性"去看待哲学的"人类性"，也不能离开哲学的"人类性"去看待哲学的"时代性"；哲学的"人类性"就蕴含于哲学的"时代性"之中，而哲学的"时代性"则是对"人类性"问题的历史性回答；因此，马克思哲学的"当代性"，从根本上说，是在于它的深层的、深厚的、深刻的"人类性"。

哲学作为人类把握世界的一种基本方式，即区别于神话、宗教、艺术、伦理和科学的一种特殊方式，它的特殊之处就在于，它把人的存在，以及由人的存在所构成的人与世界之间的关系，特别是人在这种关系中所具有的存在价值，作为自己的"反思"的对象。古今中外的"哲学"，不管其研究对象有何种差异，研究方法有怎样变革，派别之间有多少冲突，理论形态有多少更新，都总是对人自己的反思，"人是哲学的奥秘"。这就是哲学问题的人类性。

人类性的哲学问题从来不是以抽象的"人的问题"存在的，而是以人类存在的时代性问题存在的。这是因为，"人们的存在，就是他们的实际生活过程"，人们总是在自己的"实际生活过程"中提出他们在"实际生活过程"中所发生的问题。正是从这种历史的唯物主义立场出发，马克思认为整个西方哲学已经并正在经历三大过程，即近代哲学以前的确立"人的自我异化的神圣形象"的哲学，揭露这种"神圣形象"的近代哲学，以及揭露"非神圣形象中的自我异化"的现代哲学。而整个哲学进程，都是以时代性的课题去解决"人"的问题。我国哲学家冯友兰先生说，哲学越是"民族底"，就越是"世界底"，借用这个句式，我们可以说，哲学越是"时代的"，就越是"当代的"。在我看来，正是由于马克思深刻地理解了哲学问题的人类性，深切地把握到哲学的人类性问题的时代性课题，因此马克思哲学才具有鲜明的、强烈的、睿智的"当代性"。

其实，即使是被视为"狂妄的黑格尔哲学"的制作者黑格尔，对于哲学的"时代性"也具有非常清醒的自觉。黑格尔在《法哲学原理》中说，"妄想一种哲学可以超出它那个时代，这与妄想个人可以跳出他的时代，跳出罗陀斯岛，是同样愚蠢的。如果他的理论确实超越时代，而建设一个如其所应然的世界，那么这种世界诚然是存在的，但只存在于他的私见中，私见是一种不结实的要素，在其中人们可以随意想象任何东西"。不仅如此，黑格尔还借用"花蕾、花朵与果实"的关系来予以阐释："花朵开放的时候花蕾消逝，人们会说花蕾是被花朵否定了的；同样地，当结果的时候，花朵又被解释为植物的一种虚假的存在形式，而果实是作为植物的真实形式出而代替花朵的。这些形式不但彼此不同，并且互相排斥互不相容。但是，它们的流动性却使它们成为有机统一体的环节，它们在有机统一体中不但不互相抵触，而且彼此都同样是必要的；而正是这种同样的必要性才构成整体的生命"①。花蕾孕育了花朵，花朵又孕育了果实；但花朵的怒放正是否定了花蕾，果实的结出也正是否定了花朵，这个否定的过程，正是以新的形式与内容肯定了先前的存在。这样来看哲学史，它就不是一个徒然否定、一无所获的过程，而恰恰是一个"扬弃"的过程，结出果实的过程。这样理解的哲学史，才是哲学的发展史。这样的哲学史就是以时代性的课题和内容来求索和回答人类性问题的历史。

然而，值得我们深思的是，自觉到哲学"时代性"的黑格尔，却把他的"无人身的理性"即"绝对理念"的自我认识和自我运动，描述为一个获得或实现"绝对真理"的过程，这是为什么？马克思明确地告诉我们，其根本原因就在于黑格尔所弘扬的理性是"无人身"的，黑格尔是使"理性在自身中把自己和自身区别开来"，把"整个现实世界都淹没在抽象世界之中，即淹没在逻辑范畴的世界之中"，这样，黑格尔"以为他是在通过思想的运动建设世界；其实，他只是根据自己的绝对方法把所有人们头脑中的思想加以系统的改组和排列而已"②。

对于黑格尔所陷入的理论困境，马克思并不是像许多现代西方哲学家那样，空泛地批判其"泛逻辑主义"或"理性的放荡"，而是以深沉的历史唯物主义的哲学目光，尖锐地指出了这种"无人身的理性"哲学与近代以来的人类生存状况的关系，深刻地揭示了黑格尔哲学的"超时代性"的"时代性"内涵。马克思提出，黑格尔的"无人身的理性"，是以"最抽象"的形式表达了人类"最现实"的生存状况，即"个人现在受抽象

---

① ［德］黑格尔：《精神现象学》上卷，2 页，北京，商务印书馆，1979。
② 《马克思恩格斯选集》第 1 卷，108 页，北京，人民出版社，1972。

统治，而他们以前是互相依赖的。但是，抽象或观念，无非是那些统治个人的物质关系的理论表现"①。这种受"抽象"统治的人类生存状况，正是市场经济中的人的"独立性"建立在对"物的依赖性"的基础之上的人类生存状况。这不正是黑格尔哲学的人类性与其时代性的统一吗？而黑格尔哲学的根本的局限性，不正在于它表达了人类的时代性的生存状况，却无力提出真正是"超时代"的哲学理论吗？这不正表明，如果离开深沉的"人类性"而陷入当下的"时代性"，恰恰会失去哲学的"当代性"吗？

与黑格尔不同，马克思哲学的生命力，不仅在于马克思深刻地揭示了人类受"抽象"统治的"时代状况"，而且在于马克思深刻地揭示了构成这种"时代状况"的"物质关系"，即"人"的独立性和个性被异化为"资本"（物）的独立性和个性，并且提出了"超时代"的历史任务，即把"人"从"物"的普遍统治中解放出来的历史任务，把"资本"的独立性和个性变为人的独立性和个性的历史任务。这就是马克思的既根源于自己生活的时代，又超越于自己生活的时代的哲学，即关于解放全人类和实现"一切人的自由发展"的哲学。

由此我认为，马克思把"任何真正的哲学"比喻为"自己时代的精神上的精华"和"文化的活的灵魂"，为我们理解他的哲学观提示了两个极其重要的思想：其一，这个比喻精辟地显示了哲学的人类性与时代性的不可割裂的统一性，越是植根于"时代"的哲学越是具有深刻的"人类性"，越是具有深刻"人类性"的哲学越能成为"自己时代的精神上的精华"，因而越是具有"超时代"的"当代性"；其二，作为时代精神之"精华"和文化的活的"灵魂"，哲学决不仅仅是"反映"和"表达"时代精神，而是要"塑造"和"引导"时代精神，即具有"时代性"与"超时代性"的双重内涵。马克思哲学的"当代性"，从根本上说，不就在于马克思哲学所实现的时代性与超时代性的统一吗？我们应当从马克思哲学的时代性与人

---

① 《马克思恩格斯全集》第 46 卷（上），111 页，北京，人民出版社，1979。

类性的统一去理解马克思的哲学观。

(二)"改变"问题：马克思哲学的"解释世界"与"改变世界"

关于马克思的哲学革命，人们经常引证马克思本人的一句名言，即"哲学家们只是用不同的方式解释世界，问题在于改变世界"①，因而断言马克思哲学之外的哲学都是"解释世界"的哲学，而马克思的哲学则是"改变世界"的哲学。

在这种通常的理解与解释中，显而易见地包含了两个方面的问题：一方面，对马克思哲学而言，作为"改变世界"的哲学，是否也是"解释世界"的哲学？或者说，是以"解释世界"为前提的"改变世界"的哲学？另一方面，对马克思哲学之外的哲学而言，作为"解释世界"的哲学，是否也以"改变世界"为目的？或者说，是以"改变世界"为目的的"解释世界"的哲学？

从对马克思哲学的理解说，"哲学"作为人们最容易理解和接受的说法，即"理论化、系统化的世界观"，是一种理论形态的存在，它的直接的社会功能是对"世界""社会""历史"和"人生"的理论"解释"，因而在它的直接的存在形态和社会功能上，都不是"改变世界"，而只能是"解释世界"。这正如马克思本人所说，"批判的武器当然不能代替武器的批判，物质力量只能用物质力量来摧毁；但是理论一经掌握群众，也会变成物质力量"②。因此，人们往往是从马克思哲学"掌握群众"和"批判现实"的角度去说明马克思哲学是"改变世界"的哲学的。但是，这种解释，已经不自觉地模糊了本来的立论，即马克思哲学不再是"解释世界"的哲学，而只是"改变世界"的哲学。

为了论证马克思主义哲学是"改变世界"的哲学，人们往往从马克思主义哲学是"科学的世界观和方法论"出发，提出马克思主义哲学之所以能够"掌握群众"和"改变世界"，是因为马克思主义哲学是"关于自然、

① 《马克思恩格斯全集》第 3 卷，8 页，北京，人民出版社，1960。
② 《马克思恩格斯全集》第 1 卷，460 页，北京，人民出版社，1956。

社会和思维发展的普遍规律的科学"。这样，马克思主义哲学就被描述成具有最高的概括性（最大的普遍性）和最高的解释性（最大的普适性）的"知识"，于是"改变世界"的哲学又复归于"解释世界"的哲学。那么，究竟为什么说马克思所开创的"哲学"是"改变世界"而非"解释世界"的哲学？三者在哲学知识论立场上，这是一个永远无法解开的不解之谜。

从对马克思哲学之外的哲学的理解说，没有一个哲学家不是以"改变世界"为己任的。恩格斯曾经这样评论"以最宏伟的形式概括了哲学的全部发展"的黑格尔哲学："因为对他的思维来说他的哲学是正确的，所以他的哲学也就是唯一正确的；只要人类马上把他的哲学从理论转移到实践中去，并按照黑格尔的原则来改造全世界，思维和存在的同一性就会得到证实。这是他和几乎所有的哲学家所共有的幻想。"①黑格尔本人就是这样看待哲学的。他曾饱含激情地盛赞哲学："真理的王国是哲学所最熟习的领域，也是哲学所缔造的，通过哲学的研究，我们是可以分享的。凡生活中真实的伟大的神圣的事物，其所以真实、伟大、神圣，均由于理念。哲学的目的就在于掌握理念的普遍性和真形相。自然界是注定了只有用必然性去完成理性。但精神的世界就是自由的世界。举凡一切维系人类生活的，有价值的，行得通的，都是精神性的。而精神世界只有通过对真理和正义的意识，通过对理念的掌握，才能取得实际存在。"②他是把学习和研究哲学视为对"真理"的占有并从而使之获得"现实性"的事业。正因如此，马克思和恩格斯把黑格尔哲学称作"法国革命的德国理论"，也就是以理论的方式所表达的寻求"自由"的哲学。在黑格尔看来，法国大革命代表了理性和真理的胜利，代表了精神自由的原则。这场大革命意味着从两个方面改造了世界：其一，作为人民意志的反映，这场大革命超越了当时的现实，即摆脱了旧的经济社会制度；其二，这场大革命，通过宣扬国民的理想而超越了人的利己主义的特性，

---

① 《马克思恩格斯全集》第 21 卷，317 页，北京，人民出版社，1965。
② ［德］黑格尔：《小逻辑》，35 页，北京，商务印书馆，1996。

使人们将自己的私人利益从属于公共利益，即要求人们为了更高尚、更崇高的生活方式而抛弃利己主义。这种使个人同国家和民族相结合，从而使人崇高起来的思想，在法国大革命中，是以具体的社会、经济和政治问题的方式提出来的，而在德国古典哲学中，则是以哲学问题的方式提出来的。德国古典哲学家把行动变成思想，把要求变成原则，从而构成了马克思所说的"法国革命的德国理论"。1803年，黑格尔在致尼特梅尔的信中就提出，"现在我越来越确信理论工作比实际工作对世界的影响更大；我们的观念领域一旦革命化，现实就必然会随着前进"。这样的哲学，为什么说它只是"解释世界"而不是"改变世界"的哲学呢？这才是值得我们深长思之的。

以"解释世界"与"改变世界"的对立来标志马克思哲学与传统哲学的根本区别，来说明马克思的哲学革命，必须并且只能是从哲学家对"哲学"的不同理解去予以说明。反过来说，如果离开哲学家对"哲学"的不同理解，就无法说明"解释世界"的哲学与"改变世界"的哲学的原则区别。

关于"哲学"，当代哲学家理查德·罗蒂曾做出这样的"划界"性的论断："自希腊时代以来，哲学家们一直在寻求一套统一的观念……这套观念可被用于证明或批评个人行为和生活以及社会习俗和制度，还可以为人们提供一个进行个人道德思考和社会政治思考的框架"。那么，哲学如何保证它所寻求和提供的这套"观念"或"框架"的合法性与有效性呢？罗蒂说，"作为一门学科的哲学，把自己看成是对由科学、道德、艺术或宗教所提出的知识主张加以认可或揭穿的企图。它企图根据它对知识和心灵的性质的特殊理解来完成这一工作。哲学相对于文化的其他领域而言，能够是基本性的，因为文化就是各种知识主张的总和，而哲学则为这种主张进行辩护"。正是基于对整个西方传统哲学的这种理解，罗蒂提出了哲学理性的当代任务："摈弃西方特有的那种将万物万事归结为第一原理或在人类活动中寻求一种自然等级秩序的诱惑。"由此，罗蒂提出了反表象主义、反本质主义和反基础主义的"后哲学文化"。

我国学者在以马克思主义哲学为指导而反省整个西方传统哲学时，亦做出了大体相似的理论概括："经过 20 世纪西方哲学对传统哲学的批判，西方传统哲学的理论性质、思维方式和功能作用等元哲学或哲学观问题更为清晰可见。简单地说，西方传统哲学是追求绝对真理的超验形而上学，其思维方式是以意识的终极确定性为基础或目标的逻各斯中心主义或理性主义，其功能和作用是以最高真理和人类理性名义发挥思想规范和统治作用的意识形态。"①因此，西方传统哲学"本质上是一种脱离现实而又统治现实的颠倒的世界观"，而马克思给自己提出的历史任务则是"把这种颠倒的世界观再颠倒过来，以使人们正视真实的现实世界"②。正因为马克思哲学不是以"绝对真理"之名去充任规范人的全部思想与行为的"意识形态"，而是从"现实的人及其发展"出发而展开"意识形态批判"，因而马克思哲学才不再是"解释世界"的旧哲学，而只是"改变世界"的新哲学。

关于从传统哲学向现代哲学的转换，哈贝马斯曾从四个方面概括了"外界向形而上学发起攻击"的"社会原因的历史发展过程"，这就是：其一，"追求一和全的整体性思想受到了新型程序合理性的质疑。这种程序合理性是随着十七世纪自然科学的经验方法和十八世纪道德科学、法学理论以及法制国家机构中形式论的兴起而确立起来的。自然哲学和自然法理论面临着一种新的论证要求的挑战，从而动摇了哲学的认识特权"；其二，"在十九世纪出现了历史解释科学，它们反映的是越来越复杂的现代社会中新的时间经验和偶在经验。随着历史意识的渗入，有限性维度相对于唯心论的那种偶像化和不确定的理性而越来越具有说服力。由此便形成了一股对传统的基本概念加以解先验化的潮流"；其三，"在十九世纪，对交往方式和生活方式的物化和功能化的批判，以及科

---

① 参见高清海、孙利天：《马克思的哲学观变革及其当代意义》，见叶汝贤、孙麾主编：《马克思与我们同行》，22 页，北京，中国社会科学出版社，2003。
② 同上书，22 页。

学技术的客观主义自我理解的批判，也随之广泛开展起来。这些动机也促进了对把一切都用主客体关系加以概念化的哲学基础的批判。正是在这个意义上，发生了意识哲学向语言哲学的范式转换"；其四，"理性对于实践的经典领先地位不得不让位于越来越清楚的相互依存关系。把理论活动放到其实际的发生和应用语境当中。这就唤醒了人们注重行为和交往的日常语境的意识。"①哈贝马斯的这个理论概括，从历史与逻辑相统一的视野，启发人们深入地思考哲学从"解释世界"到"改变世界"的革命变革。

（三）"终结"问题：马克思的"世界观"与"哲学"

在写于 1843 年年底至 1844 年年初的《〈黑格尔法哲学批判〉导言》中，马克思曾经如此盛誉哲学："哲学把无产阶级当做自己的物质武器，同样地，无产阶级也把哲学当做自己的精神武器"，"德国人的解放就是人的解放。这个解放的头脑是哲学，它的心脏是无产阶级"。② 然而，在写于 1845 年春的《关于费尔巴哈的提纲》中，马克思却提出了"哲学家们只是用不同的方式解释世界，而问题在于改变世界"的论断。在这个人们耳熟能详的著名论断中，马克思显而易见地把自己排除在"哲学家们"之外，从而也是把自己的理论排除在"哲学"之外。不仅如此，在马克思和恩格斯于 1845 年至 1846 年合著的《德意志意识形态》中更为明确地提出，"对现实的描述会使独立的哲学失去生存环境"③，而在写于 1886 年年初的《路德维希·费尔巴哈和德国古典哲学的终结》中，恩格斯更为干脆地宣布，"哲学在黑格尔那里终结了"，马克思和他的理论已经不再是"哲学"，而只是"世界观"。

研究已经不再是"哲学"的"马克思哲学"，似乎是一件难以理解的事情。因此，人们或者回避这个棘手的问题，或者顺理成章地断言马克思的理论、学说是"世界观"而不再是"哲学"，或者更为耐人寻味地把马克

---

① ［德］哈贝马斯：《后形而上学思想》，33 页，南京，译林出版社，2001。
② 《马克思恩格斯选集》第 1 卷，15 页，北京，人民出版社，1972。
③ 同上书，31 页。

思所创立的"哲学"解释为迄今为止的唯一的具有科学性质的哲学或"哲学科学",以区别于马克思所批判的"哲学"即"非科学的哲学"。我们逐次讨论后两种观点。

认为马克思的理论、学说是某种"世界观",而不再是"哲学",这种观点似乎是符合马克思的本意的。马克思和恩格斯在《德意志意识形态》中提出,"思辨终止的地方,即在现实生活面前,正是描述人们的实践活动和实际发展过程的真正实证的科学开始的地方。关于意识的空话将销声匿迹,它们一定为真正的知识所代替。对现实的描述会使独立的哲学失去生存环境,能够取而代之的充其量不过是从对人类历史发展的观察中抽象出来的最一般的结果的综合"①。用"真正的实证的科学"或"真正的知识"代替"思辨",这是马克思和恩格斯在这里提出的明确的要求。然而,对于这种似乎顺理成章的观点,人们很容易地从"世界观"和"哲学"两个方面提出反驳:其一,从"世界观"说,人们通常正是从"世界观"去界说"哲学",也就是把"哲学"表述为"理论化、系统化的世界观",那么,马克思的理论、学说作为"世界观",不正是人们通常所理解的"哲学"吗?其二,从"哲学"说,马克思和恩格斯所批判的"哲学"是"思辨"的"哲学",是在"黑格尔那里终结了"的"哲学",而不是作为恩格斯所说的"世界观"的"哲学"。把上述两点结合起来,可以形成这样一种基本认识:马克思创建了排斥"思辨"哲学的"世界观"哲学。那么,什么是马克思的只是"世界观"的"哲学"?

在最为广泛的通常解释中,是以是否是"科学"来区别作为"世界观"的马克思主义"哲学"和作为"哲学"的非马克思主义的"世界观",也就是把马克思主义哲学解释为"科学的世界观"或"哲学科学",而把马克思主义哲学之外的全部哲学解释为"非科学的世界观"或"非科学的哲学"。这就是说,马克思和恩格斯所断言的"哲学"的"终结",是以"科学的哲学"或"科学哲学"代替了"非科学的哲学"。更为明确地说,是把

---

① 《马克思恩格斯选集》第1卷,31页,北京,人民出版社,1972。

"哲学"变成了"科学"，因而"哲学"才"终结"了。这种解释是值得深入研究的。

一个耐人寻味的实例是，作为现代西方哲学的科学主义思潮的代表人物之一的赖欣巴哈在其名著《科学哲学的兴起》一书中，开宗明义地提出："许多人都认为哲学是与思辨不能分开的。他们认为，哲学家不能够使用确立知识的方法，不论这个知识是事实的知识还是逻辑关系的知识；他们认为，哲学家必须使用一种不能获致证实的语言——简言之，哲学不是一种科学。本书旨在建立与此相反的论点。本书认为，哲学思辨是一种过渡阶段的产物，发生在哲学问题被提出，但还不具备逻辑手段来解答它们的时候。它认为，一种对哲学进行科学研究的方法，不仅现在有，而且一直就有。本书想指出，从这个基础上已出现了一种科学哲学，这种哲学在我们时代的科学里已找到了工具去解决那些在早先只是猜测对象的问题。简言之，写作本书的目的是要指出，哲学已从思辨进展而为科学了。"[1]

在赖欣巴哈看来，"哲学"之所以必然要从"思辨"而进展为"科学"，是因为思辨哲学用"假解释"来满足"普遍性"的寻求，而科学哲学则是以对"普遍性"的"科学解释"为前提。同时，赖欣巴哈作为现代西方哲学的科学主义思潮的代表人物，他又强调地指出，"科学哲学"与"科学"的区别是在于，"科学哲学""把宇宙的解释完全留给科学家去做；它用对科学的结果进行分析的办法建立着知识论"[2]。这就是说，作为"科学"的"科学哲学"，只能是"对科学进行逻辑分析"的"科学的副产品"。

对照赖欣巴哈的《科学哲学的兴起》这个耐人寻味的实例，我们可以发现把马克思主义哲学解释为"科学的世界观"或"整个科学"的值得深入研究的重大的理论问题：其一，在什么意义上把马克思主义哲学界说为

---

① ［德］赖欣巴哈：《科学哲学的兴起》，"原序"，3 页，北京，商务印书馆，1991。
② 同上书，234 页。

"科学"？其二，马克思主义哲学在什么意义上不再是"哲学"？其三，究竟如何阐释马克思的"世界观"？

把马克思主义哲学解说为"哲学科学"或"科学"，主要是基于这样一种认识，即"科学"是以世界的各种不同领域、不同方面、不同层次或不同问题为"对象"，从而为人类提供关于各种具体对象的"特殊规律"，而"哲学"则是以"整个世界"为"对象"，从而为人类提供关于"整个世界"的"普遍规律"。在这种理解和解释中，由于"哲学"所提供的是关于"整个世界"的"普遍规律"而不是关于"具体领域"的"特殊规律"，因而它是"哲学科学"而区别于"一般科学"；由于这种"哲学"所提供的是关于"整个世界"的"普遍规律"，因而它是如同其他科学一样的"科学"，而不再是非科学的"哲学"。这就是通常所解说的作为"科学"的马克思主义哲学。

对马克思主义哲学的这种理解和解释，表明了一种传统的哲学立场即哲学知识论立场。这种哲学知识论立场，从根本上说，就是把哲学视为具有最高的概括性（最大的普遍性）和最高的解释性（最大的普适性）的"知识"，从而以知识分类表的层次性来区分"一般科学"与"哲学科学"。我们知道，这种哲学知识论立场在西方哲学中是根深蒂固的。从亚里士多德"寻取最高原因的基本原理"，到黑格尔构建"一切科学的逻辑"，始终是以高踞"科学"之上的"哲学科学"的姿态而君临天下的。正是在拒绝这种哲学立场的意义上，恩格斯才不仅一再重申哲学被"驱逐"出了"自然界"和"历史"，而且明确地声言马克思和他的理论之不再是"哲学"，而只是"世界观"，对此，恩格斯在他的三部哲学名著中表达了共同的观点。在《路德维希·费尔巴哈和德国古典哲学的终结》中提出，"这种历史观结束了历史领域内的哲学，正如辩证的自然观使一切自然哲学都成为不必要的和不可能的一样。现在无论在哪一方面，都不再是要从头脑中想出联系，而是要从事实中发现这种联系了。这样，对于已经从自然界和历史中被驱逐出去的哲学来说，要是还留下什么的话，那就只留下一个纯粹思想的领域：关于思维过程本身的规律的学说，即逻辑和辩证法"①。在《自然辩证法》中提出，"自然科学家满足于旧形而上学的残渣，使哲学还得以苟延残喘。只有当自然科学和历史科学接受了辩证法的时候，一切哲学垃圾——除了关于思维的纯粹理论——才会成为多余的东西，在实证科学中消失掉"②。在《反杜林论》中提出，"一旦对每一门科学都提出了要求，要它弄清它在事物以及关于事物的知识的总联系中的地位，关于总联系的任何特殊科学就是多余的了。于是，在以往的全部哲学中还仍旧独立存在的，就只有关于思维及其规律的学说——形式逻辑和辩证法。其他一切都归到关于自然和历史的实证科学中去了"③。

马克思主义哲学在什么意义上已经不再是"哲学"？马克思和恩格斯已经做出了明确的回答："哲学在黑格尔那里终结了"。对此，恩格斯还具体地指出：黑格尔把占有"绝对真理"作为哲学的使命，而"这样给哲学提出任务，无非就是要求一个哲学家完成那只有全人类在其前进的发展中才能完成的事情，那末全部以往所理解的哲学也就终结了"④。

"全部以往所理解的哲学"，或者说"终结哲学"，它的本质特征，可以用一句话来概括，这就是：哲学家主要是以个人头脑中的思辨活动去追求思维把握和解释世界的全体自由性。把这句话分解开来，包括两层含义：一是传统哲学的追求目标——思维把握和解释世界的全体自由性；二是传统哲学的研究方式——哲学家个人头脑中的思辨活动。

人类思维面对千差万别、千变万化的世界，总是力图在最深刻的层次上把握其内在的统一性，从而以这种统一性去解释世界上的一切现象以及关于这些现象的全部知识。这就是人类思维所追求的把握和解释世界的全体自由性。思维的这种追求以理论形态而表现为哲学，哲学就成

---

① 《马克思恩格斯选集》第 4 卷，253 页，北京，人民出版社，1972。
② 《马克思恩格斯选集》第 3 卷，533 页，北京，人民出版社，1972。
③ 同上书，422 页。
④ 《马克思恩格斯选集》第 4 卷，215 页，北京，人民出版社，1972。

为亚里士多德所说的"寻取最高原因的基本原理"①，因而哲学一直处于人类知识体系的最高层次。

黑格尔以最宏伟的形式总结了传统哲学的历史发展，把传统哲学对思维把握和解释世界的全体自由性的追求，升华为以概念的发展体系来实现思维和存在相统一的规律体系——"绝对理念"——的自我认识。他解释说："要这样来理解那个理念，使得多种多样的现实，能被引导到这个作为共相的理念上面，并且通过它而被规定，在这个统一性里面被认识。"②由此他认为，在他构筑的本体论、认识论和逻辑学相统一的概念发展体系中所实现的"绝对理念"的自我认识，就是思维把握和解释世界的全体自由性的实现。

但是，包括黑格尔哲学在内的传统哲学的这种向往和追求，本身就是一个不可解决的矛盾。作为辩证法大家的黑格尔，自己就曾指出："全体的自由性，与各个环节的必然性，只有通过对各环节加以区别和规定才有可能。"③而黑格尔的悲剧则在于，他把自己所提出的矛盾，消解在他自己所批判的解决方式之中——在纯思辨的逻辑推演中实现思维把握和解释世界的全体自由性。他说："在这种抽象的世界里，个人不得不用抽象的方式在他的内心中寻求现实世界中找不到的满足；他不得不逃避到思想的抽象中去，并把这种抽象当作实存的主体，——这就是说，逃避到主体本身的内心自由中去。"④这是黑格尔所批评的传统思维哲学家的写照，也是黑格尔的自我写照。

思维把握和解释世界的全体自由性，必须以思维认识世界的各个环节（领域、方面、部分、层次）的规定性为前提；而对于世界（包括人本身）的无限丰富的规定性的认识，只能是通过人类在其前进的发展中所创建的全部科学来实现。因此，作为人类最高智慧的哲学，从其产生开

---

① ［古希腊］亚里士多德：《形而上学》，56 页，北京，商务印书馆，1995。
② ［德］黑格尔：《哲学史讲演录》第 2 卷，385 页，北京，商务印书馆，1983。
③ ［德］黑格尔：《小逻辑》，56 页，北京，商务印书馆，1996。
④ ［德］黑格尔：《哲学史讲演录》第 3 卷，8 页，北京，商务印书馆，1983。

始，就蕴含着两个最基本的矛盾：一是哲学的宏伟目标与人类认识的历史成果的矛盾；二是人类思维的至上性与非至上性的矛盾。包括黑格尔在内的传统哲学家所共有的幻想在于，企图超越人类认识的历史发展和实证科学对世界必然性的认识，而以个人头脑的思辨活动去实现思维把握和解释世界的全体自由性。

正因如此，他们一方面是不得不"用理想的、幻想的联系来代替尚未知道的现实的联系，用臆想来补充缺少的事实，用纯粹的想象来填补现实的空白"①。另一方面却又把这些思辨的产物当作永恒的终极真理，以至尊无上的姿态、用僵死凝固的模式去解释世界，将哲学视为凌驾于一切科学之上的"科学的科学"。正是针对这种幻想，恩格斯尖锐地指出，哲学给自己提出占有绝对真理的任务，"无非就是要求一个哲学家完成那只有全人类在其前进的发展中才能完成的事情，那么全部以往所理解的哲学也就终结了"②。

从哲学自身发展的逻辑上说，现代哲学产生于传统哲学的批判；而如何批判传统哲学，则同时规定着新哲学所选取的不同的哲学方向和道路。关于马克思主义哲学与传统哲学的关系，我们应当提出三个重要问题，并依据这个思路去探索马克思对"哲学"的"终结"的真正内涵和真实意义。这三个问题是：怎样对待传统哲学的追求目标？如何改造传统哲学的研究方式？是否承认以及怎样汲取传统哲学的历史成果？

马克思和恩格斯认为，人类作为改造世界的实践—认识主体，人类的历史存在与人类的实践—认识对象即整个世界，总是处于深刻的矛盾之中。这种矛盾表现在人类思维，就是按思维的"本性、使命、可能和历史的终极目的"来说的"至上性"，与按思维的"个别实现和每次的现实"来说的"非至上性"的矛盾；这种矛盾表现在人类思维的认识成果即知识体系，则是哲学所追求的思维全体自由性即对世界最深层的统一性

---

① 《马克思恩格斯选集》第4卷，242页，北京，人民出版社，1972。
② 同上书，215页。

解释，与实证科学关于世界的存在和发展的历史成果的矛盾。

马克思主义创始人认为，哲学的这种追求，其根源在于人类的实践活动永不满足于对世界的已有改造，人类的思维活动永不满足于对世界的已有认识。正是由于哲学总是批判地反思人类认识和改造世界的认识论前提和价值论前提，总是超越人类的现实存在而提供新的理想性目标，哲学才成为人类智力进步的"主要杠杆"，才具有自身独立存在的价值。

问题首先在于：哲学所追求的把握和解释世界的全体自由性，在人类认识的发展史上总是只能具有相对的意义；哲学本身也只能是一种关于绝对的相对真理；"包罗万象的、最终完成的关于自然和历史的认识的体系，是和辩证思维的基本规律相矛盾的"①。那种企图在个别哲学家的体系中完成这种追求的幻想，与人类的历史存在和世界的无限发展处于不可解决的矛盾之中。因此，马克思主义哲学对传统哲学的批判，并不是抛弃哲学追求思维把握和解释世界的全体自由性的目标（这是基于人类实践本性的思维本性），而是抛弃传统哲学把这种追求的相对性成果视为终极真理的幻想（这是以"解释世界"为特征的传统哲学所无法逾越的思维逻辑）。

针对传统哲学以思辨的方式在幻想中实现思维把握和解释世界的全体自由性的做法，恩格斯指出："如果世界模式不是从头脑中，而仅仅是通过头脑从现实世界中得来的，如果存在的基本原则是从实际存在的事物中得来的，那末为此所需要的就不是哲学，而是关于世界以及关于世界中所发生的事情的实证知识；由此产生的也不是哲学，而是实证科学"。②

但是，在否定传统哲学的幻想时，我们又必须看到，传统哲学在追求思维全体自由性的过程中，不断地和逐步深入地总结了思维的历史和

---

① 《马克思恩格斯选集》第 3 卷，421 页，北京，人民出版社，1972。
② 同上书，75 页。

成就，越来越自觉地探索了作为哲学基本问题的思维和存在的关系问题，以理论的形态熔铸了"辩证法这一最高的思维形式"，并在黑格尔那里达到对哲学思维的理论自觉，也就是对"反思"的哲学思维的理论自觉。仅就近代西方哲学而言，已经深入地研究了客观世界与人类意识、意识内容与意识形式、感性认识与理性认识、对象意识与自我意识、先天模式与后天认知、知性逻辑与辩证思维、认知活动与价值判断、思维规律与存在规律等一系列重大问题，不仅使哲学基本问题获得了"完全的意义"，而且概括升华出了思维如何运用概念去反映、把握、描述和表达存在运动的辩证思维方式。

正因如此，马克思主义经典作家极其珍视传统哲学的积极成果。马克思在《资本论》第一卷第二版的跋中说，当着"德国知识界吹牛的后生小子们"把黑格尔看作一条"死狗"的时候，"我倒公开承认我是这位大思想家的门人"。恩格斯在《社会主义从空想到科学的发展》的德文版序言中，特别强调地指出"科学社会主义本质上是德国的产物，而且也只能产生于古典哲学还生机勃勃地保存着自觉的辩证法传统的国家，即产生于德国。唯物主义历史观及其在现代的无产阶级和资产阶级之间的阶级斗争上的特别应用，只有借助于辩证法才有可能"①。而在《自然辩证法》一书中，恩格斯又提出这样的告诫："不管自然科学家采取什么样的态度，他们还是得受哲学的支配。问题只在于：他们是愿意受某种坏的时髦哲学的支配，还是愿意受一种建立在通晓思维历史和成就的基础上的理论思维的支配"②。列宁提出"不钻研和不理解黑格尔的全部逻辑学，就不能完全理解马克思的'资本论'"③。因此，"要继承黑格尔和马克思的事业，就应当辩证地研究人类思想、科学和技术的历史"④。

对待传统哲学的这种辩证理解和辩证态度，直接地表现为对黑格尔

① 《马克思恩格斯选集》第 3 卷，377—378 页，北京，人民出版社，1972。
② 同上书，533 页。
③ 列宁：《哲学笔记》，191 页，北京，人民出版社，1960。
④ 同上书，154 页。

的评价。恩格斯认为，以黑格尔哲学解体为标志的全部旧哲学的终结，同时具有两方面的意义：一方面，黑格尔在自己的哲学中以最宏伟的形式总结了旧哲学的全部发展，因此，对黑格尔哲学的批判，具有对传统哲学的总体批判意义；另一方面，黑格尔又不自觉地给新哲学提出了一条走出旧哲学体系的"迷宫"而达到真正地切实认识世界的道路。这条为黑格尔不自觉地指出、而为马克思和恩格斯自觉开拓的哲学道路就是："沿着实证科学和利用辩证思维对这些科学成果进行概括的途径去追求可以达到的相对真理。"①

值得注意的是，恩格斯的结论，不仅强调新哲学只能是"沿着实证科学"前进，而且指明新哲学必须是"利用辩证思维"去概括科学成果。作为这二者的统一，新哲学才能相对地、然又切实地达到思维把握和解释世界的全体自由性。

马克思主义把这二者的统一，诉诸对人类实践活动的革命性解释。在马克思主义创始人看来，人的思维最本质最切近的基础既不是思维自身，也不是思维的对立面——存在，而是把思维和存在联系起来的"中介"——人类的社会实践。

人类的社会实践活动是一个历史过程，因而传统哲学所追求的思维把握和解释世界的全体自由性总是具有相对意义的；人类的社会实践活动现实地改造了主观世界和客观世界，达到主观与客观、思维与存在的历史的、具体的统一，因而哲学对思维全体自由性的追求是有现实根基的；人类的社会实践活动永远不会停留在一个水平上，思维是人类在实践的基础上通过全部科学的共同努力所实现的反映世界的发展过程，因而人类能够不断地向着思维全体自由性的目标接近。

由此我们可以看到：马克思主义哲学在对传统哲学的批判中，抛弃了传统哲学占有绝对真理的幻想，肯定了哲学追求思维全体自由性的目标，否定了传统哲学纯粹思辨的研究方式，但又继承了它所总结的思维

---

① 《马克思恩格斯选集》第 4 卷，215—216 页，北京，人民出版社，1972。

的历史和成就。把哲学所追求的思维全体自由性与人类实践的历史发展统一起来，把真理的绝对性和相对性统一起来，把哲学的进步与科学的发展统一起来，运用通晓思维的历史和成就的辩证思维概括实证科学成果而深化哲学自身的追求，这是马克思主义哲学在对传统哲学的批判中所开拓的新的哲学道路的重要内涵。

值得我们深思的是，在马克思这里，"全体的自由性"已不再是黑格尔意义上的"思维把握和解释世界的全体的自由性"，而是以"每个人的自由发展"为条件的"一切人的自由发展"；马克思给自己提出的历史任务，也不是获得关于思维的全体自由性的"绝对真理"，而是要"揭露"人在"非神圣形象中的自我异化"，要以"活动着的个人"的"独立性和个性"去代替"资本"的"独立性和个性"，从而实现人类自身的解放。人类解放，这才是马克思的取代"哲学"的"世界观"。

（四）"实践"问题：马克思哲学的"称谓"与"定位"

以"实践"为核心范畴重新理解马克思主义哲学并重新建构马克思主义哲学的概念发展体系，这表明，兴起于 20 世纪 80 年代的"实践唯物主义"这个口号或旗帜，并不仅仅是关系到马克思主义哲学的"称谓"的问题，更是关系到马克思主义哲学的"定位"问题，也就是如何理解马克思主义哲学的问题。正因如此，关于"辩证唯物主义""历史唯物主义""现代唯物主义"与"实践唯物主义"的哲学论争迄今非但未见减弱，反而有愈益激烈之势。

在这里，我想首先引入讨论的是一个也许更为值得关注的问题。

自 20 世纪 80 年代以来，中国的马克思主义哲学界在新的历史条件下重新探索马克思的哲学革命，形成了某些具有"研究范式"或"解释原则"意义的理论观点。作为批评和超越传统哲学原理教科书的产物，"实践唯物主义"和"实践观点的思维方式"是两种最具代表性的"研究范式"。我在这里讨论的，就是这两种"研究范式"或"解释原则"。在我看来，厘清这两种"研究范式"或"解释原则"，对于深化马克思哲学观的当代阐释是重要的和必要的。

"实践唯物主义"所强调的是以"实践"为核心范畴重新理解和重新建构马克思的"现代唯物主义"。在这种"研究范式"中，"实践"不仅作为认识的基础而成为马克思主义认识论的核心范畴，也不仅作为人的历史活动而成为马克思主义历史观的核心范畴，更是作为人与世界的现实基础而成为马克思主义世界观的核心范畴。就此而言，"实践唯物主义"并不是关于马克思主义哲学如何"称谓"的问题，而是关于马克思主义哲学如何"定位"的问题，也就是如何理解马克思的哲学革命的问题。

　　"实践观点的思维方式"这种研究范式或解释原则，同"实践唯物主义"一样，也是在批评和超越传统哲学原理教科书的解释模式的过程中形成的，也是以实践为核心范畴重新理解马克思主义哲学的哲学理论。但是，超越传统哲学教科书的这两种解释模式，在对"实践"范畴的不同理解中，却蕴含着值得深入研究的学理上的重要区别。我尝试在这里做一简略分析。

　　首先，对实践范畴哲学意义的不同理解。在人们经常引证的《关于费尔巴哈的提纲》中，马克思曾经这样提出问题："社会生活在本质上是实践的。凡是把理论导致神秘主义方面去的神秘东西，都能在人的实践中以及对这个实践的理解中得到合理的解决"①。从实践出发去理解人的社会生活，并以人的实践活动的观点去批判"把理论导致神秘主义方面去的神秘东西"，这是"实践唯物主义"和"实践观点的思维方式"这两种解释模式的共同之处，但是，"实践唯物主义"所理解的"实践"和所强调的"实践"，是人的实践活动本身，也就是从人的实践活动的特性——诸如实践的客观性、历史性、能动性、目的性等——出发去解释各种哲学问题。这就是说，在"实践唯物主义"这里，"实践"是一个被描述的对象，是一个实体性的哲学范畴，尚未构成一种哲学意义的解释原则。正因如此，"实践唯物主义"既试图把实践作为核心范畴而贯穿于各种哲学问题之中，又无法把实践作为解释原则而重新解释全部哲学问题。

---

① 《马克思恩格斯全集》第 3 卷，5 页，北京，人民出版社，1960。

与"实践唯物主义"不同，所谓"实践观点的思维方式"，它所理解的"实践"和所强调的"实践"，是马克思所说的"对这个实践的理解"，也是把"实践观点"作为一种"思维方式"来理解人、理解人与世界的关系，从而构成一种可以称之为实践论的世界观。正因为是把实践的哲学意义理解为"实践观点的思维方式"，所以这里的"实践"既不是一种"实体"范畴，也不是客体意义上的"关系"范畴，而是一种哲学意义上的解释原则。这种解释原则，就是从人的内在矛盾以及由此构成的人与世界之间的内在矛盾出发，去理解和解释全部哲学问题。正因为"实践观点的思维方式"是一种具有革命意义的解释原则，因而才构成了哲学史上的马克思主义哲学革命。

其次，对实践范畴的本体论意义的不同理解。由于"实践唯物主义"是从"实体"意义上理解"实践"范畴，因而合乎逻辑地认为，马克思的哲学变革"首先在于把实践引进了本体论，把实践提升到世界本原的行列中去"。这种解释表明，"实践唯物主义"作为一种解释原则，尚未跳出传统哲学寻求世界本原的形而上学窠臼，只不过是把作为世界本原的"物质"或"精神"替换为"实践"而已。正是这种本质上属于传统哲学的解释原则，使得"实践唯物主义"陷入难以自拔的困惑和窘境之中。这就是：如果把作为人的存在方式的"实践"视为"世界的本原"，那么，如何解释人类产生之前的世界的存在？传统哲学教科书解释模式正是以此向"实践唯物主义"提出挑战和诘难的，而"实践唯物主义"则迫不得已地做出这样的解释："马克思并没有用实践把物质从本体论中排除出去，并没有用实践本体论去取代物质本体论。"这种解释，使得作为解释原则的"实践唯物主义"显露了其内在的理论的不彻底性。这就是：在马克思主义的哲学革命中，实践范畴的哲学意义到底是什么？如果可以用"实践"和"物质"这两种本体论解释马克思主义哲学，又如何解释马克思实现了哲学史上的革命性变革？

与"实践唯物主义"不同，"实践观点的思维方式"不是把"实践"当成作为"世界本原"的"本体"，恰恰相反，是从"实践观点"作为"思维方式"

的反本体论的哲学革命来阐释马克思主义哲学。这应当是"实践观点的思维方式"与"实践唯物主义"这两种解释模式的原则区别。

在"实践观点的思维方式"看来，寻求"世界本原"的"本体论"，其哲学意义并不在于把某种存在视为"本体"，而在于它以寻求"本原"或"本体"的方式而构成一种哲学意义上的思维方式。高清海教授提出："把存在的事实和存在的本体分离开来、对立起来，是本体论思维的基本前提。所谓的本体论哲学，在这里也可以说就是从某种超对象的绝对实在去理解对象的一种理论认识方式"①。具体言之，这种本体论的思维方式有三个根本性的思想前提：其一，就其思想本质来说，是把存在本身同存在的现象割裂开来、对立起来，把本体视为隐藏在经验现象背后的超验的存在；其二，就其思想原则来说，是把主观和客观割裂开来、对立起来，把本体视为排除掉主观性的纯粹客观性；其三，就其追求目标来说，是把绝对与相对割裂开来、对立起来，把本体视为排除掉相对性的纯粹绝对性。马克思的哲学革命，正是从"现实的人及其历史发展"出发去理解人与世界的关系，彻底变革了这种把本质与现象分离开来、把主观与客观割裂开来、把相对与绝对对立起来的本体论的思维方式，从而构成了重新理解人及其与世界关系的"实践观点的思维方式"。如果我们仍然以寻求"本原"的思维方式去解释马克思的实践范畴，就不是在马克思的哲学意义上"终结形而上学"，而是难以避免地从马克思这里倒退回传统哲学意义上的形而上学。

在这里，我还想提出的是，把"实践观点的思维方式"贯彻到底，我们可以对哲学意义的"本体"和"本体论"获得新的理解和解释。我在《终极存在、终极解释和终极价值——作为终极关怀的本体论》一文中提出："人类作为改造世界的实践主体，其全部活动的指向与价值，在于使世界满足人类自身的需要，把世界变成对人类来说是真善美相统一的世界。具有历史展开性的实践活动是人类思维的最本质最切近的基础。基

---

① 《高清海哲学文存》第 1 卷，141 页，长春，吉林人民出版社，1996。

于人类实践本性的理论思维，总是渴求在最深刻的层次上或最彻底的意义上把握世界、解释世界和确认人在世界中的地位与价值。理论思维的这种渴求，是一种指向终极性的渴求，或者说，是一种终极性的关怀，这种终极性的渴求或关怀的理论表达构成贯穿古今的本体论"。"本体论作为一种追本溯源式的意向性追求，作为一种对人和世界及其相互关系的终极关怀，它的可能达到的目标，并不是它所追求的'本'或'源'；它的真实的意义，也不在于它是否能够达到它所指向的终极存在、终极解释和终极价值；本体论追求的合理性是在于，人类总是悬设某种基于现实而又超越现实的理想目标，否定自己的现实存在，把现实变成更加理想的现实；本体论追求的真实意义就在于，它启发人类在理想与现实、终极的指向性与历史的确定性之间，既永远保持一种'必要的张力'，又不断打破这种'微妙的平衡'，从而使人类在自己的全部活动中保持生机勃勃的求真意识、向善意识和审美意识，永远敞开自我批判和自我超越的空间。"①在这个意义上，本体论即辩证法。因此在我看来，正是本体论批判的辩证法构成了哲学意义上的"实践观点的思维方式"。

由对"实践观点的思维方式"的理解，我想引入的另一个重要问题是"实践转向"问题。近 20 年来，学界通常是以"实践转向"来标志马克思的哲学革命。那么，"实践转向"的真实内涵和真实意义是什么？是指马克思把哲学的对象"转向"人类的"实践"活动吗？如果把"实践转向"理解成哲学对象的改变，那么，这里作为哲学对象的"实践"，就仍然是"实践唯物主义"所指认的实践活动本身，而不是理解人与世界关系的思维方式；如果把"实践转向"理解为思维方式的转向，则会以"实践观点"的思维方式去理解人与世界的关系，从而形成具有革命意义的马克思主义哲学的"世界观"。

这种"实践观点的思维方式"即"实践论的世界观"，它以实践自身的

---

① 孙正聿：《终极存在、终极解释和终极价值——作为终极关怀的本体论》，载《社会科学战线》，1991(4)。

矛盾性为基础，深刻地揭示了人对世界的否定性统一关系。在人对世界的否定性统一关系中，显现了现实世界的自然性与属人性的二重化、人类自身的自然性与社会性的二重性以及社会历史的创造性与规律性的二象性。由"实践观点的思维方式"或"实践论的世界观"所构成的马克思主义哲学，正是恩格斯所说的"关于现实的人及其历史发展"的哲学理论。

由此我们可以更深层地发现，"实践观点的思维方式"并非仅仅是一种"思维方式"，而是马克思用以揭示人类历史发展、探索人类解放的世界观和方法论。

（五）"解放"问题：马克思学说的"哲学性"与"科学性"

在对马克思哲学观的学术论争中，最大的问题莫过于马克思是否把自己的学说视为"哲学"，因而最大的分歧莫过于把马克思的学说理解为"科学"，还是"哲学"。在这里，我们从探讨恩格斯的《在马克思墓前的讲话》入手，回应对马克思思想的不同理解。

1883 年 3 月 14 日，马克思与世长辞，"最伟大的思想家停止思想了"。他的最亲密的战友恩格斯发表了著名的《在马克思墓前的讲话》，对这位"最伟大的思想家"及其"思想"做出了最为简洁而精辟的总结与评价。从学术研究的角度看，这篇讲话应当是研究马克思这位"最伟大的思想家"及其"思想"的最宝贵的文献。但是，在我看来，如果说学界一直比较重视恩格斯在这篇讲话中对马克思的"思想"的评价，并把这个评价作为马克思一生的伟大贡献而构成阐释马克思及其"思想"的重要出发点，那么，学界并未像重视恩格斯对马克思的"思想"的评价那样关注恩格斯在这篇讲话中对这位"最伟大的思想家"本人的评价。这种状况直接地影响到对这位"最伟大的思想家"的"思想"的理解。

在这里提出这个问题，是因为我们在阐释马克思的哲学观时，遇到的一个更为深层的、更为重要的问题，即马克思的学说与哲学和科学的关系问题，或者说是马克思学说的"哲学性"或"科学性"问题。如果更为尖锐地提出问题，这就是：马克思是"哲学家"还是"科学家"？马克思的学说或思想是"哲学"还是"科学"？

对于这个问题，国外学者曾进行过长期的争论。西方马克思主义的重要代表人物卡尔·柯尔施在《马克思主义和哲学》一书中，对于否认马克思主义有自己的"哲学内容"这一现象，曾作过这样的描述："资产阶级的哲学教授们一再互相担保，马克思主义没有任何它自己的哲学内容，并认为他们说的是很重要的不利于马克思主义的东西。正统的马克思主义者们也一再互相担保，他们的马克思主义从其本性上来讲与哲学没有任何关系，并认为他们说的是很重要的有利于马克思主义的东西。"①南斯拉夫"实践派"的重要人物米·坎格尔卡在《马克思哲学的含义》一文中，也对否认马克思是"哲学家"的思潮做出这样的概括："马克思根本就不是哲学家而只是个科学家，譬如是个经济学家、社会学家等等；他从来就没有建立过自己的任何哲学；他根本就一点儿也不重视哲学；他否认哲学并把哲学排除于自己的学说体系之外；他对哲学家采取讥讽和嘲弄的态度；在他的思想范围里和思想前提下不可能有什么哲学"②与这种否定马克思是"哲学家"、马克思主义理论有"哲学内容"的思潮相反，另一种耐人寻味的思潮则是认为马克思只是一位"哲学家"而并不是真正意义上的"科学家"，马克思的理论只是一种"哲学"而并不是严格意义上的"科学"。例如悉尼·胡克在《对卡尔·马克思的理解》一书中，就以马克思主义的阶级性、革命性、战斗性而否定其科学性。胡克提出，"就马克思主义是一种旨在达到一个阶级目的的思想和行动的方法而论，它是某种高于或低于科学的东西；因为科学虽然可以被用于各种阶级目的，但其本身却不具阶级特性"，"在马克思的理论中，却预先假定着一种阶级倾向和一个阶级目的。不仅他的学说描写阶级社会和阶级斗争的现象，而且这些学说还是被当作进行阶级斗争的工具，被当作一种他信以为将从社会生活中最终消灭阶级斗争的行为方式的指导而提

① ［德］卡尔·柯尔施：《马克思主义和哲学》，4 页，重庆，重庆出版社，1989。
② 中国社会科学院哲学研究所马克思主义哲学史研究室编译：《马克思哲学思想研究译文集》，275 页，北京，人民出版社，1983。

供出来的。""马克思的哲学，就是这些客观要素和主观要素的辩证的综合。"①另一名美国学者宾克利在其所著《理想的冲突——西方社会中变化着的价值观念》中，针对马克思所发现的"历史规律"和马克思所承诺的"社会理想"，做出这样的评论："如果我们把他首先看作自称为'发现了'历史发展的自然规律的社会科学家的话，那他简单是弄错了。"②"马克思是一位民主社会主义者，一位现世的人道主义者，并且是一位争取人类自由的战士"③"马克思对于我们今天的吸引力乃是一个道德的预言，人们如果根据人类价值考察现在社会上的种种事实，然后根据自己的发现而行动，以使我们的世界成为一个一切人都能变成更有创造性和更为自由的地方，这样我们就是忠于马克思了"④。

对于这种截然相反的理解和评价，米·坎格尔卡在《马克思哲学的含义》中做出这样的解释："我们看到，这里形成了两个相距很远的极端：一曰何谓马克思哲学已是众所周知，一曰根本就没有马克思哲学。两种主张都是从马克思的立场出发的（至少是被说成这个样子的），或者起码都自称如此便是对马克思的思想观点作出了'正确的'解释。马克思的著作中包含了可能对他的思想作出极为不同的解释的前提，这是无可辩驳的事实"⑤。

那么，我们究竟应当怎样理解和评价马克思是"哲学家"或"科学家"？又应当怎样理解和评价马克思的学说是"哲学"或"科学"？正是面对关系到对马克思这位"最伟大的思想家"及其"思想"的理解和评价问题，我们应当而且必须"回到"马克思的最亲密的战友——恩格斯——对这位"最伟大的思想家"及其"思想"的理解和评价。

这里，首先讨论作为"革命家"与"哲学家"和"科学家"的马克思。这

①　[美]悉尼·胡克：《对卡尔·马克思的理解》，11 页，重庆，重庆出版社，1989。
②　[美]宾克利：《理想的冲突——西方社会中变化着的价值观念》，99 页，北京，商务印书馆，1983。
③　同上书，100 页。
④　同上书，106 页。
⑤　中国社会科学院哲学研究所马克思主义哲学史研究室编译：《马克思哲学思想研究译文集》，275—276 页，北京，人民出版社，1983。

个讨论，对于理解马克思的"思想"是至关重要的。

在《马克思墓前的讲话》，对于这位"最伟大的思想家"的评价，恩格斯是这样做出的："马克思首先是一个革命家"。"革命家"，这对于马克思具有"首要性"，因而也是我们理解和评价马克思及其思想的根本出发点；反之，离开这个根本出发点，我们对马克思及其思想的理解和评价就会本末倒置或不得要领。

"马克思首先是一个革命家"。那么，马克思是怎样的"革命家"？他所从事的是什么样的"革命"？恩格斯在"讲话"中做出了高度概括性的明确回答："以某种方式参加推翻资本主义社会及其所建立的国家制度的事业，参加赖有他才第一次意识到本身地位和要求，意识到本身解放条件的现代无产阶级的解放事业，——这实际上就是他毕生的使命。"①

为了更为具体地理解马克思所从事的"革命"，我们需要从 1883 年恩格斯的"墓前讲话"拉回到 1847 年年底至 1848 年年初马克思和恩格斯合著的《共产党宣言》。这部"宣言"明确地论证了作为革命家的马克思所从事的"革命"的丰厚内涵。

在恩格斯 1883 年为《共产党宣言》（以下简称《宣言》）所写的德文版序言、1888 年所写的英文版序言中，他都一再地"明确地申述"《宣言》中始终贯彻的基本思想，即："每一历史时代的经济生产以及必然由此产生的社会结构，是该时代政治的和精神的历史的基础；因此（从原始土地公有制解体以来）全部历史都是阶级斗争的历史，即社会发展各个阶段上被剥削阶级和剥削阶级之间、被统治阶级和统治阶级之间斗争的历史；而这个斗争现在已经达到这样一个阶段，即被剥削被压迫的阶级（无产阶级），如果不同时使整个社会永远摆脱剥削、压迫和阶级斗争，就不再能使自己从剥削它压迫它的那个阶级（资产阶级）下解放出来。"②恩格斯还特别强调地声明，"这个基本思想完全是属于马克思一个人的"③。

---

① 《马克思恩格斯选集》第 3 卷，575 页，北京，人民出版社，1972。
② 《马克思恩格斯选集》第 1 卷，232 页，北京，人民出版社，1972。
③ 同上书，232 页。

《宣言》的这个"基本思想",大体上可以概括为三层思想:其一,历史唯物主义的根本思想,即人类历史发展中的经济、政治和精神的基本关系;其二,这种基本的关系表现为阶级社会中的阶级斗争;其三,这种阶级斗争在现时表现为无产阶级反对资产阶级的斗争,而这种斗争的特殊性是在于,无产阶级只有"同时使整个社会永远摆脱剥削、压迫和阶级斗争",才能"使自己从剥削它压迫它的那个阶级(资产阶级)下解放出来"。

如果说这里的第一层思想是马克思为自己所从事的"革命"提供的基本的理论前提,那么,第三层思想则是马克思对自己所从事的"革命"的根本性理解。因此,在《宣言》中,马克思和恩格斯对他们所从事的"革命"运动做出这样的评论:"过去的一切运动都是少数人的或者为少数人谋利益的运动。无产阶级的运动是绝大多数人的、为绝大多数人谋利益的独立的运动。"①

马克思作为从事"绝大多数人的、为绝大多数人谋利益的独立的运动"的"革命家",他认为,"在实践方面,共产党人是各国工人政党中最坚决的、始终推动运动前进的部分;在理论方面,他们比其余的无产阶级群众优越的地方在于他们了解无产阶级运动的条件、进程和一般结果"②。

马克思对自己所从事的"革命"运动的理论自觉,已经向我们展现了马克思作为"革命家"与"理论家"或"思想家"的统一:作为"革命家",他自觉地担当"各国工人政党中最坚决的、始终推进运动前进的部分";作为"理论家"或"思想家",则是为"无产阶级运动的条件、进程和一般结果"做出"理论方面"的论证。

为"无产阶级运动的条件、进程和一般结果"做出"理论方面"的论证,这首先是表明,马克思"首先"是作为"革命家"而进行他的"理论"研究。因而不能离开"革命家"的马克思去理解和评价"理论家"的马克思。

---

① 《马克思恩格斯选集》第1卷,262页,北京,人民出版社,1972。
② 同上书,264页。

正是这个根本的出发点表明，马克思的思想、理论、学说，是关于无产阶级和人类解放的思想、理论、学说。同时，我们也只有从马克思给自己提出的从"理论方面"论证"无产阶级运动的条件、进程和一般结果"的使命，才能真正理解和评价作为"革命家"的马克思究竟是"哲学家"还是"科学家"，马克思的思想、理论和学说究竟是"哲学"还是"科学"。

《在马克思墓前的讲话》中，恩格斯这样概括和评价马克思的"思想"："正象达尔文发现有机界的发展规律一样，马克思发现了人类历史的发展规律，即历来为繁茂芜杂的意识形态所掩盖着的一个简单事实：人们首先必须吃、喝、住、穿，然后才能从事政治、科学、艺术、宗教等等；所以，直接的物质的生活资料的生产，因而一个民族或一个时代的一定的经济发展阶段，便构成为基础，人们的国家制度、法的观点、艺术以至宗教观念，就是从这个基础上发展起来的，因而，也必须由这个基础来解释，而不是象过去那样做得相反。不仅如此。马克思还发现了现代资本主义生产方式和它所产生的资产阶级社会的特殊的运动规律。由于剩余价值的发现，这里就豁然开朗了，而先前无论资产阶级经济学家或者社会主义批评家所做的一切研究都只是在黑暗中摸索。"①"一生中能有这样两个发现，该是很够了。甚至只要能作出一个这样的发现，也已经是幸福的了。但是马克思在他所研究的每一个领域（甚至在数学领域）都有独到的发现，这样的领域是很多的，而且其中任何一个领域他都不是肤浅地研究的。"②

对马克思的"思想"的概括和评价，是恩格斯的"墓前讲话"的主体部分。人们通常是把恩格斯的这个概括和评价表达为"马克思的两大发现"。这表明，如何理解"马克思的两大发现"，就成为把马克思的"思想"解释为"哲学"或"科学"的基本依据。

在通常的学科分类中，人们是把马克思所发现的"人类历史的发展

---

① 《马克思恩格斯选集》第 3 卷，574 页，北京，人民出版社，1972。
② 同上书，574—575 页。

规律"称作"唯物史观"或"历史唯物主义"，并因而视之为"哲学"；人们又把马克思发现的"现代资本主义生产方式和它所产生的资产阶级社会的特殊的运动规律"即"剩余价值"规律作为经济学理论而视之为"科学"。这样，恩格斯在"墓前讲话"中所概括的"两大发现"，似乎就构成了作为"哲学家"和"科学家"的马克思，以及作为"哲学家"的马克思所创建的"哲学"和作为"科学家"的马克思所创建的"科学"（经济学）。

然而，在把马克思的"两大发现"作为学术对象而展开的研究过程中，人们一方面质疑"历史唯物主义"的"哲学性"而力图论证其为"科学"，另一方面则质疑马克思的"政治经济学"的"科学性"而力图论证其为"哲学"。这样，由"两大发现"而构成的"哲学家"与"科学家"的马克思，似乎又模糊了他的"哲学家"与"科学家"的双重身份，因而由"两大发现"而构成的"哲学"与"科学"的马克思思想也就模糊了其"哲学"性与"科学"性。

质疑"历史唯物主义"的"哲学"性，其出发点是论证"历史唯物主义"的"科学"性。这种论证，可以从马克思和恩格斯的文献中得到有力的支持。在《德意志意识形态》中，马克思和恩格斯明确地提出，"思辨终止的地方，即在现实生活面前，正是描述人们的实践活动和实际发展过程的真正实证的科学开始的地方。关于意识的空话将销声匿迹，它们一定为真正的知识所代替，对现实的描述会使独立的哲学失去生存环境，能够取而代之的充其量不过是从对人类历史发展的观察中抽象出来的最一般的结果的综合"①。在《德意志意识形态》这部通常称之为关于历史唯物主义的系统性文献，正是"从对人类历史发展的观察中抽象出来的最一般的结果的综合"，也就是马克思和恩格斯在这里所说的"真正实证的科学"或"真正的知识"。对此，马克思和恩格斯强调地指出，"我们的出发点是从事实际活动的人"，"是处在一定条件下进行的现实的、可以通

———————

① 《马克思恩格斯选集》第 1 卷，31 页，北京，人民出版社，1972。

过经验观察到的发展过程中的人"。① 因此，马克思和恩格斯认为，他们的"历史观就在于：从直接生活的物质生产出发来考察现实的生产过程，并把与该生产方式相联系的、它所产生的交往形式，即各个不同阶段上的市民社会，理解为整个历史的基础；然后必须在国家生活的范围内描述市民社会的活动，同时从市民社会出发来阐明各种不同的理论产物和意识形式，如宗教、哲学、道德等等，并在这个基础上追溯它们产生的过程。这样做当然就能够完整地描述全部过程（因而也就能够描述这个过程的各个不同方面之间的相互作用）了"②。由此，马克思和恩格斯认为，"这种历史观和唯心主义历史观的不同，它不是在每个时代中寻找某种范畴，而是始终站在现实历史的基础上，不是从观念出发来解释实践，而是从物质实践出发来解释观念的东西"③。正是从这种根本区别出发，马克思和恩格斯批判"哲学家"及其构建的"独立的哲学"。这就是说，在《德意志意识形态》中，马克思恩格斯已经抛弃了"独立的哲学"及其"哲学家"的幻想，而把他们所创立的历史观视作关于历史的科学。

1886 年，恩格斯在他的晚年写下了《路德维希·费尔巴哈和德国古典哲学的终结》这部讨论马克思和他怎样从黑格尔哲学出发并且怎样用它脱离进行"简要而有系统的说明"的著作，对哲学的历史做出这样的总结："哲学在黑格尔那里终结了：一方面，因为他在自己的体系中以最宏伟的形式概括了哲学的全部发展；另一方面，因为他（虽然是不自觉地）给我们指出了一条走出这个体系的迷宫而达到真正地切实地认识世界的道路。"④而"哲学"的"终结"是因为"哲学""要求一个哲学家完成那只有全人类在其前进的发展中才能完成的事情"⑤。因此，恩格斯认为，

---

① 《马克思恩格斯选集》第 1 卷，30、31 页，北京，人民出版社，1972。
② 同上书，43 页。
③ 同上书，43 页。
④ 《马克思恩格斯选集》第 4 卷，216 页，北京，人民出版社，1972。
⑤ 同上书，215 页。

新的哲学应当是"把沿着这个途径达不到而且对每个个别人也是达不到的'绝对真理'撇在一边，而沿着实证科学和利用辩证思维对这些科学成果进行概括的途径去追求可以达到的相对真理"①。

恩格斯的这个思想，在他的《在马克思墓前的讲话》中，还以评价马克思的方式得以阐述。恩格斯说，"这位科学巨匠就是这样。但是这在他身上远不是主要的。在马克思看来，科学是一种在历史上起推动作用的、革命的力量。任何一门理论科学中的每一个新发现，即使它的实际应用甚至还无法预见，都使马克思感到衷心喜悦，但是当有了立即会对工业、对一般历史发展产生革命影响的发现的时候，他的喜悦就完全不同了。例如，他曾经密切地注意电学方面各种发现的发展情况，不久以前，他还注意了马赛尔·德普勒的发现"②。在这里，恩格斯明确地把"两大发现"的马克思称作"科学巨匠"，并强调在马克思看来，"科学是一种在历史上起推动作用的、革命的力量"③，因而表现一位"革命家"对具有"革命力量"的"科学"的深切认同。

与质疑历史唯物主义的"哲学"性而强调其"科学"性的思潮相并行，是质疑马克思经济学，特别是他的《资本论》的"科学"性而强调其"哲学"性。宾克利提出："马克思对于我们今天的吸引力乃是一个道德的预言，人们如果根据人类价值考察现在社会上的种种事实，然后根据自己的发现而行动，以使我们的世界成为一个一切人都能变成更有创造性和更为自由的地方，这样我们就是忠于马克思了。"④因此，他认为，"作为我们选择世界观时的一位有影响的预言家的马克思永世长存，而作为经济学家和历史必然道路的预言家的马克思则已经降到只能引起历史兴趣的被人遗忘的地步"⑤。

---

① 《马克思恩格斯选集》第 4 卷，215—216 页，北京，人民出版社，1972。
② 同上书，575 页。
③ 《马克思恩格斯选集》第 3 卷，575 页，北京，人民出版社，1972。
④ ［美］宾克利：《理想的冲突——西方社会中变化着的价值观念》，106 页，北京，商务印书馆，1983。
⑤ 同上书，106 页。

阿尔都塞在《读〈资本论〉》这部名著中，从我们如何阅读它并从而构成我们所理解的《资本论》入手，讨论了他对问题的理解。阿尔都塞提出，"毫无疑问，我们都读过《资本论》，而且仍在继续阅读这部著作。近一个世纪以来，我们每天都可以透过人类历史的灾难和理想，论战和冲突，透过我们唯一的希望和命运所系的工人运动的失败和胜利，十分清楚地阅读它。可以说，自从我们'来到这个世界上'，我们从未停止透过那些为我们阅读《资本论》的人的著作和演说来阅读《资本论》。他们为我们所作的阅读有好有坏，他们中间有些人已经死去，有些人还活着。这些人有恩格斯、考茨基、普列汉诺夫、列宁、罗莎、卢森堡、托洛茨基、斯大林、葛兰西、各工人组织的领导人、他们的追随者或者他们的论敌：哲学家、经济学家和政治家。我们阅读了形势为我们'选择'的《资本论》的片断和章节。"①这就是说，人们对《资本论》的理解，是同人们对它的期待密切相关的，又是同别人对《资本论》的解说密切相关的。由此，阿尔都塞提出问题，"我们"属于哪一种"阅读"？在阿尔都塞看来，作为"哲学家""经济学家"或"逻辑学家"来阅读《资本论》，是大不一样的，而"我们都是哲学家"，"我们是作为哲学家来阅读《资本论》的"②，而"我们在对《资本论》进行哲学的阅读时所犯的错误是，我们用马克思阅读古典政治经济学时给予我们深刻印象的那种方法来阅读马克思的著作。我们要承认的错误就是，固执地囿于这些方法，在这些方法中停滞不前，死死地抓住它们并希望有朝一日完全依靠这些方法来认识马克思著作的狭小的空间中所包含的无限领域即马克思的哲学领域。"③阿尔都塞提出，"如果认为整个马克思的哲学包含在《关于费尔巴哈的提纲》中的几个短短的命题中，或者包含在《德意志意识形态》的否定的论述中，也就是包含在断裂的著作中，那么就严重误解了一个全新的理论思想生长所必不可少的条件，而这种思想的成熟、界定和发展是需要一

---

　　①　［法］路易·阿尔都塞：《读〈资本论〉》，1—2 页，北京，中央编译出版社，2001。

　　②　同上书，3 页。

　　③　同上书，23 页。

定时间的。"①阿尔都塞引证恩格斯的话说，"我们这一世界观，首先在马克思的《哲学的贫困》和《共产党宣言》中问世，经过了二十余年的潜伏时间，到《资本论》出版以后……"因此，阿尔都塞提出，"我们可以读到马克思真正哲学的地方是他的主要著作《资本论》"②。

关于对《资本论》的"哲学阅读"，阿尔都塞还耐人寻味地提出另一个问题，即"只有应用马克思的哲学才能对《资本论》进行哲学的阅读，而马克思的哲学又是我们的研究对象本身。这个循环之所以可能，只是因为马克思的哲学存在于马克思主义的著作之中"③。阿尔都塞的上述观点是值得深入思索的。从此出发，我想讨论如下几个问题。

人们阅读《资本论》，是同人们的阅读目的密切相关的；而阅读《资本论》的目的，是同对社会主义和共产主义的渴望与追求密切相关的；因此，人们从《资本论》中能够读到的最重要的是它对社会主义取代资本主义的承诺，即远远超过其经济学研究的哲学价值观。这种阅读效果，不仅源于阅读目的，更源于被阅读的对象。恩格斯说，"《资本论》经常被称为'工人阶级的圣经'。本书所得的结论，一天多似一天的，成了工人阶级伟大运动的基本原理"（英文版的"序"）。作为"工人阶级的圣经"，《资本论》并不是一般意义的理论著作，而是关于无产阶级和人类解放的学说，它要研究的是"物和物的关系掩盖下的人和人的关系"，它要揭示的是，"资本的独立性和个性"如何代替了"个人的独立性和个性"，马克思在《资本论》所揭示的，不仅仅是资本主义的特殊规律，而且是人类发展的现实根基。马克思提出："时间实际上是人的积极存在，它不仅是人的生命的尺度，而且是人的发展的空间"④，"时间是人类发展的空间"。马克思对"必要劳动时间"与"剩余劳动时间"的分析，不仅具有揭示"剩余价值"生产的特定的政治经济学含义，而且包含着实现人类自身

---

① ［法］路易·阿尔都塞：《读〈资本论〉》，24 页，北京，中央编译出版社，2001。

② 同上书，24 页。

③ 同上书，29 页。

④ 《马克思恩格斯全集》第 47 卷，532 页，北京，人民出版社，1979。

发展的深刻的哲学内涵。因此马克思说，"政治经济学所研究的材料的特殊性质，会把人心中最激烈最卑鄙最恶劣的感情，代表私人利益的仇神，召唤到战场上来反对它"（初版的"序"）。《资本论》所蕴含着的这种根本性的价值理想和伦理要求，名副其实地构成马克思的最主要的哲学著作。

把《资本论》视为马克思的最重要的哲学著作，还与它"应用的方法"即辩证法密切相关。辩证法是马克思主义的活的灵魂，而《资本论》则是列宁所说的"大写的逻辑"即马克思辩证法的具体体现。马克思说，"辩证法，在其神秘形式上，成了德国的时髦东西，因为它似乎使现存事物显得光彩。辩证法，在其合理形态上，辩证法引起资产阶级及其夸夸其谈的代言人的恼怒和恐怖，因为在对现存事物的肯定的理解中同时包含对现存事物的否定的理解，即对现存事物的必然灭亡的理解；辩证法对每一种既成的形式都是从不断的运动中，因而也是从它的暂时性方面去理解；辩证法不会崇拜任何东西，按其本质来说，它是批判的和革命的"①。正是《资本论》体现了这个本质上是批判的、革命的辩证法，辩证法正是在《资本论》中展现了自己的批判的、革命的本质；离开《资本论》，马克思并没有为我们提供现成的辩证法著作，而研究马克思的辩证法，最基本和最重要的文献就是《资本论》；从《资本论》已经构成了马克思的哲学与科学、哲学反思与科学研究的水乳交融。就此而言，我同意阿尔都塞所说的对《资本论》的"哲学阅读"或"经济学阅读"，但我更倾向于认为，阅读《资本论》，乃至阅读马克思的全部著作，都只能是一种我称之为"双重化"的阅读，即哲学阅读与科学阅读的统一，因为马克思首先是作为"革命家"的"哲学家"和"科学家"，马克思的思想是把哲学反思和科学研究融为一体的关于人类解放的学说。

在这个意义上，我比较赞同葛兰西在《狱中札记》中表达的看法："一个大人物表现他思想的较有创造力的方面，并不是在从表面的分类

---

① 《马克思恩格斯选集》第2卷，218页，北京，人民出版社，1972。

的观点来看显然应当是最合乎逻辑的形式中，而是在别处，在表面上看来可以被认为是与之无关的部分中，一个搞政治的人进行哲学写作：情况可能是，他的'真正的'哲学反倒应该在他的政治论著中去寻找。每个人都有一种占支配地位的活动，正是必须从这里去寻找他的思想，这种思想处在一种往往不是暗含在、而且甚至经常是同公开表达的东西相互矛盾的形式中。"①跳出我们现行的体制化、职业化、学院化、科层化的思考方式，也就是跳出现在通行的关于学科分类的思考方式，不再用"哲学""经济学"或各种学科分类的视域去阅读和研究马克思这个"最伟大的人物的思想"，我们才能更深切地理解马克思的哲学，理解马克思的关于人类解放的学说。

(六)"道路"问题：马克思哲学与现代西方哲学

马克思的哲学观，就是马克思所理解的"真正的"哲学，或者说是马克思对"真正的"哲学的理解；正是依据自己对"真正的"哲学的理解，马克思"终结了""解释世界"的哲学而开拓了被称之为"实践转向"的哲学即"改变世界"的哲学。这是马克思在哲学史上所实现的革命性变革，也是马克思为哲学开辟的崭新"道路"。然而，对这个习以为常的论断的肯定，却使我们面向了双重性的理论难题，这就是：是马克思开辟了一条唯一正确的或科学的现代哲学道路，因而所谓现代西方哲学只能是对"真正的"现代哲学的反动，还是马克思开辟了一条仅仅属于马克思的特殊性的哲学道路，因此可以把马克思哲学作为某种特例而被现代"哲学"所拒绝？应当说，正是这两种截然相反的理解，构成了对马克思哲学的两种恰相反对的态度：一种是以"唯一正确或科学"的哲学道路的姿态而对现代西方哲学从整体上予以否定，另一种则是以现代西方哲学为"真正的"哲学而对马克思哲学予以"拒斥"。如果我们深究这两种理论态度，就会发现一个至关重要的问题，这就是：怎样理解、看待和对待马克思

---

① ［意]安东尼奥·葛兰西：《狱中札记》，317 页，北京，中国社会科学出版社，2000。

哲学及其所开辟的哲学道路的"特殊性"？这种特殊性是否内含着现代哲学的普遍性？这是在当代反思和解读的马克思哲学观的最为重大的现实问题。

在我看来，如果我们承认哲学的时代性，我们首先就会肯定每个时代的哲学所具有的某种程度的普遍性或共同性。在《从两极到中介——现代哲学的革命》一文中，我曾对这种普遍性或共同性做过初步的探讨。我在文章中提出，马克思哲学并不是离开人类文明发展大道的宗派主义的东西，具体地说，并不是超然于自己的时代和哲学自身发展的逻辑之外的东西，它是自己时代精神的精华。因此，它与自己同时代的哲学不能不具有广泛而深刻的一致性。这种一致性，首先是集中地表现在本体中介化这个现代哲学革命的共同出发点上。

在对黑格尔哲学的讨伐中所形成的现代西方哲学各主要流派，尽管其旨趣不同、观点各异，但在理论出发点和发展趋向上，都没有离开黑格尔哲学所提示的本体中介化的道路。特别是面对现代科学日益严峻的挑战（已经和正在把哲学从传统的世袭领地驱逐出去），以及现代社会生活对哲学的新的渴求（寻找人类现代社会生活的新的支撑点和人类对世界的新观念），它们都试图找到某种扬弃自然与精神、客观与主观抽象对立的中介环节，并以这个中介环节作为统一性原理，给现代人类提供了安身立命之本。

现代西方哲学的突出特征之一，是高度重视从哲学上研究语言。它们认为：虽然世界在人的意识之外（不依赖于人的意识而存在），但世界却在人的语言之中（人只能在语言中表述世界）；语言既是人类存在的消极界限（语言之外的世界是存在着的无），又是人类存在的积极界限（世界在语言中对人生成为有）；正是在语言中，才凝聚着自然与精神、客观与主观、真与善的深刻矛盾，才积淀着人类思维和全部人类文化的历史成果。因此，他们试图通过语言分析来"消解"传统哲学或"重建"哲学理论。

从对立的两极出发，并以抽象的两极对立关系为基础而形成的旧唯物论和旧唯心论，被探索两极融合、过渡和转化的中介哲学——现代哲学——所取代了。这种取代，是迄今为止的最深刻的哲学革命。它改变了哲学的提问方式和追求方式，从而改变了人类的致知取向、价值取向和审美取向，即从深层改变了人类的思维方式。

传统哲学在两极对立的思维方式中，总是力图获得一种绝对的、确定的、终极的真理性认识，即关于支配宇宙的最普遍原则的知识。因此，它把哲学所追求和承诺的"本体"视为某种超出人类或高于人类的本质，把"本体"当作一种自我存在的、与人类状况（历史、科学、文化、语言、利益、需要和物质生产条件等等）无关的实体。它向自己提出的问题是："什么是绝对的真？""什么是至上的善？""什么是最高的美？"在传统哲学看来，只有当哲学为人类揭示出这种绝对的真、至上的善和最高的美，人类才能得到关于世界的完整而正确的科学知识，才能在伦理社会生活中进行真实而有效的实践活动。这在致知取向上，就是固执于对绝对之真的追求；在价值取向上，就是执着于对至上之善的向往；在审美取向上，就是沉湎于对最高之美的幻想。而从根本的思维方式上看，则是把世界分裂为真与假、善与恶、美与丑的非此即彼、抽象对立的存在。这就是反历史（反现实）的形而上学的思维方式。

本体中介化的现代哲学，则站在历史主义的立场，排斥对绝对确定性的追求。马克思提出，辩证法在其合理的形态上，就是在对现存事物的肯定的理解中，同时包含着对它的否定的理解，它的必然灭亡的理解；因此辩证法对每一个已经生成的形态，都在运动的流中，从它的暂时经过的方面去理解。人类在自身的历史发展中所形成的具有时代特征的关于真善美的认识，既是一种历史的进步性，又是一种历史的局限性，因而它孕育着新的历史可能性。就其历史的进步性而言，人们在自己的时代所理解的真善美，就是该时代的人类所达到的人与世界的统一性的最高理解，即该时代人类全部活动的最高支撑点，因此具有绝对性；就其历史的局限性而言，人们在自己的时代所理解的真善美，又只是特定历史时代的产物，它作为全部人类活动的最高支撑点，正是表现了人类作为历史的存在所无法挣脱的片面性，因而具有相对性；就其历史的可能性而言，人们在自己的时代所理解的真善美，正是人类在其前进的发展中所建构的阶梯和支撑点，它为人类的继续前进提供现实的可能性。真善美永远是作为中介而自我扬弃的。它既不是绝对的绝对性，也不是绝对的相对性，而是相对的绝对性——自己时代的绝对，历史过程的相对。

对此，现代西方哲学表现出显著的一致性。波普等科学哲学家突出强调科学的人性方面，即科学作为人性的体现，是可以犯错误的。波普提出，科学的历史是发现理论、摈弃错了的理论并以更好的理论取而代之的历史。科学理论作为历史批判的对象，它的全部成果都是作为中介而存在的。同样，哲学解释学的根本目的就是激起人们的反省，向那些既定方向的假设确定性进行挑战。伽达默尔认为，理解作为人的存在方式，它首先是人的历史局限性，因此，"偏见"是不可避免的合法存在的。人类在理解中展现新的历史可能性，就实现为自我扬弃的辩证发展过程。

现代哲学所提供的辩证思维方式提醒人们：在致知取向上，不是追求绝对的终极之真，而是探索时代的相对之真，把真理理解为过程；在价值取向上，不是追求绝对的至上之善，而是探索时代的相对之善，把价值尺度理解为过程；在审美取向上，不是追求绝对的最高之美，而是探索时代的相对之美，把审美活动理解为过程。诉诸人类历史活动的现代辩证法理论，以中介的观点去对待现存的一切事物。这就是它的革命的、批判的本质之所在。它把人类对自身全部活动最高支撑点的探索，由传统哲学对终极真善美的追求，改变为时代水平的相对性理解。

由此，我们既可以正视现代哲学所显示的广泛而深刻的一致性，又能够把握现代哲学所存在的重大分歧和尖锐斗争，在当代的水平上坚持和发展马克思主义哲学。

以人的历史活动为中介而探索人与世界的关系问题，这是整个现代哲学的共同特征。但是，人的历史活动是以多种多样的中介环节而构成人与世界的对立统一关系的。从语言、科学、艺术、宗教、伦理等中介环节出发，都可以构成某种统一性原理，去说明人与世界的统一。然而，正是由于现代西方哲学的各流派分别抓住某一环节并加以片面地夸大，才使之成为现代的唯心主义哲学。马克思的实践辩证法理论，则不仅在于它把人与世界对立统一的诸种关系扬弃为人类实践活动的内在环节，更在于它揭示了人类最基本的实践活动——物质生产活动——在人与世界关系中的基础地位。它以物质生产活动为基础去说明科学、文化、艺术、宗教和语言的历史，说明由它们的交互作用而构成的人类历史存在的进步性、局限性和正在展开的可能性，从而为人类找到了真正的安身立命之本。

马克思的实践辩证法理论与现代西方哲学各种派别的这种重大分歧不是偶然的。哲学家"以何为本"，首先取决于哲学家"以谁为主"。"本体"问题是同"主体"问题密不可分的。现代西方科学哲学，从本质上看，是把科学家视为认识和改造世界的主体，所以它以科学家的科学活动及其成果为本体；现代西方文化哲学，从本质上看，是以较为宽泛的人文学者为主体，所以它以广义的文化活动及其成果为本体；而马克思主义哲学则以"社会化了的人类"或"人类的社会化"为主体，所以它把以物质生产活动为基础的全部人类实践活动及其历史成果作为本体。

任何哲学都是自己时代的产物。但是，由于哲学家总是在比自己所处的时代更广阔的背景下和更基本的原则上去理解时代的要求和哲学的使命，因此，同一时代的哲学却会沿着不同的方向发展。

这个更为广阔的背景，就是整个人类社会的历史发展；这个更为基本的原则，就是哲学家对社会历史的理解。如何理解社会历史，是马克思主义哲学与现代西方哲学的深层分歧。

传统哲学以追求思维把握和理解世界的全体自由性为目标，以整个世界（古代哲学）或人类意识（近代哲学）为对象，把哲学的价值视作为人类提供某种永恒的安身立命之本。从其最深层的哲学观念上说，就在于传统哲学把人类社会的历史归结为思想的历史，把历史发展的动力归结为理性的力量，把社会历史的进步归结为理性的胜利。

这种理性进步的历史观，不仅表现为柏拉图所憧憬的"哲学王"，黑格尔把拿破仑称作"马背上的世界精神"，而且一直延伸到空想社会主义者把资本主义社会指斥为"人类理性的迷误"。在空想社会主义者看来，资本主义现实之所以是必须否定的，就在于它不符合人的理性，而社会主义之所以是应该追求的，则在于它符合人的理性。因此，直至空想社会主义者的历史观，只能是一种"以人的天性为最高准绳而设想完美立法的企图"①。

这种理性进步的历史观，就其实质而言，就是黑格尔的"无人身的理性"的自我运动和自我发展。在黑格尔哲学中，这种"无人身的理性"是历史的统一性的基础、历史的必然性的逻辑和历史的进步性的根据。它以思维范畴逻辑推演的形式，使理性进步的历史观获得了最为集中而深刻的哲学表达。

考察这种理性进步的历史观，人们不难发现，它有两个显著特点：其一，肯定历史是进步的，因而传统哲学雄心勃勃地建构了一个又一个宏伟的哲学体系；其二，历史的进步是理性的胜利，因而传统哲学雄心勃勃地追求的是思维把握和解释世界的全体自由性。

由传统哲学的这两个显著特征所决定，现代哲学对传统哲学的批判，也在最深层次上蕴含着两个根本问题：其一，是否承认历史的进步性？正是对这个问题的不同回答，构成马克思主义哲学与现代西方科学哲学乃至整个现代西方哲学对传统哲学的两种批判，并沿着不同的哲学方向发展；其二，能否把哲学归结为理性自我实现的历史？对这个问题的回答，一方面显示出现代哲学与传统哲学对立意义上的广泛一致性，

---

① 《普列汉诺夫哲学著作选集》第 1 卷，594 页，北京，人民出版社，1959。

另一方面则凸显出马克思主义哲学与现代西方科学哲学乃至整个现代西方哲学的根本分歧。

现代西方哲学主要是从两个不同的角度去批判黑格尔的"无人身的理性"：一是反对黑格尔的"冷酷的理性"，而要求"丰富的人性"，把哲学诉诸对人生的体验并建立关于人类生存状态的"人学"。这就是现代西方人本主义思潮所开拓的哲学道路；二是反对黑格尔的"狂妄的理性"，而要求"谦虚的理性"，把哲学诉诸对"人性的最高表现"——科学——的哲学考察，并试图以科学哲学取代传统哲学。这又是现代西方科学主义思潮所开拓的哲学道路。

在现代西方人本主义思潮看来，黑格尔的"无人身的理性"把人的情感、意志、想象、个性等人的全部丰富性都异化给了非人的、超人的思维，因而这样的理性是"冷酷的"，是敌视个人存在的；黑格尔以这种"冷酷的理性"作为历史统一性的基础、历史必然性的逻辑和历史进步性的根据，不仅是纯粹的虚构，是与人的生存状态相悖谬的，更是对人的生存价值的否定。

人本主义思潮的基本观点是：个人作为一次性的存在，具有不可重复性，对于个人的不可逃避的归宿——死亡——而言，人生总是荒谬的；人作为一种独特的自为性的存在，具有不可规定性，对于除人之外的全部的自在存在——世界——而言，人生又是自主的；荒谬的人生是"无意义的"，自主的人生则是"有价值的"；因此，人不应该寻求终极的意义(包括历史的必然性)，而应该努力实现自身的价值。

这样，人类生活的必然性信念，历史发展的规律性信念，都在人本主义思潮中隐退了；非理性的和相对主义的价值观和历史观，构成了现代西方人本主义思潮的基调。显而易见，在对传统哲学的理性进步的历史观的批判中，现代西方人本主义思潮不仅否定传统哲学以理性的实现来解释历史的进步，而且否定了历史的统一性、必然性和进步性。

与人本主义思潮一样，科学主义思潮也是从批判黑格尔的"无人身的理性"出发，并通过这种批判确立了相对主义的价值观和历史观。而科学主义思潮的突出特征则在于，它立足于"谦虚的理性"去讨论"狂妄的理性"，把对理性的批判具体化为对哲学以及科学的批判。这种批判是对理性的挑战，也是对理性进步的历史观的挑战。

现代西方哲学的两大思潮，都否认理性的权威性、确定性和统一性，力图动摇人类生存的合理性、必然性和规律性信念。与追求思维把握和解释世界全体自由性的传统哲学相比，它们从对人类理性的鲸吞宇宙的幻想，变成了对人类理性深感忧虑的怀疑；从对人类未来的满怀激情的憧憬，变成了对人类的惴惴不安的恐惧；从对真善美的雄心勃勃的追求，变成了对真善美的黯然失色的叹息。失掉对人类前景的确信，否认历史真正的进步，张扬真理的多元主义，坚持价值观的相对主义，构成了现代西方哲学两大思潮在讨伐黑格尔的"无人身的理性"中所形成的基本观念。

马克思主义哲学是作为关于人类解放的科学理论而形成的。在评价马克思的生平和事业时，恩格斯强调指出，马克思不仅是一位"科学巨匠"，而且首先是一个"革命家"。马克思的全部哲学思考，是以争取人类的自身解放为出发点的；以毕生的精力探寻人类社会的发展规律并创立唯物史观，是马克思的最伟大的理论贡献。马克思对传统哲学的批判，对哲学与科学的相互关系的理解，都植根于他对社会历史的深切把握。

马克思认为，思维和存在的关系问题在其现实性上，既不是黑格尔的"无人身的理性"与其"逻辑规定"的统一问题，也不是费尔巴哈的"抽象的个人"与其"感性存在"的统一问题，而是"现实的人"以其"感性活动"为中介与"现实世界"的统一问题。这个统一的基础就是人类的实践活动（首先是生产实践活动）及其历史发展。

在《关于费尔巴哈的提纲》中，马克思就对人类社会存在和发展的现实基础做出了原则性的回答。他说："社会生活在本质上是实践的。凡是把理论导致神秘主义方面去的神秘东西，都能在人的实践中以及对这个实践的理解中得到合理的解决。"①紧接着，马克思就在与恩格斯合著的《德意志意识形态》中，系统地总结和全面地升华了他们对人类社会存在和发展的现实基础的理解，提出必须从具体的社会物质生活条件出发来解释人类的历史以及人类意识的历史。

很显然，马克思主义哲学对黑格尔的"无人身的理性"所代表的传统哲学的理性进步历史观的批判，既不是像现代西方人本主义思潮那样以"丰富的人性"反对"冷酷的理性"，也不是像现代西方科学主义思潮那样以"谦虚的理性"讨伐"狂妄的理性"，而是以人的实践活动及其历史发展去取代"抽象的理性"。因此，马克思主义哲学不是否定历史发展的统一性、必然性和进步性，而是反对传统哲学以人类理性来解释历史进步，并从而把历史的进步性奠基于人类社会实践活动的现实基础上。

这样，马克思主义哲学就不是一般地肯定了人类历史发展的进步性，而是以新的历史观取代了传统哲学的理性进步的历史观；这种辩证唯物主义的历史观不仅有力地驳斥了现代西方哲学的历史观的悲观主义、价值观的相对主义，而且为我们唯物主义地改造现代西方哲学的积极成果——诸如科学哲学的"范式"转换问题、解释学的"前理解"问题、意义理论的"视野融合"问题、文化哲学的"对话"问题等——提供了坚实的基础。

关于马克思主义哲学与现代西方哲学的关系问题，近 20 年来我国学者进行了愈益深化的理论探讨，其中，刘放桐教授在《马克思主义与西方哲学的现当代走向》一书中，不仅做出了系统的论证，而且对这种研究的方法论前提及其基本结论做出了理论概括。该书提出，"马克思主义者对于与马克思主义哲学处于同一历史时代的西方哲学既不可能、也不应当采取回避态度。那样不仅不能消解后者的消极因素，也不能充分地吸取后者可能存在的积极因素，反而使自己处于封闭状态，不能从整个世界思想发展的大背景下对自己有更为深刻的认识。我国马克思主

---

① 《马克思恩格斯全集》第 3 卷，5 页，北京，人民出版社，1960。

义哲学研究过去之所以长期出现僵化和教条化倾向，原因很多，而把自己封闭和孤立起来，割裂自己与现代西方哲学及其体现的当代西方社会的科学技术和思想文化发展的联系，未尝不是主要原因之一。当现当代世界哲学的发展潮流越来越冲破各种独断论和绝对主义的禁锢而转向（尽管也是通过种种迂回曲折的道路）现实生活和实践时，我们中的一些人却在维护马克思主义的名义下固守前马克思主义的思维方式，使本来最能体现时代精神精华的马克思主义哲学脱离了时代，对我们的事业造成了极大损害。在改革开放的条件下，我们再也不应如此封闭了。为了在新的条件下进一步丰富和发展马克思主义哲学，促进我国的社会主义建设、特别是精神文明建设，马克思主义者应当主动地接触和熟悉现代西方哲学，从它们的成败得失中吸取经验教训，接受它们的各种挑战。"①从这样的基本前提出发，我认为应当在处理马克思主义哲学与现代西方哲学的关系问题上突出地注意两个方面：一是不能用现代西方哲学的研究思路、研究内容或研究方法代替乃至否定马克思主义哲学研究，二是不能用马克思主义哲学的理论特性、研究方式和研究重点代替和否定现代西方哲学。在这个基础上，我们才有可能汲取现代西方哲学的研究成果而推进马克思主义哲学研究。

---

① 刘放桐：《马克思主义与西方哲学的现当代走向》，"序言"，3 页，北京，人民出版社，2001。

第四章 哲学观与现代哲学

一 从两极到中介

（一）超越两极对立的思维方式

传统的唯物主义哲学和唯心主义哲学，分别从对立的两极去思考自然界与精神的关系问题，因而始终僵持于"本原"问题的自然本体与精神本体的抽象对立，并以还原论的思维方式去说明二者的统一。

旧唯物论以自然界为精神的本原，力图把精神还原为自然，用自然来解释人类的精神活动，从而把物的尺度当作人类全部行为的根据，这就是旧唯物论的自然本体论；旧唯心论则以精神为自然界的本原，试图把自然还原为精神，用人类的精神活动来解释自然，从而把精神的尺度当作人的全部行为的根据，这就是旧唯心论的精神本体论。

由于旧唯物论以自然为本体，只是从被动的观点去理解人与世界的关系，取消了人的能动性，因此它所坚持的是一种单纯的、自在的客体性原则；由于旧唯心论以精神为本体，只是从能动的观点去理解人与世界的关系，抽象地发展了人的能动性，因此它所坚持的是一种单纯的、自为的主体性原则。这样旧唯物论和旧唯心论就不仅固执于"本原"问题上的自然本体与精神本体的抽象对立，而且造成了思维方式上的客体性原则与主体性原则的互不相容。

它们把这种本原问题上的抽象对立和思维方式上的互不相容扩展到全部哲学问题，使得它们自身成为片面夸大两极的哲学理论。马克思在《关于费尔巴哈的提纲》中对全部旧哲学的批评，正是精辟地揭露了这种两极对立的哲学的根本缺陷，指出了在其原有的思维方式内无法解决的内在矛盾。

18世纪末到19世纪初的德国古典哲学，曾试图克服本原问题上的自然本体与精神本体的抽象对立，扬弃思维方式上的客体性原则与主体性原则的互不相容，以新的思维方式去开拓新的哲学道路。这种探索的积极成果就是自觉形态的辩证法理论。

康德充分地意识到，与人无关的自然，对人来说只能是一种"有之非有""存在着的无"，因而他把与人无关的自然设定为"自在之物"或"物自体"。于是他提出人对世界的认识必有自己的根据，这就是提供时空观念的感性形式和提供判断形式的知性范畴。感性形式和知性范畴使世界对人生成为"现象"，即人所把握到的世界；而"物自体"则作为消极的界限而限定人类认识的可能性。这样康德就承诺了两种"本体"的存在：既把"自然本体"作为认识的对象性前提和认识的消极界限而承诺下来；又把"精神本体"作为认识的主体性根据和认识的积极界限而承诺下来。在认识领域内，与其说康德消解了自然本体与精神本体的对立，毋宁说他是在证明这种对立的不可克服。

然而，康德哲学的真实意义在于他证明了：不仅两极对立的本体（自然本体和精神本体）是不可或缺的，而且它们之间是不能简单还原的；人的认识只能成立于对立两极的统一；统一的结果是使自在的世界变成自为的世界，即属人的世界；属人的世界是实践理性领域，在这个领域中，人类行为所服从的"绝对命令"就是人类自我约束的"自律"，因而是人类的自由领域。这样，康德就把实践理性作为人类全部行为的根据，并确立为哲学的新出发点。

这个新出发点对于自觉形态辩证法理论的发展具有实质性意义。它要求从主体的活动出发去体认自然与精神、客体与主体的交互作用，阐发其间的辩证转化。费希特的"自我"就是作为一种能动性的活动而实现为建构"非我"的过程。黑格尔则把实践理性的意义扩展到认识领域，实现了辩证法理论的本体论、认识论和逻辑学的统一。

黑格尔认为，消解自然本体与精神本体的抽象对立，克服客体性原则与主体性原则的互不相容，必须诉诸把它们统一起来的中介环节——概念的世界。概念是自在的客观世界对自为的主观世界的生成，即外部世界转化成思维规定；同时，概念又是自为的主观世界对自在的客观世界的生成，即以观念的形态构成思维中的客观世界。自在的自然与自为的精神、单纯的客观性与单纯的主观性统一于自在自为的概念世界之中。

概念作为自然与精神双向生成的中介，既是物的尺度与人的尺度的和解，又是合规律性与合目的性的统一，所以它首先是具有客观意义的主观目的性，即以"真"为根基的"善"的要求。这种"善"的要求是在思维中所达到的自然与精神、客观与主观的统一，它通过概念的"外化""对象化"，即外部现实性活动而生成人所要求的世界。列宁说，在黑格尔逻辑学的概念论中包含着历史唯物主义的萌芽。这个萌芽，就在于黑格尔对概念的实践理解中，具有把实践活动作为自然与精神、客观与主观统一的中介，并通过这个中介来说明世界对人的生成的天才猜测。

(二)本体中介化的现实道路

正是这种天才猜测使黑格尔哲学成为"聪明的"即辩证的唯心主义理论，并构成传统哲学向现代哲学转化的中介环节。它不自觉地为现代哲学指出了一条本体中介化的现实道路。开拓这条道路，则是现代哲学所实现的哲学革命。

马克思恩格斯坚定不移地承认外部自然界对人及其精神的"优先地

位"，并以是否承认这种"优先地位"作为划分唯物主义哲学和唯心主义哲学的标准。但他们认为：（1）在自然界与精神谁为"本原"的意义上区分的唯物主义和唯心主义，不能"在别的意义上"使用；（2）抽象的、孤立的、与人分离的自然界，对人来说也是无，关于自然界"优先地位"的证明，必须诉诸实证科学和人类的全部实践活动；（3）包括科学活动在内的人类实践活动，以自身为中介而扬弃了自然与精神的抽象对立，并实现为人类历史发展中的具体统一；（4）正是由于旧唯物论和旧唯心论离开人类的实践活动和人类的历史发展去解决自然界与精神的关系问题，才把二者在"本原"问题上的抽象对立夸大、扩展和膨胀为整个哲学理论的互不相容，从而造成了各自无法克服的局限性（旧唯物论无法容纳能动性，旧唯心论则只能抽象地发展能动性）；（5）其结果，是造成了自然本体与精神本体、客体性原则与主体性原则的抽象对立和互不相容，并构成了"非此即彼"的形而上学的思维方式；（6）因此必须"拯救"和改造德国古典哲学，特别是黑格尔的概念辩证法理论，在对实践的重新理解中创建新的哲学。

在马克思看来，黑格尔仅仅把概念作为客观主观化和主观客观化的中介环节，以概念自身的生成和外化去实现思维与存在、主观与客观、真与善的统一，就把概念发展变成了"无人身的理性"的自我对置、自我运动，从而也就把人与世界的现实的辩证关系神秘化了。因此，必须把被黑格尔哲学神秘化了的概念辩证法扬弃为实践辩证法的内在环节，不是用概念的辩证运动去说明人类的实践活动，而是用人类的实践活动去解释概念的辩证发展。

概念规定作为实践的内在环节，既是实践主体对实践客体的规律性认识的结晶，又是实践主体对实践客体的目的性要求的体现，因而它才是合规律性与合目的性的统一。正是在这种统一中，物的尺度与人的尺度才熔铸成人给自己构成的客观世界的图画。才升华出人在观念中所创造的、要求世界满足自己的、对人来说是真善美相统一的新客体。而所谓概念的"外化""对象化"，在其现实性上，也只能是实践作为外部现实性活动，把观念中的新客体(概念规定)转化成现实的新客体(满足主体需要的劳动产品)。因此，马克思不仅以实践范畴去扬弃旧哲学中的自然本体与精神本体、客体性原则与主体性原则的抽象对立，而且把实践活动本身视为人与世界对立统一的根据，用实践的观点去解决全部哲学问题。这就是马克思所创立的实践辩证法理论，即实践哲学。

马克思的实践哲学并不是离开人类文明发展大道的宗派主义的东西，具体地说，并不是超然于自己的时代和哲学自身发展的逻辑之外的东西，它是自己时代精神的精华。因此它与自己同时代的哲学不能不具有广泛而深刻的一致性。这种一致性，首先集中地表现在本体中介化这个现代哲学革命的共同出发点上。

在对黑格尔哲学的讨伐中所形成的现代西方哲学各主要流派，尽管其旨趣不同、观点各异，但在理论出发点和发展趋向上，都没有离开黑格尔哲学所提示的本体中介化的道路。特别是面对现代科学日益严峻的挑战(已经并正在把哲学从传统的世袭领地驱逐出去)，以及现代社会生活对哲学的新的渴求(寻找人类现代社会生活的新的支撑点和人类对世界的新观念)，它们都试图找到某种扬弃自然与精神、客观与主观抽象对立的中介环节，并以这个中介环节作为统一性原理而提供现代人类的安身立命之本。

现代西方哲学的突出特征之一，是高度重视从哲学上研究语言。它们认为：虽然世界在人的意识之外(不依赖于人的意识而存在)，但世界却在人的语言之中(人只能在语言中表述世界)；语言既是人类存在的消极界限(语言之外的世界是存在着的无)，又是人类存在的积极界限(世界在语言中对人生成为有)；正是在语言中才凝聚着自然与精神、客观与主观、真与善的深刻矛盾，才积淀着人类思维和全部人类文化的历史成果。因此，他们试图通过语言分析来"消解"传统哲学或"重建"哲学理论。

但是，对于语言本身，现代西方哲学的各主要流派有迥然不同的理解。科学哲学认为，只有科学才是人性的最高表现和最高成果，只有科学理论(科学语言)才是构成人类活动支撑点的真理性认识。因此，逻辑实证主义试图用自然科学的理论和方法来改造哲学，并把哲学归结为科学的逻辑。自波普的批判理性主义以来，包括库恩、拉卡托斯的历史主义，又把科学哲学的视野集中在科学知识增长这一问题上。他们认为，哲学作为认识论和方法论，主要的使命是研究知识的增长和思维方式的变革；而研究知识的增长，最好莫过于研究科学知识的增长；研究人类思维方式的变革，最好莫过于研究科学理论(科学问题、科学范式、科学研究纲领)的转换。因此他们又把科学哲学归结为科学发展的逻辑。瓦托夫斯基则认为，科学哲学的真正使命并不是建构科学理论的逻辑模型或历史模型，也不是提供科学研究的认识论和方法论，而是要批判性地反思科学思想的概念基础，对科学理论的概念框架做出深层的哲学解释。为此，科学哲学就必须超越科学对自身的理解，达到对科学理解的理解，即对科学的人文学理解。在常识概念框架、科学概念框架和哲学概念框架的交互作用和相互转换中去把握人性的统一性，又在人性的统一性中实现对其最高表现——科学——的人文主义理解，从而让哲学成为沟通自然科学和人文科学的桥梁。这就是瓦托夫斯基所提示的"最美好意义"上的哲学。

那么，究竟怎样从人文学的角度去理解科学理解？如何把握自然科学和人文科学中的人性统一性？卡西尔的文化哲学(符号哲学)是一种颇有启发意义的尝试。卡西尔提出，不应该从实体性的角度，而应该从功能性的角度去理解人性。因此，在对人性的理解中，必须用活动的统一性去代替结果的统一性，用创造过程的统一性去代替产品的统一性。这样，就可以用人类活动的体系规定和划定"人性的圆周"。作为这个圆的组成部分和各个扇面的语言、神话、宗教、艺术、科学和历史，就成为人的普遍功能的"同一主旋律的众多变奏"，从而让我们把人的全部活动理解为一个有机整体。如是，卡西尔就把科学哲学所强调的科学本体扩展成人类活动的文化本体。

卡西尔的文化哲学是要证明：人与动物虽然生活在同一个物理世界

之中，但人的生活世界却是完全不同于动物的自然世界的；人只有在创造文化的活动中，才成为真正意义上的人；作为一个整体的人类文化，就是人不断解放自身的历程。这样，卡西尔就不仅把文化视为人与世界统一的中介，而且把人的世界归结为文化的世界。

如果说卡西尔为哲学研究提供了一个超越物理自然世界的"文化世界"，那么，自海德格尔以来的存在主义，特别是伽达默尔的哲学解释学，则进一步为哲学研究提供了一个"意义世界"。海德格尔指出，哲学一直在探索"如何理解存在"的问题，特别是近代以来的哲学，更把哲学变成关于如何理解存在的认识论和方法论；但是，由于我们总是已经活动在对存在的某种领悟之中，因此，真正的问题在于"理解"是一种怎样的存在。伽达默尔的回答是：人作为历史性的存在，不是个人占有历史文化，而是历史文化占有个人；不是个人选择某种理解方式，而是理解构成人的存在方式；理解首先不是个人的主体意识活动，而是历史文化进入个体意识的方式。理解作为历史文化对个人的占有和个人正在展开的可能性，它实现为"历史视野"与"个人视野"的融合。这就是"意义世界"。

科学哲学把自然与精神的抽象对立扬弃为"科学世界"中的思想与实在的统一；文化哲学则把科学世界中的人性实现扩展成人性活动的圆周，构成扬弃人与自然抽象对立的"文化世界"；哲学解释学进而从历史文化对个人的占有出发，以理解作为人的存在方式而提出"意义世界"。可见，现代哲学在其发展和进程中越来越深入而具体地显现了人类存在的三重时—空世界：人作为自然存在物，同其他存在物一样生存于"自然世界"；人作为超越自然的社会存在物，生活于自身所创造的"文化世界"；人作为社会—文化存在物，既被历史文化所占有，又在自己的历史活动中展现新的可能性，因而生活于历史与个人相融合的"意义世界"。这表明，人类不是以自己的自然存在，而是以自己的历史活动所创造的社会存在为中介，构成了与世界的对立统一关系。现代哲学的根本特征，就在于以人类的社会存在为中介而扬弃了自然与精神、客观与主观的抽象对立，并把社会存在本身作为哲学所追寻的本体。

（三）以中介的观点对待一切事物

从对立的两极出发，并以抽象的两极对立关系为基础而形成的旧唯物论和旧唯心论，被探索两极融合、过渡和转化的中介哲学——现代哲学——所取代了。这种取代，是迄今为止的最深刻的哲学革命。它改变了哲学的提问方式和追求方式，从而改变了人类的致知取向、价值取向和审美取向，即从深层改变了人类的思维方式。

传统哲学在两极对立的思维方式中，总是力图获得一种绝对的、确定的、终极的真理性认识，即关于支配宇宙的最普遍原则的知识。因此，它把哲学所追求和承诺的"本体"视为某种超出人类或高于人类的本质，把"本体"当作一种自我存在的、与人类状况（历史、科学、文化、语言、利益、需要和物质生产条件等）无关的实体。它向自己提出的问题是："什么是绝对的真？""什么是至上的善？""什么是最高的美？"在传统哲学看来，只有当哲学为人类揭示出这种绝对的真、至上的善和最高的美，人类才能得到关于世界的完整而正确的科学知识，才能在伦理社会生活中进行真实而有效的实践活动。这在致知取向上，就是固执于对绝对之真的追求；在价值取向上，就是执着于对至上之善的向往；在审美取向上，就是沉湎于对最高之美的幻想。而从根本的思维方式上看，则是把世界分裂为真与假、善与恶、美与丑的非此即彼、抽象对立的存在。这就是反历史（反现实）的形而上学的思维方式。

本体中介化的现代哲学，则站在历史主义的立场，排斥对绝对确定性的追求。马克思提出，辩证法在其合理的形态上，就是在对现存事物的肯定的理解中，同时包含着对它的否定的理解，它的必然灭亡的理解；因此辩证法对每一个已经生成的形态，都在运动的流中，从它的暂时经过的方面去理解。人类在自身的历史发展中所形成的具有时代特征的关于真善美的认识，既是一种历史的进步性，又是一种历史的局限性，因而它孕育着新的历史可能性。就其历史的进步性而言，人们在自己的时代所理解的真善美，就是该时代的人类所达到的人与世界的统一性的最高理解，即该时代人类全部活动的最高支撑点，因此具有绝对性；就其历史的局限性而言，人们在自己的时代所理解的真善美，又只是特定历史时代的产物，它作为全部人类活动的最高支撑点，正是表现了人类作为历史的存在所无法挣脱的片面性，因而具有相对性；就其历史的可能性而言，人们在自己的时代所理解的真善美，正是人类在其前进的发展中所建构的阶梯和支撑点，它为人类的继续前进提供现实的可能性。真善美永远是作为中介而自我扬弃的。它既不是绝对的绝对性，也不是绝对的相对性，而是相对的绝对性——自己时代的绝对，历史过程的相对。

对此，现代西方哲学表现出显著的一致性。波普等科学哲学家突出强调科学的人性方面，即科学作为人性的体现，是可以犯错误的。波普提出，科学的历史是发现理论、摒弃错了的理论并以更好的理论取而代之的历史。科学理论作为历史批判的对象，它的全部成果都是作为中介而存在的。同样，哲学解释学的根本目的就是激起人们的反省，向那些既定方向的假设确定性进行挑战。伽达默尔认为，理解作为人的存在方式，首先是人的历史局限性，因此，"偏见"是不可避免的合法存在的。人类在理解中展现新的历史可能性，就实现为自我扬弃的辩证发展过程。

现代哲学所提供的辩证思维方式提醒人们：在致知取向上，不是追求绝对的终极之真，而是探索时代的相对之真，把真理理解为过程；在价值取向上，不是追求绝对的至上之善，而是探索时代的相对之善，把价值尺度理解为过程；在审美取向上，不是追求绝对的最高之美，而是探索时代的相对之美，把审美活动理解为过程。诉诸人类历史活动的现代辩证法理论，以中介的观点去对待现存的一切事物。这就是它的革命的、批判的本质所在。它把人类对自身全部活动最高支撑点的探索，由传统哲学对终极真善美的追求，改变为具有时代水平的相对性理解。

传统哲学从对立的两极去思考自然界与精神的关系问题，其实质是把人的自然属性和精神属性抽象地对立起来，从人的两极存在去寻求人类的安身立命之本；而从中介出发去思考自然界和精神的关系问题的现代哲学，其实质则是以人的历史活动为中介把人的感性存在和精神活动具体地统一起来，从人的社会存在去寻求人类的安身立命之本。这是本体观念的深刻革命。

人类作为物质世界链条上的特定环节，是自在的或自然的存在；人类作为认识世界和改造世界的主体，又是自为的或自觉的存在；因此。人类作为自在存在与自为存在的统一是自在自为的存在，即作为物质世界中达到自我认识和自我改造的能动性主体而存在。

作为自在的或自然的存在，人类统一于物质世界，物质世界是人类生存和发展的根据即本体；作为自为的或自觉的存在，人的世界又只是世界对人的生成，人是自己的根据即本体；作为自在自为的存在，人类以自己的历史活动而实现物的尺度与人的尺度、客观规律与主观目的的统一，由人的历史活动所创造的人类社会存在才是人类自己的安身立命之本。

从自在性、自为性和自在自为性这三个不同的视角去看待人与世界的关系，就形成了三种不同的哲学理论：从自在观点出发的旧唯物论。从自为观点出发的旧唯心论，以及从自在自为观点出发的现代哲学。由于旧唯物论和旧唯心论从自在和自为这两极去理解人与世界的关系，所以它们陷入非此即彼的形而上学的思维方式，并成为抽象对立、互不相容的哲学理论。现代哲学在扬弃传统哲学的两极对立的过程中，视角越来越聚焦在沟通两极的中介环节上，使实践哲学、科学哲学、文化哲学、意义哲学等成为现代哲学的多元形态。而透视现代哲学多元形态的深层统一性，就会发现，其实质都是以人类的社会存在(或其中的某个特征、部分、方面、环节)为本体的。可以说，整个现代哲学的产生和发展，都是以马克思的实践辩证法理论所实现的伟大哲学革命为实质内容和根本方向的，而不管现代哲学的其他流派是否自觉到或是否承认这一点。马克思是真正的现代哲学的奠基人。

(四)现代哲学的共同特征与内在分歧

由此，我们既可以正视现代哲学所显示的广泛而深刻的一致性，又能够把握现代哲学所存在的重大分歧和尖锐斗争，在当代的水平上坚持和发展马克思主义哲学。

以人的历史活动为中介而探索人与世界的关系问题，这是整个现代哲学的共同特征。但是，人的历史活动是由多种多样的中介环节所构成的人与世界的对立统一关系。从语言、科学、艺术、宗教、伦理等中介环节出发，都可以构成某种统一性原理，去说明人与世界的统一。然而，正是由于现代西方哲学的各流派分别抓住某一环节并加以片面夸大，才使之成为现代的唯心主义哲学。马克思的实践辩证法理论，则不仅在于它把人与世界对立统一的诸种关系扬弃为人类实践活动的内在环节，而且在于它揭示了人类最基本的实践活动——物质生产活动——在人与世界关系中的基础地位。它以物质生产活动为基础去说明科学、文化、艺术、宗教和语言的历史，说明由它们的交互作用而构成的人类历史存在的进步性、局限性和正在展开的可能性，从而为人类找到了真正的安身立命之本。

马克思的实践辩证法理论与现代西方哲学各种派别的这种重大分歧不是偶然的。哲学家"以何为本"，首先取决于哲学家"以谁为主"。"本体"问题是同"主体"问题密不可分的。现代西方科学哲学，从本质上看，是把科学家视为认识和改造世界的主体，所以它以科学家的科学活动及其成果为本体；现代西方文化哲学，从本质上看，是以较为宽泛的人文学者为主体，所以它以广义的文化活动及其成果为本体；而马克思主义哲学则以"社会化了的人类"或"人类的社会化"为主体，所以它以物质生产活动为基础的全部人类实践活动及其历史成果为本体。

显然，马克思所理解的主体和本体，实质上是以扬弃的形态容纳了现代西方哲学的主体和本体。因此，我们应当从两个角度去理解马克思主义哲学与现代西方哲学的关系：一方面，如实地把现代西方哲学的研究成果视为马克思实践哲学的题中应有之义，自觉地使之转化和升华为实践哲学的具体内容；另一方面，自觉地坚持马克思所开辟的哲学道路，用实践辩证法理论去批判现代西方哲学由片面夸大实践活动的某个环节所导致的错误倾向。要实现这两个方面的统一，其根本前提是把握住现代哲学所实现的本体中介化的革命。

二　从体系到问题

（一）当代中国哲学研究的主要历史阶段

理论是人们观察现实、解释现实和规范自己行为的各种概念系统。理论框架不同，人们所理解的现实和对现实的要求就迥然不同。在这个意义上，包括哲学在内的任何理论都是作为观念形态的理解方式和行为模式而存在的。

人类社会实践的历史发展，总是使作为观念形态的理论模式同人类的现实存在处于矛盾之中，现实总是要求并迫使理论更新自己的内容和形式，以适应和引导人类新的社会实践活动。由此便决定了包括哲学在内的各种理论模式的历史演化和自我扬弃。

自 20 世纪 80 年代的改革开放以来，我国的经济生活、政治生活和整个社会生活，发生了举世瞩目的重大变革。作为这种重大变革的理论表达，哲学已经和正在经历着自身的变革。从哲学的最基本的理论框架的角度去分析新中国成立以来的哲学状况，大体可以划分为 80 年代以前的教科书哲学、80 年代的反思教科书的哲学改革和 90 年代的后教科书哲学。

把 80 年代以前的哲学从总体上界说为"教科书哲学"，其主要依据在于：一是把全国通行的哲学原理教科书作为标准的马克思主义哲学概念框架，以这个教科书模式去宣传、讲授、解释和研究马克思主义哲学，并以这个教科书模式为标准去区分马克思主义哲学与非马克思主义哲学；二是以这个教科书模式作为最基本的哲学理论框架和解释原则，去建构包括中外哲学史、伦理学、宗教学、逻辑学和美学等在内的全部哲学学科，并用它去研究、评述和批判古今中外的各种哲学理论、哲学派别和哲学思潮；三是以这个教科书模式作为最高层次的真理体系，去规范自然科学和社会科学的研究以及文学艺术的创作，并用它去论证包括政治生活在内的全部社会生活中的各种重大举措，从而规范人们的精神生活和实践活动。

这种教科书哲学及其在全部社会生活中的重要地位和重大作用，从根本上说，是把社会主义归结为计划经济的产物。在这个意义上，80年代以前的教科书哲学既有其历史的合理性，也蕴含着内在的否定性。随着 80 年代以来的改革开放，由计划经济转向市场经济，中国的哲学研究便合乎逻辑地由教科书哲学转向反思教科书的哲学改革。

在解放思想、改革开放的过程中，首先是在哲学原理界内部形成了以变革教科书体系为基本指向和主要任务的哲学改革的潮流。这场哲学改革的出发点和归宿，是重新理解和重新建构马克思主义哲学体系。其突出特点，是以实践为核心范畴，重新理解人与世界、思维与存在、主体与客体、主观性与客观性、历史规律与人的历史活动、自由与必然等哲学所探索的重大关系问题，并以这些重新理解的研究成果去重构马克思主义哲学体系。其重大意义，在于从当代人类社会实践，特别是当代中国改革开放的社会实践出发，变革人们的思维方式、价值观念、审美意识和行为方式，以适应和促进中国的现代化进程。

在哲学原理界内部改革的同时，包括中外哲学史在内的各个哲学分支学科也出现了自身的改革，并从而深化了哲学原理界的教科书改革。西方哲学领域在翻译和评述现代西方哲学论著的基础上，逐步从研究对象自身出发，把一系列新的哲学范畴、新的哲学问题和新的哲学提问方式渗透到哲学理论探索之中，展开了马克思主义哲学与现代西方哲学的对话。中国哲学领域以介绍和评论现代新儒学为突破口，对中国传统哲学乃至整个传统文化的利弊得失进行反思、探索"返本开新""融汇中西"的途径与意义。持续高涨的文化热，不仅产生了哲学原理与哲学各个分支学科的交接点，并把哲学改革的侧重点聚焦在中国现代化建设的文化模式和协调发展的问题上。

在中国的经济生活、政治生活、精神生活和整个日常生活发生重大变革的过程中，经济学、政治学、法学、社会学等社会科学，都在力图建构适应和推进社会主义市场经济的概念框架和解释原则，迫切要求哲学做出深层的理论解释并予以深层的理论支持。这不仅推动了 20 世纪 80 年代以来的反思教科书的哲学改革，而且赋予哲学改革以新的理论课题和新的理论内容。

回顾和总结 20 世纪 80 年代的哲学改革，我们可以比较清楚地看到，这场哲学改革是在面向改革开放的现实和重新理解马克思的两个维度的交接点上，聚焦于对教科书哲学的反思的。进入 90 年代，中国哲学界开始超越对教科书哲学的反思，展现出更为广阔和更为深化的研究前景。

(二)20 世纪 90 年代当代中国哲学研究的基本特征

20 世纪 80 年代的哲学改革，从其根本的指向性上看，是以新的教科书体系取代旧的教科书体系，也就是重构教科书体系。进入 90 年代的中国哲学界，则在理论探索中出现了较为明显的转向，这就是从"体系意识"转向"问题意识"，出现了"开拓性哲学""准原理哲学"和"专门化哲学"的萌芽。在这个意义上，我们可以把 90 年代中国的哲学主流称之为"后教科书哲学"。

从"体系意识"转向"问题意识"，这突出地表现在，不是以争论教科书的利弊得失和如何重构教科书体系为研究的出发点，而是把教科书作为某种退入背景的理论框架，从现实生活或现代哲学中提出问题，并且注重提问方式的转换。仅就哲学原理界来看，近年来比较集中地提出和探讨了哲学的人文学基础问题，理想主义与功利主义的关系问题，效率与公平的关系问题，真理与价值的关系问题，交往实践和语言的实践基础问题，现代化与反现代化问题，社会认识论问题和人类活动论问题等。这些源于现代社会生活的哲学问题，不断地开拓了哲学基本理论研究的新领域，从而为马克思主义哲学的当代研究注入了生机和活力。

90年代哲学研究的"问题意识"，还明显地表现为"准原理哲学"的兴起。这里所说的"准原理哲学"，指的是哲学原理与哲学各分支学科的双向融合。在80年代以前，哲学的各个学科处于界限分明、壁垒森严、互不介入的状态。在80年代反思教科书的哲学改革过程中，这种状况虽有所改变，但仍然是以各自的"研究领域"为对象的。进入90年代，某些共同的"问题"开始成为哲学研究的出发点，从而形成了一种双向融合的趋向：一是哲学原理在探索现代社会生活和现代哲学提出的重大理论问题的过程中，显著地拓宽了自己的研究视野和背景知识，不仅注重史论结合及哲学原理与具体科学的结合，而且注重从文化哲学、科学哲学、语言哲学、逻辑哲学以及伦理学、心理学、宗教学、逻辑学和美学等多重视角去讨论问题，并且融注了这些学科的研究成果，从而改变了哲学原理的研究方式和自身形象；二是哲学史和哲学的各个分支学科强化了自身的"原理意识"，在探索某些共同问题的过程中，力求在"原理"的意义上形成某种哲学思想。这在中国哲学和西方哲学的研究领域中，以中西哲学比较研究的方式，表现得尤为突出。这种"准原理哲学"的兴起，更加明显地凸显了90年代哲学研究的"问题意识"。

"体系意识"的弱化与"问题意识"的强化，还表现在"专门化哲学"的兴起。这里所说的"专门化研究"，主要是指这样两种趋向：一是注重研究人类文化的某个成分或某个侧面，并从这种研究中寻求当代哲学的生长点。这种研究趋向的突出特征，是在汲取现代西方哲学积极成果的基础上，通过对语言、逻辑、观念、科学、技术、艺术、宗教、伦理、政治、法律、经济等的哲学探索，形成马克思主义的语言哲学、逻辑哲学、科学哲学、艺术哲学、政治哲学、经济哲学和法哲学等。二是注重研究现代哲学的各种流派及其所提供的方法论，其中主要是深化了对胡塞尔的现象学、索绪尔的结构主义、海德格尔的存在主义、维特根斯坦的日常语言分析、伽达默尔的解释学、罗蒂的新实用主义和德里达的解构主义的研究。哲学研究的"专门化"，强化了哲学研究的职业化和技术化，从而突出了各种"具体问题"在哲学研究中的地位。这种"专门化哲学"的兴起，为中国哲学界走出简单、抽象、空洞的哲学论争，在坚实的哲学研究的基础上形成更富于创造性和启发性的世界观理论，提供了必要的理论准备。

(三)20世纪90年代当代中国哲学研究的主要问题

90年代中国的哲学研究从"体系意识"转向"问题意识"。在总体趋向上，主要是集中研究五个大问题，即"元哲学问题""人的存在方式问题""发展问题""两大思潮问题"和"中西融合问题"。而蕴含在这些问题之中的根本问题，则是现代化的反思。

中国70年代末80年代初的改革开放，从其根本的目标和目的上看，就是使中国从前现代化的发展中国家变为现代化的发达国家。而实现这一目标和目的的基本途径和手段，则是建立社会主义市场经济。

这种目标和目的、途径和手段，既蕴含着世界性的共同问题——现代化和市场经济问题，又表现为当代中国所要解决的特殊问题——从发展中国家变为发达国家和建立社会主义市场经济的问题。由此便决定了中国哲学界所面对的两大课题：一是世界性的现代化问题，二是中国实现现代化的问题。正是这种重大的时代性课题和民族性课题，要求中国哲学界从理想化的"体系意识"转向现实性的"问题意识"，从传统的教科书哲学转向90年代的后教科书哲学。

世界性的现代化问题，构成了当代哲学的宏观时代背景和社会生活基础。以建立发达的市场经济为标志的现代化过程，既是一个空前的自然人化过程——用现代的科学技术征服自然的过程，又是一个空前的个体社会化过程——以等价交换的原则实现人的全部社会关系的过程。由此便构成了"现代化"的双重性矛盾，以及理论地反思这种双重性矛盾的当代哲学课题。

现代化所实现的空前的自然人化过程，为人类的生存和发展创造了前所未有的物质财富，也造成了包括人口膨胀、环境污染、生态失衡、能源紧张等在内的"全球问题"。而市场经济所实现的"以物的依赖性为基础的人的独立性"，既挺立了个人的主体性和独立性，又造成了人的物化状态。这就是人与自然、人与社会的双重性矛盾所构成的"现代化问题"。

面对现代化的双重性矛盾，形成了世界性的哲学层面的现代化思潮与反现代化思潮的尖锐矛盾。作为反现代化思潮，一是表现为发展中国家的以道德理想主义批判发达国家中的"物欲横流"，一是表现为发达国家的以文化保守主义所进行的现代化反省。风靡全球的丹尼尔·贝尔的《资本主义文化矛盾》、马尔库塞的《单向度的人》和艾恺的《世界范围内的反现代化思潮》，即是反映这种尖锐矛盾的代表作。

作为现代西方哲学的现代化思潮，把现代化所实现的自然的人化即自然的隐退，视为哲学一向所寻求的绝对性、确定性和终极性的消解。真理观的多元论、价值观的相对论、历史观的非决定论，构成了现代西方哲学的主导性解释原则。由此便形成了当代哲学的形上与形下、科学主义与人本主义、理想主义与实用主义、道德主义与功利主义、终极关怀与"消解哲学"的尖锐冲突。

这种世界性的"现代化问题"及其在哲学层面上的尖锐冲突，不能不引起现代化进程中的中国哲学界的强烈反应，并把这种强烈反应聚焦在中国如何实现现代化的问题上，以及如何建立社会主义市场经济的问题上。

以现代化的反思为核心问题，20 世纪 90 年代中国的哲学主流，理所当然地把哲学研究的视野集中在如下的问题上：当代哲学的功能和使命是什么？这就是"元哲学问题"；当代哲学怎样理解人的存在？这就是"人的存在方式问题"；当代哲学怎样评价现代化的利弊得失？这就是"发展问题"；怎样看待现代化进程中的科学主义思潮和人本主义思潮及其相互关系？这就是"两大思潮问题"；如何在现代化进程中实现中国传统文化与现代西方文明的沟通？这就是"中西融合问题"。

"元哲学问题"，即哲学在各个历史时代的自我反思和自我理解问题，在 80 年代中期就已经成为国内哲学界讨论的热点问题之一。但是，从《哲学研究》1987 年第 8 期所组织的"哲学的特点和功能"讨论专辑来看，国内哲学界还主要是从特殊与普遍、思想与反思等角度去辨析科学与哲学的关系，从而界说哲学的特点与功能。1989 年《中国哲学年鉴》所整理的"关于元哲学的讨论"，则主要集中于探讨"究竟什么是元哲学"，以及"元哲学与哲学"的关系问题。这些讨论推进了国内哲学界对哲学的反思和理解，但还没有从"现代化"这个时代课题出发去探索当代哲学的特点、功能和使命。

进入 90 年代，国内哲学界关于元哲学的讨论，则明显地突出了对哲学的当代反思，特别是突出了对哲学与当代人类存在方式的反思。有的论者从哲学表达的实质是人从自己的观点出发，把传统哲学向现代哲学的根本性转变归结为从抽象的人转向现实的人，从远离生活的彼岸世界回到现实的人间世界，因而把当代哲学的使命确认为对当代人类存在方式及其内在矛盾的哲学思考。有的论者提出，哲学就是每个时代的人们对自己生存状况的根本性、整体性问题的思考，是关于人的生命活动在某一时代的总体特征、全面情势和基本发展趋向的问题。显而易见，这些元哲学思考都把当代哲学聚焦于当代人类的存在方式上。

"人的存在方式问题"，对于国内哲学界来说，首先是人的实践活动问题。80 年代反思教科书的哲学改革，其实质内容就是用实践观点重新理解马克思主义哲学和重新建构马克思主义哲学体系。进入 90 年代，则是把实践作为人的存在方式，具体地探索实践与人的主体性、实践与交往、实践与语言、实践与理解、实践与日常生活、实践与真理和价值等问题。在现代化的反思中，哲学界开始注重从当代实践的特点出发去研究当代人类的存在方式，特点是在社会主义市场经济条件下的人的存在方式问题。

建立社会主义市场经济，并不仅仅是资源配置方式的选择，更是深层地表现为以经济关系为基础的人的存在方式的变革。市场经济的建立，弱化了计划经济模式下个体对"单位"这个"小社会"的依赖，既强化了个体的独立性，又强化了个体的社会性，从而使个体的思维方式、价值观念、消费方式、享受方式、交往方式和整个生活方式都发生了深刻变化。哲学界正在透过市场经济条件下人的存在方式的变革，重新理解人与社会、人与文化、人与人以及人与自我之间的关系，探寻人的全面发展的现实之路。

"发展问题"是现代化思潮与反现代化思潮争论的焦点。进入 90 年代，国内哲学界比较集中地讨论了发展的价值基础、合理性目标以及发展的代价等问题。有的论者提出，发展从来就不是客观的中性的纯粹的经济增长过程，也不仅仅是人们的物质生活状况的逐步改善过程，更重要的是各种文化价值在经济增长中起着根本性的作用，它决定增长作为一种目标的合理性。"代价"是发展过程中的一种被否定和牺牲的替代性价值，即主导价值趋向对其他价值形态的抑制、否定和牺牲。还有的论者提出，价值观的主导范式具有强烈的时间效应，价值观自身不能先验地确定自身的合理性，对于当代中国而言，首要的是立足现代化对前现代化价值观的反思，而不是立足后现代化对现代化价值观予以反思。关于"发展问题"的这种哲学思考，从理论上支持了当代中国对现代化目标和社会主义市场经济的选择。

科学主义思潮和人本主义思潮是现代西方哲学的两大哲学思潮，它们的形成、演化及其相互关系的变化，理论地表达了现代发达国家的人与自然、人与社会、人与他人、人与自我的深层矛盾。所谓"两大思潮问题"，就是国内哲学界对这两大思潮及其相互关系的哲学反思，其深层的理论内涵，则是对"现代化"的哲学反思。80 年代，国内哲学界主要是注重对这两大思潮的各种流派及其理论观点的介绍与评述。进入 90 年代，则使深层的"现代化"问题上升为探索两大思潮及其相互关系的主导思想。许多论者提出，学术研究在任何时候都标志着一定的人生选择的内涵。两大思潮的对立与融合，表现了现代社会的个人自由与社会模式化的紧张关系以及要求在二者之间保持必要的张力的时代潮流。

"现代化"既不是抽象的普遍性，也不是与历史传统的断裂，它的实现和表现形式，必然具有民族的特色和保持与传统文化的联系。所谓

"中西融合问题"，即是探讨一种以中西文化融合为方向的现代民族文化的可能。这种讨论的热点之一，是儒家文化与现代化的关系问题。进入90年代以后，许多学者深刻地反省了探讨"中西融合问题"的出发点和立足点。有的论者提出：在讨论这个问题时，我们是否在感情上依恋于作为母体的儒家文化，而在理性上又以欧洲模式为基准？现代化应当具有多元模式，我们是否应当和能够超越这种"依恋"和"基准"去思考中国的现代化问题？

以上所述90年代中国哲学界所探讨的五大问题，显然不能全面地概括当代中国的哲学思考。但是，以探讨这些重大问题为主要内容的现代化反思，却标志着90年代中国的哲学研究已形成了从"体系意识"到"问题意识"的转化，标志着当代中国的马克思主义哲学研究在现代化的反思中展现了广阔的前景。

三 从层级到顺序

以"传统"与"现代"这两种称谓来标志哲学已经实现的变革，并因此把全部哲学区分为"传统哲学"与"现代哲学"，这是取得学界共识的通常用法。然而，在学理的意义上，为何可以把全部哲学区分为"传统"与"现代"？或者说，把全部哲学区分为"传统哲学"与"现代哲学"的学理根据何在？进而言之，超越"传统哲学"的"现代哲学"，在其"现代"的哲学逻辑中，究竟孕育了怎样的"跨世纪"的哲学走向？

在80年代的哲学思考中，我曾以"从两极到中介"为题概括"现代哲学的革命"；在面向21世纪的哲学思考中，我则倾向于以"从层级到顺序"为题来表达"现代哲学的走向"。

(一)区分传统哲学与现代哲学的根据

从两极到中介，这是人类的哲学思想及其所表现的人类的思维方式的空前革命。"传统哲学"之所以"传统"，是因为全部的传统哲学——无论是旧唯物主义哲学还是唯心主义哲学——都是力图获得一种绝对的、确定的、终极的真理。它向自己提出的问题是：什么是绝对的真？什么是至上的善？什么是最高的美？这样，它就把世界分裂为真与假、善与恶、美与丑的非此即彼、抽象对立的存在。这是一种统治人类思想几千年的非历史的、超历史的思维方式。

这种两极对立、非此即彼的超历史的思维方式，理论地表征着前现代社会的人的存在方式。在以自然经济为基础的前现代社会中，"上帝"是神秘化了的真善美化身的"神圣形象"，"英雄"则是世俗化了的真善美化身的"神圣形象"，这样，人们就不仅在"此岸世界"与"彼岸世界"的两极对立中造成了"在神圣形象中的自我异化"，而且在"此岸世界"自我分裂的两极对立中造成了"在神圣形象中的自我异化"。"上帝"和"英雄"作为真善美的化身而构成人们的一切思想和行为的根据、标准和尺度，每个个人无权对"标准"做出"选择"。因此，我把前现代社会的人类生存状况表述为"没有选择的标准的生命中不堪忍受之重的本质主义的肆虐"。这表明，表征"传统社会"的人的存在方式的"传统哲学"，只能是一种以"两极对立"为特征的哲学。

哲学"从两极到中介"，经过了数百年的哲学历程。近代以来的西方哲学，它在使"上帝"自然化、物质化、精神化和人本化的过程中，逐步"消解"了人在"神圣形象"中的"自我异化"，从而使人类文化从"神学文化"过渡到"后神学文化"即"哲学—科学文化"。然而，近代哲学所"消解"的只是人在"神圣形象"中的"自我异化"，并没有"消解"马克思所说的人在"非神圣形象中的自我异化"。因此，马克思明确地提出，"为历史服务的哲学的迫切任务"，就是从"对天国的批判"变成"对尘世的批判"，从"对宗教的批判"变成"对法的批判"，从"对神学的批判"变成"对政治的批判"。所谓的"现代哲学"，正是以其"消解"人在"非神圣形象"中的"自我异化"为特征，而与"确立""神圣形象"的"古代哲学"和仅仅诉诸"消解""神圣形象"的"近代哲学"相区别。

现代哲学"消解"人在"非神圣形象"中的"自我异化"，从根本上说，就是"消解"一切"超历史"的规范人的思想和行动的根据、标准和尺度，把哲学所寻求的真善美理解为时代水平的人类自我意识，把人类已经达到的认识成果理解为时代水平的"合法的偏见"，把人类自身的存在理解为"超越其所是"的开放性的存在。这就是现代哲学所实现的"从两极到中介"的转化，这就是现代哲学理论地表征的现代人类所实现的"从两极到中介"的生存方式的变革。

在这种"从两极到中介"的哲学变革中，哲学一向所追寻的终极性的"本体"变成了历史性的"本体论的承诺"，超然于历史之外的种种"两极对立"——普遍压抑个性、根源说明现实、必然决定偶然、统一优于选择——都在"消解""非神圣形象"的现代哲学运动中被重新审视，甚至重构。因此，正是在这种"从两极到中介"的变革中，孕育并形成了一种新的哲学走向——"从层级到顺序"。

（二）层级与顺序和标准与选择

人类的哲学思想，归根到底是对人类自身的存在的关切，即为人类自身的存在寻求"安身立命之本"。然而，从哲学的宏观历史看，哲学对人类生存的关切，却可以划分为两种基本方式：一种是以文化的"层级"性去关切人类存在，即以"深层"文化的"基础性""根源性"来规范人类的全部思想与行为，从而将"深层"文化作为人类的"安身立命之本"。这种"层级"性的关切，可以说是一种"解释"性的关切——以"深层"文化解释"表层"文化；另一种则是以文化的"顺序"性去关切人类存在，即把"重要"的文化选择为人的"安身立命之本"，以它来规范人的思想与行为。这种"顺序"性的关切，可以说是一种"操作"（实践）性的关切——以"重要"的规范"次要"的。

对比"层级"性的关切与"顺序"性的关切，我们首先就会发现，这是"非历史"的与"历史"的两种不同的关切。"层级"性的关切，先验地断定了文化样式的不同"层级"，并先验地承诺了"深层"文化对"表层"文化的基础性和根源性，因而它给自己提出的是"非历史"的任务——寻求"超历史"的、永恒的、终极的"本体"。与此相反，"顺序"性的关切，是以否定文化样式的先验的"层级"性为前提，并致力于"消解"文化样式"层级性"的先验原则，因而它给自己提出的是"历史"的任务——在自己时代的水平上对人的"安身立命之本"做出慎重的文化选择。

在对"层级"性的关切与"顺序"性的关切的对比中，我们还会发现，"层级"性的关切总是"两极对立"的。在"层级"性的关切中，哲学的核心范畴总是离开人的历史性存在，表现为"本体"对"变体"、"共相"对"个别"、"本质"对"现象"、"必然"对"偶然"等的"两极对立"，并且具有"本体"规定"变体"、"共相"解释"个别"、"本质"决定"现象"、"必然"支配"偶然"的恒定的"层级"关系。与此相反，在"顺序"性的关切中，则是以人的历史性存在为前提，构成表征人与世界、人与历史、人与社会、人与他人、人与自我之间关系的哲学范畴，诸如"自然"与"超自然"、"能动"与"受动"、"理想"与"现实"、"公平"与"效率"、"真理"与"价值"、"标准"与"选择"等相辅相成的矛盾关系。在这种"顺序"性的哲学关切中，它的诸对范畴具有显著的"平等"的特性，其"主从"关系则是"历史"性的。这表明，哲学从"层级"性的关切转向"顺序"性的关切，不只是从"思维方式"上体现了现代哲学的"从两极到中介"的变革，而且是从"价值导向"上实现了现代哲学的"从两极到中介"的变革。

哲学追求的"层级性"与顺序性"是与如何处理"标准"和"选择"的相互关系密不可分的。马克思曾经把人与动物的"生命"活动区分为"有意义"的"生活活动"与"无意义"的"生存活动"。人的"生命"活动是寻求和实现"意义"的"生活"活动，而"生活"活动的"意义"则总是存在于"标准"与"选择"这对范畴的矛盾关系之中，即"选择"什么样的"标准"来确定生命活动的"意义"。哲学作为理论形态的关于人类存在意义的自我意识，它的全部理论活动，都可以归结为处理"标准"与"选择"这对范畴的矛盾关系。

我们之所以说"传统哲学"是一种"层级"性的追求，从根本上说，就在于它以"表层"与"深层"的对立关系"弱化"甚至是"取代"了"标准"

与"选择"的矛盾关系；具体地说，"传统哲学"是以"变体"与"本体"的对立代替了"标准"与"选择"的矛盾关系，把"本体"作为无须"选择"的"标准"。而我们之所以说"现代哲学"是一种"顺序"性的追求，从根本上说，就在于它以"重要"与"次要"的历史性的矛盾转化关系实现了"标准"与"选择"的矛盾关系；具体地说，"现代哲学"是从"重要"与"次要"的"选择"中历史性地确认"标准"，而不是先验地确认"标准"并排斥历史性的"选择"。就此而言，我们可以说"传统哲学"追求的是一种"没有选择的标准"，而"现代哲学"则承诺的是一种"可以选择的标准"。

在"层级"性的传统哲学的追求中，"本体"与"变体"的"层级"关系是永恒不变的；哲学的任务，只不过是寻找那个作为永恒真理的"本体"，并用它来"解释"一切"变体"的存在。正因如此，以"层级"性的追求为使命的传统哲学，只能是"用不同的方式解释世界"，并且只能是以"超历史"的"神"或"非历史"的"物"作为"本体"或"标准"，去规范人的全部思想和行为。这就是传统哲学的"本质主义的肆虐"。而在"顺序"性的现代哲学的追求中，"顺序"既是对历史文化的一种承诺，更是对现实生活的一种"选择"和"安排"，因而是一种"改变世界"的活动。

从层级到顺序，这并不意味着从"没有选择的标准"到"没有标准的选择"。然而，现代西方哲学，特别是现代西方的"后现代主义"哲学，在20世纪的长达百年的"消解哲学"运动中，不只动摇了传统哲学的"层级"性的追求，而且把现代哲学的"顺序"性的选择引向了"拒斥形而上学"的"没有标准的选择"。这是需要我们深思的。

早在20世纪50年代，莫尔顿·怀特在评论20世纪哲学时就提出，继前几个世纪的"学科帝国主义"之后，20世纪哲学的根本特征是"倾向于更加民主和多元化"，"没有一门学科可以称得起在认识分类表中占有一个唯我独尊的位置"[①]。到了20世纪70年代末，理查·罗蒂则更加明

---

① ［美］M. 怀特编著：《分析的时代——二十世纪的哲学家》，243页，北京，商务印书馆，1964。

确地提出，当代哲学的首要任务应当是"摈弃西方特有的那种将万物万事归结为第一原理或在人类活动中寻求一种自然等级秩序的诱惑"①。然而，"避免""学科帝国主义"和"摈弃""自然等级秩序的诱惑"，是否意味着"没有标准的选择"？如果我们承诺了选择的标准，是否意味着哲学又陷入了"层级"性的追求？这是困扰当代哲学的最为重大的理论问题。

在我看来，当代哲学在"层级"性的追求与"顺序"性的选择中所陷入的困惑，根本的问题是对哲学的"人类性"与"时代性"的矛盾关系的理解。传统哲学之所以在"层级"性的追求中去确立"没有选择的标准"，是因为它把哲学的"人类性"追求诉诸超历史、超时代的"独断论"。现代西方哲学，特别是现代西方的"后现代主义"哲学之所以在"顺序"性的选择中陷入了"没有标准的选择"，是因为它把哲学的"时代性""历史性"的选择变成了非人类性的即"断裂"性的选择。

哲学从"层级"性的追求到"顺序"性的选择，所改变的是以"层级"的先验性而确认的"标准"的永恒性、终极性，而不是取消人的历史性选择的标准。哲学作为社会的自我意识（或人类的而非个人的自我意识），它所承担的使命，总是以"历史的大尺度"（人类的、社会的、整体的、世代的尺度）去观照和反省人类的思想与行为，把"历史的小尺度"（当下的或局部的尺度）所忽略的东西提升到"重要"的位置，从而在价值"排序"中"选择"某种"历史的大尺度"作为人的思想与行为的"标准"。正因如此，哲学总是不仅"反映"和"表达"时代精神，而且"塑造"和"引导"时代精神。当代哲学把"发展"的"标准"从"经济增长"提升为"经济与社会协调发展"再提升为"可持续发展"，不正是在"顺序"性的选择中实现了"人类性"与"时代性"的统一吗？

---

① ［美］理查·罗蒂：《哲学和自然之镜》，15 页，北京，生活·读书·新知三联书店，1987。

四　对科学的人文主义理解

科学哲学是对科学的哲学理解。但是，对科学进行理解的"哲学"是什么？哲学所理解的"科学"又是什么？哲学为何以及如何"理解"科学？由于给"哲学""科学"和"理解"赋予了不同的内涵，于是就形成了各种不同的科学哲学观。美国当代哲学家瓦托夫斯基系统地阐述了一种代表当代西方哲学发展趋向的科学哲学观——对科学的哲学理解就是对科学的人文主义理解。

（一）非主流的科学哲学观

现代西方科学哲学的历史与逻辑，存在着一条得到哲学界普遍关注和认可的基本线索。这就是从孔德的实证主义到罗素、维特根斯坦的逻辑原子主义，从卡尔纳普、赖欣巴哈、亨普尔的逻辑实证主义到波普尔的批判理性主义，从库恩、拉卡托斯、费耶阿本德的历史主义到劳丹、夏皮尔的新历史主义的基本线索。[①] 这条基本线索展现给人们的是不断演变着的科学哲学观：从把科学哲学视为对科学的逻辑结构研究转换为对科学命题的逻辑分析，又从对科学命题的逻辑分析转换为探索科学发现的逻辑，再从探索科学发现的逻辑转换为对科学发展模式的历史考察。毫无疑问，在这种演变着的科学哲学观之间，存在着重大的差异和深刻的分歧；但是，这种演变又有历史的连续性和逻辑的可比性。透过它们的种种差异和分歧，就能发现其中蕴含着的对科学哲学的某种统一性理解，即都把科学哲学归结为关于科学的哲学，研究科学自身的种种问题——科学的方法、科学的技巧、科学的逻辑结构、科学的语义构成、科学的一般结果和科学的发展模式等。

---

① 参见江天骥：《当代西方科学哲学》，北京，中国社会科学出版社，2009；夏基松、沈斐凤编著：《西方科学哲学》，南京，南京大学出版社，1987。

我们如果不只关注现代西方科学哲学的这条主流线索，而是对科学哲学的另一条非主流线索也发生兴趣，那么就会把它视为对主流线索的内在否定，去透视整个当代西方哲学的发展趋势。

作为"维也纳学派"创始人之一的菲利普·弗兰克曾从这样一个角度提出问题，即现代人类文明所受到的严重威胁是什么？他的回答是：科学的迅速进步同我们对人类问题的了解的无能为力。而造成这种状况的重要根源，又在于自然科学与人文科学之间存在着一条深深的鸿沟。为此，我们就不仅需要了解科学本身，而且必须了解科学在整个人类文明中的地位，说明科学与伦理、政治和宗教的关系，建立一个关于概念和定律的统一体系。所谓科学哲学，就是自然科学与人文科学之间的"缺少的环节"，因而也就是沟通二者之间的"桥梁"。

瓦托夫斯基非常赞赏弗兰克对科学哲学的这种理解，并在《科学思想的概念基础》一书中详加引申和发挥，系统地论述了现代西方科学哲学中的这种非主流的科学哲学观。他认为，科学哲学作为自然科学与人文科学之间的"缺少的环节"或"桥梁"，其实质内容是把科学思想的概念和模式当作人文主义理解的对象而进行阐释，把逻辑批判和改造的分析工具连同哲学概括的综合努力一道应用于科学史和当代的科学思想。他说，"科学哲学提供了两种文化之间的联系，力图以某种首尾一贯的方式将它们彼此联系起来。哲学如果不致力于寻求首尾一贯性，不致力于把我们在这一领域的知识与其他领域的知识综合起来，那它就无存在的必要了"[①]；"从哲学的最美好最深刻的意义上说，对科学的人文主义理解，就是对科学的哲学理解"。

正是从这种基本认识出发，瓦托夫斯基系统地考察了传统哲学的三个基本学科(形而上学、认识论和逻辑学)，颇具新意地阐述了理解科学的"哲学"是什么；以这种哲学观重新审度了科学的起源及其基本概念，

---

① ［美］M. W. 瓦托夫斯基：《科学思想的概念基础》，13 页，北京，求实出版社，1989。

富于历史感地论证了哲学所理解的"科学"是什么；又以这种哲学观和科学观为基础，提出了三个层次的概念框架（常识概念框架、科学概念框架、哲学概念框架）及其相互关系的理论。极富启发力地说明了哲学为何以及如何"理解"科学。这样，他就自成一家之言地推出了科学哲学就是对科学的人文主义理解的系统理论。它不是简单地发挥弗兰克对科学哲学的理解，而是赋予这种非主流的科学哲学观以新颖、具体、深刻的理论内容，在一定程度上起到了沟通自然科学与人文科学的"桥梁"作用。

由弗兰克倡导并由瓦托夫斯基建立起来的这种非主流的科学哲学观，既是现代西方科学哲学主流的内在否定性，又代表着当代西方哲学正在形成的一种强有力的趋向——科学主义与人文主义合流的趋向。它与伽达默尔和利科尔的解释学、卡西尔的文化哲学、德里达的解构主义以及罗蒂的非基础主义一起，从不同的领域和不同的角度推进着这种强有力的趋向。莫尔顿·怀特在分析 20 世纪哲学时做过这样的预见："当我们一旦弄清楚学科之间没有明确的分界线，而且没有一门学科可以称得起在认识分类表中占有一个唯我独尊的位置时，当我们弄清楚了人类各种经验的形式也和认识同样重要时：只有到那个时候才算打通最广义的、关于人的哲学研究的道路。"[①]瓦托夫斯基对科学的人文主义理解，应当视为打通这条道路的一种不应忽视的努力方向和重要成果。

（二）理解科学的"哲学"

科学哲学是一门哲学的学科。对此，瓦托夫斯基解释说，作为一门哲学的学科，科学哲学在理论内容上同传统哲学的形而上学、认识论和逻辑学等学科保持历史的连续性；在研究方法上，它继承了传统哲学的批判的、分析的、辩证的方法，批判的辩证法是哲学的生命线。

瓦托夫斯基的这种强调和解释，既有明确的针对性，又构成他的科学哲学观的重要出发点。它表述着对现代西方科学哲学主流的某种抗议

---

① ［美］M. 怀特编著：《分析的时代——二十世纪的哲学家》，243 页，北京，商务印书馆，1964。

或挑战，也显示出现代西方科学哲学某种新的生机和出路。

在现代西方科学哲学的发展史上，科学哲学家们曾经猛烈地攻击传统哲学，特别是集中地讨伐传统哲学的"形而上学"。在这方面，赖欣巴哈和卡尔纳普的观点既具有系统性，又具有典型性。

德国逻辑经验主义者赖欣巴哈以《科学哲学的兴起》为题，系统地阐述了科学哲学与传统哲学的原则对立。他认为，传统哲学的本质在于，用想象和朴素类比法的"假解释"来满足人类要求普遍性解释的冲动，用逻辑与诗、理性的解释与形象的比喻、普遍性与类似性搅混在一起的模糊语言来充当对世界的科学解释。而这样的哲学之所以能够长期存在，是因为人类总是倾向于甚至在他们还无法找到正确答案时就做出答案。赖欣巴哈由对传统哲学的批判而得出这样的结论："新哲学"（即科学哲学）是作为科学研究的"副产品"而发生的，它的任务是对科学研究的结果进行逻辑分析，而不是发现规律。这样，他就不仅把科学哲学与传统哲学对立起来，而且是在取代传统哲学的意义上把"新哲学"归结为"科学的逻辑"。

鲁道夫·卡尔纳普则以区分语言的"表述"职能和"表达"职能为基本前提，分别地批判了传统哲学的三个基本学科——形而上学、认识论和逻辑学。他提出，语言的"表述"职能构成关于经验事实的命题，这种命题可以凭经验判定其真伪，因而是"有意义的"真问题；语言的"表达"职能所构成的则不是关于经验事实的命题，而是表达个人的内心世界，这类命题无所谓真伪，因而是"无意义的"假问题。据此他认为：（1）作为"表达"的形而上学只是"给予知识的幻相而实际上并不给予任何知识"，属于用朴素的类比法和图解语言构成的假问题，因此科学哲学必须"拒斥"形而上学；（2）传统哲学的认识论实际上是对认识的心理现象和心理过程的描述，而不是对"意义"的认识论分析，因此应当把它作为心理学归入诸如物理学、生物学一类的经验科学；（3）把形而上学作为假问题而拒斥于科学哲学之外，又把认识论作为心理学而归入经验科学，哲学所剩下来的就是逻辑学。但是，卡尔纳普告诫人们，科学哲学的逻辑分析并不是传统的逻辑学。他提示说，作为"科学的逻辑"，科学哲学只是"对科学概念、命题、证明、理论作逻辑分析"。① 他认为，由于科学哲学是对科学命题进行逻辑分析，因而它是哲学而不是科学；又由于科学哲学所分析的是科学命题，因而它是科学的哲学而不是形而上学。这样，卡尔纳普就在与传统哲学的形而上学、认识论和逻辑学相对立的意义上，把科学哲学归结为"对科学的逻辑分析"。

作为现代西方科学哲学主流的合乎逻辑的发展，波普尔、库恩、拉卡托斯、费耶阿本德等当代著名的科学哲学家，在批判逻辑实证主义的过程中，从不同的角度、在不同的程度上"缓和"了对传统哲学的态度。但是，拒绝哲学的形而上学而把哲学归结为对科学问题的解释，否认哲学的世界观意义而把哲学限定为对科学自身的研究，却是与逻辑实证主义一脉相承的。

值得人们认真反思的是，现代西方科学哲学的主流对传统哲学的批判和对科学哲学的界说，并不仅仅是试图以他们所理解的科学哲学去代替整个哲学，而是蕴含着一种深刻的危险性——割断科学、科学哲学与人文学科和人类活动基础的联系。正是以这种深刻的危险性为主要背景，瓦托夫斯基分别论述了传统哲学的形而上学、认识论和逻辑学的人文主义内涵及其对科学哲学的现代意义。

瓦托夫斯基着重阐发了他对"形而上学"的理解。他指出，"对形而上学的一种经典批判认为，它所表述的问题形式使这些问题只有通过最纯粹的思辨才能得到回答，而不能依靠具体的、经验的、科学的探究的证据或证明。这类批判的一种更宽宏的说法是，在可以重新表述为能用硬性的、实验的研究作出回答并因而能通过科学手段进行检验的科学问题以前，形而上学问题一直是纯思辨的问题"②。与此相反，他认为还有另一种观点，即把形而上学"看作是科学的一部分"，是"科学中的基

---

① 卡尔纳普：《论哲学问题的特征》，载《自然科学哲学问题丛刊》，1985(1)。
② ［美］M. W. 瓦托夫斯基：《科学思想的概念基础》，21 页，北京，求实出版社，1989。

本的调节性、启发性的观念"，"科学家的基本世界观及其思想方式的深刻结构，构成他的(可能未经明确表述的)关于事物本性的信念"，形而上学起着"对科学思想的不同部分进行系统化的指导"作用①。

对于形而上学的实质，瓦托夫斯基做出这样的概括："不管是古典形式还是现代形式的形而上学思想，其驱动都在于力图把各种事物综合成一个整体，提供出一种统一的图景或框架，使我们经验中的事物多样性能够在这个框架内依据某些普遍原理而得到解释，或可以被解释为某种普遍本质或过程的各种表现。"②瓦托夫斯基认为，经过柏拉图和亚里士多德的工作，古希腊哲学的形而上学追求，发展为对存在的普遍性原理的批判性反思。他说："形而上学的历史是一部关于这种普遍的或一般类别的概念的批判史，是一部致力于系统表述这些概念的体系的历史，……我们也许可以这样总结这种历史，即把形而上学定义为'表述和分析各种概念、对存在的原理及存在物的起源和结构进行批判性、系统性探究的事业。'"③

形而上学作为系统性批判和思辨的思想，构成了科学的最一般的概念框架，以及科学家的基本世界观和思想方式的深刻结构，这显示了科学哲学与传统哲学的无法割裂的联系。瓦托夫斯基认为，这种联系的深刻性在于，我们的思维的成长和演化是一个形成概念的过程，一个精心构制或多或少地系统化的概念结构的过程。形而上学把形成概念及其概念结构的过程作为对象，力图清楚地表达这些概念并探寻它们的意义，也就是批判地反思人类的"理解"。这种对理解的理解，沟通了不同领域的知识之间的联系，从而构成了对科学的人文主义理解。因此，只有把形而上学的概念批判作为科学的一部分，并把它应用于科学史和当代的科学思想，科学哲学才是名副其实的哲学。

---

① ［美］M. W. 瓦托夫斯基：《科学思想的概念基础》，21 页，北京，求实出版社，1989。

② 同上书，19 页。

③ 同上书，20—21 页。

我认为，瓦托夫斯基的深刻性在于，他不仅精当地说明了形而上学的哲学意义，而且对形而上学的根源做出了富于启发力的独到解释。他说："为了概念的明晰性和体系的一致性而进行哲学分析的强烈愿望太根深蒂固了，……存在着一种系统感和对于我们思维的明晰性和统一性的要求——它们进入我们思维活动的根基，并完全可能进入到更深处——它们导源于我们所属的这个物种和我们赖以生存的这个世界。"①如果对照赖欣巴哈把形而上学追求视为人类的一大"不幸"，卡尔纳普把形而上学视为无意义的"假问题"，我们不能不承认，瓦托夫斯基相当深刻地揭示了形而上学的人文主义内涵及其与科学哲学的连续性。

关于认识论的现代意义，瓦托夫斯基首先提出这样一种看法，即科学作为认识世界的一种方式，它本身既是认识的方法又是待证实的知识体系。科学哲学把科学视为一种使其一切主张经受检验和批判的非教条的事业而予以反思，就是对科学的认识论考察。

瓦托夫斯基的看法同波普尔等人的观点既有某种联系，也有重大分歧，卡尔·波普尔提出："认识论的中心问题一直是也仍然是知识的增长问题。而研究知识的增长最好莫过于研究科学知识的增长。"②正是从这样的理解出发，波普尔以及后来的历史主义学派都把主要精力集中于探讨科学理论发展的历史与逻辑上。瓦托夫斯基赞成认识论以科学知识的增长为主要对象，但他强调的是，从人类的一般认识活动去理解科学认识活动，从科学以前的认识方法去探索科学的认识方法，从人类的一般性概念去透视科学的基本概念，也就是把认识论作为人类活动的一般规律去沟通科学认识与其他认识之间的联系。这样，他就把形而上学和认识论统一于对科学的人文主义理解上。

关于逻辑学，瓦托夫斯基认为，它的实质意义在于能够把思想与事物的对应关系表述为"同一性"。他解释说，"我们关于世界的一种合理

---

① ［美］M. W. 瓦托夫斯基：《科学思想的概念基础》，18 页，北京，求实出版社，1989。
② ［英］波普尔：《科学知识进化论——波普尔科学哲学选集》，5 页，北京，生活·读书·新知三联书店，1987。

的概念表示的构造与世界存在的方式是相对应的，因为理性……也是世界结构本身的例证。"①他把逻辑学视为关于思维与存在的统一性证明，这既有别于把逻辑学看作传统的形式逻辑和现代的数理逻辑，也有别于把逻辑学看作逻辑实证主义所倡导的"对科学命题的逻辑分析"。他实际上是把逻辑当作黑格尔、马克思和列宁所理解和运用的辩证逻辑，也就是本体论、认识论和逻辑学相统一的关于真理内容的逻辑。形而上学的概念批判史的系统展开就是瓦托夫斯基所理解的逻辑学。这就不难理解，为什么瓦托夫斯基一再强调作为哲学的科学哲学，其方法是批判的、分析的、辩证的方法。

通过对传统哲学的形而上学、认识论和逻辑学的分别考察，瓦托夫斯基得出一个总体性的结论："哲学的这三个相互关联的学科都具有一种严格的批判性探究的丰富历史。三者都对科学史产生深刻的影响，并且反过来又受科学史的深刻影响。"因此，科学哲学要达到自己的目标——"对科学的较为充分的理解"，就必须"依赖于这三门学科中的成就并受其指导"。②

(三)哲学理解的"科学"

究竟什么是科学？在科学与非科学之间是否存在某种严格的界限？划分科学与非科学的标准是什么？科学活动与人类其他活动是否具有某种连续性？能否把人文学科排斥于科学之外？对这些问题的不同回答，构成了现代西方科学哲学的"实证主义"与"证伪主义"、"理性主义"与"非理性主义"、"逻辑主义"与"历史主义"等的深刻分歧。而构成这种分歧的根源则在于对科学的不同的哲学理解。由于瓦托夫斯基突出地强调科学哲学是一门哲学的学科，富于历史感和创见性地考察了科学哲学与传统哲学的连续性，因而比较自觉地从哲学的层面去理解上述问题，系统地审察了科学的起源及其基本概念的人文主义基础，对科学本身做出

---

① ［美］M. W. 瓦托夫斯基：《科学思想的概念基础》，26 页，北京，求实出版社，1989。

② 同上书，27 页。

了富于启发力的哲学解释。

西方科学哲学自实证主义以来，一直试图寻求某种鲜明、确切的标准来区分科学与伪科学，从而为科学划定严格的界限并为科学哲学规定明确的对象。这种根深蒂固的渴求，奠基于近代以来的人类的一种信念——科学是理性和进步的事业。在人们广泛持有的常识科学观中，把科学视为"建立在事实上面的建筑物"。科学家们又把这种常识科学观具体化为两部分：用仔细地观察和实验收集的事实，以及运用某种逻辑程序从这些事实中推导出来的定律和理论。

逻辑实证主义的科学观是对这种常识的和科学家的科学观的哲学概括。照逻辑实证主义者看来，理论不仅要视被通过观察得到的事实所证实的程度如何来得到证明，而且只有在它们能够如此推导出来的限度内才能被认为有意义。

对于这种科学观的哲学内涵，拉卡托斯指出，它形成于对神学的批判，但对科学的理解却是"直接由神学继承过来的标准加以判定：它必须被证明是确凿无疑的。科学必须达到神学未达到的那种确定性。一个名副其实的科学家是不容允许猜测的：他必须由事实来证明他所说的每一句话。这就是科学诚实性的标准。未经事实证明的理论在科学界被认为是罪孽深重的伪科学和异端"①。

由于量子物理学和爱因斯坦相对论的出现，使科学家和哲学家认识到，这种"科学诚实性标准"只能是一种乌托邦式的幻想。由此而产生的是两种不同的哲学反应：（1）否弃实证主义原则，肯定科学的猜测性，但以相反于实证主义的判据——能否被观察和实验证伪——来区分科学与非科学，这就是被称之为"证伪主义"的波普尔的科学观；（2）不仅否弃实证主义原则，而且否认诉诸任何判据，甚至抛弃科学是按照某种或某些特殊的方法进行的一种理性活动的观点，这就是被称之为"非理性主义"的历史主义学派，特别是将其推向极端的费耶阿本德的科学观。

---

① ［英］拉卡托斯：《科学研究纲领方法论》，3 页，上海，译文出版社，1986。

上述两种哲学反应，或者否认科学与非科学的连续性，仍然试图以某种确定的标准来区分科学与非科学，或者否认科学与非科学的间断性，从而以非理性主义的观点去看待科学。深层地看，二者又是两极相通的，即在对科学的哲学理解中，都缺少对科学活动与人类其他活动的辩证理解。

瓦托夫斯基的高明之处在于，他试图从人文主义立场辩证地看待科学活动与人类其他活动的连续性与间断性的对立统一。他指出，作为人类活动的科学，它既是"植根于我们全都共同具有的普通人类能力之中"，"有着不言而喻的常识性知识的来源"，又是"代表着人类的一项最高成就"，"是一种与众不同的、独一无二的、在一些具有决定意义的方式上与其他人类活动不同的人类活动"。[①] 因此，仅仅从科学与人类其他活动的连续性上去理解科学，从而把人类的认识活动都看成是科学的，这当然是错误的；同样，仅仅从科学与人类其他活动的间断性上去理解科学，从而把科学归结为一种与人类其他活动无关的自我存在的实体，也同样是错误的。

瓦托夫斯基的这种辩证理解不是空洞的、抽象的，而是充实的、具体的。他以丰富而深刻的论据和论证，批判性地、系统地反思了科学思想的起源、科学方法和科学的一些基本概念，从而提供了一种对科学的人文主义理解的范例。

我认为，瓦托夫斯基对科学的这种辩证的、人文主义的哲学理解，主要地可以概括为以下几点：

第一，从科学思想的起源及其方法的概念的基础上去理解科学与人类其他活动的连续性与间断性的对立统一。

科学代表着人类的一项最高成就，它不是某种置身于人类之外的事物。在人类的发展史上，科学经过了漫长而又艰难的过程才发展成为一

---

① ［美］M. W. 瓦托夫斯基：《科学思想的概念基础》，32、91、34 页，北京，求实出版社，1989。

种独特的认识方式。它根源于人类的共同理解和普通的认识方式之中，"在科学本身的基础上，铭刻着它同普通经验、普通的理解方式以及普通的交谈和思维方式的历史连续性的印记，因为科学并不是一跃而成熟的"①。从用某种臆想的原因来解释观察到的事实，进展为用某种单一的或者统一的解释原理来概括整个自然现象领域；从以共同的经验概括而形成描述和规范实践的常识概念框架，进展为具有明确性、可反驳性和逻辑解释力的科学概念框架；从对经验事实的理性反思，进展为针对描述和规定实践的各种规则和原理的批判；——科学活动与人类其他活动的连续性与间断性统一于人类自身的历史发展。因此，要对科学有比较充分的理解，首先应当把科学作为一项"特殊的人类事业"来理解。

第二，科学的特殊性在于，它以各种首尾一贯、秩序井然的符号系统和概念框架来理解、描述和操作对象，并使这些符号系统本身成为理解和批判反思的对象。

恩斯特·卡西尔曾在《人论》中这样评价科学："在我们现代世界中，再没有第二种力量可以与科学思想的力量相匹敌，它被看成是我们全部人类活动的顶点和极致，被看成是人类历史的最后篇章和人的哲学的最重要主题。"对于科学，我们可以用阿基米德的话来说："给我一个支点，我就能推动宇宙。在变动不居的宇宙中，科学思想确立了支撑点，确立了不可动摇的支柱。"卡西尔认为，科学之所以具有如此伟大的力量，是因为它具有一种"首尾一贯的""新的强有力的符号系统"，"向我们展示了一种清晰而明确的结构法则"，"把我们的观察资料归属到一个秩序井然的符号系统中去，以便使它们相互间系统连贯起来并能用科学的概念来解释。"

在对科学价值的理解和对科学特征的表述上，瓦托夫斯基与卡西尔

———————

① ［美］M. W. 瓦托夫斯基：《科学思想的概念基础》，11 页，北京，求实出版社，1989。

有许多共同之处。瓦托夫斯基也认为，"科学研究不单单是一件积累事实的事情，科学也不是一大堆积累起来的事实。就科学是理性的和批判的而言，它是一项力图整理观察事实并在清晰的语言结构中，用某种首尾一贯的、系统的方法来表示这些事实的尝试"①。

但是，瓦托夫斯基并不满足于从结构特征上把科学描述为"一个有组织的和系统性的知识体"，他要求把科学作为一种持续不断的探索过程，从科学的目标和目的方面来描述科学的功能特点。对此，他在关于科学思想起源和概念基础的历史考察与辩证理解中，以科学的来源——常识性知识——为基本参照系，突出地强调了科学的批判性特征。

瓦托夫斯基认为，常识作为广泛的、长期的、经验的产物，是在最实际的水平上进化而来的对人类环境的适应，是人类生存的一种重要手段。常识信念在所有非自我意识的真诚信念中，被认为是确凿无疑的；对常识信念提出挑战，则被视为是不可思议的愚蠢行为。因此，"常识的特点就其真正的本质而言，是非批判的，……批判的出现成为由常识向科学转变中的关节点"②。

常识的非批判性，在于它不具备可批判的条件。批判的前提是经验能够成为反思的对象。用一种语言公开表述的"有组织的和系统性的知识体"，才能构成批判和公开反思的对象。"科学和常识之间最重要的区别就在于科学命题的明确性和可反驳性，在于科学的目标理所当然具有自觉的和审慎的批判性。"③这样，瓦托夫斯基就从科学的结构特征和功能特征上把科学的系统性与批判性统一起来，也把科学与常识之间的连续性与间断性统一起来。这两个方面的对立统一关系，正是瓦托夫斯基对科学的人文主义理解的重要内容。

第三，从人类认识自然和认识自我的统一性上把自然科学和人文科

---

① ［美］M. W. 瓦托夫斯基：《科学思想的概念基础》，162 页，北京，求实出版社，1989。
② 同上书，87 页。
③ 同上书，89 页。

学沟通起来，从它们的相互理解中达到对科学的哲学理解。

把自然界和人类、自然科学和人文科学严格区分开来，并认为哲学包括自然哲学和人的哲学两部分，这种看法是由来已久的。在这种看法中，根据自然科学的研究对象的自在性、研究手段的实验性、研究程序的精密性以及研究结果的定量性、可证性和客观一致性等，把自然科学说成是"科学的"，而把人文科学视为"非科学的"。瓦托夫斯基说，把自然科学和人文科学区分为"硬"科学和"软"科学、"精密"科学和"非精密"科学、"定量"科学和"定性"科学，"通常是为了贬低'软''非精密'和'定性'的科学"。

应当看到，现代西方科学哲学主流的一个重要出发点，就是试图用自然科学的理论和方法来改造哲学而使之成为"科学的"哲学。正因如此，它不仅把自然科学与人文科学对立起来，而且把科学哲学与传统哲学对立起来。

美国当代科学哲学家伽汀提出，应该以是否具有一致性、客观性、可证伪性和预见性这四个方面作为科学分界的标准。他认为：在人文科学中不存在什么使一致和发展成为可能的共同准则；用意义和价值范畴内的术语对人类所做的描述没有客观性；人文科学理论的失败是由于它没有按特定方式观察自己，而不是由于被证伪；人文科学的方法论是回顾性的而不具有预见性。① 这样，他就明确地把人文科学驱逐出科学，从而也就把人文科学排斥在科学哲学的视野之外。

然而，这种科学观和科学哲学观是与现代科学以及现代哲学的发展趋势相背离的。德国物理学家普朗克曾经说过："科学是内在的统一体，它被分解为单独的部门不是由于事物的本质，而是由于人类认识能力的局限性，实际上存在着从物理到化学，通过生物学、人类学到社会科学的连续链条。"现代科学正以各门科学的相互交叉、相互渗透、纵横交错

---

① ［德］伽汀：《范式和解释学：论库恩、罗蒂和社会科学〈对话〉》，见《哲学译丛》1984（6）、1985（1）。笔者把原文中的"社会科学"和"人文科学"两种提法统一用了"人文科学"。

而又内在统一的整体网络而构成科学的"连续链条"。作为现代科学的哲学反应，瓦托夫斯基试图以科学哲学沟通自然科学与人文科学的相互理解，从而达到对科学的哲学理解。

瓦托夫斯基认为，康德把"人类理性的法则"分为"自然法则"和"道德法则"，并提出探讨自然法则的自然哲学回答"是什么"的问题，探讨道德法则的道德哲学回答"应该怎样"的问题，由此构成了科学与道德、事实与价值、自然科学与人文科学的对立。它是现代西方哲学的科学主义思潮和人文主义思潮长期以来双峰对峙的深刻理论根源。从理论上消解这种对立，就不仅必须重新探索"理解科学的哲学是什么"和"哲学理解的科学是什么"，而且需要以某种富于创见性的理论去阐述如何达到对科学的人文主义理解，即对"理解"本身做出系统的理论解释。

（四）概念框架理论与"理解"科学理解

对科学的人文主义理解，就其实质而言，并不是一般地理解科学，而是对科学理解的理解。瓦托夫斯基提出："可以把科学哲学描绘成一种理解科学理解的事业。"①

理解科学有两种不同的方式。一种是对科学本身的学习，即掌握科学的研究方法、思维方式和概念系统。另一种则是对科学思想的概念基础的研究，即把科学思想作为反思的对象进行批判性考察。前一种是理解科学思想的科学事业，后一种是理解科学理解的哲学事业。

科学的直接意义在于，它为人类提供描述和解释世界的科学的思维方法和科学的概念系统。赖欣巴哈曾提出，科学的发展"代表着一条抽象思维能力迅速进步的指示线。它已导致具有最高完善性的纯粹理论结构，例如达尔文的进化论和爱因斯坦的相对论；它已把人类的思想训练到能够理解以前几世纪中有教养的人所不能理解的逻辑关系"②。日本学者猪木正文也指出"这种向自然的神秘进行挑战的物理学研究方法，

---

① ［美］M. W. 瓦托夫斯基：《科学思想的概念基础》，12 页，北京，求实出版社，1989。
② ［德］赖欣巴哈：《科学哲学的兴起》，96 页，北京，商务印书馆，1991。

即使是对于物理学者以外的一般人们，也可以从中学习到新的思维方法。"①爱因斯坦和海森堡则论述了科学概念的地位。爱因斯坦说："物理学是从概念上掌握实在的一种努力"。海森堡也说："物理学的历史不仅是一串实验发现和观测，再继之以它们的数学描述的序列，它也是一个概念的历史"。

人类的科学发展史是科学思维方法和科学概念系统的形成和确定、扩展和深化、更新和革命的历史。科学理论所编织的概念、范畴之网，构成人类"认识世界的过程中的小阶段，是帮助我们认识和掌握自然现象之网的网上纽结"②。学习和掌握科学的思想方法和概念系统，可以使人们理解科学思想并从而达到对世界的科学理解。

与这种通过学习和研究而达到的对科学思想方法和科学概念系统的理解不同，科学哲学向自己提出的问题是：科学理解的本质和特征是什么？构成科学理解的根源和基础是什么？科学理解与其他理解方式的关系如何？怎样沟通不同学科，特别是自然科学理解与人文科学理解之间的相互理解？把科学理解作为对象而进行批判反思，这才是对科学理解的理解。

瓦托夫斯基提出："属于科学发明的事物中，最奇妙的就是科学概念。它们实际上是科学思维和对话的尖端工具和高技术。"③值得认真思索的是，"概念并不是一些孤立的理解。相反地，它们是彼此联系的，而且联系于一个概念网络并依照这个概念网络而得到理解，形成我们可以称之为概念框架或概念结构的东西。"④

科学以自己的各种不同的概念框架来系统地构筑人类的经验世界，并通过这些概念框架来实现相互理解和自我理解。科学概念框架的突出

---

① ［日］猪木正文：《爱因斯坦以后的自然探险》，6页，广州，广东科技出版社，1981。

② 《列宁全集》第38卷，90页，北京，人民出版社，1983。

③ ［美］M. W. 瓦托夫斯基：《科学思想的概念基础》，12页，北京，求实出版社，1989。

④ 同上书，11—12页。

特征是，它不仅具有超出常识、通常语言和通常活动的严密性，而且采用适合于特殊研究课题的特殊语言，形成特殊的、具有高度精确性和高度专业化的概念系统。

科学概念框架的这种特征埋伏着一种危险——"科学与常识、科学活动与人类的基本活动、科学理解与平常的理解的连续性被打断了"①。而这种危险的深刻性和严重性在于：科学家从人类共同体的其他成员中分离出来，科学思想与常识观念和哲学反思相脱离，科学理解变成一种与共同经验、日常语言和普通理解相对立的理解方式。这是当代文化的"严重的社会危机"。而解决这种危机的重要途径，则在于对科学的人文主义理解。

瓦托夫斯基认为，对科学进行人文主义理解的基础，在于科学思想的概念基础。为此，他提出并论证了自己的概念框架理论——常识概念框架、科学概念框架与哲学概念框架的相互渗透、相互制约和相互转化的理论。

人类用以把握世界的最根深蒂固的概念，并不是那些高度专业化和高度精确化的科学概念。而是那些在思想中构筑我们的经验世界的、具有高度概括性的常识概念。它们构成人类思想的基本框架。亚里士多德和康德的范畴表，以及黑格尔构筑的概念体系，在其直接性上，首先是表述了由这些具有高度概括性的常识概念所构成的人类思想的基本框架。它是科学概念框架和哲学概念框架的基础，也是科学思想和哲学思想的批判性反思的对象。

科学家在从研究对象中抽象出某些特征，并运用某些高度专业化的概念去表述这些特征的时候，他们也必须使用诸如形状、颜色、内外、大小、快慢、多少、真假、因果等表达普通思想的普通概念。即使这些概念在严峻的科学批判中发展到与常识概念大相径庭，甚至互不相容的程度，科学家也仍然带着常识的影响并以常识概念框架作为科学理解的

---

① ［美］M. W. 瓦托夫斯基：《科学思想的概念基础》，33 页，北京，求实出版社，1989。

必要前提；即使科学通过创造严格形式化的科学语言（如数学符号系统）来描述科学理解的世界，也不能完全脱离人类共同的自然语言，并通过自然语言把人们在常识理解中所表示的世界与科学对话中的非常识理解中的世界联系起来，这表明，作为常识概念的一般框架是构成科学的特殊概念框架的基础，瓦托夫斯基认为，这种从科学与常识的联系中去理解科学，并从这种理解中发现科学与人文学的共同根源的方式，就不是对科学本身的理解，而是对科学理解的理解。

常识概念框架受到来自两种不同方式的挑战：一是科学概念框架的批判，二是哲学概念框架的反思。

科学不是常识的延伸，而是对常识的改造。瓦托夫斯基举例说：在常识概念框架中，我们既无法想象也无法表达某物在同一时间内存在于两个地方；然而量子物理学则要设想和描述基本粒子可以不"经过"中介空间和时间而出现在不同的地方。"这些奇怪的概念上的可能性严重地扭曲了我们的常识框架，然而它们是属于理论科学不得不加以考虑的概念上的选择对象。"①

同样，哲学也不是常识的变形，而是对常识的反思。在古希腊哲学中，芝诺就在对"运动"这个常识概念的反思中提出了著名的"飞矢不动"的命题。正是由于从常识的角度而不是从哲学反思的角度去理解芝诺的命题，人们常常把它当作典型的形而上学命题而予以常识层次的批判，列宁则从哲学反思的层面提出："芝诺从没有想到要否认作为'感觉的确定性'的运动"，他之所以否认"运动"，是因为他无法"用概念的形式来表达……运动是（时间和空间的）不间断性与（时间和空间的）间断性的统一"。列宁还做出重要的哲学提示："问题不在于有没有运动，而在于如何在概念的逻辑中表达它。"②

瓦托夫斯基认为，科学和哲学作为对常识批判反思的产物，它们有

---

① ［美］M. W. 瓦托夫斯基：《科学思想的概念基础》，17 页，北京，求实出版社，1989。

② 《列宁全集》第 38 卷，281 页，北京，人民出版社，1989。

着共同的来源。"一方面，有着不言而喻的常识性知识的来源，以及神话、技术格言和社会规则这些前科学的表述形式；另一方面，有着由语言的客观形式使之成为可能的反思和批判。"①对此，瓦托夫斯基从希腊科学和哲学的背景、理性思辨的产生和自然科学的起源，以及希腊科学与当代科学的连续性等方面做出了有说服力的论证。

在常识概念框架、科学概念框架和哲学概念框架的相互关系中，常识概念框架既是后两种概念框架的共同来源和批判对象，也是它们的历史的转化形态。人类历史的进步性不仅表现在科学思想和哲学思想的发展上，而且表现在它们历史地转化成人类共同的常识上。人类起源于自然界，地球围绕太阳旋转，电脑可以模拟人脑，这些曾经震惊人类的科学发现和哲学思想，已经成为普遍接受的常识。常识概念框架渗透着科学思想和哲学思想，并且推动着科学和哲学对常识的批判反思不断跃迁到更高的层次上。

哲学的批判不只是指向常识，也同时指向科学，并在常识与科学的相互观照中实现自己的批判。反之，科学的发展以及由此而引起的常识观念的更新，又促进哲学反思的深化。在瓦托夫斯基看来，从常识概念框架、科学概念框架与哲学概念框架的辩证统一中去探索科学思想的概念基础，就是对科学的人文主义理解；而这种理解科学理解的事业，就是"最美好最深刻"的意义上的哲学。

（五）瓦托夫斯基科学哲学观的启发和借鉴意义

不是把科学哲学看作对科学问题的哲学解释，也不是把科学哲学看作对科学成果的哲学概括，而是把科学哲学视为对科学的人文主义理解，这种观点本身就是令人感兴趣并发人深省的。

瓦托夫斯基学识渊博、视野开阔，善于从多学科的联系和综合中去思考问题，这大概是构成其科学哲学观的个人方面的原因。值得认真思

①　［美］M. W. 瓦托夫斯基：《科学思想的概念基础》，91 页，北京，求实出版社，1989。

考的是，瓦托夫斯基的科学哲学观有着深刻的时代背景和哲学自身发展的逻辑必然性。

当代人类面临的能源危机、环境污染、核战争威胁等全球性问题，是同现代科学技术的迅猛发展及其广泛应用有着密切联系的。瓦托夫斯基说，我们"一方面知道科学是理性和人类文化的最高成就，另一方面又害怕科学业已变成一种发展得超出人类的控制的不道德和无人性的工具，一架吞噬着它面前的一切的没有灵魂的凶残机器"①。他强调对科学的人文主义理解，实际上是对这种"现代人的困惑"的理论反应。

瓦托夫斯基的理论思考的出发点具有二重性。一方面，他从当代人类面临的时代课题来思考科学哲学的使命，具有强烈的现实感和不可否认的积极意义。另一方面，他离开社会政治制度来看待科学的社会作用，并把解决问题的出路仅仅诉诸对科学的人文主义理解，因而显露了其思想的局限性。

作为现代西方科学哲学的一种内在的否定性，瓦托夫斯基要求科学哲学超出对科学问题的哲学解释而扩展为对科学理解的理解。这对于"一个有着伟大的过去"（费耶阿本德语）的现代西方科学哲学来说，显然是有启发意义的。它是对盛行一时的科学主义思潮的反动，是促成科学与人文两大思潮合流的一种努力。从瓦托夫斯基的科学哲学观，我们可以窥见并探索当代西方哲学的发展趋势。

作为一位熟悉哲学史和科学史并对马克思主义哲学表示好感的哲学家，瓦托夫斯基的科学哲学观具有较强的历史感和丰富的辩证法思想。

瓦托夫斯基科学哲学观的历史感，不仅在于他把自己的论证诉诸对哲学史和科学史的统一考察（赖欣巴哈、库恩等人也做过类似的工作），也不仅在于他在这种考察中提出许多深刻的见解，更重要的是在于他从历史的连续性上去理解哲学。这一点，正是现代西方科学哲学主流线索

---

① ［美］M. W. 瓦托夫斯基：《科学思想的概念基础》，9 页，北京，求实出版社，1989。

的致命缺憾之一。

批判的辩证法是哲学的生命线。这是瓦托夫斯基对哲学的根本性理解，也是他用以分析哲学和科学及其相互关系的方法论。辩证地考察和理解科学活动与其他人类活动、科学思想与常识观念、自然科学与人文科学、科学与价值等重大问题，从而把辩证法思想融汇到对科学的哲学理解之中，是瓦托夫斯基科学哲学观的特色之一。与此相反，现代西方科学哲学的主流线索的显著特点则是好走极端。逻辑实证主义倡导严格的"实证"原则；波普尔则主张科学的标准不是证实而是"证伪"、科学的进程不是实证而是"否证"；库恩认为科学共同体遵循的"范式"都包含着互不相容的标准，因而具有"不可比性"；费耶阿本德则提出科学理论既不能最后被证实，也不能最后被证伪，因而哲学家所构想的科学发展模式与科学的真实进程很少相似，哲学家所概括的方法并不具有普遍的有效性。片面地夸大认识的某个部分或方面，并由此出发去建立具有极端倾向的科学哲学理论，可以说是现代西方科学哲学的"通病"。在这种背景下，瓦托夫斯基把批判的辩证法作为哲学的生命线去考察科学思想的概念基础，这是他之所以能够从新的角度——对科学的人文主义理解的角度——去理解科学哲学的方法论基础。

马克思主义哲学需要建设自己的科学哲学学科。它的重要前提是确立马克思主义的科学哲学观。探索瓦托夫斯基的科学哲学观，有助于我们较为全面地了解现代西方科学哲学的总体进程及其内在的否定性，总结其经验教训，更为深沉地思索和锻炼我们自己的科学哲学观。

五　哲学前提的现代文化批判

现代西方哲学的突出特征，不仅在于它集中地考察人的文化世界，而且在于它立足文化反思进行哲学前提的自我批判。在我看来，理解这个问题是认识现代西方哲学的必要前提。

（一）"语言学转向"与文化批判

与人们把近代西方哲学的变革称之为"认识论转向"相呼应，人们常常把现代西方哲学的变革概括为"语言学转向"。这种转向把哲学的自我反思、自我批判引向了现代的文化批判。"认识论转向"是要求哲学家在建立关于世界的理论之前，必须先有关于意识的理论，"没有认识论的本体论为无效"；"语言学转向"则要求哲学家在建立关于意识以及世界的理论之前，必须先有关于语言的理论，"没有语言学的认识论和本体论为无效"。这是因为：人类必须用语言去理解世界和自己的意识，并用语言去表述自己对世界和自己的意识的理解。

这种"语言学转向"的出发点表明，它是以倒退的形式而推进了哲学的自我认识。古代哲学离开对人类意识的反省，单纯地从认识客体出发去寻求世界的统一性，因此它所能达到的只是一种素朴的实在论或"野蛮的"理念论。近代哲学则把古代哲学的单纯的本体论追究倒退回对人类意识的认识论反省中，从思维与存在的二元对立中去寻求二者的统一性，因此，它以倒退的形式而自觉地提出了哲学的基本问题。现代哲学则又把近代哲学的认识论反省倒退回对人类语言的文化批判上，从人类文化的多样统一性中去寻求人的自我理解，因此，它以倒退的形式把思维与存在统一的诸种中介环节凸显出来，并使之成为批判反思的对象。

批判地反思人类文化，从表层看是哲学对象的重点转移，从深层看则是哲学前提自我批判的深化。它要求人们从新的视角去理解哲学。正因如此，所谓"元哲学"问题在现代哲学中凸显出来了。

对哲学前提的文化批判，或者说在文化层面思考元哲学问题，在现代西方哲学中主要表现为四种路数：一是以自然科学的理论和方法去审度哲学，把哲学改造成"科学的逻辑"，这就是逻辑实证主义的哲学前提批判；二是通过语言分析来实现哲学的自我"治疗"，迫使哲学放弃自认为比科学本身认识得更多更好的"虚妄"主张，这就是语言分析哲学的哲学前提批判；三是把语言视为人的存在方式。通过语言的解释来诠释人文世界的"意义"，这就是哲学解释学乃至广义的文化——意义哲学的哲学前提批判；四是以存在主义与本质主义的对立为出发点，集中地考察人作为存在者的"存在"，这就是存在主义哲学的哲学前提批判。

（二）把哲学变为"科学的逻辑"

在现代西方科学主义思潮看来，以黑格尔哲学为最高代表的传统哲学的实质在于，它是一种"狂妄的理性"——试图给出科学本身所无法达到的关于世界的终极解释。因此，它的哲学前提批判的出发点是"拒斥形而上学"，并把这种批判诉诸从"人性的最高表现和最高成果"——科学——出发去"限制"哲学，使哲学成为一种与"狂妄的理性"迥然有别的"谦虚的理性"。科学主义思潮对哲学的这种理解和要求，既是深刻的，又是浅薄的。

它的深刻之处首先在于，它确实击中了传统哲学的根本性前提——企图超越实证科学而对世界的普遍本质做出彻底说明的幻想。因此，这种批判便以尖锐的形式显露了传统哲学的宏伟目标与实证科学的历史成果、人类思维的至上性与非至上性之间的矛盾，启发哲学"谦虚"地对待人类的理性。

它的深刻之处还在于，把对传统哲学的前提批判诉诸科学语言的逻辑分析，提出了语言的表述职能与表达职能、有意义的问题与无意义的问题、观察名词与理论名词、对象句子与形式句子、对象语言与元语言、实质的话语方式与形式的话语方式等矛盾关系。在逻辑实证主义的形态上，这些矛盾关系是以简单对立的形式出现的，但它为深切地反思传统哲学的形而上学前提，提供了具体化的思考内容。

科学主义思潮的浅薄之处首先在于，它在"拒斥形而上学"的同时，又把自然科学的认识方法供到哲学祭台的中央，把自然科学的认识方式当作审度哲学以及一切人类活动的根据和标准。由此人们便对科学主义思潮提出一个问题：作为前提的自然科学的认识方式可以是非批判的吗？这种预设前提得到过严肃的批判吗？

它的浅薄之处还在于，把自然科学作为人类存在的最高支撑点，而把哲学视为科学的"副产品"，这就把哲学的自我理解引向了与传统哲学截然相反的另一个极端——放弃哲学作为世界观理论而与科学、艺术、伦理、宗教、常识等全面对话的职能。

由此便引发了当代西方科学哲学家们对逻辑实证主义的哲学前提批判。波普的批判理性主义，库恩的"范式"理论，拉卡托斯的"研究纲领"，费耶阿本德的认识论无政府主义，以及劳丹和夏佩尔的新历史主义，从不同的角度揭示了逻辑实证主义的内在矛盾，促使人们从较为广阔的文化视野去思考逻辑实证主义所提出的问题。

（三）把哲学变为自我"治疗"

被称作"分析运动"的语言分析哲学，与始于实证主义的科学哲学，是部分地交织在一起的，这主要表现在，它们都把传统哲学的"狂妄"和"虚妄"归之为对语言的各种形式的歪曲和误用，都认为哲学的使命不是扩大关于事实的知识领域，而是要增加对事实以及关于事实的知识的理解。在这个意义上，分析哲学和科学哲学都是把哲学的前提批判视为通过语言分析而达到哲学的自我"治疗"。

语言分析哲学与实证主义的区别则在于，实证主义认为，科学是人类合理认识和论述的准则。它承认还有其他论述形式，但是科学是衡量其他论述是否有意义的标准。在实证主义看来，哲学是科学的哲学，而语言分析、语言学哲学，则自我意识地认识到人类论述还有许多不同的形式，许多除了科学含义以外的别的含义，哲学的任务是去发现各式各样的这类形式，也包括科学的形式是怎样起作用的，而不是用科学准则衡量每件事，然后宣布其他形式无意义。

在语言分析哲学家看来，传统哲学的根本弊病，是企图"穿过语言"达到对自在之物或绝对者的认识。这种根本错误导致了思维上的各种严重错误。因此，语言分析哲学家给自己提出的任务是，分析人的思想、分析人们理解和接受这个世界或互相交流的概念的最好办法，就是研究它们的实际应用。这样，语言分析哲学就改换了哲学的研究主题以及研究这些主题的方式，把"哲学的技术问题"即对语言的分析，提升为哲学的中心问题。

在语言分析哲学看来，哲学的任务是阐明人类通过其把握世界的各种方式（科学、艺术、宗教、伦理等）而形成的概念系统和命题系统，而哲学的这种"阐明"活动是根据概念知识借以表达的语言去阐明这些系统的。因此，语言的阐明就成为哲学首要的，甚至是唯一的任务。

语言分析哲学所提出的这个任务，把哲学前提的自我批判推向了一个更深刻的层次。它赋予哲学前提的自我批判以确定的对象系统，并赋予这种语言层面的批判以一套专门化的技巧和一套明晰化的"话语方式"，从而使哲学的各种形式的关于思维与存在的"统一原理"的实质性内容得以凸显。

语言分析哲学考察语言与现实关系的指称理论，考察语言交流及其与一般文化关系的语言行为模式理论，考察语言结构与思维运演关系的自然语言分析理论等，都把语言作为中介性的存在。而试图消解思维与存在的抽象对立。

但是，对哲学来说，语言分析既是富有魅力的，也是存在重大缺陷的。它过分注重"技巧"，却低估了"理论"的重要性，尤其是低估了哲学理论自身的重要性。同时，它又过分强调了语言的逻辑性，忽视了作为最典型的人文符号——语言——所具有的人文性。结果，它不是把语言分析升华为哲学理论，而是相反地把哲学降低为一种逻辑分析的技巧。艾耶尔说："一个能手的手法再精致复杂也不会使他成为一个大师。不过，精致复杂的要求对于进步尽管是不充分的，却是必要的。"①对语言分析哲学来说，这种看法是中肯的。

（四）把哲学变为人的自我"理解"

人类运用语言来理解世界和表达对世界的理解，反过来看，语言又是对人的理解方式和理解程度的表达。因此，对语言的分析，就不仅是分析人所理解的世界，而首先是分析人对世界的理解。这后一种分析，就是对理解的理解。它的提问方式是："理解"是一种怎样的存在？对这

---

① ［英］艾耶尔编：《哲学中的变革》，"导言"9页，上海，上海译文出版社，1985。

个问题的回答，构成哲学解释学。

哲学解释学的这种提问方式，首先是表达了一种康德式的要求。康德要求哲学在回答人对世界的认识之前，必须首先考察人自己的认识能力；没有对人的认识能力的明确认识，关于人类认识世界的理论就只能是不同形式的"独断论"。

但是，哲学解释学的康德式的要求，与康德要求回答的问题迥然有别。哲学解释学给自己提出的任务是：在谈论人如何理解世界和人如何理解自己之前，必须首先考察理解本身和理解的可能性条件。

理解的可能性条件首先是人的理解能力。那么，人的理解能力究竟是什么？对这个问题的回答，表现了哲学解释学的文化批判的显著的历史感。

解释学认为，人的理解能力，就是历史给予人的延续历史的能力。这种能力首先是表现在理解的主体总是处于由历史而来的"前理解"的存在之中，也就是处于人类历史的文化积淀之中。这种由历史而来的"前理解"或历史的文化积淀，构成"理解"的不自觉的和无条件的前提。因此，历史的可能性，在于人的历史性。

马克思曾经指出，人们并不是随心所欲地创造历史，并不是在他们自己选定的条件下创造历史的，而是在直接碰到的、既定的、从过去承继下来的条件下创造的。我认为，在马克思所说的"从过去承继下来的条件"中，既包括物质条件和一般文化条件，也包括解释学所说的"前理解"的条件。"前理解"即是理解的前提。

正因为哲学解释学要求自己回答的是"理解"的可能性条件，而不是康德所要求回答的"认识"的可能性条件，所以，解释学不满足于康德所提供的"先验统觉能力"和"先验范畴"，而把自己的探索诉诸储存历史文化的"水库"（伽达默尔的比喻），即语言。

语言保存着历史文化的积淀，历史的文化积淀由语言去占有个人。因此，使用语言，就是理解历史文化、理解历史和理解人自身过程的发生。语言的历史变化，规定着人的"前理解"，因而也体现着人的历史性变化、规范着人的历史性发展。人从属于历史，也就是从属于语言；人只有从属于语言，才能实现自我理解和相互理解。

由此，哲学解释学对语言、人、人的存在这三者之间的关系提出了一种新颖的看法，即人创造了语言，但人却从属于语言；人所创造的语言不是人的一种工具，而是人自己的存在方式。从这个角度看，就不是人在"使用"语言，而是语言构成人的"存在"。海德格尔所说的"语言是存在的寓所"，伽达默尔所说的"能理解的存在就是语言"等，就其真实意义而言，都是对这种观点的不同形式的表达。

语言，通过语言而实现的人的自我理解和相互理解，构成人类存在的"意义世界"。卡西尔提出，语言的"具有决定意义的特征并不是它的物理特性而是它的逻辑特性。从物理上讲，语词可以被说成是软弱无力的；但从逻辑上讲，它被提到了更高的甚至最高的地位：逻各斯成为宇宙的原则，并且也成了人类知识的首要原则"；"在这个人类世界中，言语的能力占据了中心的地位。因此，要理解宇宙的'意义'，我们就必须理解言语的意义。"①

哲学解释学则进一步提出，由语言构成的历史与现实之间、"历史视野"与"个人视野"之间，时时存在一种"张力"。人既在历史中接受，又在历史中更新理解的方式。历史文化对个人的占有与个人主体意识活动的统一，既构成理解方式的更新即历史的发展，也构成历史发展中的不可避免的"合法的偏见"。这样，哲学解释学就在它的理论框架中，赋予"理解"自己发展的一种内在的动力——语言是历史文化的内在否定性。似乎可以说，哲学解释学是把它所弘扬的语言进行历史的、辩证的理解，而不是把"语言"和"理解"当作某种凝固的、僵死的存在。它把这样的理解和解释贯注于哲学前提的自我批判，就凸显了哲学前提批判的文化层面的历史感。

---

① ［德］卡西尔：《人论》，143 页，上海，上海译文出版社，1985。

（五）把哲学变为反省人的"存在"

人究竟是怎样的一种"存在"？或者说，人是怎样"存在"的？这是被称之为"存在主义者"的哲学家们最为关切的问题。

在通常的理解中。当我们称自己为"人"时，是说我们具有人的"本质"。因此，从古希腊哲学开始，哲学家们一直在追究：人的"本质"是什么？所谓"认识你自己"，也就是要认识人的"本质"。

在存在主义哲学家看来，以这种提问方式进行哲学追究的哲学，都是"本质主义哲学"。与此相反，他们所建立的则是"存在主义哲学"。

"本质主义哲学"可以一直追溯到柏拉图的"理念论"。因为在柏拉图看来，无论人具有怎样的善或美，这些善或美的言行都不是善或美"本身"，而只是"分有"作为原型的善或美的"理念"。因此，哲学不是研究善或美的"存在"，不是探讨"存在"着怎样的善或美，而是追究作为善或美的"理念"，也就是善或美的"本质"。

这种"本质主义"的、形而上的追究方式，既表现为中世纪的"上帝本体论"，也表现为整个近代哲学的"理论本体论"（黑格尔的"绝对理念"是其集大成者），还表现为科学主义的"科学至上论"以及"现象学的还原"。因此，在存在主义者看来，除存在主义之外的一切哲学都是"本质主义"哲学。

存在主义认为，人的"存在"具有独特性，即在"本质"与"存在"的关系中，人的存在先于本质；或者说，人没有先于存在的本质。

对于人之外的任何一种存在物来说，都可以说是本质先于存在，即它的本质预先地决定了它会成为怎样的一种存在。人则不然。因为人的存在即是人的"行动"，而人的行动即是"超越"——超越自己先前之所是。超越自己先前之所是也就是重新塑造自我；而重新塑造自我也就是不断地赋予自己以本质。因此，人的"存在"先于他的"本质"。

人的存在作为行动，表现为不断选择的过程。选择就是采取某一种确定的态度而拒绝另外一种（或数种）态度，在存在主义者看来，采取一种态度而又拒绝其他态度，就是人的自由。因此，人的"本质"即是"自由"。自由对人来说是无法逃避的，人要自己承担选择的责任。这样，存在主义就凸显了人的"存在"所蕴含的行动与选择、选择与自由、自由与责任、责任与自律等人所具有的独特矛盾。

人所具有的独特矛盾投射到人与世界的关系中，就表现为自为的存在（人）与自在的存在（物）、自为的存在（自我）与自为的存在（他人）、自我的所是与自我的超越等矛盾。

存在主义所显示的人自身及其与世界相互关系的独特矛盾，表明哲学所研究的思维与存在的关系问题，在其现实性上并不是某种先验的、预定的、确定的统一，而是否定性的、选择性的、过程性的统一。由此可见，存在主义所蕴含的启发意义，在于它突出地强调了人的"存在"的特殊性，并从这种特殊性出发去理解人与世界的相互关系。这对于整个传统哲学的前提假设——思维与存在的统一原理——具有一种强大的冲击力。它启发哲学深入思考人的"存在"，并从人的"存在"出发去重构哲学所寻求的"统一性原理"。

但是，由于存在主义者把整个理念世界作为无用的精神建筑而加以抛弃，结果他们却碰到这样一个令人痛苦的矛盾：他们必须在一无选择的原则，二无任何他们可以用以衡量他们是否选择得好的标准的情况下进行选择。保罗·富尔基埃说，"这就是存在主义者的焦虑"。当然，从历史唯物主义的观点看，存在主义离开人的历史"前提"去讲人的"存在"，片面地强调人的特殊性，其本身更是需要严肃批判的哲学前提。

(六)"对话"与文化批判的批判

现代西方哲学对哲学前提的文化批判，由几种路数的对立而趋向于相互融合。这种基本趋向在我看来，主要是以五种"对话"体现出来的。这就是：哲学作为文化批判与科学、艺术、宗教、伦理和常识的广泛对话；哲学作为自然科学和人文科学之间的"缺少的环节"或"桥梁"与不同科学部类的对话；哲学作为主体自我意识与个体心灵的对话；哲学作为社会良知和社会批判与社会现实的对话；哲学作为历史性的思想所进行的自我对话。

罗蒂以最激进的观点支持了第一种对话。在他看来，人类经验的各种形式"各有其目的"，"我们应当摈弃西方特有的那种将万事万物归结为第一原理或在人类活动中寻求一种自然等级秩序的诱惑"①。他认为，在艺术和科学之间、美学和道德之间、政治责任和个人自我发展之间的传统区分，在当代已经不如以往那样坚实可信了；传统上互相区分得一清二楚的文化领域和专业学科，正在相互融合与渗透。基于这样的理解，他认为哲学首先是通过自我"治疗"而放弃"把自己看成是对由科学、道德、艺术或宗教所提出的知识主张加以认可或揭穿的企图"，从而作为各种文化形式之间的"对话"而存在并发挥作用。

由弗兰克和瓦托夫斯基所倡导的科学哲学观，则显而易见地推动了第二种对话。他们反对把科学哲学限定为对科学自身的种种问题——科学的方法、科学的技巧、科学的逻辑结构、科学的语义构成、科学的一般结果和科学的发展模式——的考察，而诉诸对科学的人文主义理解，并以此来"消解"科学主义思潮与人本主义思潮的对立。

当代解释学不同意这样的传统看法，即自然需要解释，而人需要理解。他们的努力方向是以"理解作为人的存在方式"而寻求人的文化世界的"意义"，或者像卡西尔所说的，寻求文化的"众多变奏的主旋律"。在这个意义上，当代解释学即是对第一种对话的有力支持，也是第二种对话的重要渠道。

第三种对话也许应该追溯到柏格森、叔本华、尼采这些 19 世纪后期的哲学家。在当代，它表现为萨特的存在主义、弗洛伊德的精神分析、马斯洛的人本主义心理学等，它试图为人类重新寻找自己的精神家园，因而集中地表达了西方的"现代人的困惑"。

西方马克思主义，特别是法兰克福学派的社会批判理论，似乎显著地表现了第四种对话。它反对现代资本主义社会所造成的"单向度的

---

① ［美］理查·罗蒂：《哲学和自然之镜》，"中译本作者序"，15 页，北京，生活·读书·新知三联书店，1987。

人"，而把哲学作为社会良知去批判社会现实。

在哲学发展史上，没有一种有价值的哲学不把很大的，甚至是主要的精力放在哲学的自我对话上。但是，以"治疗"甚至"消解"哲学自命的现代西方哲学的众多流派，在哲学前提的文化批判中，使哲学的自我对话获得了许多引人注目的新形式。在罗蒂和德里达的"消解游戏"中，人们可以看到，由文化批判而展开的哲学前提的自我批判可以说方兴培养未艾。

为了实现与现代西方哲学的"对话"，我们需要了解它对哲学前提的文化批判。与此同时，我们必须以马克思主义哲学为指导去批判现代西方哲学的文化批判。

在我看来，现代西方哲学的文化批判，有两个根本性的缺陷：其一，片面地夸大人类文化的某个方面、环节或特征，从而造成其文化批判中的唯心主义倾向；其二，在相当大的程度上把逻辑的东西与非逻辑的东西、理性与非理性对立起来，片面地强调非逻辑、非理性的东西，从而造成其文化批判中的非理性主义倾向。

现代西方哲学的唯心主义倾向和非理性主义倾向，表明它仍然是抽象地发展了人的能动性。只不过近代西方哲学抽象地发展的是人的思维的能动性，而现代西方哲学抽象地发展的是文化的某个方面、环节或特征。

六　后形而上学与辩证法

辩证法是对"抽象"的批判。在黑格尔的意义上，"抽象"就是"抽象的理性"，因而黑格尔的辩证法是通过对"抽象理性"的批判，达到"普遍理性"的自觉。这是一种构成思想的内涵逻辑的辩证法，即思想的自我批判和自我超越的辩证法。这种辩证法构成概念形而上学，即辩证法与形而上学的"合流"。在马克思的意义上，"抽象理性"是根源于"抽象存在"的"抽象"，因而马克思的辩证法就远不止于对"抽象理性"的批判，而是通过对"抽象理性"和"抽象存在（资本）"的双重批判，达到思想的和实践的双重批判。这是"对现存的一切进行无情的批判"的辩证法，因而是辩证法对形而上学的"终结"。由此我们提出的问题是："后形而上学"所批判的"抽象"是什么？黑格尔和马克思的辩证法在这种批判中的历史命运是怎样的？这种批判在何种意义上构成当代的辩证法理论？

　　"后形而上学"所批判的"抽象"，通常是被指认为"同一性哲学"及其"宏大叙事"。作为哲学的形而上学，是一种以思维规定感性而达成的思存"同一性"的哲学范式。所谓"后形而上学"，则是一种"拒斥"思维规定感性的哲学视域，即以"非同一性"代替"同一性"的哲学视域。作为"形而上学"的"同一性哲学"之所以遭到"后形而上学"的讨伐，哈贝马斯在《后形而上学思想》中的解释是："真正使这种思维方式成了问题的是从外界向形而上学发起攻击，并具有社会原因的历史发展过程"。关于这种"社会原因"，哈贝马斯做了四个方面的概括：其一是"追求一和全的整体性思想受到了新型程序合理性的质疑"；其二是"现代社会中新的时间经验和偶在经验"，"形成了一股对传统的基本概念加以解先验化的潮流"；其三是"对交往方式和生活方式的物化和功能化的批判，以及科学技术的客观主义自我理解的批判"，"促进了对把一切都用主客体关系加以概念化的哲学基础的批判"；其四是"理性对于实践的经典领先地位不得不让位于越来越清楚的相互依存关系"。① 关于"形而上学"的根源与实质，伯林在《自由论》中提出，"能在历史事件进程中发现大的模式或规则"的观念"不仅影响着对人类活动及特征的观察与描述方式，而且影响着对待这些活动及特征的道德、政治与宗教态度"，"在描述人的行为的时候，忽略个体的性格、意图与动机问题，肯定是刻意的和太苛严

---

① 　参见［德］哈贝马斯：《后形而上学思想》，32—33 页，南京，译林出版社，2001。

的"。① 这就是他所指认的"存在着人格的或非人格的历史理论"。他认为，"对历史变化作这种非人解释"，"便把所发生的事情的最终责任，推到这些'非人的'、'超人的'、'高于个人的'实体或'力量'的行动或行为上了，而这些实体或力量，便等同于人的历史"。② 因此，他对"形而上学"的批判，就是对"历史服从自然或超自然的规律"③的观念的批判。这表明，"后形而上学"所批判的"抽象"，从根本上说，是关于"规律"，特别是"历史规律"的观念。

在这种"后形而上学"的视域中，辩证法所接受的"挑战"是双重的。这就是关于"思想"的和"历史"的逻辑问题。后形而上学对辩证法的挑战，首先是对"思想"的真理—规律—客观性的逻辑的挑战。这个挑战不仅是指向黑格尔的，同样是指向马克思的。后形而上学对辩证法的挑战，同时又是对"历史"的真理—规律—客观性的逻辑的挑战。这个挑战同样不仅是指向黑格尔的，更是指向马克思的。

形而上学作为"同一性"哲学，它的实质是为人类思想的"真理"观念奠基，即以"规律"的"客观性"为"真理"观念奠基。黑格尔之所以致力于把形而上学构建成本体论、认识论和逻辑学相统一的辩证法，就是力图通过辩证法与形而上学的"合流"，实现"真理"的由"抽象的普遍性"到"具体的普遍性"的跃迁，实现"真理"的"全体的自由性"与"环节的必然性"在概念辩证运动中的统一，即以概念辩证法所实现的"思存同一"为"真理"奠基。

黑格尔的概念辩证法作为"完成"的形而上学，它为"真理"观念的奠基，在当代乃至未来的哲学发展中，始终具有其独立的和独特的价值与意义。对黑格尔的辩证法的形而上学的当代意义的评价，主要关涉到四个问题：一是关于"形而上学的历史"的评价；二是关于黑格尔的辩证法作为人类思想运动的逻辑的评价；三是关于黑格尔的辩证法作为现代性

---

① ［英］以赛亚·伯林：《自由论》，106—107、109、115 页，南京，译林出版社，2003。
② 同上书，109 页。
③ 同上书，115 页。

的逻辑的评价；四是关于黑格尔的辩证法对马克思的辩证法的"真实意义"的评价。这是"后形而上学"视域中的黑格尔辩证法问题，也是这种视域中的马克思辩证法问题。

对黑格尔辩证法的评价，首先是对"形而上学的历史"及其真实意义的评价。按照科学哲学家瓦托夫斯基的理解，"不管是古典形式还是现代形式的形而上学思想，其驱动都在于力图把各种事物综合成一个整体，提供出一种统一的图景或框架，使我们经验中的事物多样性能够在这个框架内依据某些普遍原理而得到解释，或可以被解释为某种普遍本质或过程的各种表现"①。这种"形而上学"思想的根源是在于，"为了概念的明晰性和体系的一致性而进行哲学分析的强烈愿望太根深蒂固了……存在着一种系统感和对于我们思维的明晰性和统一性的要求——它们进入我们思维活动的根基，并完全可能进入到更深处——它们导源于我们所属的这个物种和我们赖以生存的这个世界"②。形而上学的生存论根源表明，人类的形而上学的冲动或追求是不可逃避的，它是人类的"宿命"，是人类寻求和实现理想性的生存方式的理论表征。与此同时，我们不仅要看到"形而上学"对"同一性"的承诺，而且要看到"形而上学的历史是一部关于这种普遍的或一般类别的概念的批判史，是一部致力于系统表述这些概念的体系的历史……我们也许可以这样总结这种历史，即把形而上学定义为'表述和分析各种概念，对存在的原理及存在物的起源和结构进行批判性、系统性探究的事业'"。如果以这样的角度去重新审视"形而上学的历史"，特别是以这种角度去重新审视黑格尔所实现的辩证法与形而上学的"合流"，我们首先就会重新发现黑格尔哲学的"真实意义"，即黑格尔所承诺的思存同一的逻辑先在性，黑格尔对思存同一性的"批判性、系统性探究"，在唯物主义的意义上，就是恩格斯所指认的理论思维的"本能的和无条件的前提"问题，

---

① ［美］M. W. 瓦托夫斯基：《科学思想的概念基础》，19 页，北京，求实出版社，1989。

② 同上书，18 页。

即"我们的主观的思维和客观的世界服从于同样的规律，因而两者在自己的结果中不能互相矛盾，而必须彼此一致，这个事实绝对地统治着我们的整个理论思维。它是我们的理论思维的不自觉的和无条件的前提"①。是否承诺理论思维的这个"前提"，是否承诺对这个"前提"的"批判性、系统性探究"，既关系到是否承诺黑格尔和马克思对"规律"的"发现"，也关系到"后形而上学"能否避免陷入相对主义的泥潭——在否认"理论思维的本能的和无条件的前提"的基地上，不可能形成任何真正的"共识"。

由此提出的第二个问题，是黑格尔的辩证法所揭示的人类思想运动的逻辑问题。作为19世纪的"思想体系的时代"的时代精神，黑格尔所达到的哲学思维的理论自觉，直接的是对人类思想运动的逻辑的理论自觉。这种理论自觉构成黑格尔的概念辩证法，即思想的内涵逻辑。在黑格尔的概念辩证法中，思想的内涵逻辑就是"真理"的逻辑。

以真理即思想的客观性为主题的西方近代哲学，它的重大的基本问题是作为思维规定的概念是否具有思存的同一性问题。黑格尔以承诺思存的同一性的逻辑先在性为前提，其主要的哲学工作是致力于探索概念自身的辩证运动，即概念由抽象的同一性到具体的同一性的辩证运动。这个哲学工作的直接的理论成果，就是由抽象到具体的概念辩证法，也就是存在论、认识论和逻辑学"三者一致"的辩证法。这个概念辩证法，在四重意义上展现了人类思想运动的"内涵逻辑"：其一，它是人作为"类"的思想由抽象到具体的运动逻辑；其二，它是人作为"个体"的思想由抽象到具体的运动逻辑；其三，它是"科学"构成自己、发展自己的逻辑；其四，从根本上说，它是理论思维的"本能的和无条件的前提"——思存同一性——的自我实现的逻辑。它为人类"自觉"到"思维的本性"提供了作为概念辩证法的"内涵逻辑"。尽管黑格尔是以历史"屈从"逻辑的方式而展现了人类思想运动的逻辑，但却为全部科学构成自己提供了一

———————
① 《马克思恩格斯选集》第3卷，564页，北京，人民出版社，1972。

种存在论、认识论和辩证法相统一的概念的内涵逻辑。马克思的《资本论》作为列宁所说的"大写的逻辑"，深刻地体现了概念辩证法的逻辑。正因如此，马克思说他有意识地"卖弄"了黑格尔的辩证法，列宁说"不钻研和不理解黑格尔的全部逻辑学，就不能完全理解马克思的'资本论'"①。黑格尔的辩证法，是关于人类思想运动的宝贵的哲学遗产。是否承诺人类思想由抽象到具体的运动逻辑，这同样不仅关系到是否承诺黑格尔的《逻辑学》所展现的概念运动的内涵逻辑、马克思的《资本论》所展现的人类历史的内涵逻辑，而且关系到"后形而上学"能否避免陷入相对主义的泥潭——在"非逻辑"的思想基地上不可能形成具有"文明史"内涵的任何真正的"共识"。

由此提出的第三个问题，是黑格尔的辩证法所体现的在对现代性的反省中所提出的"个体理性"与"普遍理性"的关系问题。作为"现代性困境"的理论自觉，黑格尔辩证法的真实目的，是以"普遍理性"重建伦理的总体性，从而实现人同自己的世界的"和解"。在黑格尔那里，作为主体和实体的"概念"是伦理实体，概念辩证法是总体性的伦理观念的自我实现。通过对"抽象理性"的批判，在黑格尔的辩证法中，不仅包含着个体理性认同普遍理性的问题，而且包含着个体理性之间的"斗争"与"承认"问题，"主体间性"构成个体理性认同普遍理性的真实内容。尽管黑格尔是以个体理性"屈从"普遍理性的方式构成其"全体的自由性"，但是，必须以某种方式实现个体理性与普遍理性、人同自己的世界的"和解"。这并不只是黑格尔对"现代性困境"的理论自觉，更是当代人类所面对的最为严峻的现实问题——"普世伦理"何以可能。因此，如何理解和看待黑格尔的作为伦理实体的普遍理性及其自我实现，是"后形而上学"面对的又一重大问题。

由此提出的第四个问题，是黑格尔的辩证法对马克思的辩证法的"真实意义"问题。马克思对形而上学的"终结"，是以"批判的和革命的"

---

① 列宁：《哲学笔记》，191 页，北京，人民出版社，1960。

辩证法"终结"了对任何东西的"崇拜"，是把辩证法实现为"对现存的一切进行无情的批判"，是通过对"统治个人的物质关系的理论表现"——形而上学——的批判，而实现为对"统治个人的物质关系"本身——资本——的批判。这是马克思的辩证法所实现的对"形而上学"及其现实的双重批判。马克思的辩证法"终结"了作为永恒真理的形而上学，也"终结"了关于资本主义的非历史性的神话。然而，这是否意味着马克思的辩证法"终结"了人类思想对真理—规律—客观性的逻辑的"承诺"与"发现"？这是否意味着马克思的辩证法"否定"了资本主义存在的合理性及其自我扬弃的必然性？一句话，马克思的辩证法是否"拒斥"了关于"真理"的"宏大叙事"？是否"拒斥"了奠基于"历史规律"的关于"人类解放"的探索与追求？

恩格斯《在马克思墓前的讲话》中说，马克思的一生有两大"发现"，一是发现了"人类历史的发展规律"，二是发现了"现代资本主义生产方式和它所产生的资产阶级社会的特殊的运动规律"。这就是说，马克思的工作是发现"历史规律"，马克思的辩证法是关于"历史规律"的辩证法。在马克思这里，"辩证法"不是对"规律"的否定，而是"规律"本身，亦即以"历史"为内容的存在论、认识论和辩证法相统一的"历史的内涵逻辑"。正是这个辩证法构成作为"大写的逻辑"的《资本论》。在肯定马克思的辩证法是"历史的内涵逻辑"的意义上，"挑战"真理—规律—客观性的逻辑的"后形而上学"，就不仅是对作为"思想的内涵逻辑"的黑格尔辩证法的挑战，更是对作为"历史的内涵逻辑"的马克思的辩证法的挑战。

"后形而上学"对"辩证法"的挑战，要求我们对"真理—规律—客观性"的"宏大叙事"进行更为深入的思考和求索，并在此基础上构成我们时代的辩证法理论。

马克思恩格斯认为，历史是追求自己目的的人的活动，因此，历史的规律不是外在于人的活动，而是人的活动本身。离开人的历史活动，就会把历史的规律外在化、抽象化、神秘化和神圣化，从而使之成为控制人的历史活动的神秘力量。是现实的活动构成规律，还是先在的规律支配活动，这是马克思的辩证法与黑格尔的辩证法的根本分歧。与形而上学"合流"的黑格尔的辩证法，从实质上说，就在于把"规律"变成某种"逻辑先在"的神秘力量，并把历史演绎为逻辑的自我实现。"终结"形而上学的马克思的辩证法，从实质上说，则在于不仅"揭露人在神圣形象中的自我异化"，并且"揭露人在非神圣形象中的自我异化"，即揭露人在"资本"中的自我异化，把人的历史活动与历史规律统一起来。因此，回应"后形而上学"对辩证法的挑战，关键是从人的历史活动去理解历史规律。

历史规律的"客观性"，在于人的历史活动的"客观性"；离开人的历史活动——实践——的客观性，历史规律的客观性就成为一种控制人的历史活动的神秘力量。与形而上学"合流"的黑格尔的辩证法，把规律的客观性描述为"无人身的理性"的自我运动，因而这种辩证法不是形而上学的"终结"，而是形而上学的"完成"。"终结"形而上学的马克思的辩证法，把历史的规律描述为"现实的人及其历史发展"，因而这种辩证法不再是与形而上学的"合流"，而是对形而上学的"终结"。由此我们可以得出两个结论：一方面，离开人的历史活动而把历史的规律当作某种现成的"公式"即"抽象的普遍性"，这就不仅背离了"终结"形而上学的马克思的辩证法，而且是向黑格尔辩证法所批判的"抽象同一性"的旧形而上学的倒退；否认人的历史活动构成历史规律，从而否认规律的客观性，则不仅仅是对黑格尔辩证法的挑战，更是对马克思的辩证法的挑战。

哲学是思想中的时代，任何一种时代性的哲学都产生于对时代性的人类问题的理论自觉。以资本的逻辑为实质内容的现代社会，它的时代性的人类问题，是马克思所指出的人在"非神圣形象"——理性主义及其现实，即"政治""法""国家"——中的"自我异化"。人在"非神圣形象"中的"自我异化"，导致人的现实世界的分裂——人与自然、人与社会、人与他人、人与自我的分裂。人的现实世界分裂的自我意识，构成我们时代的哲学理论。"后形而上学"的真实意义，在于它以当代人类社会生活的矛盾冲突为基础，揭示了人在各种"非神圣形象"中的"自我异化"，特别是人在社会"模式化"中的"自我异化"，从而为辩证法"对现存的一切进行无情的批判"展现了新的"视域"。

"后形而上学"的本质特征就在于，它以否认真理—规律—客观性的极端方式，集中地揭示了形而上学的"普遍理性"的内在矛盾性：其一，它集中地揭露了从柏拉图到黑格尔的"理性主义的放荡"所造成的"形而上学的恐怖"，即"普遍理性"对"人"的"偏离"所构成的"本质主义的肆虐"；其二，它对形而上学的"层级性"追求的"拒斥"，凸显了"顺序性"的选择与安排的生存论意义，从而"终结"了以"普遍理性"扼杀实践的选择性、文化的多样性的"同一性哲学"；其三，它在"瓦解"主体形而上学的进程中，凸显了"主体间性""交往理论""商谈""对话""有机团结"在人类历史活动中的现实意义；其四，它在否定"同一性哲学"的进程中，试图构建以"非同一性"为前提的、超越绝对主义和相对主义的新的哲学理念，从而使得"必要的张力"成为当代哲学的基本理念。这种"后形而上学"视域，对于深入地审视真理—规律—客观性观念。把"对现存的一切进行无情的批判"的辩证法贯彻到全部社会生活，从而不断深入地"揭露人在非神圣形象中的自我异化"，具有重要的理论意义和实践意义。

与此同时，我们不能无批判地看待"后形而上学"对"形而上学"的批判。"后形而上学"以否认真理—规律—客观性的极端方式所展开的批判，使其自身陷入了难以逃避相对主义的窘境：任何可能的"交往""对话""商谈"和"团结"，都不能不以对真理—规律—客观性的某种承诺为前提；任何可能的"思想"与"实践"，都不能不以对人的理想性、超越性的"形上本性"的承诺为前提。辩证法的"合情合理"的本质就在于此：它"终结"了关于"永恒真理"的形而上学的幻想，又"开启"了形而上学的自我批判中的本体论追求。这就是当代意义的"形而上学"或"本体论"的"复兴"。"哲学的本体论，是一种追本溯源式的意向性追求，是一种理论思维的无穷无尽的指向性，是一种指向无限性的终极关怀；哲学本体论追求的生活价值在于，人类总是悬设某种基于现实而又超越现实的理想目标，否定自己的现实存在，把现实变成更加理想的现实；哲学本体论追求的真实意义就在于，它引导人类在理想与现实、终极的指向性与历史的确定性之间，既永远保持一种必要的张力，又不断打破这种微妙的平衡，从而使人类在自己的全部生活中保持生机勃勃的求真意识、向善意识和审美意识，永远敞开自我批判和自我超越的空间。在这个意义上，哲学就是本体论，就是本体论的自我批判，也就是思想的前提批判。"①这种"本体论的自我批判"或"思想的前提批判"，就是"对现存的一切进行无情的批判"。它构成当代的辩证法理论。

马克思说："光是思想竭力体现为现实是不够的，现实本身应当力求趋向思想"②。当代的辩证法理论，既是内含着形而上学的"激情"和"冲动"的批判、承载着形而上学的"理想"和"追求"的批判，又是对形而上学的"激情""冲动""理想"和"追求"的批判，即对形而上学本身的批判。辩证法的批判，是对"现实"与"理想"的双重批判。非批判地看待形而上学所承诺的"理想"和"追求"，就会导致"理性主义的放荡""本质主义的肆虐"和"形而上学的恐怖"；非批判地放弃形而上学对"规律""真理"和"客观性"的承诺与追求，则会导致"没有标准的选择的、生命中不能承受之轻的、存在主义的焦虑"。现代社会不是人类文明史的断裂，"后形而上学"也不可能是人类思想史的断裂。辩证法要求我们在"现代性的困境"中"保持必要的张力"并"达到微妙的平衡"。这是当代人类的实践智慧的辩证法。

---

① 《孙正聿哲学文集》第 9 卷，688—689 页，长春，吉林人民出版社，2007。
② 《马克思恩格斯选集》第 1 卷，10 页，北京，人民出版社，1972。

七　本体论的现代重建

传统哲学为什么总是把自我批判的本体论变成非批判的本体论信仰？传统哲学的终结是否也意味着本体论追求的终结？现代哲学是否需要和能否重建自己时代的本体论？本体论所指向的终极存在、终极解释和终极价值的现代意义何在？这是本体论研究的现代重大课题。

关于"本体论问题"，当代美国哲学家威拉德·蒯因认为，我们可以用英语的三个单音节的词来提出这个问题："What is there?"（"何物存在?"）①但他同时又提示人们，在讨论本体论问题时，必须注意区别两个不同的问题：一是何物实际存在的问题，一是我们说何物存在的问题；前者是关于"本体论的事实"问题，后者则是在语言中对"本体论的许诺"问题。

蒯因的这种区分，表达了对本体论问题的现代理解，触及传统哲学本体论的症结所在。总结哲学本体论的发展史，我们会发现，虽然传统哲学家们一直是在"说何物存在"，即在语言中承诺自己所确认的终极存在、终极解释和终极价值，但他们却总是把"说何物存在"的问题视为"何物实际存在"的问题，也就是把自己的"承诺"当作毋庸置疑和不可变易的绝对。正因如此，传统哲学家总是把自我批判的本体论变成非批判的本体论信仰。

而一旦自觉到本体论是一种"承诺"，便会提出如下问题：本体论承诺了什么？这种承诺的根据和意义何在？对此，德国哲学家 H. 赖欣巴哈在 20 世纪 50 年代初提出："思辨哲学努力想获致一种关于普遍性的、关于支配宇宙的最普遍原则的知识。"他还具体地指出："思辨哲学要的是绝对的确定性。如果说预言个别事件是不可能的，那末，支配着一切

---

① ［美］威拉德·蒯因：《从逻辑的观点看》，1 页，上海，上海译文出版社，1987。

事件的普遍规律至少应被视为是知识所能知道的；这些规律应该可以用理性的力量推导出来。理性，宇宙的立法者，把一切事物的内在性质显示给人的思维——这种论纲就是一切思辨哲学的基础。"①

赖欣巴哈的观点代表了现代西方分析哲学和科学哲学的基本看法，即都把本体论所承诺的实质内容归结为关于世界的绝对确定性的终极解释；又把本体论追求的根源归结为错误地夸大了人类理性的力量——把理性视为"宇宙的立法者"。现代西方的科学主义思潮，正是以否认对理性至上性的承诺为出发点，进而否认本体论式的意向性追求——"拒斥形而上学"。

与科学主义思潮不同，以存在主义为代表的现代西方人本主义思潮，一方面把整个传统哲学归结为与存在主义相对立的"本质主义"，拒绝本体论对终极存在和终极解释的追求，另一方面又把本体论式的意向性追求聚焦于反思人自身的存在，潜心于构建现代的"此在"本体论。德国哲学家马丁·海德格尔认为，如果我们要探寻关于"存在"的本体论，就必须首先向自己发问："我们应当在哪种存在者身上破解存在的意义？我们应当把哪种存在者作为出发点，好让存在开展出来？出发点是随意的吗？抑或在拟定存在问题的时候，某种确定的存在者就具有优先地位？这种作为范本的存在者是什么？它在何种意义上具有优先地位？"②对于这个问题，海德格尔自己的回答是："观看、领会和理解、选择、通达，这些活动都是发问的构成部分，所以它们本身就是某种特定的存在者的存在样式，也就是我们这些发问者本身向来所是的那种存在者的存在样式。因此，彻底解答存在问题就等于说：就某种存在者——即发问的存在者——的存在，使这种存在者透彻可见。……这种存在者，就是我们自己向来所是的存在者，就是除了其它存在的可能性外还能够发

---

① ［德］赖欣巴哈：《科学哲学的兴起》，234—235 页，北京，商务印书馆，1991。
② ［德］海德格尔：《存在与时间》，9 页，北京，生活·读书·新知三联书店，1987。

问的存在者，我们用此在这个术语来称呼这种存在者。"①

　　海德格尔的设问与回答表明，他所规定的在存在论上具有优先地位的"此在"就是意识到自身存在的存在，也就是人的存在。他把对存在问题的研究归结为对"此在"的考察，也就是把传统哲学的本体论归结为关于人的生存状态的本体论。法国哲学家保罗·萨特进一步明确地从本体论上把全部的存在区分为"自在的存在"和"自为的存在"，凸显"自为的存在"的特殊性——"存在先于本质"，并把考察"自为的存在"——人的生存结构——置于哲学的核心地位。

　　剖析西方哲学对本体论的现代理解，可以使我们比较清楚地看到，尽管现代西方哲学的各流派对本体论持有各异其是甚至恰相反的态度（诘难或辩护、拒斥或重建），但都把传统本体论的目标理解为对绝对确定性的终极解释的寻求，都把传统本体论的根基归结为对理性至上性的承诺。在这个意义上，整个现代西方哲学——无论是科学主义思潮还是人本主义思潮——都是反本体论的：拒斥传统本体论的绝对主义和理性主义，张扬相对主义和非理性主义。而二者的区别则在于：科学主义思潮从反对绝对主义和理性主义出发，把本体论追求视为"无意义"的"假问题"而予以"拒斥"；人本主义思潮则从关注人自身的存在出发，剔除本体论对世界统一性（终极存在）和知识统一性（终极解释）的追求，把本体论归结为对人的生存状态的关怀。

　　应当承认，现代西方哲学对传统本体论的解析与批判不乏深刻之处，对本体论的现代重建也不乏睿智之见。但是，我们更应清醒地看到，现代西方哲学所张扬的相对主义和非理性主义，表明它从近代哲学对人类未来满怀激情的憧憬变成了对人类未来惴惴不安的恐惧，从近代哲学对人类理性力量鲸吞宇宙的幻想变成了对理性力量深感忧虑的怀疑。消解、拒斥、烦恼、焦虑，代替了统一、和谐、全体。许多现代西

---

　　① ［德］海德格尔：《存在与时间》，9—10 页，北京，生活·读书·新知三联书店，1987。

方哲学家都认为，生活是根据下一步必须要解决的具体问题来考虑的，而不是根据人们会被要求为之献身的终极价值来考虑的，并把当今的时代概括为"相对主义时代"。这种本体论追求的拒斥与丧失，从对人类理性的理解角度看，是从传统哲学片面夸大人类思维的至上性，走向了片面地夸大人类思维的非至上性；而从理论与现实关系的角度看，则是理论地折射出现代资本主义社会的文化危机和精神危机。

马克思主义认为，人类的社会实践活动，以及实践基础上的人类认识活动，是一个不断发展的历史过程。在这个历史过程中，人类所获得的全部认识成果，包括哲学层面的本体论追求，总是具有相对的性质；但同时，人类的实践和认识又永远不会停留在一个水平上，总是向着全体自由性的目标迈进。因此，马克思主义哲学否定传统本体论占有绝对真理的幻想，但并不拒绝基于人类实践本性和人类思维本性的本体论追求。

我们把终极存在、终极解释和终极价值称作本体论终极关怀的"三重内涵"，而不是称作终极关怀的"三种历史形态"，这就意味着，它们之间的关系并不是此消彼长、依次更迭的，而是互为前提、始终并存的。追寻作为世界统一性的终极存在，是人类实践和人类思维作为对象化活动所无法逃避的终极指向。这种终极指向促使人类百折不挠地求索世界的奥秘，不断更新人类的世界图景和思维方式。追寻作为知识统一性的终极解释，这是人类思维在对终极存在的反思性思考中所构成的终极指向性。对终极解释的关怀，就是对思维规律能否与存在规律相统一的关怀，也就是对人类理性的关怀。这种关怀促使人类不断地反思"思维和存在的关系问题"，引导人类进入更深层次的哲学思考。追寻作为意义统一性的终极价值，这是人类思维反观人自身的存在所构成的终极指向。对终极价值的关怀，就是对人与世界、人与人、人与自我的关怀。这种关怀促使人类不断地反思自己的全部思想与行为，并寻求评价和规范自己的标准和尺度。显而易见，无论是对世界统一性和知识统一性的关怀，还是对意义统一性的关怀，对于作为实践主体和认识主体的人类来说，都不是一个是否"应当"的问题，而只能是一个"如何"关怀的问题。

本体论作为一种追本溯源式的意向性追求，作为一种对人和世界及其相互关系的终极关怀，它的可能达到的目标，并不是它所追求的"本"或"源"；它的真实的意义，也不在于它是否能够达到它所指向的终极存在、终极解释和终极价值；本体论追求的合理性在于，人类总是悬设某种基于现实而又超越现实的理性目标，否定自己的现实存在，把现实变成更加理想的现实；本体论追求的真实意义就在于，它启发人类在理想与现实、终极的指向性与历史的确定性之间，既永远保持一种"必要的张力"，又不断打破这种"微妙的平衡"，从而使人类在自己的全部活动中保持生机勃勃的求真意识、向善意识和审美意识，永远敞开自我批判和自我超越的空间。

第五章　当代中国的哲学观念变革

　　哲学是思想中所把握到的时代。时代变革必然引发哲学观念变革。在人类文明史上，世界性的现代化进程改变了人类的存在方式及其自我意识，并因此改变了作为理论形态的人类自我意识的哲学。改革开放以来，当代中国的哲学观念正在以"现代性"为标志的"世界历史"的进程中发生日益深刻的变革。本章试图通过对哲学观、世界观、本体观以及反思和表征等哲学基本观念的反省和解析，具体探讨当代中国哲学观念变革的思想内涵。

一　哲学观变革

　　在当代中国改革开放的历史进程中，中国的经济生活、政治生活、文化生活、精神生活和全部社会生活，都发生了举世瞩目和空前深刻的变革。在这个社会变革的过程中，当代中国哲学既发挥了推进社会解放思想的作用，又经历了自身的思想解放。从总体上看，当代中国哲学自身的思想解放，主要体现在以下五个方面：一是变革通行的哲学原理教科书的哲学范式，从两极对立的思维方式中解放出来；二是强化哲学研究中的问题意识和创造精神，从教条主义的研究方式中解放出来；三是超越对哲学的经验化和常识化理解，从简单化和庸俗化的哲学倾向中解放出来；四是突破哲学与科学二元关系的解释模式，从哲学的知识论立场中解放出来；五是激励哲学家的主体自我意识，从哲学研究的"无我"状态中解放出来。这五个方面的思想解放，首先体现在对"哲学"本身的重新理解，也就是变革"哲学观"。

当代中国哲学对"哲学"本身的关切，从根本上说，是对达成哲学自觉的关切、对哲学如何切中现实的关切、对哲学的当代理论创新的关切、对哲学塑造和引导新的时代精神的关切。世界性的现代化的历史进程，全面地改变了人与世界的关系，要求哲学以新的理念阐释人类面对的新问题：其一，从人与自然的关系说，现代化所构成的最为严峻和最为紧迫的时代性问题是可持续发展问题；其二，从人与社会的关系说，现代化所构成的最为严峻和最为紧迫的时代性问题是由资本的逻辑所构成的人"对物的依赖关系"问题；其三，从人与自我的关系说，现代化所构成的最为严峻和最为紧迫的时代性问题是虚无主义的文化危机问题。对"现代性"的反省，是对当代人类实践活动所构成的人与世界关系的全面反省；解决"现代性"问题，是对人类文明新形态的寻求；探索人类文明的新形态，则需要哲学理念创新。当代中国的哲学观念变革，从根本上说是以新的哲学理念去回应现代化所构成的人类文明新问题，是以新的哲学理念表征人类文明的新形态。世界性和时代性的哲学视野，引发当代中国哲学对"哲学"的重新理解。

以"哲学观"为聚焦点的当代中国哲学，"激活"了三个方面的比较研究：一是激活了对马克思主义哲学、中国哲学和西方哲学的比较研究，试图在马、中、西的"对话"中，深化对哲学的理解；二是激活了对科学主义思潮与人本主义思潮的比较研究，试图在"两大思潮"的对话中推进对哲学的理解；三是激活了对中国文化与西方文化的比较研究，试图在"两种文化"的对话中，反省对哲学的理解。正是在对哲学本身的"历时态"与"同时态"的纵横交错的比较研究和深切反思中，当代中国哲学界实现了"哲学观"上的变革。这就是：哲学作为人类把握世界的一种基本方式，既不能以宗教、艺术、科学等基本方式代替哲学方式，也不能以哲学方式代替宗教、艺术、科学等基本方式；对哲学的自觉就是对哲学以何种方式把握世界的自觉，也就是对哲学方式的特殊性质和独特价值的自觉。

关于哲学的特殊的理论性质和独特的社会功能，最为恰切和最为精辟地表达，莫过于马克思所说的"时代精神的精华"和"文明的活的灵魂"。所谓时代精神，就是标志人类文明不同发展阶段的、具有特定历史内涵的人的生活世界的意义；所谓时代精神的精华，则是关于时代意义的社会自我意识，也就是对时代性的生活世界的意义的理论把握。任何时代的生活世界的意义，都是人类以其把握世界的全部方式创造出来的，宗教、艺术、科学都是创造意义的"同一主旋律"的"众多变奏"，而"哲学的任务正是要使这种主旋律成为听得出和听得懂的"。① 这就是作为"时代精神的精华"的哲学，也就是作为意义的社会自我意识的哲学。这种"真正的"哲学，是对人类文明的时代性问题的理论自觉。

纵观哲学史，不同时代的哲学、不同民族的哲学、不同派别的哲学、不同领域的哲学，它们之所以为"哲学"，首先就在于它们是以一种区别于宗教、艺术和科学的哲学方式把握世界，也就是以意义的社会自我意识的方式把握世界，以人类文明的时代性问题的理论自觉把握世界。这是哲学的"同中之异"和"异中之同"。片面地以时代、民族、派别或领域之"异"而拒斥其作为哲学之"同"，就会阉割哲学作为人类把握世界的一种基本方式的特殊性质和独特价值。反之，片面地以哲学之"同"而无视时代、民族、派别或领域之异，则会融化哲学作为历史性的思想的多样性、丰富性和创造性。只有在对哲学的"同中之异"和"异中之同"的辩证理解中，我们才能既深切地洞见每个时代的哲学所具有的"广泛

① ［德］卡西尔：《人论》，91页，上海，上海译文出版社，1985。

而深刻的一致性"，又真切地把握不同时代、不同民族、不同派别、不同领域乃至不同风格的哲学的多样性、丰富性和创造性，从而达到对哲学本身的理论自觉。

　　哲学源于生活、源于对时代的迫切问题的理论自觉。每个时代的人类都有自己的时代性的生存困境，都有自己的时代性的迫切问题。真正的哲学之所以是"时代精神的精华"，就在于它自觉地体悟到自己时代的人类的生存困境，自觉地捕捉到自己时代的人类的迫切问题，并自觉地把人类文明的时代性的困境和问题升华为理论形态的人类自我意识。时代精神主题化，这是哲学切中现实的根本方式。这表明，源于现实生活的哲学，并不是对现实生活的经验描述，而是对现实生活的批判性反思和理想性引导。超越感觉的杂多性、表象的流变性、情感的狭隘性和意愿的主观性，全面地反映现实、深层地透视现实、理智地反观现实和理想地引导现实，哲学才能成为"思想中所把握到的时代"。

　　哲学作为"时代精神的精华"和"文明的活的灵魂"，并不只是"反映"和"表达"时代精神，更重要的是"塑造"和"引导"时代精神。塑造和引导时代精神，就要实现哲学的理论创新。任何一种新的哲学理论，都凝聚着哲学家所捕捉到的该时代人类对人与世界相互关系的自我意识，都贯穿着哲学家用以说明自己时代的人与世界相互关系的独到的解释原则和概念框架，都熔铸着哲学家用以观照人与世界关系的时代性的价值观念、审美意识和终极关怀。哲学"创新"，就是哲学家以新的哲学理念和思维方式为人类展现新的世界、提示新的理想，为人类文明的新形态提供新的理念。哲学"创新"蕴含着以否定性的思维对待人类的现实，揭示现实所蕴含的多种可能性；以否定性的思维检讨各种理论的前提，揭示理论前提的多种可能性；在现实与理论多种可能性的某种交错点上，揭示人类文明的时代性问题，展现人与世界之间的新的意义，提示可供人们反省和选择的新的理想。

　　对哲学来说，人类所形成的全部思想，从来都不是现成接受的对象，而永远是批判反思的对象。作为人类所特有的批判性追问的自我意识，哲学反对人们对流行的思维方式、时髦的价值观念、既定的科学理论采取现成接受的态度，反对人们躺在无人质疑的温床上睡大觉，反对人们在思想观念和实践活动中采取非批判的实证主义态度。它通过自己的批判性反思，向人类已经获得的全部假定的确定性不断地提出新的挑战，并把这种批判意识变成全人类的自我意识。以人类文明的时代性问题为批判性的反思对象，以新的哲学概念、范畴揭示和展现当代人类的自我意识，从而塑造和引导新的时代精神，这是当代哲学的共同关切和哲学的当代使命，也是当代中国哲学观念变革的最为深刻的思想内涵。

二　世界观变革

哲学观念的变革不是抽象的，而是具体的。按照通常解释，"哲学是理论化、系统化的世界观"。就此而言，对"哲学"的理解，直接地取决于对"世界观"的理解；哲学观的变革，具体地体现在"世界观"变革；当代中国的哲学观念变革，首先是集中体现在重新理解和阐释哲学的"世界观"上。

长期以来，关于"世界观"的通常解释是：世界观就是人们关于整个世界的根本观点。对此，改革开放以来的中国哲学界所提出的追问是：其一，这里所说的"人们"是历史性的还是超历史的存在？如果是历史性的存在，"人们"的"关于整个世界的根本观点"能否具有"毋庸置疑"的真理性？反之，如果是超历史的存在，"人们"的"关于整个世界的根本观点"是否还具有"时代内涵"？其二，这里所说的"关于整个世界的根本观点"，究竟是"人们"以"整个世界"为对象而形成的关于"世界"的"根本观点"，还是"人们"反思"人与世界的关系"而形成的"理解和协调人与世界关系"的"根本观点"？如果是以"世界"为对象而形成的"关于整个世界的根本观点"，这种"世界观"同常识或科学所提供的"世界图景"有何区别？反之，如果是在反思中所构成的"关于人与世界关系"的"根本观点"，又应当怎样理解哲学的"世界观"？其三，就"世界观"本身说，这里的"世"是人生在世之世，还是与人无关的自然而然、无始无终的"世"？这里的"界"是人在途中之界，还是与人无关的自在天成、无边无际的"界"？这里的"观"是人生在世和人在途中的人的目光，还是无始无终和无边无际的、非人的或超人的"神"的目光？

值得深思的是，当我们这样向"世界观"提问时，不仅已经直接地包含了对诸如"世界""历史""理性""真理"乃至"哲学"等基本观念的追问，而且已经深层地包含了时代性的"世界观"变革。这种世界观变革，如果借用美国"导师哲学家丛书"的概括，从中世纪的《信仰的时代》到 20 世纪的《分析的时代》，经历了文艺复兴时期的《冒险的时代》、17 世纪的《理性的时代》、18 世纪的《启蒙的时代》和 19 世纪的《思想体系的时代》的数百年历程。正是在世界观的时代性变革中，哲学不仅在"理性的法庭"中批判地反省构成思想的各种基本观念，而且深层地把"理性的批判"转化为对"理性"本身的批判，把"揭露人在神圣形象中的自我异化"（对"神"的批判）转化为"揭露人在非神圣形象中的自我异化"（对"理性"的批判）。正是在这种批判性反思的历史进程中，作为理论形态的人类自我意识，哲学已经从"狂妄的理性"变为"谦虚的理性"，从"无限的理性"变为"有限的理性"。因此，哲学的"理论化、系统化的世界观"，已经不再被视为关于"世界"的永恒真理，而被理解为"人生在世和人在途中的人的目光"。这就是由传统到现代的"世界观"革命。

哲学的世界观变革，源于人类文明的变革；直接地说，哲学的世界观变革，源于人类文明从"前现代性"到"现代性"的变革。马克思提出，"必须把'人类的历史'同工业和交换的历史联系起来研究和探讨"①。只有在"人们"从"地域性的存在"转变为"世界历史性"存在的过程中，也就是在"地域性的个人为世界历史性的、真正普遍的个人所代替"②的过程

---

① 《马克思恩格斯选集》第 1 卷，34 页，北京，人民出版社，1972。
② 同上书，39 页。

中，"人们"的"世界观"以及"哲学"的"理论化、系统化的世界观"才会发生真正的革命。对于当代中国哲学来说，只有在解放思想、改革开放的"现代化"进程中，在邓小平所倡导的"面向世界，面向现代化，面向未来"的观念变革中，才能超越以"自然经济"为根基的"世界观"而逐步形成以"现代性"为根基的新的"世界观"。

在人类文明的历史长河中，工业文明以前的文明是以"自然经济"为基础的地域文明，工业文明以前的历史是以"民族"为基本时空的民族历史，工业文明以前的个人是以"人对人的依附性"为存在方式的狭隘个人。地域文明、民族历史和狭隘个人，构成了人类数千年的有限的"属人世界"。值得深思的是，正是有限的"属人世界"造就了"无限理性"的人类自我意识——人的理性能够从有限的经验中构成对"世界"的终极解释。诉诸哲学史，我们会发现，无论是西方哲人所期许的对"最高原因的基本原理"的寻求，还是中国先贤所向往的对"究天人之际，通古今之变"的寻求，都不仅只是一种"期许"和"向往"，而是被这些哲人或先贤视为"可望而又可即"的"真理"——世界就是他们所理解和阐释的世界，真理就是他们所把握和论证的终极真理。这就是传统形而上学的关于"绝对之绝对"的世界观和哲学观。构成这种世界观的思维方式，就是真与假、善与恶、美与丑这种非此即彼、两极对立的形而上学的思维方式。这意味着，传统形而上学的世界图景、思维方式和价值观念是一致的，哲学意义上的存在论、真理观和价值观是一致的。超越传统形而上学的"世界观"，其根基在于人类文明实现了从"农业文明"到"工业文明"的转化，人类社会实现了从"前现代化"到"现代化"的转化。当代中国的哲学观变革和世界观变革，正是以当代中国的历史性变革为基础的。

现代化是世界性的历史过程，也就是马克思所说的"历史"变为"世界历史"的过程。在现代化的"世界历史"进程中，"过去那种地方的和民族的自给自足和闭关自守状态，被各民族的各方面的互相往来和各方面的互相依赖所代替了。物质的生产是如此，精神的生产也是如此。各民族的精神产品成了公共的财产。民族的片面性和局限性日益成为不可能，于是由许多种民族的和地方的文学形成了一种世界的文学"①。19世纪后半叶以来的中国哲学，在"西学东渐"的过程中，吸纳了以"理性的时代""启蒙的时代""思想体系的时代"乃至"分析的时代"的西方哲学，不断深入地反省了传统形而上学的"世界观"。特别是 20 世纪 80 年代以来，中国哲学界在对通行的哲学原理教科书的反思中，凸显了以实践观点的思维方式重新理解马克思主义哲学的"世界观"，更为鲜明地赋予"世界观"以时代性内涵。其中，最为重要的是把世界观理解为"关于人与世界关系"的哲学理论，并且从人的历史性去理解"人与世界的关系"，从而在一定意义上形成了对"世界观"的具有革命意义的新的理解：人生在世和人在途中的人的目光。

人生在世和人在途中的人的目光，既不是关于"绝对之绝对"的"终极真理"，也不是关于"绝对之相对"的"主观意见"，而是关于"相对之绝对"的"时代精神"。具体言之，每个时代的世界观，既具有该时代的绝对性，又具有历史中的相对性；离开历史中的相对性而把时代性的绝对性予以夸大，就是世界观的绝对主义；离开时代性的绝对性而把历史中的相对性予以夸大，就是世界观的相对主义；以时代性的绝对性与历史性的相对性去看待世界观，才会形成"相对之绝对"的世界观，也就是把"世界观"理解为"人生在世和人在途中的人的目光"。

传统形而上学的世界观，在现代哲学的批判性反思中，暴露了其根深蒂固的"病根"——"不知其不可而为之"。在传统形而上学那里，虽然人的个体生命是有限的，但人的理性却可以对人的经验及其知识做出某种统一性的和终极性的解释；虽然历史事件是不断变换的，但"分久必合，合久必分"的历史经验是不断重复的，因此人的理性可以对历史做出某种统一性的和终极性的解释。对于传统形而上学来说，"相对"只是他人的"无知"，"绝对"则是自家的"真理"。"不知其不可而为之"，这是

---

① 《马克思恩格斯选集》第 1 卷，255 页，北京，人民出版社，1972。此处的"文学"泛指科学、艺术、哲学、政治等方面的著作。

现代哲学家"拒斥形而上学"的依据，而绝不是传统形而上学的自觉。然而，正如恩格斯所说："一旦对每一门科学都提出了要求，要它弄清它在事物以及关于事物的知识的总联系中的地位，关于总联系的任何特殊科学就是多余的了"，因此，"不再需要任何凌驾于其他科学之上的哲学了"。[①] 重新理解和阐释哲学的"理论化、系统化的世界观"，是在当代变革哲学观念、推进哲学发展的首要前提。

恩格斯曾经明确提出，马克思主义哲学是"关于现实的人及其历史发展的科学"。人的存在方式是历史性变革的，人对世界的现实关系是历史性变革的，人的世界图景是历史性变革的，人的思维方式、价值观念和审美意识是历史性变革的，因此，作为理论形态的人类自我意识的哲学是历史性变革的。这就要求哲学必须以"历史"的解释原则提出和回答自己时代的"世界观"问题：以当代的人类实践活动为基础的人与世界的当代关系是怎样的？以当代科学技术为中介的当代人类的世界图景是怎样的？以当代文明为内容的当代人的思维方式、价值观念和审美意识是怎样的？以当代人类社会生活为根基的当代人类的自我意识及其理论形态即哲学是怎样的？这是当代中国哲学观念变革的现实基础，也是当代中国哲学观念变革的真实内容。

三　本体观变革

世界观的变革与本体观的变革是密不可分的，或者可以更为明确地说，离开本体观变革，世界观的变革就是不真实的、不彻底的。当人们把"世界观"界说为"关于整个世界的根本观点"时，已经制约和规范了对"本体论"的理解和阐释，这就是具有权威性的《辞海》所说的"本体论是哲学中研究世界的本原或本性的问题的部分"。而在通行的哲学原理教

---

① 《马克思恩格斯选集》第 3 卷，65 页，北京，人民出版社，1972。

科书中，则在关于"哲学基本问题"的论述中，更为明确地把"本体论"界说为关于"精神和物质谁为世界本原的问题"，并由此把关于"世界本原"问题的"本体论"规定为"世界观"的"首要问题"。

把"本体"解释为"本原"，进而把"本体论"解释为关于"世界本原"的哲学理论，这是把作为理论思维的"哲学"还原为经验思维的"常识"的集中体现。它不是反思作为哲学"基本问题"的"思维和存在的关系问题"，而是从经验上断言"世界本原"问题。关于"本体"和"本体论"的这种理解和阐释，首先与哲学史上通常所理解的"本体"和"本体论"是不同的。在反省古希腊早期哲人关于"万物所由来、万物所复归"的"始基""基质"等"万物本原"说的进程中，哲学所追究的"本体"并不是经验的"在者"，而是超验之"在"；哲学所探究的"本体论"并不是"世界的本原论"，而是"关于一般存在或存在本身的哲学学说"。因此，当代中国哲学的"本体"观念的变革以及对"本体论"的批判性反思，其锋芒所向主要地并不是"世界本原论"，而是"关于一般存在或存在本身的哲学学说"。

在对这种"本体论"即"关于一般存在或存在本身的哲学学说"的批判性反思中，中国当代学者提出了一系列思想深刻、立论坚实的理论观点，深刻地变革了本体观。比如，高清海提出，所谓本体论，就是"认为我们感官所观察到的事物并非存在本身，隐藏在它的后面、作为它的基础的那个超感官的对象，才是真正的存在，即所说的'本体'。经验存在与本体存在是一种决定论的演绎关系：经验现象中的一切都来源于本体的规定，所以只有从后者才能使前者得到理解和说明。相反地，本体却不受经验现象的规定，它本身是一个绝对自在的、具有终极始因性的存在。把存在的事实和存在的本体分离开来、对立起来，是本体论思维的基本前提。"①由此我们可以看到，把研究"在"或"本体"作为哲学的立足点和出发点的"本体论"，有三个根本性的思想前提：其一，就其思想本质来说，是把存在本身同存在的现象割裂开来、对立起来，认为经验

---

① 《高清海哲学文存》第 1 卷，141 页，长春，吉林人民出版社，1996。

观察到的现象并非存在本身，存在本身是那种隐藏在经验现象背后的超验的存在；其二，就其思想原则来说，是把主观和客观、主体和客体对立起来，把哲学所追求和承诺的"本体"视为某种超出人类或高于人类的本质、与人类的历史状况无关的自我存在的实体，力图剥除全部主观性，归还存在的本来面目；其三，就其追求目标来说，是把绝对与相对分割开来，企图从某种直觉中把握了的最高确定性即作为支配宇宙的最普遍的原则或原理出发，使人类经验中的各种各样的事物得到最彻底的统一性解释，从而为人类提供一种终极的永恒真理。从上述三个思想前提可以看到，以本体论为解释原则或理论硬核的哲学模式，是由于把本质与现象分离开来、主观与客观割裂开来、相对与绝对对立起来而产生的。它的实质，是要求哲学为人类揭示出宇宙的绝对之真、至上之善和最高之美。这是传统哲学关于"存在本身"的"本体论"，也是传统哲学关于"绝对之绝对"的"世界观"。这深刻地表明，传统哲学的"本体论"是其"世界观"的本质和灵魂；超越传统哲学的"世界观"，就必须超越传统哲学的"本体论"。当代中国的世界观变革与本体观变革是融为一体的。

本体论的哲学模式既把哲学追求永恒真理、探寻终极原因、表述世界本体的渴望推向了极端，同时也使本体论哲学走向了自我否定。离开存在的现象，人们如何认识存在本身？存在作为人类对象，它能否排斥认识的主观性？人类关于存在本身的认识，能否具有绝对的、至上的、终极的真理性质？当哲学家从对"本体"的追究而转向对人类认识的反省时，哲学研究的理论硬核发生了变革。"没有认识论的本体论为无效"，这是近代哲学的立足点和出发点。由于近代哲学的发展，以探寻存在本身为理论硬核的本体论哲学模式，被以反省人类认识为理论硬核的认识论哲学模式所取代；以追求纯粹客观性为目标并把主观性与客观性绝对对立起来的形而上学的思维方式被探索思维与存在、主观与客观如何统一的辩证法理论所扬弃。独立存在的本体论哲学及其所代表的形而上学的思维方式，已经被德国古典哲学及其所代表的辩证法的思维方式所否定。这表明：本体论哲学作为一种世界观和理论思维方式，它本身只是人类思维在一定历史发展阶段上的产物，没有任何理由或根据把它当作永恒的解释原则或理论硬核去建构当代的哲学模式。对此，高清海先生发人深省地提出："本体论作为对象的解释原则完全是属于人的，它表现的是人从人的观点以理解和把握对象世界的一种方式。抛开可见的现存世界，去追求一个不可见的本体世界，这是只有人才会具有的特性。人是一种从不满足于既有存在，总是追求未来理想存在的一种存在。这通常被称作人的'形而上学'本性。本体论就是以探寻对象之外和之上的本真存在这种方式，来表达人的形而上学追求的。"①值得注意的是，高清海在这里已经把"形而上学"与"形而上学追求"、"本体论"与"本体论追求"区别开来，既否定了传统形而上学和本体论的思维方式，又肯定了哲学的"形而上学追求"和"本体论追求"。这种区别对于当代哲学的观念变革是至关重要的。

马克思主义哲学认为，人类的社会实践活动，以及实践基础上的人类认识活动，是一个不断发展的历史过程。在这个历史过程中，人类所获得的全部认识成果，包括哲学层面的本体论追求，总是具有相对的性质；但同时，人类的实践和认识又永远不会停留在一个水平上，总是向着全体自由性的目标迈进的。因此，马克思主义哲学否定传统本体论占有绝对真理的幻想，但并不拒绝基于人类实践本性和人类思维本性的本体论追求。在对哲学本体论的当代理解中，我们应当达到这样一种认识：本体论作为一种追根溯源式的意向性追求、作为一种对人和世界及其相互关系的终极关怀，它的可能达到的目标，并不是它所追求的"本"或"源"；它的真实意义也不在于它是否能够达到它所指向的终极存在、终极解释和终极价值；本体论追求的合理性在于，人类总是悬设某种基于现实而又超越现实的理性目标，否定自己的现实存在，把现实变成更加理想的现实；本体论追求的真实意义就在于，它启发人类在理想与现

① 《高清海哲学文存》第 1 卷，141—142 页，长春，吉林人民出版社，1996。

实、终极的指向性与历史的确定性之间，既永远保持一种"必要的张力"，又不断打破这种"微妙的平衡"，从而使人类在自己的全部活动中始终保持生机勃勃的求真意识、向善意识和审美意识，永远敞开自我批判和自我超越的空间。① 这应当是"本体论"变革的最为深层的时代性内涵。

"世界观"和"本体论"是人类思维的产物。对于"世界观"和"本体论"的理解，必须诉诸对人类"思维"的反省。对此，恩格斯明确地指出，以人的实践为基础的人的思维，是"至上"与"非至上"的辩证统一，"按它的本性、使命、可能和历史的终极目的来说，是至上的和无限的；按它的个别实现和每次的现实来说，又是不至上的和有限的"②。哲学的本体论追求正是植根于人类思维的"本性、使命、可能和历史的终极目的"的，即植根于人类思维的"至上"性。对此，当代美国哲学家瓦托夫斯基也指出："不管是古典形式和现代形式的形而上学思想的推动力都是企图把各种事物综合成一个整体，提供出一种统一的图景或框架，在其中我们经验中的各式各样的事物能够在某些普遍原理的基础上得到解释，或可以被解释为某种普遍本质或过程的各种表现。"这种本体论的形而上学渴望之所以是不可"拒绝"的，是因为人类"存在着一种系统感和对于我们思维的明晰性和统一性的要求——它们进入我们思维活动的根基，并完全可能进入到更深处——它们导源于我们所属的这个物种和我们赖以生存的这个世界"③。在这个意义上，本体论的思维方式是必须批判和超越的，而哲学的本体论追求则既不可回避，也无法取消。

在对哲学本体论的理解中，值得深思的问题是，对"本体"的寻求是矛盾的。这突出地表现在两个方面：其一，"本体论"指向对人及其思维与世界内在统一的"基本原理"的终极占有和终极解释，力图以这种"基

---

① 参见《孙正聿哲学文集》第 5 卷，98—99 页，长春，吉林人民出版社，2007。

② 《马克思恩格斯选集》第 3 卷，126 页，北京，人民出版社，1972。

③ 参见［美］M. W. 瓦托夫斯基：《科学思想的概念基础》，18 页，北京，求实出版社，1989。

本原理"为人类的存在和发展提供永恒的"最高支撑点"，而人类的历史发展却总是不断地向这种终极解释提出挑战，动摇它所提供的"最高支撑点"的权威性和有效性，由此构成哲学本体论与人类历史发展的矛盾；其二，"本体论"以自己所承诺的"本体"或"基本原理"作为判断、解释和评价一切的根据、标准和尺度，从而造成自身无法解脱的解释循环，因此，哲学家们总是在相互批判中揭露对方的本体论的内在矛盾，使本体论的解释循环跃迁到高一级层次，这又构成哲学本体论的自我矛盾。正是在如何对待哲学本体论的内在矛盾这个根本问题上，使哲学从原则上区分为"传统哲学"与"现代哲学"。"传统哲学"之所以"传统"，就在于全部的传统哲学总是力图获得一种绝对的、终极的"本体"，并因而把世界分裂为真与假、善与恶、美与丑的非此即彼、抽象对立、永恒不变的存在。这是一种统治人类几千年的非历史的、超历史的、僵化的本体论的思维方式，也就是当代哲学所自觉到的"形而上学的恐怖"。与此相反，"现代哲学"之所以"现代"，就在于现代哲学从思维方式上实现了"从两极到中介"的变革，从研究路径上实现了"从体系到问题"的变革，从基本理念上实现了"从层级到顺序"的变革，也就是从人类的历史发展出发去理解哲学所追寻的"本体"和哲学的本体论追求。这是以"现代性"为根基的"现代哲学"的"基本共识"，也是所谓的"后形而上学"的"深层一致"。

在现代哲学中，马克思主义哲学从"现实的人及其历史发展"出发去看待哲学，哲学的"本体论"就发生了真正的革命：人类在自身的历史发展中所形成的判断、解释和评价一切事物并规范自己思想和行为的"本体"观念，既是一种历史的进步性，又是一种历史的局限性，因而它孕育着新的历史可能性。就其历史的进步性而言，人们在自己的时代所承诺的"本体"，就是该时代的人类所达到的关于人与世界的统一性的最高理解，它成为规范和评价该时代人的全部思想和行为的根据和标准，即该时代人类全部活动的最高支撑点，因此具有绝对性；就其历史的局限性而言，人们在自己时代所承诺的"本体"，又只是特定历史时代的产物，它作为人类全部活动的最高支撑点，即作为规范和评价人的全部思想和行为的根据和标准，正体现了人类作为历史的存在所无法挣脱的片面性，因而具有相对性；就其历史的可能性而言，人们在自己时代所承诺的"本体"，作为规范和评价人的全部思想和行为的根据和标准，正是人类在其前进的发展中所建构的阶梯和支撑点，为人类的继续发展提供现实的可能性。这深切地表明，"本体"作为规范人的思想和行为的根据和标准，永远是作为中介而自我扬弃的。① 这种"本体"，与把"世界观"理解为"人生在世和人在途中的人的目光"的解释原则是一致的，与把"哲学"理解为关于"相对之绝对"的"时代精神的精华"是一致的。这就是马克思主义哲学的"革命的和批判的"辩证法的"世界观""本体观"和"哲学观"。

四　当代人类的生存困境与新世纪哲学的理论自觉

哲学是思想中的时代，是对自己时代的人类性问题的理论自觉。21世纪哲学，就其根本使命而言，是对当代人类生存困境的理论自觉，并为人类在新世纪的生存与发展提供新的哲学智慧和新的哲学理念。

(一)对当代人类生存困境的理论自觉

20世纪，人类文明史上的短短的一百年，人类的存在方式却发生了空前的革命。这种存在方式的革命，表现为人类的文明形态、人们的社会生活和人们的思想观念这三个基本层面的巨大变革。

在论述"各种经济时代的区别"时，马克思提出，这种区别"不在于生产什么，而在于怎样生产，用什么劳动资料生产。劳动资料不仅是人

---

① 参见孙正聿：《孙正聿哲学文集》第5卷，65页，长春，吉林人民出版社，2007。

类劳动力发展的测量器，而且是劳动借以进行的社会关系的指示器"①。正是以劳动工具为核心的劳动资料的历史性变革，被称为"测量器"和"指示器"，通常把人类的文明形态区分为农业文明、工业文明和后工业文明。这里的"后工业文明"，主要指 20 世纪中叶以来，以当代技术革命为基础而实现的人类文明形态的变革，因而又常常被表述为产生轰动效应的"信息时代""网络时代""知识经济时代"等。这种空前的人类文明形态转换，构成了当代人类的特殊的生存困境。

"征服自然"，"做大自然的主人"，这是几千年来的人类的理想与追求。这种理想，在 20 世纪似乎已经变成了现实。据统计，20 世纪后半叶，人类的科学新发现和技术新发明，比过去两千年的总和还要多，当代科学技术的发展呈指数增长的趋势。20 世纪 40 年代中期，人类就进入了利用核能的新时代，50 年代后期人类开始向外层空间进军，70 年代人类又以重组 DNA 为标志进入可以控制遗传和生命过程的新阶段，80 年代以微机处理机大量生产为标志进入"信息时代"，90 年代则以软件开发及其大规模产业化为标志进入信息革命的新纪元。超高温、超低温、超真空、超导、超强磁场、彻底失重等研究，已经使当代科学技术正在逼近自然界的各种极限。人类似乎已经步入一个奇妙无比的"超级"境界②。然而，"跨世纪"的人类却在享用当代技术成果的同时，不得不面对空前严峻的"全球问题"：环境污染，生态失衡，粮食短缺，能源危机，毒品泛滥，性病丛生，南北分化加剧，地区战争不断，恐怖主义嚣张，物质主义盛行……人类正在强烈地感受到，科学技术是一把既能够造福人类又可以毁灭人类的"双刃剑"："一方面，知道科学是理性和人类文化的最高成就，另一方面又害怕科学业已变成一种发展得超出人类的控制的不道德和无人性的工具，一架吞噬着它面前的一切的没有灵魂

---

① 《马克思恩格斯全集》第 23 卷，204 页，北京，人民出版社，1972。
② 参见宋健主编：《现代科学技术基础知识》，41—42 页，北京，科学出版社、中共中央党校出版社，1994。

的凶残机器。"①这就是"跨世纪"的人类在"后工业文明"中所面对的特殊的生存困境。

这种"跨世纪"的人类生存困境，其特殊性是在于，这种困境不仅是来自人类生命存在的"底线"即"生存"问题，而且还来自人类生命存在的"上线"即"发展"问题，生存与发展已经成为一个紧迫的时代性问题。"就生存危机而言，如果说过去主要是针对个人生命而言的，现在则是整个人类的类存在面临威胁与危机；如果说这种危机过去主要来源于生命运动的自然法则，现在则在很大的程度上是由人类自身的活动所造成的。就发展极限而言，如果说发展的可能性空间过去主要受制于人类自身的创造能力，现在则主要受制于外部自然界的可承受性和可再生性；如果说发展在过去明确地意味着进步与福祉，则现在发展在很大的程度上要以巨大的破坏以至毁灭为代价。更为重要的还在于，人类惊愕地发现了生存与发展之间的某种根本性冲突。"在当代，"生存危机在很大的程度上是由发展的极限所引发的。发展的极限同时冲击着人类生存的底线，而带着深重的生存危机意识，人们也很难将发展设为明确的活动目标并有效地加以追求"，"人类在长期的历史进程中形成的生存信念与发展理想同时受到了根本挑战"。② 这就是当代人类所面对的"生存与发展"问题。

文明形态的转换，必然构成人的存在方式的变革。"工业文明"以来的"全球化"过程，在某种意义上是全球"市场化"的过程，并构成了"全球化"的市场经济中的人的存在方式。人在市场经济中的存在方式，正如马克思所说，是一种"以物的依赖性为基础的人的独立性"。由于人的"独立性"以"物的依赖性"为基础，其结果是造成了当代人类的两大生存困境：一是以技术革命为基础的对自然的攫取所造成的"全球问题"，二

---

① [美]M. W. 瓦托夫斯基：《科学思想的概念基础》，9 页，北京，求实出版社，1989。

② 参见欧阳康：《生存与发展：当代哲学主题及其合理性》，载《哲学研究》，2001(12)。

是由对物的依赖性所造成的人的"物化问题"。

人的"物化"问题，是当代愈益突出和最为根本的"全球问题"。在全球"市场化"的过程中，"以物的依赖性为基础的人的独立性"，逐步成为当代人类的基本的存在方式。而"商品经济的特点，在于它直接以商品生产和交换的经济关系为基础和内容，建立起人们之间的真正社会关系"。"商品经济渗透到社会生活的一切方面，力图按照商品的形象来改造整个世界"。"由于在市场机制中，每个人的生存都被抛向了市场，都面临着社会对个人的压力和危机，因此追求个人利益必然成为个人谋求生存发展的基本观念和手段。""商品经济是从人作为物的效用价值的角度去看待人、重视人的"。"这样，人的价值就被物化了，物成为衡量和评价人的尺度"，而"物化现象在观念上的反映就是拜物教"，"对商品和金钱的崇拜会成为一种时代性的社会心态，它意味着'物化'已经渗透到人们的精神深处，使人的心灵也物性化了"。[①] 盛行于"物化时代"的"物质主义"，构成了当代人类生存的深层的文化危机。

当代世界的"全球化"过程，在体制的意义上是全球"市场化"的过程，而在文化的意义上则是空前的价值观剧烈震荡的过程。如果说农业文明是一个文化意义上确立"神圣形象"的过程，即以某种"神圣形象"作为价值标准而规范人们的思想和行为；工业文明是一个文化意义上消解"神圣形象"的过程，即以人的"理性"取代"神圣形象"而构成规范人的思想和行为的价值标准的话，那么，所谓的"后工业文明"，则是一个空前的确立与消解"非神圣形象"的矛盾冲突的过程。这种"确立"与"消解""非神圣形象"的矛盾，既表现为当代的相互激荡的社会思潮，又构成当代的剧烈冲突的哲学思潮。前者主要是以"大众文化"的形式表现当代人类的生存困境，后者则以"哲学"的方式表现人类对当代生存困境的理论自觉。因此，21世纪哲学对当代人类生存困境的理论自觉，又具体地

---

① 参见杨魁森：《物化的时代——论商品经济的基本特征》，载《吉林大学社会科学学报》，1999(4)。

表现为对当代社会思潮和当代哲学思潮的理论自觉。

(二)对当代社会思潮的理论自觉

每个时代的社会思潮，都是该时代人类关于自身生存状况的自我意识的文化表达。哲学对 20 世纪人类生存状况的理论自觉，直接地表现为对当代社会思潮的理论自觉。

当代社会思潮的首要特征，可以称之为"两极对立模式的消解"。在以自然经济为基础的传统社会中，人们的经济生活、政治生活、文化生活和精神生活都处于两极对立的状态之中，因此，人们总是以两极对立的思维方式去思考一切问题。传统哲学作为传统社会的"思想中的现实"，集中地体现了这种两极对立的生存方式及其思维方式，即总是试图在真与假、善与恶、美与丑的绝对对立中去寻求某种绝对的确定性。现代的市场经济、科技文明和大众文化则日益深刻地消解了这种"绝对确定性"的灵光，使人们的生存方式发生了"从两极到中介"的变革：当代世界的政治模式形成了"从对抗到对话"的多元化和多极性，"和平与发展"成为当今时代的主题；当代世界的经济模式发生了"从对立到合作"的变革，出现了"经济全球化"的趋势；当代世界的文化模式发生了"从对峙到融合"的变革，"欧洲中心主义"已被多元文化模式的共存、交流与融合所取代；当今人类的思维模式更是集中地体现了"从两极到中介"的深刻变革，把真善美理解为时代水平的人类自我意识。然而，由于"消解"了传统社会所悬设和承诺的绝对确定的种种思想的根据、价值的尺度和行为的标准，当代社会思潮的突出特点，又表现为从绝对主义转向相对主义、由信仰主义转向虚无主义。相对主义和虚无主义构成当代人类所面对的深刻的文化危机。

与"两极对立模式的消解"相适应，当代社会思潮的另一特征可以称之为"英雄主义时代的隐退"。在以自然经济为基础的传统社会中，"上帝"是神秘化了的"神圣形象"，"英雄"则是"神圣形象"的世俗化存在。历代的帝王将相、圣人先哲都涂抹着"神圣形象"的灵光，以超世或救世的"英雄"的方式凌驾于人民之上，并被描绘成创造历史的主人。现代的市场经济、科技文明和大众文化不仅消解了"彼岸世界"的"神圣形象"，而且也消解了"此岸世界"的"神圣形象"。在现代社会中，每个人都是普通的个人，又都可以是显示个人能力的"英雄"。人们越来越强烈地感受到：现代社会的政治领袖已不再是超然于历史之上的救世主式的"英雄"，而是承担重要责任的"公务员"；现代科学共同体中的科学家，已不再是仅凭个人才智就可以给予人类以划时代发现的"英雄"，而只能是依据某种"科学范式"进行科学研究的科学家集团中的"优秀分子"；现代文学艺术的丰富多彩和日新月异，以及"接受主体"的解读方式的多样化和多元化，使得当代的文学家和艺术家已不再是鹤立鸡群的"文学大师"和"艺术巨匠"，而是不断超越自我的"探索者"；同样，现代思想的日新月异和丰富多彩，也使得当代的思想家和理论家不再是某种指点迷津的"思想伟人"，而只是不断地向人们展现新的可能世界的"思想者"；随着现代人的公民意识的增强和社会公德的普及，各种各样的行为楷模也失去了往昔的难以企及的神圣性，而越来越成为现代社会中的"优秀公民"。"英雄主义时代的隐退"，把人们从"英雄创造历史"的误区中解放出来，使得公民意识成为每个人的最基本的也是最重要的自我意识，它标志着人从"传统人"变成了"现代人"。然而，这种市场经济所形成的"英雄主义时代的隐退"以及个人的"独立性"的形成，是"以物的依赖性为基础的"，它"抹去了一切向来受人尊崇和令人敬畏的职业的光环"，"撕下了罩在家庭关系上的温情脉脉的面纱"，"一切神圣的东西都被亵渎了"。这就在当代人的自我意识中愈加强化了相对主义和虚无主义的倾向，在当代的社会思潮中愈加深化了相对主义和虚无主义的文化危机。

"两极对立模式的消解"和"英雄主义时代的隐退"，在文化层面上的突出表现，则是"精英文化的失落"和"大众文化的兴起"。这是当代社会思潮的又一个特征。在禁欲主义、蒙昧主义和专制主义"三位一体"的自然经济的生存方式中，在教育不发达的状态下，"文化"一向被视为向人们灌输至高无上、千真万确、不容置疑、天经地义的"真理"。这种以

"灌输真理"为使命的文化可以被称为"精英文化"。以功利主义的价值取向、工具理性的思维方式和民主法治的政治体制的"三位一体"为标志的市场经济，则从根本上改变了自然经济条件下的文化状况。市场经济的发展、科学技术的进步、教育程度的普及、生活水平的提高、闲暇时间的增多等众多因素，使文化变成了所谓的"大众文化"。"大众文化的兴起"和"精英文化的失落"，在"文化"的意义上更加弱化了两极对立的思维方式和价值观念。然而，市场经济中的文化，同样体现的是一种"以物的依赖性为基础的人的独立性"。市场经济文化的突出特征，在于它是一种以文化商品化为基础的泛审美形象的全面增殖。这种商品化的文化又以工业化的方式而得以最广泛的生产与销售，并通过各式各样的现代媒体得以极为迅速和广泛的传播。市场经济文化已经成为"平面化"的大众化、"媚俗"的商业化、"控制"的工业化和"宣泄"的世俗化的统一。实用文化、宣泄文化、神秘文化与陶冶文化、学术文化、科学文化在当代的文化市场同时并存，构成大众文化时代的耐人寻味和发人深省的"文化风景线"。

在当代社会思潮中，"理性主义权威的弱化"也是一个不容忽视和不容回避的显著特征。在这方面，一个最突出的标志性问题是：20世纪的西方哲学，为什么它的哲学旗帜上写的是"消解哲学"或"终结哲学"？或者更为准确地说，20世纪的西方哲学究竟要"消解"和"终结"的是什么样的"哲学"？在由自然经济转向市场经济的过程中，近代以来的西方哲学，集中地塑造和引导了以"理性"为核心的新的时代精神。作为整个西方近代哲学的理论总结的黑格尔哲学，更是以其"绝对理念"雄心勃勃地向人类显示了"理性"的无所不在、无所不至、无所不能的力量。因此西方近代以来的哲学可以被称为"理性哲学"。20世纪的西方哲学，无论是科学主义的各种流派还是人本主义的各种流派，不约而同地均以讨伐黑格尔哲学为其共同的理论出发点，从而实现对人类"理性"的反省。

在科学主义思潮的各种流派看来，黑格尔的"无人身的理性"是一种"狂妄的理性"，即试图以超越科学理性的哲学理性去实现对世界的终极解释；在人本主义思潮的各种流派看来，黑格尔的"无人身的理性"则是一种"冷酷的理性"，即试图以泛逻辑主义的理性去解释和规范人的存在。这表明，现代西方哲学之所以要"消解"哲学，是因为它把"哲学"作为压抑人的个性、独立性和丰富性的"普遍性""规律性""必然性""根源性""基础性""统一性"的代名词，试图通过对"哲学"的"消解"，重构甚至倒置普遍与个别、现实与根源、必然与偶然、统一与选择、崇高与渺小的关系。反省人类理性，乃至"消解"人类理性的权威性，这就是20世纪西方哲学"消解哲学"的实质。然而，这场"消解哲学"的哲学运动，却在"消解"各种"非神圣形象"的过程中，否认了理性的权威性、确定性和统一性，动摇了人类存在的合理性、必然性和规律性的信念。真理观的多元主义、价值观的相对主义、历史观的非决定论，构成了20世纪西方哲学的主流与基调。

当代社会思潮的两极对立模式的消解、英雄主义时代的隐退、高层精英文化的失落和理性主义权威的弱化，在人类精神生活的集中表现，就是"现代人的困惑"，即人们愈益深切地感受到的"精神家园"的失落：世界的符号化和自然的隐退所形成的"无根"的意识；价值尺度的多元化和不确定性所形成的"没有标准的选择"；终极关怀的感性化所形成的"信仰缺失""形上迷失"和"意义失落"。以市场经济中的人的存在方式为基础的当代社会思潮，表明当代人类的精神生活处于深刻的"意义危机"之中。当代哲学作为人类生活的当代意义的社会自我意识，需要对这种时代性的意义危机做出全面的反应、批判的反思、规范性的矫正和理想性的引导。当代哲学正是以这种深刻的理论自觉步入21世纪的。

(三)对当代哲学思潮的理论自觉

当代哲学的理论自觉，当然是源于对现实的人类生存困境的自觉，并直接地源于对当代社会思潮的自觉。然而，哲学研究中的一个突出问题，却是把哲学的理论自觉仅仅作为对"外部问题"的感受或体悟，而没有升华为对哲学自身的"内部问题"的理论回应，也就是没有升华为对当代哲学思潮的理论自觉。

哲学理论的"外部问题"，是既有的哲学理论与其所表达的人类关于自身存在的自我意识的矛盾。既有的哲学理论，作为思想中的时代，总是以自己的时代性内涵去表现人类关于自身存在的自我意识，从而构成特定的表现时代精神的概念、范畴的逻辑体系。因此，由于时代变革而引发的人类生存困境与理论形态的人类自我意识即哲学的矛盾，并不只是既有的哲学理论与人类生存困境之间的"外部问题"，而是必然构成哲学理论自身的概念、范畴及其逻辑关系的"内部问题"。这种"内部问题"，直接地表现为各种哲学思潮的矛盾冲突。对当代各种哲学思潮的矛盾冲突即"内部问题"的理论自觉，构成 21 世纪哲学的直接的理论工作。

对当代哲学思潮的理论自觉，首要的任务是在光怪陆离、五花八门的哲学冲突中，寻求当代哲学的广泛而深刻的一致性，从而实现"时代精神的主题化"。就此而言，在跨世纪的哲学演进中，"生存论转向"成为一个具有标志性的哲学口号，并非偶然。在我看来，以"生存论转向"来表达对当代哲学的根本性理解，首先是因为这种概括凸显了当代哲学的哲学观内涵，即凸显了把哲学视为关于人类存在的自我意识理论的哲学观内涵。20 世纪哲学在"拒斥形而上学"的理论进军中，越来越清楚地表明，传统"形而上学"的根本性弊端，在于把人同人的世界割裂开来，试图以人的"理性"去"洞悉"世界的"普遍规律"，并把这种与人的历史性存在无涉的、永恒的"普遍规律"作为规范人的思想和行为的最终的根据，即"本体"。这就是 20 世纪哲学所讨伐的统治人类思想两千多年的"基础主义"或"本质主义"的哲学理念。以"本质主义"的哲学理念为背景，我们可以看到"生存论转向"所凸显的哲学自我理解的双重自觉：一方面，它是一种"拒斥"传统的"本质主义"哲学观的自觉，也就是以"生存论转向"为标志而讨伐任何试图以"超历史"的观念去构建哲学体系的哲学观自觉；另一方面，它又是一种"确立"以人的"生存"为出发点的哲学观自觉，即把哲学"定位"为关于人的历史性存在的自我意识理论的哲学观自觉。在当代社会的"科技文明"与"全球问题"、"市场经济"与"人的物化"的深刻矛盾中，作为"社会的自我意识"的哲学，敏锐而痛切地把握到人类"生存"的矛盾与困境，因而合乎逻辑地以"生存论转向"来实现对人类存在的关切，即以主题性转换的方式来实现哲学对人类存在的关切，从而形成以"生存与发展"为主题的21世纪的哲学理念。

哲学是以"理念概念化"的方式而实现自身的。当代哲学的"生存论转向"，以及由此而构成的以"生存和发展"为主题的哲学理念，首先是凸显了关乎人类生存意义的"标准"与"选择"这对哲学范畴。人的生命活动是寻求和实现"意义"的"生活"活动，而"生活"活动的"意义"，则总是存在于"标准"与"选择"这对范畴的矛盾关系之中，即"选择"什么样的"标准"来确定生命活动的"意义"。哲学作为理论形态的关于人类存在意义的自我意识，它的全部理论活动，都可以归结为处理"标准"与"选择"这对范畴的矛盾关系。但是，哲学作为思想中的时代，它的核心范畴的凸显，总是取决于对人类的时代性的生存困境的理论自觉，并直接地取决于对时代性的社会思潮的理论自觉。在当代社会思潮中，两极对立模式的消解，实质是"消解"了作为绝对确定性的"标准"；英雄主义时代的隐退，是淡化了"英雄"作为人格化的"标准"的神圣性；高层精英文化的失落，是以文化的大众化和多元化弱化了精英文化的"标准"化；而理性主义权威的弱化，则是直接地冲击了将"理性"作为"标准"的合理性。这表明，当代社会思潮所体现的根本矛盾，是"标准"与"选择"的矛盾。因此，只有当代哲学才把"标准"与"选择"升华为最重要的哲学范畴。

如果以"标准"与"选择"这对范畴来概括传统哲学与现代哲学的区别，那么，我们可以说，以自然经济为基础的传统哲学追求的是一种"没有选择的标准"，而以市场经济为基础的现代哲学则承诺的是一种"可以选择的标准"。正因如此，以追求绝对确定性为使命的传统哲学，只能是以超历史的"神"或非历史的"物"作为"本体"即"标准"，去规范人的全部思想和行为。这就是传统哲学的"没有选择的标准"的"本质主义的肆虐"。而在现代哲学的消解"神圣形象"和反对"本质主义"的理论自觉中，"标准"既是对历史文化的一种承诺，更是现实生活中的一种"选择"和"安排"。但是，由于相对主义和虚无主义思潮的泛滥，当代西方哲学往往把这种文化选择蜕变为丢弃"标准"的"选择"，因而造成了当代哲学中的"没有标准的选择"的"存在主义的焦虑"。

从"没有选择的标准"到"没有标准的选择"，从"本质主义的肆虐"到"存在主义的焦虑"，它凸显了人类哲学思想中的另一对基本范畴，即"绝对"与"相对"，并使这对传统的哲学范畴获得了深刻的时代性内涵。在当代的"知识和文化生活中弥漫着一种不安气氛。它几乎影响到每一学科和我们生活的每一方面。这种不安表现为客观主义和相对主义的对立"，"当代思维在此与彼这相互作用的两极间徘徊。即使那些为冲破这一思维框架而做出的尝试最终也常常回到这些规范的对立上来"。"从对基础、方法以及评价的理性标准所拥有的自信走向怀疑主义这个运动并不只是在哲学领域中发生。哲学中的混乱和不确定展示、反映出了代表我们的理智及文化生活特征的一个现象。在整个人文和社会科学领域里，我们已经看到，寻找安全基础的大胆尝试和对构成真正知识前提的新方法的阐述都不再时兴了，继之而起的是提问，由此来揭露那些原来曾认为坚实可靠的信条并非真正如此。似乎突然之间各种形式的相对主义又受到了青睐。"①这种"相对主义"的哲学思潮，理论地表征了当代人类的生存困境。

20 世纪的发达工业社会，是"人已经创造了一个前所未有的人造物的世界"。科学技术的加速更替、生活环境的急速转换、大众文化的快速变异、审美时尚的迅速变化，人们仿佛是生活在一个光怪陆离、变幻莫测的"万花筒"中，似乎是在一个"无底的棋盘"上游戏。"现代性的酸"使一切神圣的事物都失去了原来笼罩着的灵光。两极对立模式的消解、英雄主义时代的隐退、高层精英文化的失落和理性主义权威的弱化，使得一向是以崇高化身自期自许的"哲学"，变成了"往昔时代旧理想的隐

---

① 参见[美]理查德·J. 伯恩斯坦：《超越客观主义与相对主义》，1—3 页，北京，光明日报出版社，1992。

退了的光辉"。这是 21 世纪哲学所自觉到的最为深刻的"文化危机"和"意义危机"。

这种深刻的"文化危机"和意义危机，以及它所蕴含的"标准与选择"的矛盾和"相对与绝对"的冲突，使人类性的"本体论"问题、"形而上学"问题以新的时代内涵得以凸显。这就是 21 世纪哲学的"本体论"重建或"形而上学"复兴。它最深刻地表现了 21 世纪哲学对当代人类生存困境的理论自觉。

人类的全部"生活活动"的指向与价值，在于使世界满足人类自身的需要，把世界变成对人来说是真善美的存在；基于人类"生活活动"的人类思维，总是渴求在最深刻的层次上或最彻底的意义上把握世界、解释世界和确认人在世界中的地位与价值。由此便构成了表现人类自我意识的哲学的"形而上学"及其"本体论"追求。当代哲学思潮中的"本体论"之争，从理论自身看，是关于本体论的"原义是否合理""问题是否普遍"，以及"引申是否合法"的争议，而从实践的观点看，则是表现了对当代人类生存困境的理论自觉，特别直接的是对当代人类的超越绝对主义和相对主义的自我意识和社会思潮的理论自觉，是对当代人类走出相对主义和虚无主义的精神困境的理论自觉。

人类始终面对的最大问题，不就是"选择"某种共识的"标准"，而实现人类的"生存"与"发展"吗？人类今天面对的最大问题，不就是人类自身的"生存"与"发展"，应当给出什么样的"标准"和做出怎样的"选择"吗？当代哲学对"理性""哲学"和"科学"的反省，对"可持续发展"的求索，对"普世伦理"的追问，不正是对"标准"与"选择"的矛盾关系的求解吗？人类的全部生活不就是建立在人类的本体论追究之上吗？对当代人类的生存困境的理论自觉，不是必须诉诸当代哲学的本体论追求吗？这种理论自觉，可以形成一种我称之为"相对之绝对"的本体观，这就是：本体论是对人类实践活动的理想性、思维活动的至上性、自身存在的根基性的哲学承诺；人类在自身的历史发展中所形成的规范自己的思想和行为的"本体"观念，既是一种历史的合理性，又是一种历史的局限性，因而它孕育着新的历史可能性；就其历史的合理性而言，人们在自己的时代所承诺的"本体"，就是该时代人类全部活动的"标准"或"最高支撑点"，因此具有绝对性；就其历史的局限性而言，人们在自己时代所承诺的"本体"，又只是特定历史时代的产物，它作为人类全部活动的"标准"或"最高支撑点"，表现了人类作为历史的存在所无法挣脱的片面性，因而具有相对性；就其历史的可能性而言，人们在自己时代所承诺的"本体"，正是人类在其前进的发展中所建构的阶梯和支撑点，它为人类的继续发展提供现实的可能性；人类及其哲学所寻求的"本体"永远是作为中介而自我扬弃的，而人类的本体论追求则贯穿于全部的人类文明史。

这种以实践观点的思维方式所展开的哲学本体论追求，既把人类"文明的活的灵魂"凝聚为"时代精神的精华"，又把"时代精神的精华"升华为"文明的活的灵魂"，从而构成人类历史性地"选择"的"标准"，即自己时代的"相对之绝对"。这种为人类生活奠基的本体论追求，应当是21世纪哲学的最重要的理论自觉。

五　哲学思维的理论自觉

在当代中国解放思想、改革开放的历史进程中，我国哲学界不断地深化了哲学研究的理论自觉。反思和推进这种理论自觉，是当代中国哲学创造中华民族的"思想自我"和"走向世界"的一个重要课题。

（一）哲学研究的"学术性"与"现实性"的双重自觉

面向现实和坚持学术是当代中国哲学研究积淀的宝贵经验。哲学是"思想中所把握到的时代"和"自己时代精神的精华"，面向现实生活是哲学的"天命"。任何真诚的哲学思考不仅深入自然、生命和历史的深处，并且有着成为现实的力量。然而，"思想中的时代"并不是"表象中的时代"，哲学需要艰苦的精神劳作，不能在对现实关怀的迫切中搁浅。当代中国哲学学者已经自觉地致力于哲学的现实性与学术性相统一，但在哲学研究中仍存在着不容忽视的两种状况：或者以面向现实之名而不是在哲学层次上提出问题和分析问题，或者以学术研究之名而拒绝哲学的现实关怀。这种现状表明，对于哲学研究的现实性和学术性的关系的理解亟待深化。

作为"思想中所把握到的时代"和"自己时代精神的精华"，哲学所要把握的不是各种"实例的总和"，而是人类自己生活的"时代"和构成人类生活意义的"时代精神"。"时代"作为现实的尺度，是现实的总体化或总体性的现实，它不是现实中的各种事物的抽象共相，而是由现实聚集创造的"时代精神"。这种"时代精神"不能为杂乱的感觉、流变的表象所把握，而只能由思想"说出"；构成人类生活意义的"时代精神"，是由众多个性化的生命活动和个体的意志所创造的"合奏曲"，它不能为狭隘的情感和主观的意愿所领会，而只能由思想"听出"它的"主旋律"。在这个意义上，思想、概念、理论并不在现实的对面，而是由时代及时代精神作为总体性的现实所构成的历史与逻辑的统一。哲学作为"思想中的时代"是以"最抽象的方式"所把握到的"最现实的存在"，也就是从对人类创造文化的多样性活动的丰富感受中超拔出来，凝聚成时代精神的"普照光"、把握到时代精神的"主旋律"。当我们以"思想中的时代"的"普照光"去观照、反思人类创造文化的其他各种活动时，才能自觉地将各种文化活动规范、引导和提升到时代水平的高度，成就各种文化的"同时代人"。

哲学中的"现实"概念，不同于常识的、科学的"现实"概念，它不是对经验事实的"表述"和对情感意愿的"表达"，而是对历史发展趋势的"表征"，内含着总体性的理论把握和理想性的价值诉求。哲学"思想"并不在"现实"的对面，"现实"本身就内蕴着"思想"，因而，哲学不仅现实性地把握和描述"时代精神"，而且理想性地塑造和引领"时代精神"。所谓塑造和引领时代精神，就是哲学家以新的哲学理念和新的思维方式为人类展现新的世界，提示新的理想；以否定性的思维对待人类的存在，揭示人类生存和发展的多种可能性；以否定性的思维去反思批判各种理论的前提，揭示理论前提的其他可能性，从而在现实与理论多种可能性的某种交错点上，揭示人与世界之间的新的意义，提示可供反省和选择的新的理想。

哲学作为历史和逻辑的统一，造成其学术性与现实性分裂的深层根源是"历史"的缺场。哲学作为人类把握世界的一种基本方式，它是历史性的思想与思想性的历史的统一，处于"历史、现实与理论的交汇点"上。人们之所以易于将"现实"理解为一个静态的名词或片段的画面，而不是创造进化的动态过程，是因为逻辑中心主义的理念哲学对历史的遗忘与遮蔽。传统形而上学作为"本体论—逻辑学—神学"的三位一体，其真理是超历史的"逻辑—上帝"。"时间"在传统哲学中，只是一种"感性直观形式"，而没有作为"感性创造活动"成为存在本身。作为直观形式的时间是对"现在"的模仿，在"现在"时间的容器中，现实与历史截然二分，历史已经成为空洞的、僵死的过去。从把时间视为"感性直观形式"到把时间理解为以"感性创造活动"所构成的"人的存在和发展的空间"，存在本身就成为"现实的历史"。历史会通了古今，现实就是历史的聚集，而历史则是现实的创造进化。就历史与逻辑的关系来说，理论不是非历史的、超时间的逻辑先在，历史时间也不是逻辑展示自身的外在形式。理论是历史创造活动的回忆和凝结，而现实作为存放历史的空间是历史的聚集，理论与现实在历史性中实现了统一。

哲学作为对创造进化的生命冲动的最深邃的觉解，同时也守护着生命自由创造的本性。现实性不仅是创造性的生命活动构成的结果，而且是自由创造的生命本性本身。自由创造的生命本性作为现实性的深邃内核，构成了现实性得以实现的根据，而作为学术的哲学则成为自由创造的生命本性的澄明者与守护者。学术性与现实性在回归哲学本性的哲学研究中，方能达到真实的一体化；"究天人之际，通古今之变"的哲学，在"历史、现实与理论的交汇点"上，方能"成一家之言"。

(二)哲学研究的"历史性的思想"与"思想性的历史"的双重自觉

哲学是历史和逻辑的统一，这包含两层含义：哲学是历史性的思想，哲学史则是思想性的历史。忘却了历史的逻辑必将成为形式主义的僵死枯骨，丢弃了逻辑的历史则会成为"数据的罗列"和"实例的总和"。正是在这个意义上，真正的哲学就是"一种建立在通晓思维的历史和成就的基础上的理论思维"。

哲学的学术研究，突出地表现为对哲学史上的重要哲学家及其经典文本的"客观的研究"。所谓"客观的研究"，就是不以先在的理论教条对哲学史进行"外在的批判"和僵化的规定，而是以严谨的态度肯定哲学史自身的独立地位和价值，梳理哲学史的发展脉络和思想逻辑，力图把哲学发生的历史构成为思想性的历史，悬搁概念理论的先行设定，以对历史上哲学的客观的研究代替教条的格义，注重于哲学思想的"固有体系、固有问题和内在的了解。"[1]这种"内在的"研究呈现了哲学自身的丰富性，凝结出哲学思想的新的重心和问题，照亮以往被遗忘的角落，展现对哲学思想研究的多元的角度，甚至改变以往研究的哲学思想的主题，从而把哲学史展现为"思想性的历史"。

在"思想性的历史"中，任何一种真正的哲学都是一种"历史性的思想"，都具有自身存在的独特的根据与意义。这就是中国学人所讲的"接着说"。不可否认的是，三十年来我国哲学界主要是在"照着说"方面取得了进步，尚未达到真正意义上的"接着说"，还没有建立中国哲学的自主话语，创造出个性化的、原创性的、典范性的伟大哲学作品。一味"照着说"并不符合哲学创新的生命本性，历史意识的过分沉重湮没了自我的个性和创新的欲望。也许，我们确实在哲学研究中遗忘了自我；也许我们在思想英雄和高尚心灵面前自惭形秽，不敢尊重自己。但是，我们凭借什么与思想英雄比肩？自信不过是自身力量的自觉与把握，我们的力量来自哪里？离开"思想性的历史"提出一套自己的思想观点和理论

---

[1]　陈来：《中国哲学研究三十年回顾》，载《天津社会科学》，2008(1)。

体系，也许不乏"原创性"和"独特性"，但却难以使其坚实性、广阔性和延续性获得实在的意义。当我们力图悬搁一切先见，回到事情本身的时候，事情本身是什么？哲学是活在当下的思的事情。哲学之思不是个别的思，而是思本身，即对思想的思想。"活在当下"意指哲学的时代性关涉，即哲学之思当凭借时代性内容去反思人类性问题。哲学史是"思想性的历史"，那里存放着永恒的哲学基本问题。哲学对时代的把握是以"接着说"的方式，即在对永恒的哲学基本问题的反思中反驳以往哲学的方式实现的。正是在此意义上，"哲学就是哲学史"。哲学作为活在当下的思的事情，就是要求哲学应当携带着时代聚集到"思想性的历史"——哲学史上来。

"哲学就是哲学史"的真实意义是"哲学史就是哲学"。哲学史应当是哲学的，是哲学的活生生的自我进展，是哲学自我的生命史，现在的哲学自身内包着哲学史。哲学史仍然活在哲学自身中，历史时间意味着变异、延续、进展和创造进化，是生命的确证。历史传统是"活着的过去"，这就是黑格尔以生命的流动和包含来形容的哲学史。为了使哲学史的研究成为哲学的，必须使哲学史从逻辑中心主义的统治下解放出来，必须使历史上的哲学家从抽象理念的剪裁下挣脱出来，恢复其丰富具体的个性，显示其内蕴的异质性、矛盾、裂缝和不协调之处，避免将生命创造的脉络僵化为思辨逻辑的构架。对于我们来说，"看到人家的好处"和"发现人家的问题"，进而"形成自家的思想"，这才是有意思和有意义的"接着说"的哲学活动。作为哲学的哲学史，不是死的遗产，而是活的生命，因而不是已完成的封闭之物，而是呼吸着现实的新鲜空气、走向新的文明的创造者。只有会通融合，才能开放哲学史呼吸的开口，唤醒历史上哲学家沉睡的灵魂，参与到我们与思想的英雄和高尚的灵魂的对话与辩论之中。我们与历史上的哲学家的对话与辩论，就是哲学史所呼吸的现实的新鲜空气。这种哲学史研究，就从以哲学史为对象的客观的知识研究，上升到我们与哲学史相融通的"同情的了解"和"带有敬意的批判"。"寻找理论资源"与"发现理论困难"的研究过程，就是与高尚灵魂的对话、对思想英雄的诘难、对时代精神的领悟。在"历史性的思想"与"思想性的历史"的哲学与哲学史的对话和论辩中开展哲学研究，这是实现哲学创新的不可或缺的前提。

(三)哲学研究的"专门化"与"个性化"的双重自觉

哲学研究的方式与社会生活的变化具有深层的内在相关性，哲学的逻辑表征着历史的进程。无论是 20 世纪 80 年代以前的教科书哲学，还是 80 年代的反思教科书的哲学改革，我国哲学研究的主流都是哲学原理教科书的体系建构和以其为中心的中外哲学史及其他哲学二级学科的建构。这种宏大的总体性研究范式具有历史的和逻辑的必然性。社会主义市场经济体制的逐步建立，使社会结构从政治、经济、文化的"领域合一"状态转变为"领域分离"状态，① 哲学研究实现了相对独立的状态和广阔的活动空间。

走出抽象空洞的总体性建构，哲学研究的一个突出变化是"专门化研究"的兴起。这种研究的突出特征，是"注重研究人类文化的某个成分或某个侧面，并从这种研究中寻找当代哲学的生长点。这种研究趋向的突出特征，是在汲取现代西方哲学积极成果的基础上，通过对语言、逻辑、观念、科学、技术、艺术、宗教、伦理、政治、法律、经济等的哲学探索，形成马克思主义的语言哲学、逻辑哲学、科学哲学、艺术哲学、政治哲学、经济哲学和法哲学等。"②哲学反思并不是无人身的理性对抽象的思想的直接思想，而是诉诸人类构成思想的各种基本方式的中介，实现对构成思想的基本观念的前提批判。哲学研究的专门化，构成了哲学反思的现实途径。正如列宁所说："要继承黑格尔和马克思的事业，就应当辩证地研究人类思想、科学和技术的历史"。③ 人类文化的

---

① 参见王南湜：《论市场经济条件下的文化运作方式》，载《天津社会科学》，1994 (5)。

② 孙正聿：《从"体系意识"到"问题意识"——九十年代中国的哲学主流》，载《长白学刊》，1994(1)。

③ 《列宁全集》第 38 卷，154 页，北京，人民出版社，1959。

各个成分或侧面，"就是那些应当构成认识论和辩证法的知识领域"①。在这个意义上，哲学研究的专门化，就是把哲学层面的理论思维"建立在通晓思维的历史和成就的基础上"。

哲学研究的专门化，其直接对象是人类文化的某种成分或某个侧面，以及这种成分或这个侧面所具有的思维方式和解释原则。把人类文化的某种成分或某个层面作为思维与存在的关系的中介，凸显了思想作为思想对象的存在的新方式，揭示了思维与存在的新的矛盾关系，深化了对构成思想的基本信念、基本观念、基本方式和基本逻辑的前提批判，使人们发现了隐藏在思想活动中的构成思想的秘密，从而变革了人的思维方式，打开了新的世界。因此，哲学研究的专门化具有了世界观意义，即构成了具有时代内涵的"人生在世和人在途中的人的目光"。

哲学研究专门化的一个重要趋向，是"注重研究现代哲学的各种流派及其所提供的方法论，其中主要是深化了对胡塞尔的现象学、索绪尔的结构主义、海德格尔的存在主义、维特根斯坦的日常语言分析、伽达默尔的解释学、罗蒂的新实用主义和德里达的解构主义的研究等等。"②哲学各流派的研究似乎主要是一种"文本"研究，但深层看来，这种专门化研究具有历史研究和哲学研究的双重特性。我们时代的生存境遇、思维方式和情感态度所汇聚成的"先验想象力"决定了哲学研究的专门化之选择，因而当代中国的专门化研究必然表现出"广泛而深刻的一致性"。只有"从事建筑未来的人"才有权力判断真相，因为真相是"现在之中最高的东西"。对哲学流派及其所提供的方法论之专门化研究，是透过其真实内容反思出其真实意义。此种专门化研究是以为对象奠基的方式对其做出超越性的理解，即对所研究的哲学流派进行元反思，提出不能回避的重大理论问题，并以重新安置思想的方式对问题做出某种解决。

哲学研究的专门化不仅拓展了哲学的研究领域、深化了哲学对存在

① 列宁：《哲学笔记》，399 页，北京，人民出版社，1960。

② 孙正聿：《从"体系意识"到"问题意识"——九十年代中国的哲学主流》，载《长白学刊》，1994(1)。

的反思，而且直接催生了哲学研究的个性化和哲学思想的创造性。哲学作为活在当下的思的事情，"从来都不是一种对精神以外的材料的简单接受，而始终立足于自身的活动，立足于一种内部的再造，即通过创造性精神而获取的、按照根据与结论而进行的理性明察的内部再造"①。人作为文化的存在，其一切思想与行为无不是在充满文字的文明底版上的再次书写，书写贯注了作者的生命意志，但书写活动所显现的却是文明的结构。个性是普遍性的显色剂，甚至个性本身也不过是普遍性之演变的征候。

哲学研究的个性化根源于其对真理"知其不可为而为之"的态度。希腊人认为，哲学是"爱智慧"，只能向智慧敞开向往与热爱之情。"对神的理智的爱"和"思维的至上性"都要求哲学的目光望向无限远处，然而哲学的目光所及却是哲学与生活、理性与现实和解的"世界观"，澄澈的天光在现实的云层中折射为"人生在世和人在途中的人的目光"。哲学是时代水平的人类自我意识的理论表征，这一理论表征是由哲学家的个体自我以其"独特的心灵体验、独立的反思意识和独到的理论解释"所把握到的"思想中的时代"。哲学的理论创造与哲学家的自我实现融为一体。就此而言，"哲学既是以哲学家个人的名义讲述人类的故事，又是以人类的名义讲述哲学家个人的故事"②。

哲学作为"爱智慧"，直接表现为哲学家个体灵魂的深切渴望与不懈追求。在哲学的理论探索中，"智慧"与热切的灵魂相遇，个体性被普遍理性所贯穿，普遍理性也打上个性的印记。哲学的理论形式中贯注着哲学家的探索开拓的求真渴望、对人类文明的深挚热爱、创造进化的生命冲动和"重估一切价值"的顽强意志。在这个意义上，哲学的理论创造就是每个哲学家为其他一切哲学家立法，对全部哲学史做出重新判断和安排。

---

① ［德］胡塞尔：《哲学作为严格的科学》，2 页，北京，商务印书馆，1999。
② 孙正聿：《思想中的时代》，447 页，北京，北京师范大学出版社，2004。

哲学对于它"知其不可为而为之"的"智慧"，只能以创造的方式予以接近和"摹仿"。哲学作为创造概念的活动，就是通过命名使不可见的能够被看到，而这"现身"的"不可见者"也使事物显得有了光彩。"人们总想以最适当的方式来画出一幅简化的和易领悟的世界图象；于是他就试图用他的这种世界体系来代替经验的世界，并来征服它。"①科学家创造理论形式以"表述"经验事实，艺术家创造形象以"表达"情感意愿，而哲学家则是创造个性化的概念体系以"表征"现实中的"非存在"——理想性的存在。

个性于哲学而言，并不是不能摆脱的消极因素，而是本质重要的。哲学作为理论思维，追寻着构成思想的具有创新性的解释原则，哲学研究的个性化更为集中地凸显在构建哲学理论体系的解释原则中。我们呼唤哲学的创新，但哲学创新的是什么呢？哲学不能创造新的事实，哲学家也不是预告未来的先知，"密纳发的猫头鹰"永远是对时代和时代精神的反思。哲学研究的人类性问题并不是抽象的普遍性问题，它折射在特殊的、相对的历史和民族的内容与表达之中。哲学的理论思维就是通过特殊的、相对的历史和民族的此在去反思普遍的人类性的"真际"。理论思维所达到的理性具体是特殊性与普遍性相统一的个体性。哲学思想作为特殊性与普遍性的统一，就是以个体性的体悟与思辨"说"出由人类的思想和文明所构成的人类性的存在。

（四）哲学研究的"基本问题"与"时代课题"的双重自觉

作为近代西方哲学开端的"我思故我在"，这一哲学命题的真实意义，在于凸显了"思""在"的哲学的"基本问题"——思维和存在的关系问题。思想具有意向本性，它总是关于对象的思想，这构成了思想的实在性倾向与信念，但此倾向与信念多为一般思想之"不自觉和无条件的前提"，而不能以严谨、自觉的态度审视和对待之。而人作为"会思想的苇草"，思想之尊严在于思想不仅具有意向性，而且具有自明性，思想能

---

① 《爱因斯坦文集》1 卷，101 页，北京，商务印书馆，2009。

够自觉其为思想，并能把不自觉的实在性承诺变为自觉的真理性追求。哲学就是这种尊严的守护者和思想的澄明者。思想的意向性和自明性造成了思想的两个维度：构成思想的维度和反思思想的维度。哲学思维尽管在本质上与一般思维同是一个思维，但却分别处于思想的不同维度上。人类把握世界的其他基本方式多是在不自觉的实在性倾向下去构成关于存在的思想，而哲学却是要把不自觉的实在性倾向当成真理性问题，以构成的思想本身为对象而反思构成思想的根据和前提。简言之，其他学科在思考世界，而哲学在思考真理。哲学作为"爱智慧"，永恒地追问理论思维的"不自觉的和无条件的前提"——思维与存在的统一何以可能。正因如此，恩格斯在总结哲学史的基础上提出："全部哲学，特别是近代哲学的重大的基本问题，是思维和存在的关系问题。"①

　　真理为思想奠基，成就其尊严。哲学这一永恒的苏格拉底形象，总是致力于揭露知识之无知，不懈地追问一般思维的真理性何以可能。哲学之所以能把一般思维的真理性信念当成问题，是因为它真正区分了思维与存在。一般思维基于思想的意向性所造成的实在性倾向，从来都把思维所意向的存在直接当成存在本身，而哲学思维则基于思想的自明性超越了直观的反映论，自觉地把关于存在的规定当成思维对存在的规定。物自体与现象界之区分如同一道划破知识之幕的理性之光，成为昭示着哲学的反思批判精神的伟大典范。从此，哲学一直在寻找真理的根基——思想的客观性。

　　思维与存在的关系问题作为哲学反思，哲学所反思的思想并不是抽象的思想，而是对时代水平的构成思想的基本观念的批判。这些基本观念是社会文化所聚集而成的一些时代思潮，或者是人类把握世界的各种方式所构成的普遍性思想或概括性知识。主要是由常识或科学构成的具有普遍性和概括性的基本观念，是一个时代的知识和话语的典型，构成了人类思想和行为的支撑点，成为时代水平的思维与存在之网的网上纽

---

　　① 《马克思恩格斯选集》第 4 卷，223 页，北京，人民出版社，1995。

结和时代思潮的焦点。哲学作为"时代精神的精华"，以对时代及其精神的反思批判为己任，从根本上是对构成思想的基本观念——诸如世界观、自然观、社会观、历史观、发展观、人生观、价值观——的前提批判。正是对构成思想的基本观念的审视和反思，揭示了时代思潮直接聚集成的基本观念。常识性的基本观念虽然提供思想和行为的实在性信念，但并无确定的真理性基础，其下隐藏着"诸神的冲突"；常识性的基本观念作为"获胜的神祇"充当了一个时代的主流话语，但其价值的优先性尚无真理性确证。对构成思想的基本观念的反思，不仅是哲学"力求思想自觉其为思想"，更为重要的是赋予人类的基本观念以新的内涵，变革人的世界图景、思维方式和价值追求，打开新的世界，引导新的生活。

当代的发展哲学、价值哲学、历史哲学、文化哲学、科学哲学、政治哲学等，正是对构成思想的流行的基本观念——诸如"发展""价值""文化""历史""科学""政治""理性""正义""平等""自由"——的深切反思。这些流行的基本观念作为时代思潮的直接诉求与聚焦，仍然是混淆的、整体的经验性实在，哲学把这种实在性倾向当成问题，对这些基本观念进行社会性反思，以理论思维对其中的思想进行分析与综合，实现为理性的具体，即时代的哲学理念。哲学把"表象中的现实"升华为"思想中的时代"，主要是通过对基本观念的理性反思实现的。对基本观念的理论思维的反思性认识，使这些经验性实在具有了生命，一个"似乎先验的结构"呈现出来，从而基本观念被赋予了时代水平的哲学内涵，成为具有普遍必然性的社会理性的存在。混杂的"声音形象"被谱成了时代的"主旋律"，从经验到先验、从现实到理性的反思性升华和超越性把握，"按照美的尺度"创造了真理与价值相统一的社会理性，表征了基于现实的理想性存在。对基本观念的反思，是哲学追求真理的创造性活动，它把思想对对象的含混性的直接意指，扬弃为思维对存在的普遍必然的理性构造。社会理性作为真善美的统一，是"时代精神的精华"，构成了时代水平的最高支撑点和安身立命之本，成为各个时代的规范人的思想和行为的根据、标准和尺度。人的自我创造和生成的历史，就是个体理性认同社会理性以成为"社会的人"的过程。

物自体与现象界之划分，使形而上学作为关于真理的科学成为不可能，"后形而上学"使哲学自觉为"历史性的思想"。思想的客观性问题被置于社会文化的历史河流中，思维与存在的关系问题从"认识何以可能"的"解释世界"的问题，深化为真理和价值相统一的社会理性的问题，即以"标准"与"选择"为核心范畴做出社会性关切和文化性安排的"改变世界"的问题。因而，在后形而上学思想中，思想的客观性问题就是个体理性反思并认同普遍的社会理性的问题，社会理性在社会的现实与理想之间保持了必要的张力，昭示着人们对真理、正义和更美好的生活的追求，社会理性便成了时代水平的哲学理念。

哲学是"思想中的时代"，思维与存在的关系问题作为哲学反思，就是对时代的基本观念的批判，这成就了哲学面向现实的"天命"。因而，哲学研究的"基本问题"不是超历史的抽象思想，而是对"时代课题"的理论反思。哲学"面向现实"，但又"拉开间距"，使"问题中的哲学"升华为"哲学中的问题"。哲学作为对时代思想的反思与奠基的活动，把"时代课题"的外部困难升华为哲学"基本问题"的内部困难。哲学对"时代课题"的理论思维，把"时代课题"的经验性实在创造为"似乎先验"的社会理性的存在。这种真理与价值相统一的美的理念，就是作为"相对之绝对"的时代水平的思维与存在相统一的哲学理念。

(五)哲学研究的"民族特色"与"走向世界"的双重自觉

随着"历史"成为"世界历史"，"民族的片面性和局限性日益成为不可能"。如何提高和扩大我国文化的"思想力"在国际社会中的地位和影响，已成为我国社会发展尤其是文化发展中的一项重大任务。我国哲学界越来越清醒地意识到了哲学作为文化的核心部分这一问题的重要性和迫切性。无论是关于中国哲学、马克思主义哲学和西方哲学的会通融合的讨论，还是中国哲学合法性的反思与重建；无论是建构中国化的马克思主义哲学形态的呼声，还是让西方哲学"说汉语"的努力，都体现了学者们对此的自觉意识。

真正切实地推进这一事业，最为根本的途径是在世界化与本土化之间保持必要的张力，充分汲取世界哲学的优秀成果，立足于我们已有的文化传统，重建中国哲学的自主话语，创造出个性化的、原创性的、具有典范性的伟大哲学作品，让这种作品本身"说话"，从而在世界哲学领域发挥其影响力，赢得世界哲学界的关注和承认。这是哲学学科发展中面临的根本挑战。

　　自近代的西学东渐以来，我国学界的哲学研究和哲学思考主要是从西方哲学家的著作中引入问题和概念，借鉴其思维方式和解决问题的办法，阐发西方哲学家的思想学说和理论逻辑。其间的中国哲学的研究，则主要是利用西方的哲学模式去"格"中国的传统经典文本，努力把握中国传统文化中的哲学问题和哲学思想，以期建立完善的中国哲学体系。近年来，随着中华民族的伟大复兴事业的进展，我国哲学界建立起强烈的自我意识，不仅西方哲学从原先的引进、介绍和学习转入深入研究、反思和批判，而且对中国哲学的研究从原来的以西方哲学模式格义的外在梳理转向"注重于中国哲学家思想的固有体系、固有问题和内在的了解"。但西方人和中国的古人不能代替我们独立思考，我们应当"找回失去的哲学自我"，创立表征中华民族现代存在方式的中国自己的当代哲学理论。"哲学是民族之魂，哲学标志着一个民族对它自身自觉意识所达到的高度和深度，体现着它的心智发育和成熟的水准。从这一意义说，创造当代中国哲学，实质就是要创造中华民族的'思想自我'。"①

　　为了走出一条创造中华民族的"思想自我"的道路，首要的是使我们的哲学成为一种"公共性话语"。无论是雅典街头的反讽辩难，还是稷下学宫的百家争鸣，哲学都是发生在广场上的公共性话语。话语的公共性诉求不仅符合语言之社会本性，而且是思想自身的进一步反思与澄明，它体现了哲学作为一种社会化活动的努力。当我们说哲学是"思想中的时代"、"时代水平的人类自我意识的理论表征"时，即承认哲学是对时

---

① 高清海：《思想解放与人的解放》，238页，哈尔滨，黑龙江教育出版社，2004。

代的反思性与超越性的认识以及理论思维的把握。反思首先是一种语言对思想的辨析与区分的分析活动，它作为理论思维得以可能的前提是思想本身的可批判性。哲学思维与一般思维的根本区别在于，哲学反思抗拒着思想的自然主义与实质主义倾向，澄清思想的混淆与误置，消解经验主义意识形态的幻觉。哲学认识显现了思维与存在的关系之网的网上纽结，使我们发现了普通认识的真相和构成思想的秘密，进而变革了构成思想的诸种前提，使人的世界图景、思维方式和价值观念具有了新的时代内涵。

从"传统"与"现代"的时代特征上，可以发现传统哲学与现代哲学的原则区别。传统自然经济所形成的是"人的依赖性"的存在方式，表征这种存在方式的传统哲学则从根本上说是对某种"神圣形象"的确立。现代市场经济所形成的是"以物的依赖性为基础的人的独立性"的存在方式，表征这种存在方式的现代哲学从根本上说是消解马克思所指认的人在"神圣形象"和"非神圣形象"中的自我异化。世界历史创造了世界哲学。中国哲学之"走向世界"，从根本上说承担着现代哲学的共同的历史任务，自觉地参与到"世界广场"上的辩论。"民族特色"不是一种封闭的自在性，而是世界广场的公共性话语中的"独特声音"。因此，创造中华民族的"思想自我"，并不是单纯的如何对中国传统文化进行创造性转化的问题，而是把"问题"作为"时代的呼声"，在回应和回答时代性问题中发出自己的"独特声音"。在这种"独特声音"中，传统是"活着的过去"，是被现时代赋予了新的内涵的文化符号，是历史、文化与当代经济、政治、文化的新事物交织成的现代"人文地理"。

马克思主义哲学与中国传统哲学、西方哲学融会贯通，并不是一个刻意为之的问题，而是一个对社会现实（"人文地理"）的理论思维的问题，现实的创造进化才是真正的综合创新。当代中国最大的实际是改革开放，现代市场经济消解了"人的依赖性"的存在，构成了"以物的依赖性为基础的人的独立性"的存在方式。泥古保守是不可能的，因为市场经济不仅开辟了新的世界，也在创造着"新的传统"。模仿西方也是不可能的，中国独特的社会现实与现代化道路，使我们无法以西方的历史经验来剪裁活生生的中国经验与中国问题。走自己的路才是现实的道路。

创造中华民族的"思想自我"，就是以理论思维对中国的社会现实进行反思性的认识与超越性的把握，直面和追问我们自己的问题与希望，努力创造现实与理想、真理与价值相统一的"社会理性"，成就"思想中的时代"。在"历史"已经成为"世界历史"的"我们的时代"，中国的就是世界的，世界的就是中国的。面对全球化的现代性问题，瓦解资本的逻辑，超越"以物的依赖性为基础的人的独立性"，实现人的"自由个性的全面发展"和"自由人的联合体"，应当成为当代世界的哲学追求。当代中国的"思想自我"就是以中国化的马克思主义哲学所实现的这种哲学追求。历史文化的符号交织成中国哲学话语的能指系统，独特的"人文地理"构成了理论思维表征社会现实的民族性形式。以时代性内容和民族性形式回应和表征人类性问题，为人类的现代化反省和自我认识提供"遥远的目光"，不仅会造就中华民族的"思想的自我"，而且必将筑成一条人类通向远方的思想道路。

六　时代精神主题化

1945年第二次世界大战结束以来，人类社会发生了空前的重大跃迁，人类文明实现了空前的重大发展，人类自身也面对空前的重大挑战。这一重大跃迁、重大发展和重大挑战的实质，是"历史"转变为"世界历史"的重大飞跃，从而构成了具有特定内涵的"我们的时代"。以人类文明的时代性问题作为哲学研究的"聚焦点"和"生长点"，洞悉"我们时代"的时代精神，反思"我们时代"的时代问题，形成"我们时代"的哲学理念，引领"我们时代"的创新实践，应当是21世纪中国马克思主义哲学研究的最具根本性的理论自觉。

(一)历史转变为世界历史的"我们的时代"

1845 年至 1846 年，第二次世界大战结束的一百年前，马克思恩格斯就在其合著的《德意志意识形态》中极富洞察力地提出，"我们的时代"的根本特征和基本标志，是"历史向世界历史的转变"。这深刻地表现在，"单个人随着自己的活动扩大为世界性的活动"，越来越受到"日益扩大的、归根结底表现为世界市场的力量的支配"；"每一个单独的个人的解放的程度是与历史完全转变为世界历史的程度一致的"①。这提示我们从历史转变为世界历史的"程度"来把握"我们的时代"。

1848 年，马克思恩格斯在其合著的《共产党宣言》中，对"历史向世界历史的转变"的"资产阶级时代"，做出了具体的、深刻的描述和阐释：其一，"资产阶级在它的不到一百年的阶级统治中所创造的生产力，比过去一切世代创造的全部生产力还要多，还要大"②；其二，"由于开拓了世界市场，使一切国家的生产和消费都成为世界性的了"，"过去那种地方的和民族的自给自足和闭关自守状态，被各民族的各方面的互相往来和各方面的互相依赖所代替了"③；其三，"物质的生产是如此，精神的生产也是如此。各民族的精神产品成了公共的财产。民族的片面性和局限性日益成为不可能"④；其四，资产阶级"迫使一切民族""采用资产阶级生产方式"，从而"它按照自己的面貌为自己创造出一个世界"；其五，资产阶级不仅"使农村从属于城市"，而且"使未开化和半开化的国家从属于文明的国家，使农民的民族从属于资产阶级的民族，使东方从属于西方"；⑤ 其六，资产阶级"日甚一日地消灭生产资料、财产和人口的分散状态"，"由此必然产生的结果就是政治的集中"；其七，"生产的不断变革，一切社会关系不停的动荡，永远的不安定和变动，这就是资

---

① 《马克思恩格斯选集》第 1 卷，42 页，北京，人民出版社，1972。
② 《共产党宣言》，27 页，北京，人民出版社，1967。
③ 同上书，25—26 页。
④ 同上书，26 页。
⑤ 同上书，26 页。

产阶级时代不同于过去一切时代的地方①";其八,"一切固定的古老的关系以及与之相适应的素被尊崇的观念和见解都被消除了,一切新形成的关系等不到固定下来就陈旧了。一切等级的和固定的东西都烟消云散了,一切神圣的东西都被亵渎了"②。马克思恩格斯所阐述的历史向世界历史"转变"的"资产阶级时代",从根本上改变了人类存在的历史形态,即从"人对人的依附性"存在转变为"以物的依赖性为基础的人的独立性"的存在。因此,"资产阶级时代"就是马克思所揭示的人在"非神圣形象"(资本)中"自我异化"的时代。

与马克思恩格斯所阐述的"历史向世界历史的转变"的"资产阶级时代"相比,第二次世界大战结束以来的"我们的时代"实现了空前的"历史向世界历史的转变"。这种"转变"不仅表现为普遍化的"量的扩张",而且表现为时代性的"质的飞跃"。这种新的历史性内涵,构成了人类文明史上的"我们的时代"。

第一,历史转变为世界历史的"信息化"时代。

按照马克思的观点,"各种经济时代的区别","不在于生产什么,而在于怎样生产,用什么劳动资料生产。劳动资料不仅是人类劳动力发展的测量器,而且是劳动借以进行的社会关系的指示器"③。正是以劳动资料的历史性变革为"测量器"和"指示器",通常是把人类的文明形态区分为"农业文明""工业文明"和"后工业文明"。作为"后工业文明"的"我们的时代",其主要标志就在于"用什么劳动资料生产"发生了质的飞跃。从总体上看,20世纪中叶以来人类的科学发现和技术发明,已经超过此前的科学发现和技术发明的总和。具有标志意义的是,20世纪40年代中期人类就进入了利用核能的新时代,50年代后期人类开始向外层空间进军,70年代人类又以重组DNA为标志进入可以控制遗传和生命过程的新阶段,80年代以微机处理机的大量生产为标志进入信息

---

① 《共产党宣言》,25页,北京,人民出版社,1967。
② 同上书,25页。
③ 《马克思恩格斯全集》第23卷,204页,北京,人民出版社,1972。

时代，90 年代则以软件开发及其大规模产业化为标志进入信息革命的新纪元①。这表明，科学技术已经不仅成为"我们的时代"的名副其实的"第一生产力"，而且极为深刻地改变了人与自然、人与社会、人与自我的关系，即全面地改变了人与世界的关系。信息传播的速度（即时性）和规模（全球性）、信息传播的多样性和多元性、信息传播的方式和规则、信息传播的深度和效应，使得"信息化"不仅成为劳动力发展的"测量器"，而且成为社会关系的"指示器"。"信息化"已经成为历史向世界历史转变的"加速器"。

第二，历史转变为世界历史的"经济全球化"时代。

人类在进入"信息时代"的同时，进入了以"市场经济"为基本内容的"经济全球化"时代。经济全球化是人类经济活动超越国家、民族的界限而使全球经济活动融为一体的发展进程，主要包括贸易全球化、生产全球化、金融全球化三个阶段，并在这个过程中把市场经济的运行机制延伸为世界市场，从而实现全球范围内的资源配置。以自然资源差异为基础的传统的国际分工，日益让位于以现代新科技、新工艺为基础的新型国际分工。进入 21 世纪以来，作为经济活动的三要素的人、财、物，国际贸易、国际投资和跨国劳动力这三者不仅呈现显著的增长，而且其规模均达到历史未曾有过的水平。生产国际化促进了贸易国际化和金融国际化，国家之间的经济联系空前加强。在经济全球化的进程中，信息技术革命、信息传播全球化的发展和国际互联网的普及，不仅成为"经济全球化"的技术支撑，而且深刻地变革了国际关系和人的存在方式。

第三，历史转变为世界历史的"政治多极化"时代。

第二次世界大战之后的历史转变为世界历史的质的飞跃，深刻地体现在国际关系的重大变革上。20 世纪 40 年代中期以后的"两大阵营"的对峙，在政治上标志着"我们的时代"已经从"资产阶级时代"转变为社会

---

① 参见宋健主编：《现代科学技术基础知识》，41—42 页，北京，科学出版社、中央党校出版社，1994。

主义与资本主义"两大阵营"对抗的时代，即两种意识形态和两种社会制度对抗的时代。20世纪50年代以来的"国家要独立，民族要解放，人民要革命"的时代潮流，使得帝国主义的"让东方从属于西方"的殖民时代转变为"第三世界"形成的"后殖民时代"。20世纪80年代末90年代初的"苏东巨变"及其后的"颜色革命"，既改变了"两大阵营"对抗的基本格局，又在国际关系多极化的变迁中形成了既斗争又合作的大国博弈，新型的大国关系以及政治多极化深刻地改变了国际政治格局，并制约着世界的"和平与发展"。改革开放以来，中国作为和平崛起的新型大国，以"人类命运共同体"的基本观念，开拓了历史转变为世界历史的新的世界图景。

第四，历史转变为世界历史的"个体社会化"时代。

世界性的"现代化"进程，深刻地改变了人类自身的存在方式和发展方式，现实的人作为"一切社会关系的总和"获得了新的时代内涵。其一，从人类自身生产说，控制其生产方式和生产规模的技术手段发生了革命性变革，提高其成活率和人均寿命的物质基础、技术手段和社会条件发生了革命性变革，提高其识字率和受教育水平的社会条件和思想观念发生了革命性变革，尊重和保障人权的"理念"取得了相当程度的现实性。其二，从人类自身存在说，现代化所造成的日常经验科学化、日常消遣文化化、日常交往社交化、日常行为法治化和农村生活城市化，使得人的社会关系已从传统的"熟人社会"转变为现代的"陌生人社会"，人的精神家园已从"精英文化"的陶铸转变为"时尚文化"的引领，人的学习方式已从个体性的"经验积累"和"知识积累"转变为"获取信息"的网络时代，"你的脑袋在云端"已经成为世界性的时代潮流。对于经历过30多年改革开放的当代中国人来说，不仅从"吃粗粮、穿布衣、住平房、骑自行车"变为"吃细粮、穿时尚、住楼房、开私家车"，而且生活于由"银行、保险、股票、税务、传媒、执照"等所构成的"社会关系"之中。我国人口的人均寿命达到76.5岁，人口"老龄化"已成为中国社会的一大景观，而与"老龄化"相伴生的"广场舞"则成为中国人生活方式的又一大景观。"国家富强，民族振兴，人民幸福"的中国梦，不仅是历史向世界历史转变中的我们的价值诉求，而且以占世界四分之一人口的中国人的生活状况的历史性巨变显示了"我们的时代"的历史性巨变。

"我们的时代"所实现的"信息化""经济全球化""政治多极化"和"个体社会化"，以空前的规模和速度、空前的普遍性和深刻性，改变了"东方从属于西方"的"资产阶级时代"，把"历史向世界历史转变"的"程度"极大地提升了。这不仅促进了人类文明的重大发展，也给人类文明带来了重大挑战。把握这种重大发展的时代性内涵和洞悉这种重大挑战的时代性问题，是实现 21 世纪中国马克思主义哲学研究的"时代精神主题化"的基本前提。

（二）历史转变为世界历史的"我们时代"的时代性问题

1859 年，在马克思写作其《〈政治经济学批判〉序言》的同年，英国文学家狄更斯的《双城记》出版。在这部小说的一开头，狄更斯写下了一句被后人广为流传的名言："这是一个最好的时代，这是一个最坏的时代。"然而，与今天的"我们的时代"相比，狄更斯在一个半世纪之前所写下的这句名言，也许只不过是一种夸张的修辞而已：马克思和狄更斯所生活的"我们的时代"既不是"最好"的也不是"最坏"的，因为那个时代的人类既没有能力真正地"拯救"自己，也没有能力真正地"毁灭"自己。今天的"我们的时代"，则可以并无夸张地称之为"最好"的时代和"最坏"的时代：人类自身的"能力"已发展到如此程度，既可以"毁灭"自己，也可以"拯救"自己。这就是"我们的时代"所达到的历史转变为世界历史的"程度"，也是"我们的时代"所面对的最具挑战性的时代性问题。

对于"我们的时代"所达到的历史转变为世界历史的"程度"，可以从不同的角度予以概括、描述和阐释，但我想用一个特殊的句式来表达这个"程度"——"让……存在"：让人类赖以生存的"水"和"空气"存在，让与人类相伴的"植物"和"动物"存在，让人类创造的"物质财富"和"精神财富"存在，让人类文明的"传统"和"多样性"存在，让人类自身存在。这就是说，人类自身的存在，人类家园的存在，已经达到只能是"让其存在"的"程度"。这是人类文明得以空前发展的时代，也是人类文明遭遇最严重挑战的时代，因而是人类文明的真实的"最好"的和"最坏"的时代。

"让其存在"的"让"，就是"容许"其存在、"保护"其存在。因此，"让其存在"具有不可或缺的双重内涵：其一是达到"让其存在"的"程度"，也就是达到只有"让其存在"方能存在、"不让其存在"就不能存在的"程度"；其二是形成了"让其存在"的"自觉"，也就是形成了必须"让其存在"才能存在、"不让其存在"就会毁灭的自觉。马克思恩格斯指出："意识在任何时候都只能是被意识到了的存在，而人们的存在就是他们的实际生活过程。"①正是"让其存在"的"现实生活过程"，才形成了对"让其存在"的"自觉"；而后者"自觉"到什么程度，则首先取决于前者"达到"什么程度。因此，真正地达到对"让其存在"的"自觉"，首先必须深刻地把握"让其存在"的"程度"。

在以实现"现代化"为主要标志的"历史向世界历史的转变"进程中，人类愈来愈强烈地形成了以科技进步和科技革命而无限地扩大改变自然、征服自然的能力的信念，并由此形成了"大量生产、大量消费、大量废弃"的"现代化"的生产方式、消费方式和生活方式，甚至"陶醉于我们人类对自然界的胜利"。然而，正如恩格斯早就警告的那样，"对于每一次这样的胜利，自然界都报复了我们。每一次胜利，在第一步确实取得了我们预期的结果，但是在第二步和第三步却有了完全不同的、出乎预料的影响，常常把第一个结果又取消了"②。进入 21 世纪的人类正在强烈地感受到，科学技术的进步已发展到是一把既能"造福"人类又可以"毁灭"人类的"双刃剑"："一方面知道科学是理性和人类文化的最高成就，另一方面又害怕业已变成一种发展得超出人类的控制的不道德和无人性的工具，一架吞噬着它面前的一切的没有灵魂的凶残机器"③。只

---

① 《马克思恩格斯全集》第 3 卷，29 页，北京，人民出版社，1960。

② 《马克思恩格斯选集》第 3 卷，517 页，北京，人民出版社，1972。

③ ［美］M. W. 瓦托夫斯基：《科学思想的概念基础》，9 页，北京，求实出版社，1989。

有"让其存在"，人类赖以生存和发展的"家园"才能存在，这是"我们的时代"人类所面对的最具挑战性的时代性问题。

如果说现代科技革命的后果之一是"让人类家园存在"的问题，那么，经济全球化的直接后果则是"让人类自身存在"的问题。经济全球化的实质内容是全球市场化，并由此构成了"全球化"的人在"市场经济"中的存在方式，也就是"以物的依赖性为基础的人的独立性"的存在方式。这种存在方式的实质在于，"每个个人行使支配别人的活动或支配社会财富的权力，就在于他是交换价值的或货币的所有者。他的衣袋里装着自己的社会权力和自己同社会的联系"①。人对"物"的依赖，"它使人和人之间除了赤裸裸的利害关系，除了冷酷的无情的'现金交易'，就再也没有任何别的联系了"，从而把人的存在"淹没在利己主义打算的冰水之中"②。这就是"全球化"的人在马克思所指认的"非神圣形象"（资本）中的"自我异化"。

历史转变为世界历史的"现代化"过程，在体制的意义上是全球"市场化"过程，在文化的意义上则是空前的"价值观"剧烈震荡的过程。"农业文明"是在文化意义上确立"神圣形象"的过程，也就是以某种"神圣形象"作为价值标准而规范人们的思想和行为；"工业文明"则是在文化意义上消解"神圣形象"的过程，也就是以"非神圣形象"取代"神圣形象"作为价值标准而规范人们的思想和行为；所谓的"后工业文明"，则是在确立"非神圣形象"与消解"非神圣形象"的矛盾冲突过程中，从"没有选择的标准的生命中不堪忍受之重的本质主义的肆虐"转变为"弱化标准的选择的生命中不能承受之轻的存在主义的焦虑"。两极对立模式的消解，英雄主义时代的隐退，高层精英文化的失落，理性主义权威的弱化，人类精神家园的困惑，成为"我们时代"的社会思潮。重构"我们时代"的"精神家园"，已经成为人类面对的最为严峻的时代性课题。

---

① 《马克思恩格斯全集》第 30 卷，106 页，北京，人民出版社，1995。
② 《马克思恩格斯选集》第 1 卷，253 页，北京，人民出版社，1972。

（三）历史转变为世界历史的"我们时代"的哲学理念创新

对于"我们的时代"的哲学反应，最大的问题是以"非历史"的或"超历史"的两极对立、非此即彼的思维方式和价值判断去看待"最好的时代"与"最坏的时代"：要么以"最好的时代"为依据而"歌舞升平"，要么以"最坏的时代"为依据而"杞人忧天"。超越这种非此即彼的思维方式和价值判断，并不是以"好"与"坏"的"一方面"与"另一方面"的"辩证词句"去解说人类文明的现实与未来，而是以马克思主义的历史唯物主义的观点去洞察"我们的时代"，以哲学理念创新去引领人类文明形态的变革。

马克思提出："光是思想竭力体现为现实是不够的，现实本身应当力求趋向思想。"①现实应当趋向的"思想"，不是"极端"的思想，也不是"调和"的思想，而是源于现实而又引领现实的思想，也就是源于现实而又超越现实的作为"理想"的思想。作为"理想"的思想要取得现实性，就必须变革"让其存在"的现实，而达到"使其存在"的现实——以创造性的理念和创造性的实践"使理想存在"。

这种塑造和引导新的时代精神的"思想"的典范，首先就是马克思主义哲学。马克思主义哲学的出发点不是"抽象的人"和"抽象的存在"，而是"现实的人"和"现实的历史"；马克思主义哲学的研究对象不是"抽象的人性"和"与人无关的自然"，而是"物和物的关系"掩盖下的"人和人的关系"；马克思主义哲学的理论使命不是追究"世界何以可能"，而是探究"解放何以可能"，因而是"对现存的一切进行无情的批判"；马克思主义哲学的"无情的批判"不是痛斥"现实的不合理"，而是要改变"不合理的现实"。正是这种哲学诉求，使得马克思主义哲学实现了哲学理念的创新，为创建人类文明新形态提供了新的哲学理念。

以探究"解放何以可能"为自己的理论使命，马克思主义哲学实现了人类文明史及其哲学史上的伟大革命，把哲学研究"聚集"于"人的存在""人的历史"和"人的解放"。人的存在的根本矛盾是人的实践活动

---

① 《马克思恩格斯选集》第 1 卷，10 页，北京，人民出版社，1972。

的"合目的性与合规律性"问题，人的历史的根本问题是"历史活动与历史规律"问题，人的解放的根本问题是"解放的旨趣与解放的道路"问题。以人的存在、人的历史和人的解放为根本问题的马克思主义哲学，是"历史"的"唯物论"，也是"历史"的"辩证法"，因而是作为"新世界观"的"历史唯物主义"。这个"新世界观"应当是反省"我们的时代"的根本性的哲学理念。

在历史转变为世界历史的"让其存在"的"我们的时代"，"倒逼"我们向自己追问：人类最难认识的是什么？人类最难控制的是什么？人类最难战胜的是什么？给人类带来最大危害的是什么？人类在"我们的时代"面对的最大的难题是什么？早在 20 世纪 50 年代，我国学者梁漱溟先生就曾感慨万千地指出："科学发达至于今日，既穷极原子、电子种种之幽渺，复能以腾游天际，且即攀登星，其有所认识于物，从而控制利用乎物者，不可谓无术矣。顾大地之上人祸方亟，竟自无术以弭之。是盖：以言主宰乎物，似若能之；以言人之自主于行止进退之间，殆未能也"。① 在这里，梁先生不只是明确地提出人类的最大难题是能否"自主于行止进退之间"，而且是深刻地提示我们以"自主于行止进退之间"作为人类文明的最根本的哲学理念。在我看来，"我们的时代"的"人之自主于行止进退之间"，需要以马克思主义的历史唯物主义为指导思想，着力探讨四个最为重要的哲学理念：一是"趋利避害"的哲学理念，二是"美美与共"的哲学理念，三是"创新实践"的哲学理念，四是"文化自信"的哲学理念。

一是形成"我们时代"的"趋利避害"的哲学理念。

趋利避害是一切生物的本能，也是一切生物存在的基础，因此是作为生物的"人"的本能和存在的基础。然而，人之外的其他生物，它们所趋之利和所避之害，并不是"有意识"的选择，而是"无意识"的反应，也就是"本能"地趋其利而避其害。这正如马克思所说："动物是和它的生

---

① 梁漱溟：《人心与人生》，14 页，上海，上海人民出版社，2005。

命活动直接同一的。动物不把自己同自己的生命活动区别开来。它就是这种生命活动。人则使自己的生命活动本身变成自己的意志和意识的对象。他的生命活动是有意识的。……有意识的生命活动把人同动物的生命活动直接区别开来。"①人的"有意识"的生命活动，不仅构成了人类特有的"趋利避害"的实践的活动方式，而且使"趋利避害"成为人类活动的最为严峻的"难题"：对于人类来说，究竟何者为"利"、何者为"害"？人的实践活动的"合目的性"与"合规律性"能否和如何达到统一？人如何在当代的实践活动中解决整体的、长远的、根本的"利"与局部的、暂时的、非根本的"利"之间的关系？人如何在当代的实践活动中忍受局部的、暂时的、非根本的"害"而避免整体的、长远的、根本的"害"？"权衡利弊"，不仅是人类哲学思想的根本问题，而且是当代哲学的最为根本的时代性课题。

二是形成"我们时代"的"美美与共"的哲学理念。

在历史向世界历史转变的"我们的时代"，无论是称之为信息时代、经济全球化时代，还是称之为政治多极化时代、个体社会化时代，都向人类提出一个共同问题：人类如何实现自己的可持续发展？对于这个问题的最简捷、最朴实的回答，就是必须形成趋人类之利而避人类之害的"人类意识"。这种人类意识，借用费孝通先生的说法，就是各个国家、各个民族不仅要"各美其美"，而且要"美人之美"，从而达到"美美与共"。摒弃冷战思维，避免零和博弈，承诺文明多样，追求合作共赢，以"人类命运共同体"的新的哲学理念创建人类文明的新形态，是我们时代的最为重要的哲学自觉。

三是形成"我们时代"的"创新实践"的哲学理念。

"趋利避害"和"美美与共"，都需要人类的创新实践。"让其存在"的根基是"使其存在"——使趋利避害和美美与共的理想变成现实的存在。对于"我们的时代"而言，创新实践既包括物质文明和制度文明的创新实

---

① 《马克思恩格斯全集》第 42 卷，96 页，北京，人民出版社，1979。

践，又包括生态文明和精神文明的创新实践，因而是从总体上变革人类文明形态的创新实践。对于当代中国而言，"中国问题"并不只是"中国的问题"，而是当代中国所面对的世界性和时代性问题，把中国的事情办好，就有更强的能力解决世界性和时代性问题；"中国经验"并不只是"中国的经验"，而是中国在解决世界性和时代性问题中所构成的探索人类文明新形态的经验，因而能够为解决世界性和时代性问题提供思路和办法。"创新、协调、绿色、开放、共享"的发展新理念，不仅为当代中国的创新实践提供了战略思想，而且为创建人类文明新形态提供具有世界意义的新的哲学理念。

四是形成"我们时代"的"文化自信"的哲学理念。

文化自信是对真理的力量和道义的力量的自信，因而首先是对我们所坚守的马克思主义作为"时代精神的精华"和"文明的活的灵魂"的自信。以马克思的"两大发现"为实质内容的马克思主义，不仅使人类自觉到自身的发展规律，而且使人类自觉到"现实的历史"即资本主义的发展规律，从而不仅为创建人类文明新形态提供了伟大的社会理想，而且为创建人类文明新形态揭示了现实的发展道路。离开对人类历史，特别是对资本主义发展规律的认识，当代人类就无法形成真实的社会理想和合理的价值诉求，就无法选择正确的发展道路和创造人类文明的新形态，就会失去聚集共识和走向未来的理论支撑，就难以真正地趋人类之利而避人类之害，就无法引领实现"美美与共"的创新实践。当代中国马克思主义哲学研究的"时代精神主题化"，从根本上说，就是以马克思主义的新世界观去洞悉我们时代的时代精神，反思我们时代的时代问题，为创建人类文明新形态而凝练我们时代的哲学理念。

第六章　哲学观与哲学研究

　　读书、思考和写作，构成了我的生命历程和心路历程，也形成了我对学问人生的体验和感悟。撰写学术论著之余，或是有感而发，或是应人之约，又讲了或写了一些"做学问"的心得体会，这就是下面的"学问之道的自我领悟"。

一　做学问与做哲学

　　学问是"做"出来的。自觉地做学问，我感到有五对范畴值得认真思考和深切体会：一是名称与概念，二是观察与理论，三是苦读与笨想，四是有理与讲理，五是学问与境界。

（一）名称与概念

　　黑格尔有句名言：人们经常挂在嘴边的名词，往往是最无知的。这是因为，人们用以指称和把握对象的任何一个名词，都既可能是关于对象的规定性的概念，也可能是关于对象的经验性的名称。名称只是一种熟知、一种常识，概念则是一种真知、一种理论。熟知不需要专业性的研究，真知则需要专业性的研究。把熟知的名称升华为真知的概念，就是把非专业的常识上升为专业化的理论。因此，所谓专业地"做学问"，其实质内容就是把名称变为概念。

比如，非物理学专业的人，也总是使用声、光、电、分子、原子、微观粒子这些名词，但这些名词只是用以指称对象的经验性的名称，而不是用以把握对象的规定性的概念。同样，非哲学专业的人，也总是使用存在、物质、规律、真理这些名词，但这些名词同样只是用以指称对象的经验性的名称，而不是用以把握对象的规定性的概念。例如，究竟什么是"存在"？在用以指称对象的经验性的名称中，"存在"就是"有没有"，"有"就是存在，"没有"就是不存在。然而，在用以把握对象的规定性的哲学概念中，"存在"成为全部哲学思想的聚焦点。从巴门尼德的存在与非存在到康德的物自体与现象界，从黑格尔的"纯存在"到马克思的"现实的生活过程"，"存在"这个名词获得了历史性的和开放性的哲学内涵，从而构成积淀和结晶着全部哲学史的哲学范畴。因此，在哲学专业的意义上使用"存在"这个概念，就必须是以"建立在通晓思维的历史和成就的基础上的理论思维"去辨析这个概念，深化对这个概念的理解。

列宁说，概念、范畴并不是认识的工具，而是认识的"阶梯"和"支撑点"。这就是说，在人类认识的历史进程中，概念、范畴既是认识的积淀和结晶即认识的成果，又是认识的"阶梯"和"支撑点"即认识的前提。作为认识的结果，它是以经验为基础的专业化的研究成果；作为认识的前提，它直接地构成专业化研究的不可或缺的基础性前提。

概念、范畴作为专业化的认识的结果和前提，蕴含着相互依存的两方面内容：一是它积淀和结晶了人类的认识史，二是它内涵着"整个世界"和"全部生活"。人类的认识史，既是对"整个世界"的规定性的不断拓展和深化的认识，又是对"全部生活"的意义的不断拓展和深化的理解；而对"整个世界"和"全部生活"的认识和理解，又构成人类的认识史。因此，真正把名称升华为概念，也就是从非专业的熟知升华为专业性的真知，就必须形成两个方面的自觉意识：一是必须"寻找理论资源"，"通晓思维的历史和成就"，以概念作为专业性研究的"阶梯"和"支撑点"；二是必须把握本学科关于对象世界的规定性以及本学科已有的对"全部生活"的理解。从名称到概念，这是专业地"做学问"的基本前提。

对于"做哲学"来说，要把名称升华为概念，"通晓思维的历史和成就"，与对"全部生活"的体悟和思辨，是同等重要的。首先，哲学是历史性的思想，哲学史则是思想性的历史，离开思想性的历史，就无法形成历史性的思想。哲学从名称到概念，就是在思想性的历史中不断地结晶为历史性的思想。不熟悉思想性的历史，哲学名词就只能是常识性的名称，而不可能是哲学概念。其次，哲学作为理论形态的人类自我意识，它的历史性的思想，只能是每个时代的哲学家对生活的体悟和思辨的产物。历代的哲学家都既是以人类的名义讲述个人对生活的理解，又是以个人的名义讲述人类生活的意义。理解他们对生活的理解，特别是超越他们对生活的理解，就必须注入我们的体悟和思辨。否则，我们所接受的就是没有生命的名称，而不是活生生的概念。学习和研究哲学，慎思明辨的理性和体会真切的情感，是不可或缺的。黑格尔说，同一句格言，在一个饱经风霜的老人那里，与在一个不谙世事的孩子那里，其含义是完全不同的。辛弃疾说，同一个"愁"字，少年是"为赋新词强说愁"，而老人则是"却道天凉好个秋"。这是值得深长思之的。

(二)观察与理论

概念、范畴作为认识的"阶梯"和"支撑点"，在"做学问"的过程中的重要作用，直接地表现在它是阅读文本和观察现实的理论前提。由此就提出"做学问"中的观察与理论的关系。

人是历史、文化的存在，人们对文本的阅读和对现实的观察，必须并且只能以已有的概念、范畴、知识、理论构成基本的主体条件。用现代科学和现代哲学的说法就是：观察渗透理论，观察负载理论，没有中性的观察，观察总是被理论"污染"的。借用哲学家黑格尔的说法就是：没有概念把握的对象，对象只能是"有之非有""存在着的无"——对象存在着，但对认识的主体来说并不存在。生活中的简单事实就可以说明这个道理：体检时的胸透片和心电图，被体检的人如果没有相应的医学知识，虽然胸透片和心电图放在眼前，但却根本无法知道自己的肺和心脏是否有毛病。同样，如果没有物理的、化学的、生物的、地质的或天文的相关知识，各种的物理现象、化学现象、生物现象、地质现象或天文现象，对观察主体来说也是"有之非有""存在着的无"。

这个常识性的道理，对于"做学问"来说是至关重要的。理论既是把握和解释观察对象的概念系统，又是规范人的思想和行为的概念系统。首先，理论具有解释功能。它的概念系统凝结着人类的认识史，结晶着人类对世界的规律性的认识，因而能够对事物即观察对象做出超越经验性描述的规律性的解释。离开理论的观察，只能是对观察对象的经验性的描述，也就是把名词当作指称对象的名称。其次，理论具有规范功能。它以自己的概念系统规范人们想什么和不想什么、怎么想和不怎么想、做什么和不做什么、怎么做和不怎么做，也就是规范人们的思想内容和思维方式、行为内容和行为方式，即规范人们的所思所想和所作所为。离开理论的观察，就难以在问题的意义上去想什么和做什么，更不知道应当怎样想和怎样做。许多人之所以提不出真实的问题，理解不了真实的问题，其重要原因就在于缺乏应有的理论。再次，理论具有批判功能。它以自己的概念系统审视和反省人的思想和行为，质疑和矫正人的思想和行为。在这个意义上，理论就是实践的反义词，理论就是对实践的反驳。正是理论的批判功能，才能引导做学问的人发现理论困难和创新理论思路。离开理论的批判，既难以触及问题的实质，更难以做出有说服力的批判。一些"质疑"或"商榷"文章之所以言不及义或难以服人，其重要原因也在于缺乏相应的理论。最后，理论具有引导功能。理论是构成目的性要求和理想性图景的深层根据，它的概念系统引导人们认同新的价值目标和世界图景。因此，有没有阅读文本和观察现实的相应的概念系统，有多少和什么样的参照的概念系统，直接决定了"做学问"的层次和水平。

（三）苦读与笨想

做学问必须"读"和"想"，但仅仅是"读"和"想"，对于做学问来说却是远远不够的。真正地做学问，必须是"苦读"和"笨想"。

做学问需要两个积累：一是文献积累，了解和熟悉别人的相关的研究成果，"得道于心"；二是思想积累，形成和论证自己的独到见解，"发明于心"。前者主要是"寻找理论资源"，后者则重在"发现理论困难"。前者需要"苦读"，后者需要"笨想"。

所谓"苦读"，强调的是一个"苦"字——不一目十行，不浮光掠影，不寻章摘句，不只过目而不过脑。首先要知道人家到底说些什么，人家到底怎样论证自己的说法，人家的这些说法到底有什么根据和意义。总之，读书首先要"发现人家的好处"。如果发现不了人家的好处，大概有两种情况，或者是因为它确无价值，或者是因为自己没读进去。如果是前者，可以由此引发自己对问题的思考；如果是后者，这书就等于白读了。读进去，读出人家的好处，才能成为自己的理论资源，才是"得道于心"。

"读"，又不只是为了"寻找理论资源"，而是为了"发现理论困难"。这不只是说要发现阅读对象的问题，更重要的是发现阅读对象为什么会出现这种问题以及他所面对的真实的理论困难是什么。借用王国维的读书三境界，读书首先是"独上高楼，望尽天涯路"，博览群书，开拓心胸和视野，修炼性情和品位；其次是"衣带渐宽终不悔"，钻研问题，呕心沥血，磨炼意志和毅力，施展体悟和思辨；第三境界则是"众里寻它千百度，蓦然回首，那人却在灯火阑珊处"，于别人未见之处找到真实的问题。要达到第三境界，仅仅"苦读"又不够了，还必须"笨想"。

所谓"笨想"，强调的是一个"笨"字——不投机取巧，不人云亦云，不要小聪明，抛开一切文本，"悬置"一切成说，面向事情本身——到底是怎么回事？在这种"笨想"中，"人云"的一切都化作退入背景的知识，都不再是"想"的立足点和出发点，乃至"笨"到只是追问谁都不认为是问题的问题——这到底是怎么回事？比如，通常都把哲学定义为"理论化的世界观"，然而，究竟什么是"世界观"？世界观是人站在世界之外"观"世界，还是人在世界之中"思"世界？具体言之，什么是世界观的"世"？是与人无关的自然而然的"世"，还是人生在世之"世"？什么是世界观的"界"？是与人无关的无始无终的"界"，还是人在途中之"界"？什么是世界观的"观"？是与人无关的物的目光和神的目光，还是人生在世和人在途中的人的目光？对世界观的不同理解，构成了对哲学的不同理解；发现关于世界观的不同的解释原则，才会发现各种哲学的根本分歧。只有"笨"到追问各种似乎是不言而喻、不证自明、毋庸置疑和天经地义的问题，才会形成振聋发聩的真知灼见。

"笨想"既是以"钻进去"的"苦读"为基础，又是以超越"苦读"的"跳出来"为目的。不以"钻进去"的"苦读"为基础，所谓"笨想"就只能是没有根据的突发奇想或胡思乱想，要么什么也想不出来，要么想出来的没有意义。但是，如果只是"钻进去"的"苦读"，也难以形成"跳出来"的"思想"。这就要求做学问必须有两个积累，一个是"苦读"所形成的"文献积累"，一个是"笨想"所形成的"思想积累"。没有扎实的"文献积累"，就不会形成真实的"思想积累"；仅仅有"文献积累"，却不一定形成真实的"思想积累"。借用形式逻辑的道理，这就是："苦读"及其所形成的"文献积累"，只是形成思想的必要条件，而不是形成思想的充分条件；形成思想的充分条件是复杂的，除了文献积累之外，至少还必须加上由"笨想"所形成的思想积累。思想积累多了，就形成了自己的有系统的思想。

（四）有理与讲理

苦读和笨想，目的只有一个，就是"有理"——不仅想清楚别人所讲的道理，而且想清楚别人没讲的道理。想明白的道理就是学问，想明白道理的过程就是做学问。做学问就是在苦读和笨想的过程中想清楚别人讲过的，特别是别人没讲过的道理。

由此提出的问题是：别人所讲的道理，自己是否真的明白了？特别是别人没讲的道理，自己是否真的清楚了？或者说，自己觉得"有理"，是否真有道理？这就需要"讲理"——把自认为清楚和明白的道理讲出来、写出来，让它们成为自己和他人的批判对象，看看这些道理是否经得起追问、经得起质疑、经得起推敲。我把这个"讲理"的过程，称作"基本理念概念化"的过程，也就是对自以为清楚的道理进行系统性的论证和辩证的过程。这个"讲理"的过程，同"有理"的过程是同等重要的。

黑格尔说，真理是"全体的自由性"与"环节的必然性"的统一。"全体的自由性"，可以有两种情况：一是没有"环节的必然性"，因而只是一种主观的、虚幻的、抽象的、空洞的"自由性"，因而只是一种"意见"，而不是"真理"；一是体现为、实现为"环节的必然性"的"全体的自由性"，因而是一种客观的、真实的、具体的、丰富的"自由性"，因而不只是一种"意见"，而是一个真理。这个真理，是由抽象到具体的"许多规定的综合和多样性的统一"，也就是马克思所描述的"理性具体"。所谓"做"学问，即把学问"做"出来，就是要把"基本理念概念化"，要在"讲理"的过程中达到"理性具体"。黑格尔说哲学是最具体的，是最反对抽象的，就是要求把"全体的自由性"诉诸为"环节的必然性"，把无规定性的名称升华为规定性越来越丰富的概念。黑格尔的《逻辑学》是其基本理念概念化的理性具体，马克思的《资本论》也是他的基本理念概念化的理性具体。《逻辑学》为我们讲述了黑格尔的思想的内涵逻辑，《资本论》则为我们讲述了马克思的历史的内涵逻辑。这两部经典著作，都为我们提供了"讲理"的典范、"做学问"的典范。

"有理"是把道理"想清楚"，关键在于"苦读"和"笨想"；"讲理"是把道理"讲明白"，关键在于"分析"和"论证"。而是否真的"想清楚"了，又在于是否真的"讲明白"了。所以，"讲理"不只是把"有理"系统化、逻辑化，而是把"有理"引向清晰、确定和深化。因此，"讲理"不只是要"说"明白，更重要的是要"写"明白。在"做学问"的过程中，"写"是比"说"更重要的"讲"。

把"讲"当成"说"，往往会避重就轻，避难就易，轻描淡写，"化险为夷"，能说的就说，说不通的就滑过去。其结果，那个"全体的自由性"并没有实现为"环节的必然性"，那个"基本理念"并没有"概念化"，因此，那个"基本理念"或"全体的自由性"是否真的"有理"，也就不得而知了。

把"讲"作为"写"，情况就大不一样了。"写"就必须把"基本理念概念化"，必须把"全体的自由性"诉诸为"环节的必然性"。这就是论证和辩证。在论证和辩证的过程中，任何一个"名词"都不能只是一个指称对象的"名称"，而必须是一个关于对象的规定性的"概念"；任何一个概念都不能只是孤立的观念，而必须在特定的概念框架中获得相互的规定和自我的规定、相互的理解和自我的理解；任何一个概念都不能只是抽象的规定，而是在由抽象到具体的概念运动中获得越来越丰富的规定，并由此构成"环节的必然性"。所谓辩证法，就是在概念的相互规定中达到理性的具体。马克思说，人们可以对《资本论》提出各种批评，但《资本论》作为一个"完整的艺术品"，他是引为自豪的。作为"完整的艺术品"的《资本论》，就是运用辩证法的艺术，就是在"讲理"的过程中所实现的"全体的自由性"与"环节的必然性"的统一。

思想者是以思想为生的。用"痛并快乐着"来形容学者的生活，大概是最恰当的。这个"痛并快乐着"，不只是体现在"苦读"和"笨想"的过程中，而且更深切地体现在"讲理"即"写作"的过程中。好些人之所以不能"读"出"人家的好处"，之所以不能"想"出"自家的道理"，关键在于不能"写"出"自己的文章"。事非经过不知难。文学评论家何其芳曾说，《红楼梦》是把生活的大山推倒，又重塑了艺术化的生活的大山。学问家也是把观念的大山推倒，又重塑了理论化的思想的大山。"写"出"自己的文章"，是以苦读和笨想为基础的"讲理"的过程，是把"全体的自由性"诉诸为"环节的必然性"的过程，真正"讲理"的"专著"是"痛并快乐着"的产物。许多书籍的著述方式之所以只能被称之为"编著"，不能被称之为"专著"，就在于它的产生并没有真实的"痛并快乐着"的过程，因而也就没有实现"基本理念概念化"，也就是没有实现"环节的必然性"。

"讲理"是艰苦的。"讲理"的过程，就是"跟自己过不去"的过程。作为人文学者，"讲理"有三个要素：一是思想，二是逻辑，三是语言。所谓"思想"，就是要有独立的创见，这就需要"在思想上跟自己过不去"，讲出别人没想到或没想清楚的道理；所谓"逻辑"，就是要有严谨的论证和睿智的辩证，这就需要"在论证上跟自己过不去"，讲出"环节的必然性"；所谓"语言"，就是要有清晰而优美的表达，这就需要"在叙述上跟自己过不去"，把道理讲明白、讲透彻。"有理"和"讲理"是艰苦而又快乐的创作过程，也就是"做学问"的学者的生活。

(五)学问与境界

人们常把"为学与为人，其道一也"视为做学问的至理名言。然而，人们对于这个"道"的理解并不一样。我觉得，为人之道和为学之道，都是达到一种"洒脱通达的境界"，因此"其道一也"。

为人和为学的"境界"，并不是玄虚的、神秘的，它具体地体现在为人和为学的"大气""正气"和"勇气"之中。所谓"大气"，就是"立乎其大者"，有高尚的品格和品位，有高远的志向和追求，有高明的思想和见地；所谓"正气"，就是"真诚地求索"，有"抑制不住的渴望"，有"直面事情本身"的态度；所谓"勇气"，就是"异常地思考"，有"吾爱吾师，吾更爱真理"的信念，有"语不惊人死不休"的理想。这种"大气""正气"和"勇气"，就是为人、为学的"境界"。

大气，首先是志存高远，有强烈的社会责任感、博大的人文情怀、敏锐的问题意识。理论是思想中的现实，问题是时代的呼声。以强烈的社会责任感和博大的人文情怀去捕捉和发现时代性的重大问题，并以理论的方式直面现实，这是思想者的最为根本的大气。大气又是"先立乎其大者"。海德格尔说，"伟大事物的开端总是伟大的"。对于"做学问"来说，开端的伟大，就是在基础性的、根本性的问题上形成自己的"基本理念"和"解释原则"。它是照亮自己所研究的全部问题的"普照光"。一个搞哲学的人，没有对哲学本身的深切的追问，没有关于哲学的真切的体悟，是难以达到哲学"境界"的。例如，把"哲学"分解为若干二级学科进行专门研究是必要的，但是，没有超越各个二级学科的哲学理念，却往往导致并不是在"哲学"的意义上提出和论证问题，乃至出现哲学常识化或哲学科学化的思潮。再如，把"哲学"研究具体化为对哲学家、哲学论著、哲学派别、哲学思潮的研究是重要的，然而，没有研究者自己对哲学本身的总体性理解，没有研究者自己对哲学基础理论的系统性把握，不但难以真切地理解研究对象的思想，更难以真实地提出超越研究对象的思想。研究者的学养、悟性和境界，深层地决定"做学问"的水平。

正气，就是真诚地求索。"文章千古事，得失寸心知。"自己有多少"文献积累""思想积累""独立见解"，自己是最清楚的。讲课时，什么时候理直气壮，什么时候惴惴不安；写稿时，什么地方酣畅淋漓，什么地方捉襟见肘；这些，有谁会比自己体会更深呢？叶秀山先生在《读那些有读头的书》一文中说，你对老黑格尔提问，可以一直追问下去，他总有话对你说。我们的讲稿或论著，究竟能够回答多少追问，自己是清楚的。学问是老老实实的东西，做学问需要老老实实的态度。这就是做学问的"正气"，也就是做学问的境界。

勇气，就是异常地思、辩证地思，就是马克思所说的"在对现存事物的肯定的理解中同时包含对现存事物的否定的理解"。对于哲学来说，要激发而不是抑制人们的想象力、创造力和批判力，要冲击而不是强化思维的惰性、保守性和凝固性，要推进而不是遏制人的主体意识、反思态度和创造精神，因此，"做哲学"就是"对假设质疑，向前提挑战"，追究生活信念的前提，质疑经验常识的根据，反思历史进步的尺度，审讯评价真善美的标准，反对人们对流行的生活态度、思维方式、价值观念、审美情趣采取现成接受的态度。这种异常之思，植根于长期的"苦读"和"笨想"，体现在切实的"有理"和"讲理"，因而实现为富有启发性和建设性的思想。学问的境界，就是有价值的思想。

二 用心于真与重在积累

在学术研究中，我强调四个"真"字：一是真诚，要有抑制不住的渴望；二是真实，要有滴水穿石的积累；三是真切，要有举重若轻的洞见；四是真理，要有抽丝剥茧的论证。

学术研究首先要有真诚的态度。从事学术研究，不仅是一种职业化的存在方式，更是一种赋有特殊意义并因而提出特殊要求的职业化的存在方式。学术乃天下之公器。传承和创新人类文明的强烈的社会责任感和敏锐的问题意识，应当是对从事学术研究的人的特殊要求，它要求学者具有传承和创新人类文明的"抑制不住的渴望"。

真诚是学术研究的态度，真实是学术研究的过程。学术研究的"真实"，首先要有真实的积累过程。我自己的体会是，学术研究要注重三个积累：一是文献积累，得道于心；二是思想积累，发明于心；三是生活积累，活化于心。这三个积累既是不可或缺的，也是不可替代的。没有真实的文献积累，不能系统地掌握已有的研究成果，就失去了列宁所说的认识的"阶梯"和"支撑点"，就会把创造性的学术研究变成"无本之木"的重复性工作；没有真实的思想积累，不能在文献积累中发现真正的学术问题，不能形成自己的有根据的独到见解，就会把创造性的学术工作变成"钻故纸堆"的技术性工作；没有真实的生活积累，不能以真实的生活体验活化已有的文献积累和思想积累，就会把创造性的学术研究变成表面文章。理论是思想中的现实。任何重大的理论问题都源于重大的现实问题，任何重大的现实问题都深层地蕴含重大的理论问题。以真实的生活积累活化厚重的文献积累和深沉的思想积累，又以厚重的文献积累和深沉的思想积累激发切实的生活积累，哲学社会科学研究才会有富于启发性和创造性的研究成果。

"文章千古事，得失寸心知。"一个学者，自己有多少"文献积累"，有多少"思想积累"，有多少"生活积累"，自己是最清楚的。讲课时是理直气壮还是惴惴不安，写稿时是酣畅淋漓还是捉襟见肘，有谁比自己体会更深呢？学界强调理论创新，然而理论创新既不是一个口号，也不是一句套话；它既不能随手拈来，也不能刻意为之，而是在厚重的文献积累、深沉的思想积累和切实的生活积累的基础上，使人的思想在瞬间达到意想不到的境界，形成真切的、举重若轻的"洞见"。"众里寻他千百度，蓦然回首，那人却在灯火阑珊处。"这是学术研究有所发现的最为真切的写照。

学术研究不仅要形成独到的见解，而且要"以理服人"，这就需要"基本理念概念化"，对自己的"思想"进行逻辑化、系统化的论证，而不能避重就轻、避难就易、轻描淡写、化险为夷，能说的就说，说不通的就不了了之。文学评论家何其芳说，《红楼梦》是把生活的大山推倒，又重塑了艺术化的生活的大山。学术研究也要把观念的大山推倒，再重塑理论化的思想的大山。就此而言，对学者来说，多写才是硬道理，论证才是真功夫。一些从事学术研究的人，之所以读不出人家的好处，之所以悟不出自家的道理，关键在于写不出自己的文章。许多书籍之所以不能称之为专著，而只能称之为编著，就在于它没有自家的道理，也没有对自家的道理做出逻辑化和系统化的论证。哲人黑格尔说，真理是"全体的自由性"与"环节的必然性"的统一。以抑制不住的渴望探寻真理，以滴水穿石的积累趋向真理，以举重若轻的洞见发现真理，以抽丝剥茧的论证阐述真理，这就是"用心于真"的学术研究。

很多人把文科想得非常简单，常常这样提出问题：文科不就是面向社会吗？不就是研究人吗？人不就是这样吗？社会不就是这样吗？书里不是都有答案吗？这种想法的产生，是同多年来的文科状况密不可分的，特别是把文科教材当成"标准答案"，更是强化了人们对文科的误解。

其实从某种意义上说，搞文科比搞理科还要困难。我把搞文科概括为八个字："功夫""学养""悟性""境界"。没有专业系统的"功夫"，没有广博知识的"学养"，没有很高的"悟性"，没有强烈的人格魅力和"境界"，文科是搞不好的。现在存在一个巨大的误解，好像文科人人都能搞。我觉得搞文科是有前提条件的，我把它概括为四句话：一套概念系统，一套背景知识，一套研究思路，一套评价标准。

（1）一套概念系统。

什么叫理论？理论就是规范人们的思想和行为的各种概念系统。不是概念系统的不可能称之为一门学科、一种理论。所以大家想一想，我们之所以能够叫作专业的教师、专业的研究人员，我们所具有的和别人不具有的，首先就是一套概念系统。有没有一套概念系统是专业和业余的区别。我经常收到业余的搞哲学的人给我寄来的研究成果，而且都比较自信，认为他解决了全部的哲学问题。他首先缺乏的就是一套概念系统，没有这套概念系统不可能是专业意义上搞这门学科的。

"概念"与"名称"是有原则区别的。就像黑格尔所说的，名称不是概念。大家想一想这个问题，为什么你是专业的？因为你操作的是一套概念；他为什么是业余的？他操作的是一套名称，或者说，他是把专业性的概念当作常识性的名称来操作的。物质、意识、认识，他什么都能跟你说，但是不知道概念的内涵。什么是概念的内涵呢？列宁说"概念""范畴"是人类认识的"阶梯"和"支撑点"，是具有丰厚的历史内容的。比如说，"物质"，看不见摸不着，怎么还是"客观实在"呢？这就需要掌握蕴含在"物质"概念当中的人类的认识成果。掌握一套概念系统是极为艰难的。掌握的不是一套名称，而是一套概念。有了专业的概念系统，才能在专业的意义上进行研究。

（2）一套背景知识。

真正的概念是蕴含着一套背景知识的。我最欣赏的是恩格斯关于哲学的说法，哲学就是一种"建立在通晓思维的历史和成就的基础上的理论思维"。哲学家必须"通晓思维的历史和成就"，所以哲学就是哲学史，哲学是一种历史性的思想，哲学史是一种思想性的历史，离开哲学史没有哲学。为什么在座的其他专业的老师学了一遍又一遍的哲学，但并不理解哲学，总是认为哲学"抽象"呢？就是因为你不知道古往今来的哲学家都说了些什么。那你还说什么呢？所以我认为所有文科科研，第一是表现出来的东西，就是概念系统，第二是隐含着的东西，就是隐含在概念之中的背景知识。任何人都需要站在巨人的肩膀上，所有的学科全如此。我最深刻的感受就是，我在讲所有的问题时，如果讲得好的话，都能浮现出众多哲学家关于这个问题是怎么看的，然后我再想出一个自己的想法。普希金说，"跟随伟大人物的思想是一门最引人入胜的科学"。这是耐人寻味的。

背景知识是最关键的。文科研究难是难在我们有没有下苦功夫去占有一套背景知识。我特别欣赏列宁说的，"不懂得黑格尔的《逻辑学》就不懂得马克思的《资本论》"，这就要求背景知识。列宁又追加一句话，"阅读黑格尔的《逻辑学》，是引起头疼的最好办法"。《逻辑学》蕴含着全部的哲学史，用恩格斯的话说，黑格尔是"以最宏伟的形式概括了全部哲学的发展"，读《逻辑学》怎么能不头痛呢？我在讲"哲学通论"的时候常常说一句话，懂不懂哲学就看你懂不懂黑格尔。如果你认为自己或多或少懂得了黑格尔，你就懂哲学了，如果你读黑格尔实在读不进去，你确实还没懂哲学，当然就更难以理解马克思的哲学及其哲学变革了。如果我们不占有一套背景知识，我们的研究又有什么根据呢？

（3）一套研究思路。

我们在研究过程当中应该自觉地形成一套研究思路，而不是随随便便进行研究。我把它叫作"三面向，三跳出"。文科的研究要面向本文、面向现实、面向自我。既要三面向又要三跳出，那就是面向本文与悬搁本文，面向现实与拉开间距，面向自我与跳出自我。这在我的研究当中是最重要的思路。

首先必须面向本文，要多读书。理科不做实验就不要搞自然科学了，文科研究如果不读书就没办法搞了。这可以叫作"理科在实验，文科在文献"。我们的老师首先要进得去，还要出得来。这就是从自在和自为到自在又自为的过程，要进得去，要出得来。不仅要学会"面向本文"，还要学会"悬搁本文"；不仅要注重"文献积累"，还要注重"思想积累"。这两个积累不能互相替代，也不能互相偏废。把读的东西放在一边，自己去冥思苦想，这是一种更重要的思想准备。

其次，要面向现实。但是，作为专业研究人员，究竟如何"面向现实"？许多人把"面向现实"理解为仔细看、认真听，似乎看的是什么样，就实事求是了。其实不然。我们现在最重要的说法，叫作"观察渗透理论"，"观察负载理论"，"没有中性的观察"，"观察总是被理论污染的"。我们有什么样的理论才能看到什么样的现实。真正的从实际出发要有背景知识，所以又必须与现实拉开间距。不久前我发表一篇文章，叫作《哲学如何面向现实》。广义地说，就是理论如何面向现实？只有和现实拉开间距才能深层地透视这个现实，才能理性地把握这个现实，才能批判地反思这个现实，才能理想地引导这个现实。否则"现实"不就变成了一系列的抽象的表象了吗？不就是马克思所说的"混沌的整体的表象"吗？这一点是比较重要的，就是既要面向现实又要拉开间距。

最后，既要面向自我又要跳出自我，既不囿于成见，又不流于空疏。当然，研究思路非常之多，以后有机会，可以再进一步讨论。比如说，我非常愿意用自己的一个比喻，文科研究需要三个东西，叫作"靶子""灵魂"和"血肉"。首先文科研究要有"靶子"，你针对什么。为什么有些人写的书多而论文少？书把一个东西叙述清楚就可以了，论文却必须针对某种或某些观点，有针对性地论证自己的观点。文科研究最重要的是要有靶子。第二就是"灵魂"。有的文章用谁都听不懂的话在讲一个人尽皆知的道理，我们应该用谁都听懂的话讲一个谁都没有想到的道理。伽达默尔讲五个字，"合法的偏见"，振聋发聩。我们所有的认识成果都是偏见，又都具有历史的合理性，所以都是"合法的偏见"。第三个是"血肉"。我常常愿意讲一句话，写小说的功夫不在"故事"而在"细节"，写论文的功夫不在"观点"而在"论证"。基本理念概念化，这是文科研究的真功夫，这是文科论著的"血"和"肉"。没有"血肉"，不就是毛泽东批评的"瘪三"吗？

（4）一套评价标准。

很多人认为，文科这东西，天下文章一大抄。其实，我真的感到，行家一出手，便知有没有，我不敢说自己是行家，起码通过二十多年的学习和研究，基本能做到，如果你给我一篇文章，就可以感受到它的档次。

我把文科的研究成果从高到低划分为五个层次：解释原则的创新、概念框架的构建、背景知识的转换、提问方式的更新、逻辑关系的重组。我看到我们的文科研究，好多都是第五个层次——逻辑关系的重组。体现在书的著述方式上，都不是著，甚至都不是编著，而是编。书是分三个层次的，不用别人评，出版社就给你评了、给你定位了。"某某著"，"某某编著""某某编"，这是不一样的。为什么叫"编"呢，因为逻辑关系的重组，别人是那样叙述的，你只是换了一种叙述方式。最难的是解释原则的创新。我觉得一篇所谓的博士论文，要求的是解释原则的创新。"取法乎上得其中"，如果我们没有这样一种自觉的标准意识，没有这种自觉定位，我们就很难做高水平和高质量的文科研究。

虽然各个学科区别非常大，但是，凡是面向人和社会的文科研究，我认为还是有某些共同的东西的。我把文科研究的主要工作概括为：寻找理论资源，发现理论困难，创新理论思路，做出理论论证。这四句话都是有针对性的，下面分别说一下。

（1）寻找理论资源。

这和我上面所说的前提条件是吻合的、是一致的，就是要面向"本文"，我认为这是最主要的。这其中，首要的是迫使博士研究生寻找理论资源，这是一项最基本的工作。我觉得研究生学习就是寻找理论资源的过程，多读一点经典的书。我们老师也是这样，在寻找理论资源上下功夫。现在有些教师，特别是青年教师在寻找理论资源上有一些偏见，表现在重洋轻中，很多人甚至公开标榜中文的东西我不看。我觉得我们毕竟是在中国搞学问，洋的东西是应当多看，谁的外文越好，可能越便利些。但是如果从形式逻辑的角度说，外语是一个必要条件而不是一个充分条件。这就表现在我们很多的研究成果上，很少有人说是引证了当代中国谁的研究成果。对于国内的学者，是你没有读人家的呢？还是不屑于读呢？这是包括学风在内的问题。怎么去寻找理论资源？寻找哪些理论资源？这需要结合具体的学科，但有一点是共同的，没有理论资源就没有文科研究。

（2）发现理论困难。

第二层意思我认为是最重要的，我们很多人的文科研究就是没看到理论困难。没有发现理论困难，怎么会有真实的理论问题呢？我举一个最简单的例子，说黑格尔是唯心论者，就批黑格尔了，但是有没有人问一问：如此聪明绝顶的、博学多才的黑格尔怎么搞唯心主义了呢？我们如此平常的人怎么都搞唯物论了呢？那么，黑格尔是遇到了什么不可解决的理论困难了呢？如果你没有这么问，你研究的是什么黑格尔？你怎么能够理解那个唯心主义呢？又怎么能够理解列宁说的"聪明的唯心主义比愚蠢的唯物主义更加接近于聪明的唯物主义"？又如何坚持唯物论和反对唯心论？

我常愿意举一个例子，通常说形而上学否认运动、变化、发展。能有这事吗？手一拍桌子，不联系？手一抬起来，不运动？你从小到大，不发展？既然如此，怎么还有形而上学呢？列宁说，"问题不在于有没有运动，而在于如何用概念的逻辑去表达它"。从经验事实上说，谁能否认运动？然而，当你用思维的逻辑去描述和解释运动的时候，却往往会感到概念的无能为力。所以列宁最欣赏黑格尔的一句话，"从来造成困难的都是思维，思维把不间断的东西割断了"。这就提出"思维和存在的关系问题"了。想一想，这才有哲学，才有我们所有的理论啊！如果不是有这样一种复杂的问题的话，为什么进行人文社会科学研究呢？

什么是人文社会科学？就是把简单的东西变复杂，因为事情本来就是复杂的，因为社会和人本来就是复杂的。而人文社会科学就是要揭示社会和人的复杂性，从而变革人们对人与人、人与社会、人与世界之间关系的理解。所以我认为，文科研究是以寻找理论资源为前提的，最重要的是发现理论困难。爱因斯坦说，"提出一个问题比解决一个问题更重要"。我们都强调问题意识，你怎么发现问题？一到写毕业论文的时候，要么想找点"热点"、要么想找点"冰点"，就是不想找"难点"。所以我说什么叫作博士？博士就是抓住基础理论、稳定研究方向、坚持独立思考、进行课题研究。发现不了理论困难，你怎么提出问题呢？

我们不仅要发现理论困难，还必须把理论的外部困难转化为理论内部的困难，也就是把理论与经验之间的矛盾升华为理论内部的逻辑矛盾。我们现在许多搞研究的同志，把理论的外部困难自然而然地当成了理论内部的困难。这是理论研究的最大误区。看到理论和经验发生矛盾了，认为就是解决理论和经验之间发生的矛盾。其实，最大的困难是不能把外部的困难转化为内部的困难。如果你不能意识到理论的内部困难，就不可能有理论的创新。欲发现理论的内部困难，那就要"通晓思维的历史和成就"。

（3）创新理论思路。

我把哲学的创新概括为三种：创造、创意和创新。理论叫创新，生命叫创造，思想叫创意。没有生命的创造就没有思想的创意和理论的创新。哲学、文学是一致的。没有生命的创造想谈理论的创新是不可能的。"慎思明辨的理性"与"体会真切的情感"是水乳交融的，"反思"和"体悟"是不可或缺的。如果你有这种自觉意识的话，确实有助于你做到理论创新。

（4）做出理论论证。

我认为我们的文科研究当中最大的问题有两个：一个是没有发现理论困难，一个是没有做出理论论证。无论是评项目、评成果还是评书，我的最强烈的感觉就是缺少理论论证。不是"论著"吗？不是"论文"吗？但就是没有"论证"。甚至我们一些博士论文还这样写：历史、现状、问题、对策。这是公文，不是论文。再看我们所谓的"专著"，编、章、节、目，就像毛泽东批评的，1234，甲乙丙丁，ABCD，开中药铺。每个小目不超过半页，多的不会超过两页，这样的书我不看。从这个角度看，评书非常好评，先翻一遍，如果一个问题不超过两三页，没有论证，恐怕就不会是有学术价值的好书。

公文是把一件事情说清楚，论文是把一个道理讲明白。论文在于论证，论证在于逻辑，所以我特别强调论文的逻辑之美。马克思说，"理论只要说服人，就能掌握群众，而理论只要彻底，就能说服人"。这就是论证的力量。我读马克思、恩格斯、列宁、毛泽东的书，总是被巨大的逻辑力量所震撼。我讲课特别提倡不用讲稿，这样才有利于你进行论证。旁征博引也好、逻辑分析也好，是在论证我的观点，而不是说这个问题分大一、二、三、四，还有小1、2、3、4。就是全记住了，有什么用呢？文科要达到的是一种境界，不是一种现成的知识。

我们为什么要进行文科研究？为了升职，还是为了换钱？这是症结之所在。文科搞得好不好就取决于此。不夸张地说，我搞哲学，我就觉得这个世界上没有比搞哲学更美好的事了。文科研究最根本的一点，就是抑制不住的渴望。什么是文科研究抑制不住的渴望？首要的就是有强烈的社会责任感，这种抑制不住的渴望首先是一种博大的人文情怀、是一种关怀人类命运的渴望。

第二种渴望是自我实现的渴望。骨鲠在喉，不吐不快。从教学说，我教故我在，我教书所以我存在。老师不就是讲课的吗？你的自我实现不就是在课堂上吗？另一个自我实现不就是在你所写的论著当中吗？我觉得这是一种抑制不住的渴望，把自己想清楚的道理告诉给别人的渴望。

更深层的是一种审美愉悦的渴望。别的高峰体验都没有研究的高峰体验更令人激动。在研究当中发现了理论困难，形成了自己的独立见解并且试图对它做出理论论证的时候，这种研究中的高峰体验，我把它看成一种审美愉悦的渴望。

我觉得，任何一个口号的提出都应有它的针对性。"为学术而学术"，曾经作为一个很不好，甚至是错误的口号被批评。为什么？因为要强调为现实而学术，为政治而学术。我觉得，今天的文科研究人员，多了为功利而学术、为宣传而学术、为升职而学术。正是针对这种情况，我想提倡"为学术而学术"，这包含着以下四层意思。

一是职业学者的生活方式。你选择了一种职业，意味着你选择了一种生活方式。我们选择了文科研究，选择作为一个学者、一个职业学者而不是业余学者，我们的生活方式就是为学术而学术，就是通过研究学术来证明自己的存在。

二是职业学者的生活态度。你怎么理解生活，怎么对待生活？我们当有一种为学术而学术的生活态度。就是说，我们当以学者的态度去看待生活、理解生活，对生活进行理想性的引导。

三是职业学者的工作方式。这就更加切实了。有这样一句话，叫作"学术无禁区，宣传有纪律"。我同意这句话。宣传总要有个口径吧？学术必须独立思考吧？搞学术与搞宣传，你的生活方式、生活态度、工作方式、应有心态都不一样。要有一种自觉意识，这两种工作不一样。为学术而学术，重要的是一个求真意识。为学术而学术是我们的工作方式，这是以学术面向现实的方式。

四是职业学者应有的心态。记得 20 世纪 80 年代我正读博士的时候，研究生院组织讨论"红、黄、黑"，当官的路红通通，经商的路黄灿灿，搞学问的路黑洞洞，这样说来，谁都愿意红通通、黄灿灿，谁又愿意黑洞洞呢？那时刚刚搞市场经济，而我们今天实现了条条大路通罗马。价值多样化了，我们做什么都能够得到这个社会的承认，而且我觉得对于有的人来说，学术的选择应该是最好的选择。这种心态用我们哲学的话来说就是"平常心，异常思"。许多人把它颠倒了，"平常思"而"异常心"，生活、行为都和别人不一样了。所以我们应有一种为学术而学术的心态，这一点对我们来说是非常重要的。

最关键的是要有难为自己的韧性，或者说要在思想上跟自己较劲。文科研究的过程就是在思想上和自己较劲的过程。

为什么文科研究会出现"三多三少"呢？教学多而科研成果少，书多而论文少，一般性的文章多而好的文章少，"文章千古事，得失寸心知"。很多人说过，隔几年看自己写的文章看不进去了，脸红了。这就是当时没跟自己较劲。如果当时在思想上跟自己较劲，我觉得你对自己写过的东西是非常珍惜的、亲切的，总觉得是很有价值的。

　　你有套概念系统、研究思路，关键是这个研究过程是不是和自己在思想上较劲了，和自己在思想上过不去了。我觉得我能做出一些研究成果，就是不断地和自己在思想上较了20多年的劲！我没有假日的概念，总有一些问题萦绕在自己脑海里面。

　　1985年我在《哲学研究》上发表了第一篇文章，文章的题目是《认识的内容和形式的二重性》，我觉得确实是个较劲的结果。教科书上说了，人的认识内容是客观的而形式是主观的。我要给学生讲课，我绞尽脑汁去想，如果内容要想客观，形式能否主观？我要戴一个墨镜，看的东西都是黑的了。我的主观形式是黑的，意识内容能有赤橙黄绿青蓝紫吗？所以我就提出一个问题，如果认识的形式是主观的，就没有认识内容的客观性。这就是较劲的结果。

　　我从1986年开始，到1987年年底，写完了《从两极到中介——现代哲学的革命》这篇文章。这篇文章之所以有较大的影响，被许多杂志转载，应当说是用心的结果。无论是哲学研究，还是现实生活，我们在相当长的时期里总是两极对立、非此即彼的，特别是十年"文化大革命"，要么"高大全"，要么"坏透顶"，一研究哲学就只能讲唯物论与唯心论、辩证法与形而上学，把哲学的派别冲突简单化了，也就把哲学庸俗化了。马克思的"实践转向"解决了一个根本的问题，它超越了两极对立的模式，从人类的实践活动及其历史发展出发去看待人与世界的关系，因而实现了现代哲学的革命。我的这篇文章正是以理论的方式表征了时代的变革和哲学的变革。

　　我写的博士论文是探讨"论辩证法的批判本性"。我给自己提出一个问题：谁都承认辩证法是批判的，都说辩证法具有批判的功能，但为什么辩证法只能是批判的，不能是非批判的？我就和自己较这个劲，为什么辩证法是批判的？形而上学怎么就不批判呢？憋了一年半，终于明白一个道理，那就是恩格斯的一段话。恩格斯说，"我们的主观的思维和客观的世界服从于同样的规律，因而两者在自己的结果中不能互相矛盾，而必须彼此一致，这个事实绝对地统治着我们的整个理论思维。它是我们的理论思维的不自觉的和无条件的前提"。这就是说，无论在我们研究当中还是生活当中，我们都把思维和存在的统一性当作一个"不自觉的和无条件的前提"，认为思维关于存在的规定也就是存在本身的规定。正是把这个"不自觉的和无条件的前提"当作一个批判和反思的对象，辩证法才在本性上是批判的。我觉得这篇论文确实解决了一个重大的问题，就是辩证法的批判本性的根据问题，其实也就是哲学的批判本性的根据问题，因而我把这篇博士论文的正标题叫作《理论思维的前提批判》。

我觉得当代中国哲学最重要的问题，是哲学与科学的关系问题。教科书模式的问题就在这里，哲学改革就是解决这个问题——哲学与科学的关系问题。但是这个问题怎么解决？我和自己较了几年的劲。我想我初步想清楚了这个道理，这就是：科学以整个世界为对象，从而形成关于整个世界的全部思想；而哲学以科学所提供的关于整个世界的全部思想为对象，反过来思之，这就是哲学的"反思"。科学是形成关于世界的思想，而哲学是对科学所形成的思想的反思，因此哲学是一门反思的学问，也就是思想以自身为对象反过来思之。所以我说，只有当哲学"无家可归"的时候，哲学才真正地"四海为家"。也就是只有当哲学像恩格斯所说的那样被"驱逐"出了自然领域，被"驱逐"出了社会历史领域，又被现在的思维科学"驱逐"出了思维领域，才有了今天的"四海为家"的哲学。这就是当代的哲学范式的革命。

这是我举的例子。我觉得我能写出的任何有价值的论文和书，都是和自己在思想上较劲的结果。我写《崇高的位置》，构思这本书时脑子里一直就萦绕着一个问题：哲学是对崇高的寻求，在寻求的过程中自己就变成了异化的崇高，而哲学的发展过程就是哲学自我消解和自我重构的过程，也就是消解异化的崇高和重构崇高的过程。所以哲学的历史是一个崇高的寻求、崇高的自我异化、消解被异化的崇高和重建崇高的四重化的过程。想清楚这个思路，自己觉得真是痛快淋漓。

　　我近年来在想一个问题，哲学应该有一个它的特殊方式。我觉得整个现代哲学没有解决卡尔纳普给现代哲学提供的陷阱。卡尔纳普说，语言有两种职能，一种是语言的表述职能，陈述经验事实；一种是语言的表达职能，表达情感和愿望。充当语言表述职能的是科学，充当语言表达职能的是艺术。语言只有两种职能，因此哲学要么像科学那样"表述"，要么像艺术那样"表达"，所以要么哲学"科学化"，要么哲学"艺术化"，而哲学既不能像科学那样表述经验事实，又不应该像艺术那样表达情感意愿，哲学不就应当被"消解"了吗？所以现代哲学就落入了卡尔纳普的陷阱，我们中国的教科书就是试图"哲学科学化"。在这里有一个认识上的困难，就是如果哲学不充当表述职能，那就充当表达职能，所以后现代主义非常明确地提出哲学的拟文学化。我不想陷入这两个圈套，于是，1997 年，我在《社会科学战线》上发表了《论哲学的表征意义》，提出哲学既不是"表述"，也不是"表达"，而是"表征"。我做了一个论证，要是从"表述"角度去看，比如"我思故我在""存在就是被感知""绝对理念的自我运动""语言是存在的家"，这不都是唯心主义的胡说八道吗？我思想我存在，我不思想我就不存在了吗？存在就是被感知，我没感知到的存在就不存在了？都这么批判笛卡尔和贝克莱。批判黑格尔时说，也不知道什么地方有一个绝对理念在那里游荡着，然后外化出个自然界，再外化出人的社会，外化出人的思想。有这样的笛卡尔、贝克莱和黑格尔吗？问题就出在不理解哲学不是表述，不是表达，而是表征。哲学是以理论的方式"表征"了某种时代精神，而不是"表述"某种经验事实。笛卡尔"表征"的是理性权威，贝克莱"表征"的是认识的反省，黑格尔"表征"的是思想体系的时代。这是哲学与科学的区别，也是哲学的思维方式与科学的思维方式的区别。当然我正在做这项工作，是否有道理是另一个问题。我的一个博士生说，我的思想历程是"超越两极，批判前提，寻求崇高，表征意义"。这大概就是我所做的主要工作吧。

正是因为有一种抑制不住的渴望，有一种为学术而学术的心态，有这样一种和自己较劲的韧劲，才能在研究的过程中、在研究的结果中感受到的不是一种痛苦，而是一种从未有过的、常人难以体会到的美的体验。我曾写过一篇短文，叫作"找感觉"。所有的感觉都能感受到人生的快乐，但很难有我们这样一种创造的心理体验，这样一种无可替代的人生的幸福。别看歌曲中唱"跟着感觉走，紧拉住梦的手"，但人的最大的幸福是"跟着理性走，紧拉住哲学的手"。的确是这样，理论研究能感受到常人无法体会的美的喜悦。马斯洛说过，人的需要有不同的层次：生存需要、安全需要、归属需要、尊重需要、审美需要，而审美需要才是一种真正的自我实现。我想我们在文科的研究当中，如果有一种抑制不住的渴望，有一种为学术而学术的态度，有一种跟自己较劲的韧劲，能够达到一种美的心理体验，那么我们的人生和工作就是快乐的。

三 学术批评与学术繁荣

以学者为主体的学术研究，是在学者之间的思想交锋——学术批评——中推进的；离开经常化的学术批评，就难以实现学术的繁荣。直面学术界的现状，我想就学术批评谈几点想法。

（一）学术批评的出发点："同情的了解"与"带有敬意的批判"

记得莫尔顿·怀特的《分析的时代》那本书的第一句话是，"几乎二十世纪的每一种重要的哲学运动都是从讨伐"黑格尔的观点开始的，而这就是对黑格尔的"特别显著的颂扬"。一个世纪的各种哲学都以其作为构建自己的出发点，这表明了黑格尔哲学的"里程碑"意义，当然也就是对其"特别显著的颂扬"了。

我在这里引证这句话的意思是，某种思想能够成为真正的"讨伐"对象，首先在于它是真正的思想，是引起学界广泛和持久关注的思想，因而是值得认真对待的思想；无须认真对待的思想，构不成真正的"讨伐"对象。对于值得认真对待的真正的思想的批判，当然只能是"带有敬意"的批判；而真正的"带有敬意"的批判，当然只能是以"同情的了解"为前提，即认真地研究这种思想构成自己的诸种前提和根据，深入思索这种思想所具有的价值与意义，进而探讨这种思想的局限，并寻求解决问题的新的思路，这就是学术批评的出发点。

这个出发点对学术批评提出三点要求：一是必须看到人家的好处，二是应当发现人家的问题，三是形成新的思路，并以此展开自己的批评。这就要求学术批评在其出发点上首先应当是一种所谓的"无罪推断"，而不是"有罪推断"，即首先是努力探寻被批评对象的合理之处，进而在探索的过程中发现其不合理之处，并对其展开批评。

"同情的了解"并不是"在原则上的退却"，恰恰相反，只有出之于"同情的了解"或"无罪推断"，才有可能发现某种原则上的分歧，并由此展开深切的学术批评。"同情的了解"与"原则上的论争"，二者是一致的。

(二)学术批评的灵魂："发现理论困难"与"创新理论思路"

对批评对象的"同情的了解"，其"同情"之处是被批评对象的"理论困难"，即被批判的思想何以是其所是——它陷入怎样的理论困难而无法自拔。没有对被批评对象的理论困难的深切理解，就不可能形成真正的"同情的了解"和"带有敬意的批判"。然而，正如人们所看到的，许多的所谓学术批评，并不是着眼于被批评对象的理论困难，因而也就更不是着力于被批评对象的理论困难；恰恰相反，这些所谓的学术批评，往往是把被批评的思想解说为某种"主观故意"，甚至是某种非学术的"主观故意"，并以被批评对象的"主观故意"为立足点而展开批评。其结果，往往是把严肃的和艰难的学术批评简单化、庸俗化了。

学术批评的严肃性自不待言，学术批评的艰巨性则需要澄明。如果不是把被批评的思想解说为"主观故意"，则必须揭示其特殊的理论困难。这是一项艰苦的学术工作。从一定意义上说，对任何学术思想的研究，都可以称之为学术批评。对先秦以来的全部中国思想的研究，对希腊以来的全部西方思想的研究，都是如此。在这种"史"的研究或批评中，人们已经比较自觉地克服简单化倾向，力图以"同情的了解"展开"带有敬意的批判"，因而能够着眼于并着力于发现被批判者的理论困难。例如，哲学界依据列宁对唯心主义哲学的分析，不是把哲学史上的唯心主义哲学视为"胡说"，而是致力于探讨各种唯心主义哲学究竟"夸大"了认识的哪种"特征""方面"或"侧面"，这些哲学为什么会"夸大"这些"特征""方面"或"侧面"。因此，不是简单化地批判贝克莱和王阳明的主观唯心主义或黑格尔和朱熹的客观唯心主义，而是致力于发现他们所面对的理论困难，以及他们所陷入的理论困境。这种研究方式，有力地推进了当代中国的哲学史研究。

　　然而，值得深思的是，对于当代思想，特别是对待当代中国学者的思想，似乎并未改变把被批评的思想视为"主观故意"的简单化的批评方式。例如，如何看待对通行的哲学原理教科书的批评，如何理解马克思主义哲学的"哲学性"与"科学性"，如何理解"辩证唯物主义"与"历史唯物主义"的关系，如何处理马克思主义哲学体系中的"物质"范畴与"实践"范畴的关系，如何理解和评价"回到马克思"或"重读马克思"，如何看待把马克思主义哲学"定位"为"实践唯物主义"或"历史唯物主义"等，都迫切需要以"同情的了解"来对待各种不同的理解，从而在"百家争鸣"中繁荣我们的学术研究。因此，在进行学术批评的时候，我们首先应当正视下述问题：这些探索究竟是某种"主观故意"，还是发现了某种"理论困难"？这些"理论困难"是真实的存在，还是虚假的设定？研究这些"理论困难"是阻滞了学术研究，还是推进了学术研究？所有这些问题都要求学术批评必须面对"理论困难"这个根本问题，并以"理论创新"的真诚、勇气和智慧去解决这些"理论困难"。

（三）学术批评的着力点：对"论据"和"论证"的批评

学术批评之难，不在于批评其论点，而在于批评其论据和论证。从逻辑学上说，这是一个极其简单的问题：驳斥其论点，不意味着驳倒其论据和论证；只有驳倒其论据和论证，才有可能驳斥其论点。从学术研究上看，只是驳斥论点，不仅未必驳倒论据和论证，而且往往把被驳斥的论点解读为某种"主观故意"，从而把学术问题非学术化；而要批评论据和论证，则需要认真地研究和深切地理解被批评的对象，自觉地发现被批评对象所揭示的理论困难。例如，究竟如何看待哲学与科学的关系？如果仅就"哲学不是科学"这一论点予以批驳，并引申为"不是科学"的"哲学"还有什么意义，其实并没有真正讨论问题本身——哲学与科学的关系问题。如果着眼于该命题的论据和论证，就会认真对待该命题所探讨的理论困难：哲学与科学作为理论思维的两种基本方式、人类把握世界的两种基本方式，能否把哲学归结为科学？如果把哲学与科学视为"普遍"（以整个世界为对象的关于普遍规律的理论）与"特殊"（以世界的各个领域为对象的关于特殊规律的理论）的关系，哲学岂不是成了具有最大普遍性和最大普适性的科学？哲学自身还有什么独立存在的意义与价值？恩格斯在他的三部哲学名著中得出一个共同的结论，即哲学被"驱逐"出了它的"世袭领地"（自然和历史），这表明了哲学与科学是怎样的关系？通常认为哲学是对真善美的寻求，即哲学是存在论、真理观和价值观的统一，这又意味着哲学与科学的区别何在？当代哲学凸显对"哲学"自身的追问与反思，这表明在新的历史条件下哲学对人与世界关系的新的追问与反思，也就是寻求新的历史条件下的人的生存与发展之路。这种追问与反思，深化了对"哲学"自身的理解，从而也深化了对人与世界关系的当代理解。只有在对这些"论证"和"论据"的切实的批评中，才能深化对该问题的"论点"——哲学与科学的关系——的理解。

（四）学术批评的标准："隔靴搔痒赞何益，入木三分骂亦精。"

学术是在批评中发展的，学术创新是在"研究范式"转换和"解释原则"更新中实现的。学术批评的"入木三分"，就是发现被批判对象的真正的理论困难，为解决这种理论困难提出新的理论思路，并做出新的理论论证。这是学术批评的"破"与"立"的统一。与此相反，无论是"隔靴搔痒"之"赞"，还是"借题发挥"之"骂"，都构不成繁荣学术的学术批评。

就现实的重大问题而言，改革前后三十年的"得"与"失"，市场经济的"利"与"弊"，传统文化的"功"与"过"，都不是简单的"肯定"与"否定"所能回答的问题。历史本身是以"片面性"的形式发展的，是以"退步"的形式而实现其"进步"的；理论与实践的关系，也不仅是理论必须趋向"现实"，而且必须是"现实"趋向"思想"（马克思语）。理论和现实的复杂性，使得学者永远面对着深刻的"理论困难"，并总是陷入某种特殊的"理论困境"。所谓的"理论创新"，首先必须是对"理论困难"或"理论困境"的"理论自觉"。有了这种理论自觉，才能深刻地揭示我们所面对的理论困难，才能深切地思考我们所陷入的理论困境，才能创造性地提出新的理论思路，并形成具有重大价值的学术成果。对理论困难的深刻揭示和对理论困境的深切思考，这是真正的"入木三分"的学术批评。这种学术批评是理论创新的坚实基础。

四　生命体验与理论想象

"想象比知识更重要"。爱因斯坦的这句名言，不仅适用于科学发现和艺术创作，也适用于哲学研究。哲学研究离不开文献积累、思想积累和生活积累，然而，哲学研究的目的并不在于"积累"，而在于"创新"。哲学的"创新"，就是熔"三个积累"于一炉所激发的"理论想象"，并以哲学的理论想象赋予哲学范畴以新的思想内涵。下面，结合我所做的哲学工作——思想的前提批判，谈谈我的理论想象。

（一）人的历史形态与哲学的历史任务

马克思在《1857—1858 年经济学手稿》中提出"人的依赖关系""以物的依赖性为基础的人的独立性"和"建立在个人全面发展和他们共同的社

会生产能力成为他们的社会财富这一阶段上的自由个性"的人的历史三形态说;而早在 1844 年发表于《德法年鉴》的《〈黑格尔法哲学批判〉导言》中,马克思则提出"真理的彼岸世界消逝以后,历史的任务就是确立此岸世界的真理。人的自我异化的神圣形象被揭穿以后,揭露具有非神圣形象的自我异化,就成了为历史服务的哲学的迫切任务"。正是在研读和沉思马克思的相隔 10 余年的两段论述中,激发了我的一个重要的"理论想象":从人的历史形态去理解哲学的历史任务,从哲学的历史任务去揭示人的历史形态的文化内涵。

在关于人的历史形态与哲学的历史任务的"理论想象"中,我形成并提出了如下的基本认识:在"人的依赖关系"的历史形态中,人所"依赖"的对象被异化为超人的"神圣形象",哲学作为理论形态的人类自我意识,它的历史任务就是以理论的方式表征"人的依赖关系"的"神圣形象";在"以物的依赖性为基础的人的独立性"的历史形态中,人对人的依赖变成了人对物的依赖,人对"神圣形象"的崇拜变成了人对"非神圣形象"即"物"的崇拜,哲学作为理论形态的人类自我意识,它的历史任务首先是揭露人在"神圣形象"中的"自我异化",同时又以理论的方式表征人在"非神圣形象"中的"自我异化";正是从人对物的依赖的"现实的历史"出发,马克思明确地提出,"揭露具有非神圣形象的自我异化,就成了为历史服务的哲学的迫切任务"。

正是在这种"理论想象"中,升华了我对"哲学"和"哲学史"的理解,为"重写"哲学和哲学史提供了具有文明内涵的新的"灵魂"和"思路"——哲学史是确立"神圣形象",揭露人在"神圣形象"中的"自我异化",进而揭露人在"非神圣形象"中的"自我异化"的历史。而哲学的总体上的历史变革,正是理论地表征了人类文明的历史变革——从"人对人的依赖"到"人对物的依赖"再到"人的自由个性"的历史性飞跃。正是在这个意义上,真正的哲学才是马克思所说的"时代精神的精华"和"文明的活的灵魂"。由此我所形成的"哲学观"就是:哲学是对人类文明的时代性问题的理论自觉;哲学创新则是赋予哲学范畴以新的时代内涵。

(二)哲学的基本问题与哲学的时代主题

马克思关于"哲学"的名言，既强调了哲学的"时代性"，即"任何真正的哲学"都是"时代精神的精华"，又强调了哲学的"人类性"，即"任何真正的哲学"都是"文明的活的灵魂"。然而，在引证马克思的这句名言时，人们却往往只是把哲学解说为"时代精神的精华"，而很少提及哲学是"文明的活的灵魂"，也就是单纯地强调哲学的"时代性"，却极力回避哲学的"人类性"，甚至以哲学的"时代性"而讨伐"超时代"的"哲学妄想"。其结果，就把哲学的"时代性"与哲学的"人类性"割裂开来、对立起来，并由此导致以哲学的"时代主题"而否认或取代哲学的"基本问题"。

哲学到底有无自己的"基本问题"？哲学的"基本问题"的"真实意义"到底是什么？"思维和存在的关系问题"究竟在什么意义上构成哲学的"基本问题"？马克思关于人类把握世界的"基本方式"的论述，引发我重新思考"哲学"及其"基本问题"。这就是：不同时代的哲学，不同民族的哲学，不同派别的哲学，不同领域的哲学，它们之所以是"哲学"，就在于它们是以一种区别于常识、宗教、艺术和科学的"哲学方式"把握世界。进一步追问：哲学究竟是以何种方式把握世界？就在于它把"思维和存在的关系"作为"问题"反过来而思之，反思常识、宗教、艺术和科学以及人类的全部思想和行为中所隐含的"思维和存在的关系问题"。这意味着：其一，作为哲学的基本问题的"思维和存在的关系问题"，并不是哲学中的"最主要"或"最重要"的问题，而是决定"哲学"的特殊的理论性质和独特的社会功能的问题，也就是规定"哲学"把握世界的特殊方式的问题；其二，把"思维和存在的关系问题"作为哲学的基本问题既不是否认哲学的民族性和时代性，也不是否认哲学的多样性和丰富性，而恰恰是以哲学把握世界的独特方式的理论自觉去构成"时代精神的精华"和"文明的活的灵魂"；其三，自觉到哲学把握世界的独特方式，就不会把哲学方式混同为人类把握世界的常识方式、宗教方式、艺术方式和科学方式，因而也就既不能以哲学方式代替其他方式，也不能以其他方式代替哲学，从而为哲学的"合法性"奠定真实的基础，并真正地以哲学方式去构成哲学的时代主题。

（三）对思想的思想与思想的前提批判

人类把握世界的哲学方式，是把"思维和存在的关系"作为"问题"反过来而思之，这就是哲学意义的"反思"。在哲学史上，黑格尔不仅把哲学规定为"对思想的思想"的"反思"，而且在与"表象思维"和"形式推理"的对比中，深切地阐述了哲学思维何以必须是"反思"，并且以"反思"的思维构成了概念自我否定的辩证法。然而，哲学所追究的"思维和存在"的"关系问题"究竟是何种"问题"？哲学所"反思"的"思想"究竟是什么？正是在苦苦求索这个问题的过程中，恩格斯的一段论述让我产生了至关重要的理论想象。这就是：黑格尔的"思维和存在的同一性"问题，并不是思维和存在"是否统一"和"如何统一"的问题，而是恩格斯所说的"理论思维的不自觉的和无条件的前提"问题。

人类之所以能够以"目的性"和"对象性"的实践活动方式存在，之所以能够以"合目的性"和"合规律性"的实践活动方式构成自己的历史，之所以能够"给自己构成世界的客观图画"并从而把现实变成自己所理想的现实，之所以能够以"思维规定"把握"存在规定"的方式而追求真理，从根本上说，就在于"我们的理论思维"有一个"不自觉的和无条件的前提"——"我们的主观的思维和客观的世界服从于同样的规律，因而两者在自己的结果中不能互相矛盾，而必须彼此一致，这个事实绝对地统治着我们的整个理论思维"。由此，我所形成的进一步的"理论想象"就是："思维和存在的关系问题"，从根本上说是"理论思维的不自觉的和无条件的前提"问题；"对思想的思想"，从哲学上说就是批判地反思这个"不自觉的和无条件的前提"所隐含的问题；因此，哲学意义的"反思"，并不是一般意义的"对思想的思想"，从根本上说就是并且必须是"对思想的前提批判"。

构成思想的前提，最深层的和最根本的是"思维和存在的同一性"，但是，作为哲学基本问题的"思维和存在的关系问题"，却并不只是"思维和存在的同一性"问题，还包括构成思想的基本逻辑、基本方式、基本观念及其深层的哲学理念。离开对构成思想的基本逻辑、基本方式、基本观念和哲学理念的前提批判，就无法真正实现对"思维和存在的同一性"这个基本信念的前提批判。由此我所形成的更为具体的"理论想象"就是：以"思想的前提批判"为灵魂，具体地展开五个方面的前提批判：一是对构成思想的"基本信念"的前提批判，也就是对"思维和存在的同一性"的前提批判；二是对构成思想的"基本逻辑"的前提批判，也就是对形式逻辑、辩证逻辑和实践逻辑的前提批判；三是对构成思想的"基本方式"的前提批判，也就是对常识、宗教、艺术和科学的前提批判；四是对构成思想的"基本观念"的前提批判，也就是对存在、世界、历史、真理、价值、自由等观念的前提批判；五是对构成思想的"哲学理念"的前提批判，也就是哲学的自我前提批判。在这种"理论想象"中所提出的五个方面的"前提批判"，构成了我的主要的哲学工作。

(四)基本观念的前提批判与哲学的工作方式

诉诸当代哲学，我们可以发现，它的突出特征之一是哲学研究的分支化、专业化和技术化，而这"三化"的集中表现则是哲学的"部门化"，这就是科学哲学、文化哲学、政治哲学、经济哲学、价值哲学及至管理哲学、技术哲学、工程哲学等争奇斗艳、此消彼长、蔚为大观。然而，所谓的"部门哲学"究竟何以是"哲学"而不是科学学、文化学、政治学或管理学？从根本上说，就在于前者所指向的是这些"部门"的基本观念，就在于它所进行的并不是案例的或数据的"实证研究"，而是批判地反思"实证研究"中的"基本观念"。批判地反思人类活动和人类文明中的基本观念构成所谓的"部门哲学"。

每门学科都有构成自己的基本观念，"部门哲学"则把各门学科构成自己的基本观念作为批判反思的对象：其一，批判地反思各门学科本身，诸如科学哲学对"科学"的反思，文化哲学对"文化"的反思，政治哲学对"政治"的反思，价值哲学对"价值"的反思，并以此引发各门学科的自我批判和自我超越；其二，批判地反思各门学科的核心范畴和基本范畴，诸如科学哲学对"观察与理论""理解与解释""归纳与演绎""逻辑与直觉"的反思，政治哲学对"平等与自由""平等与正义""形式平等与实质平等"的反思，价值哲学对"价值的主观性与客观性""价值的个体性与社会性""价值与评价"的反思，并以此引发各门学科"解释原则"的变革和"概念框架"的重构；其三，批判地反思各门学科所蕴含的"思维和存在的关系问题"，既以此揭示各门科学中的真实的哲学问题，又以此丰富和深化哲学自身的理论内容。这就是作为"哲学"的"部门哲学"所展开的"思想的前提批判"。

在对构成思想的基本观念的前提批判中，生动地体现了"哲学"自己的工作方式：一是时代精神主题化，从各门学科的"多重变奏"中凝练出时代精神的"主旋律"；二是现实存在间距化，以各门学科的理论成果为"中介"深层地透视现实、批判地反观现实和理想地引导现实；三是流行观念陌生化，在对各门学科的基本观念的反思中变革人们对种种"不言自明""天经地义""毋庸置疑"的基本观念的理解；四是基本理念概念化，以具有新的时代内涵的基本观念构成理解和协调人与世界关系的新的哲学概念体系，从而构成具有新的时代内涵的世界图景、思维方式和价值观念，并以此塑造和引导新的时代精神。

（五）"表述"的科学、"表达"的艺术与"表征"的哲学

思想的前提批判，不只是对"基本观念"的前提批判，更是对构成基本观念的深层的"哲学理念"的前提批判；而对哲学理念的前提批判，必然集中地体现在对"哲学本身"的前提批判上。这就是：哲学作为人类把握世界的一种基本方式，究竟如何把它与人类把握世界的其他方式区别开来？逻辑实证主义重要代表人物卡尔纳普关于科学、艺术与哲学关系的论述，催化了我对哲学的存在方式的"理论想象"。

在"拒斥形而上学"的旗帜下，卡尔纳普以区分语言的两种职能为出发点，明确地和尖锐地向"形而上学"提出挑战：语言具有"表述"和"表达"两种职能；"科学"以构成关于经验事实的命题的方式充当语言的"表述"职能，"艺术"则以构成关于人的情感或意愿的方式充当语言的"表

达"职能；"哲学"既不是像"科学"那样"表述"经验事实，又不是像"艺术"那样"表达"情感意愿，"哲学"不只能是"理性的狂妄"和"语言的误用"吗？应当说，卡尔纳普由语言的两种职能对哲学提出的诘难，既是以最"合乎逻辑"的方式向哲学的存在方式提出的挑战，又为重新理解和阐释哲学提出了最为现实的"理论想象"的空间——不是"表述"和"表达"的哲学，究竟以何种方式存在？由此又引发我更深切地思考马克思关于哲学的名言：哲学究竟以何种方式而成为"时代精神的精华"和"文明的活的灵魂"？正是把卡尔纳普对哲学的"挑战"和马克思关于哲学的"名言"联系起来，并且把这个"联系"诉诸对哲学史的反思，构成了我对哲学存在方式的"理论想象"：哲学是以区别于"表述"和"表达"的"表征"方式而存在的。

作为"时代精神的精华"和"文明的活的灵魂"，真正的哲学既不是"表述"时代状况和人类文明的经验事实，也不是"表达"个人对时代状况和人类文明的情感和意愿，而是以区别于"表述"和"表达"的方式所构成的时代精神的"精华"和文明的活的"灵魂"。那么，区别于"表述"和"表达"，因而也区别于"科学"和"艺术"的"哲学"究竟以何种方式存在呢？哲学当然总是在"表述"或"表达"什么，但是，以"精华"和"灵魂"为己任的哲学又必须以区别于"表述"或"表达"的方式实现自身的存在，这实在是一个难以破解的难题。现代哲学或者以"拟科学"的方式充当语言的"表述"职能，或者以"拟文学"的方式充当语言的"表达"职能，并由此构成"科学主义"和"人本主义"两大思潮，在某种意义上都是难以破解这个难题的产物。

卡尔纳普由语言的两种职能出发，对哲学提出的挑战，双重化地封闭了现代哲学的两种选择：既不能以"拟科学"的方式去充当语言的"表述"职能，也不能以"拟文学"的方式去充当语言的"表达"职能。这从"否定"方面激发了我对哲学的特殊的存在方式的理论想象。与此同时，马克思关于真正的哲学是"时代精神的精华"和"文明的活的灵魂"的名言，又从"肯定"方面激发了我对哲学的特殊的存在方式的理论想象。正是在对哲学存在方式的"肯定"和"否定"的双重反省中，激发了我的关于"表征"的理论想象：寻求真善美的哲学，既不是单纯的关于"有没有"的存在论，也不是单纯的关于"对不对"的真理论，更不是单纯的关于"好不好"的价值论，而是以某种价值诉求出发的对存在的反思和对真理的追求，因此，"哲学"本身是存在论、真理论和价值论的"三者一致"。"三者一致"的哲学既不是"表述"的科学也不是"表达"的艺术，而是对时代精神和人类文明的"主旋律"和"普照光"的"表征"。

何谓哲学的"表征"？就是透过"表述"和"表达"所体现的"时代精神的精华"和"文明的活的灵魂"，就是透过人类把握世界的"多重变奏"所体现的人类文明的"主旋律"和"普照光"。哲学的"表征"，既是以哲学问题的历史演进体现出来的，又是以哲学派别的相互论争实现出来的。诉诸哲学史，我们会看到，古代哲学提出"万物的统一性"问题，并不是单纯地"表述"或"表达"世界本原问题，而是"表征"着人类对自己的生活意义"最高支撑点"的寻求；近代哲学提出"意识的统一性"问题，并不是单纯地"表述"或"表达"意识本性问题，而是"表征"着人类对自由的寻求；现代哲学提出"文化的统一性"问题，并不是单纯地"表述"或"表达"文化本质问题，而是"表征"着人类精神家园的焦虑和对人类文明新形态的寻求。

哲学的"表征"的存在方式的集中体现，莫过于马克思对哲学的历史任务的概括：哲学从确立"神圣形象"到消解"神圣形象"再到消解"非神圣形象"，就是以自己的"表征"方式体现人的历史形态的变革和文明内涵的历史性变革，从而塑造和引导新的时代精神。应当说，在对哲学的存在方式的理解中，"表征"是难以"言传"的，但却是可以"意会"的。这是哲学的艰深之所在，也是哲学的魅力之所在。

（六）人类的故事与个人的故事

哲学"表征"时代精神和人类文明，当然是在讲"人类的故事"；然而，对"人类故事"的理解和对"人类故事"的讲解，却离不开讲解者对"人类故事"的体悟和思辨。因此，"哲学"既是哲学家以个人的名义讲述人类的故事，又是哲学家以人类的名义讲述个人的故事。个人的体悟和思辨与人类的思想和文明，熔铸于哲学家的各异其是的理论想象之中。

每个时代的人类都有该时代的特定的人类历程和理论资源，由此构成该时代的哲学家的共有的人生历程和理论资源，并因而构成该时代哲学的"广泛而深刻的一致性"。然而，时代性的人类历程又总是表现为哲学家的特殊的人生历程以及哲学家对人类历程和人生历程的独特的生命体验；时代性的理论资源又总是表现为哲学家对特定的理论资源的占有以及哲学家由其所占有的理论资源所形成的特殊的理论想象。特殊的人生历程和独特的生命体验，特殊的理论资源和独特的理论想象，二者的水乳交融构成了个性化的哲学理论。因此，我在《哲学通论》中提出：哲学是以时代性的内容、民族性的形式和个体性的风格去求索人类性问题。在这个意义上，哲学就是以"我"的名义讲述"我们"的故事。

以"我"的名义讲述"我们"的故事，这个"故事"就形成于"我"的"思辨"和"体验"的"理论想象"之中。所谓"思辨"，就是辨析思想或思想辨析，也就是思想以自身为对象反过来而思之的"反思"；所谓"体验"，就是体悟经验或经验体悟，也就是经验以自身为对象反过来而悟之的"领悟"。在哲学的"理论想象"中，思辨与体验，或者说反思与领悟，不仅是不可或缺的，而且必须是融为一体的。没有体验的思辨，或没有思辨的体验，都不会产生"真实的想象"和"想象的真实"。长期以来，哲学界有一种流行的说法：西方哲学重思辨，中国哲学重体验。如果这种说法的含义仅为"重在"，或许是言之有据的；如果这种说法的含义是指"特征"，则不仅夸大了中西哲学的"差异"，而且误解了哲学的"本性"，并会因此窒息哲学的"想象"。

诉诸哲学史，我们会看到，哲学发展的基本形式是派别之间的相互批判。然而，值得深思的是，哲学的派别冲突不仅植根于现实生活，而且与哲学家对人类文明和时代精神的生命体验和理性思辨密切相关。贯穿于哲学史的唯物主义与唯心主义、辩证法与形而上学、经验主义与逻辑主义、绝对主义与相对主义等的派别冲突，无不熔铸着哲学家的生命体验和理性思辨。哲学的唯物主义与唯心主义，深层地蕴含着哲学家对人类的自然性与超自然性的生命体验和理性思辨；哲学的辩证法和形而上学，深层地蕴含着哲学家对人类存在的过程性与确定性的生命体验和理性思辨；哲学的经验主义与逻辑主义，深层地蕴含着哲学家对人类认识的感性与理性的生命体验和理性思辨；哲学的相对主义与绝对主义，深层地蕴含着哲学家对人类文明的时代性与超时代性的生命体验和理性思辨。在现代哲学中，本质主义与存在主义、理性主义与非理性主义、科学主义与人本主义乃至"分析"与"解释"、"结构"与"解构"，更是以错综复杂的派别冲突的方式，深层地蕴含着哲学家对"现代性的酸"所构成的"意义危机"的生命体验和理性思辨。正是这种深沉的生命体验和顽强的理性思辨，激发了哲学家的独特的"理论想象"，形成了各具特色的哲学理论，从而既以人类的名义讲述了个人的故事，又以个人的名义讲述了人类的故事。

(七)绝对的绝对、绝对的相对与相对的绝对

哲学家以自己的生命体验和理性思辨所讲述的"人类故事"，究竟是关于人类文明的"真知"，还是关于人类文明的"偏见"？或者说，哲学家所讲的"人类故事"，究竟是"绝对的绝对"，还是"绝对的相对"？进而言之，哲学家所讲的"人类故事"，是否既不是作为"绝对之绝对"的"真知"，也不是作为"绝对之相对"的"偏见"，而是一种可以称之为"相对之绝对"的"合法的偏见"？这是我在1988年所写的《从两极到中介——现代哲学的革命》一文中提出的一个"理论想象"，也是我在2011年所写的《哲学的形而上学历险》一文中所论述的一个"基本观念"。

在传统形而上学那里，虽然哲学家个人的生命是有限的，但他的理性却可以对人类经验及其知识做出某种统一性和终极性的解释。因此，对于传统形而上学来说，"相对"只是他人的"无知"，"绝对"则是自家的"真理"。由此所构成的关于"绝对之绝对"的哲学，就是"不知其不可为而为之"的"形而上学的恐怖"。现代西方哲学在"拒斥形而上学"的旗帜下，迫使哲学从"狂妄的理性"变为"谦虚的理性"、从"无限的理性"变为

"有限的理性"。由此所构成的关于"绝对之相对"的哲学，就是"知其不可而不为之"的"形而上学的退场"。而在现代哲学的自我反省中，作为理论形态的人类自我意识，哲学已经在对人类思维的"至上性"与"非至上性"的辩证理解中，形成了某种新的"共识"：哲学既不是超时代的"绝对之绝对"，也不是纯个人的"绝对之相对"，而是人类性与时代性相融合的"相对之绝对"。由此所构成的哲学就是"知其不可而必为之"的"形而上学的追求"。由此所构成的哲学的"世界观"，就是"人生在世"和"人在途中"的"人的目光"。这种"人的目光"，既不是"绝对之绝对"，也不是"绝对之相对"，而是"相对之绝对"。以时代性的绝对性与历史性的相对性去看待哲学，哲学才能批判性地反思人类文明，理想性地对待人类文明，并以"文明的活的灵魂"的自我意识去塑造和引导新的时代精神。

五　思辨、体验与境界

许多老师和同学都读过《哲学通论》。在那本书里，我把自己学习和研究哲学的体会概括为五句话：高举远蹈的心态，慎思明辨的理性，体会真切的情感，执着专注的意志和洒脱通达的境界。其中，最具有实质意义的，就是"慎思明辨的理性"和"体会真切的情感"的融合。也就是说，学习和研究哲学，离不开两个最主要的东西：一是思辨，二是体验。二者缺一不可，而且是相互融合的。

围绕这个题目，我讲三个问题：一是真道理与大实话；二是辨析思想与体悟经验；三是思想的陌生化与经验的人类化。下面，先从"真道理与大实话"谈起。

(一)真道理与大实话

好多同学听我讲过，有两类不同的文章：一类是用谁都听得懂的话讲出谁都没想到的道理，另一类则是用谁都听不懂的话讲一些谁都懂得的道理。前一类，可以叫作"真佛只说家常话"；后一类，可以叫作"俗人故作惊人语"。

恩格斯《在马克思墓前的讲话》中说，马克思的伟大发现是发现了"一个简单事实"：："人们首先必须吃、喝、住、穿，然后才能从事政治、科学、艺术、宗教等等"。邓小平在改革开放之初提出："贫穷不是社会主义，发展才是硬道理。"鲁迅在评论世间百态时说："拉大旗作虎皮，包裹着自己去吓唬别人；捣鬼有术、有效、但有限"；又说，"如履薄冰，发抖尚且来不及，还谈何创造？"黑格尔说，形而上学即哲学是"庙里的神"，是"密纳发的猫头鹰"。我在自己的哲学研究中，也努力用"大实话"来说出"真道理"，如"从两极到中介""从体系到问题""从层级到顺序"。提出"真道理"不容易，用"大实话"讲出"真道理"同样不容易。这就需要"思辨与体验"。

（二）辨析思想与体悟经验

思辨，从字面上解析，就是思想辨析或辨析思想，也就是以思想自身为对象反过来而思之，简言之就是"反思"；体验，从字面上解释，就是体悟经验或经验体悟，也就是以经验自身为对象反过来而悟之，简言之就是"领悟"。在哲学活动中，思辨与体验，或者说反思与领悟，二者可能有所偏重，但不能有所偏废。

思辨，在于具体地辨析思想，因而重在对概念的反思；体验，在于真切地领悟经验，因而重在对生活的体验。但是，反思的概念有其经验内容，体悟的经验需要概念表达。经验无概念则盲，概念无经验则空。离开概念的经验内容，所谓的思辨就成了黑格尔所批评的纯粹的"形式推理"；离开表达经验的概念规定，所谓的体验又成了黑格尔所批评的单纯的"物质思维"。在真正的哲学活动中，思辨与体验总是融合在一起的，既不存在没有体验的思辨，也不存在没有思辨的体验。

在谈到"一般人所说的哲学的难懂性"时，黑格尔曾经明确地提出这是由于两方面的"困难"："一部分由于他们不能够，实即不懂得作抽象的思维，亦不能够或不惯于紧抓住纯粹的思想，并运动于纯粹思想之中。"①"另一部分困难"则在于"意识一经提升到概念的纯思的领域时，它就不知道究竟走进世界的什么地方了"②。这就是说，人们之所以难于理解哲学，是因为他们把"概念"与"世界"割裂开了，把"思辨"与"体验"分离开了，以经验看待世界的时候，世界就只是经验的世界，以思想看待经验的时候，经验中的世界又不复存在了。其结果，人们或者以单纯的经验理解哲学，也就把哲学变成了经验常识；或者以单纯的思想理解哲学，也就把哲学变成了抽象的空洞的思想。

作为西方传统哲学的集大成者，在黑格尔哲学那里，思辨与经验是同等重要、相互融合的。在结束《小逻辑》的全部论述之前，黑格尔充满感慨地指出："老人讲的那些宗教真理，虽然小孩子也会讲，可是对于老人来说，这些宗教真包含着他全部生活的意义。即使小孩也懂宗教的内容，可是对他来说，在这个宗教真理之外，还存在着全部生活和整个世界"③。在这里，黑格尔正是借用对"同一句格言"的不同理解，深切地揭示了"体验"之于"哲学"的不可或缺的重要性。认真地研读黑格尔的《精神现象学》《历史哲学》《法哲学》《逻辑学》和《美学》，我们都会真切地懂得，哲学活动中的体验与思辨是难以分割地融合为一的。

同样，在中国传统哲学中，历代的哲学家们的哲学，也绝不仅仅是对生活经验的领悟，而是将对经验的领悟融汇于思想的辨析之中。自先秦以来，中国传统哲学多以天、地、道、德、性、命、礼、义、体、用、理、气、知、行等作为思考对象，而又以天地、道德、性命、礼义、体用、理气、知行等范畴为对象反过来而思之，从而以通达的辩证智慧对待天人、内外、人己、义利、仁智、道器、理欲、知行、荣辱、进退、生死等种种矛盾，形成了凝聚中华民族对世界和生命的认知和感受的哲学思想，积淀了中华民族的精神追求和行为准则。如果他以"体验"来概括和表达中国传统哲学的特性，就会把睿智通达的中国哲学思

---

① ［德］黑格尔：《小逻辑》，40 页，北京，商务印书馆，1996。
② 同上书，41 页。
③ 同上书，423 页。

想降格为某种应对日常生活的经验常识。

长期以来，哲学界有一种流行的说法：中国哲学重体验，西方哲学重思辨。如果这种说法的含义仅为"重"，或许是说得通的；如果这种说法的含义是指二者的"差异"或"区别"，则不仅夸大了中、西哲学的"区别"，而且误解了哲学的特性，甚至会误杀中国哲学的发展道路。

（三）思想的陌生化与经验的人类化

思辨，是辨析思想或思想辨析。由此提出两个问题：一是在思辨中辨析什么？二是如何实现对思想的辨析？

体验，是体悟经验或经验体悟。由此，也提出两个问题：一是在体验中体验什么？二是如何实现对经验的领悟？

先谈思辨。辨析思想，是对具体的思想的辨析，而不是抽象地辨析思想，因此，对思想的辨析，主要体现在两个层面：在表层上，是要辨析这个思想的含义究竟是什么；在深层上，则是要辨析这个思想的含义是如何构成的。前者，从语言学上说，是一种语义、语境的分析活动，后者，则是一种特有的哲学活动，即对思想构成自己的前提批判。因此，思想的辨析，并不是一般性的辨析思想，而是辨析思想构成自己的前提批判。按照我个人的看法，构成思想的根据和前提，主要包括四个方面：一是思想构成自己的基本理念，二是思想构成自己的思想逻辑，三是思想构成自己的特定方式，四是思想构成自己的基本信念。思想构成自己的根据，是隐匿于思想之中的，把思想隐匿的前提或根据揭示出来，最为根本的方式，就是思想的陌生化——跳出关于思想自己的思想。

再谈体验。体验是对经验的体察、体会和领悟，是把经验升华为对生活的理解。高尔基在《我的大学》中曾言："对生活的思考是比生活本身更痛苦的。"体验离不开特定的生活境遇，体验总是对特定生活境遇的体验。人们的生活境遇是不同的、这包括每个时代的生活境遇是不同的、每个民族的生活境遇是不同的，每个个人的生活境遇是不同的。体验，总是在对时代的生活境遇、民族的生活境遇和个人的生活境遇的体会和领悟中形成的。在《思想中的时代》那本书的"后记"中，我写过这样一段话："人们对于哲学的理解是大不相同的。这是因为，哲学既是以个人的名义讲述人类的故事，又是以人类的名义讲述个人的故事，个人的思辨和体验与人类的文明和思想，熔铸于各异其是的哲学理论当中。"这是我对思辨和体验的理解，也是对哲学本身的理解。

六　大气、正气和勇气

在纪念高清海先生逝世十周年之际，我想用"大气、正气和勇气"概括先生的为人与为学，并以此激励我们在"爱智"的哲学之路上继续前行。

（一）大气：为人为学其道一也

无论是为人还是为学，中国人最崇尚的是"先立乎其大者"。

高先生的为人，如同他的伟岸的身躯，是直立的、挺拔的。他不屑于向权贵折腰，也不善于向弱者示强，而是爱憎分明、卓尔不群。先生所说的，就是他所想的和他所做的；他尊重自己的前辈、朋友和学生，他同样尊重他自己。和先生在一起，总会感到人应当像人那样直立地生活，而决不能像动物那样爬行。这是他为人的大气。

为人的风骨与为学的风格是一致的。高先生的为学，亦如他的伟岸的身躯，"指点江山"，"激扬文字"，高屋建瓴，势如破竹。对高先生来说，学问之"大者"，并不只是选题之"宏大"，更主要是立意之"高远"。关于哲学，高先生提出"人是哲学的奥秘"，把哲学定义为"理论形态的人类自我意识"，把马克思主义哲学解释为"实践观点的思维方式"，把我们的哲学使命确立为"找回失去的'哲学自我'"，进而为中华民族的未来而创造中华民族的"思想自我"。这又是他为学的大气。

为了这个宏伟的目标，他苦苦求索古代先贤对哲学的理解，写出了"史论结合"的《哲学的憧憬》；他独立钻研人类的文明史和哲学的思想史，写出了独树一帜的《哲学与主体自我意识》；他深入思考马克思恩格斯的哲学思想，系统地阐述了《马克思主义哲学基础》；他深切地体悟人的历史、现实与未来，竭力达成《"人"的哲学悟觉》。高先生的这些选题重大、立意高远的著述，高先生在这些著述中提出的见解独到、振聋发聩的哲学思想，不仅引领了 20 世纪 80 年代以来的我国哲学研究，而且为 21 世纪的哲学研究提供了不可或缺的思想资源。

尤为令人感动的是，在与病魔抗争的日子里，高先生写出了他一生中最为珍贵的论文《中华民族的未来发展需要有自己的哲学理论》。先生提出："中华民族是有着古老哲学传统的民族"，"学习西方先进的哲学理论，最终目的还是为了创建适于我们自己的当代中国哲学"。"中华民族的生命历程、生存命运和生存境遇具有我们的特殊性，我们的苦难和希望、伤痛和追求、挫折和梦想只有我们自己体会得最深"。"一个社会和民族要站起来"，"首先要在思想上站立起来"。"创建当代中国哲学理论，乃是中国人反思自己的生命历程、理解自己的生存境域、寻找自己未来发展道路的内在要求和迫切需要"。这是先生求索终生的思想箴言，也是先生临终的思想嘱托。为中华民族的未来而创造属于我们自己的哲学，这应当是我们从先生那里承继下来的最根本的"大气"。

(二)正气："面向事情本身"的"笨想"

做学问有各种"路径"，有各种"方法"，有各种"门道"，高清海先生只概括为两个字："笨想"。

笨想，就是不投机取巧。对于哲学研究，高清海先生最认同的是他的老师刘丹岩教授所说的"抓住根子"，最强调的是"打牢基础"。他曾经语重心长地对自己的研究生说，他的某些同辈学者之所以没有形成自己的独立的哲学思想，主要原因在于没有机会系统地、认真地研究哲学史，没有形成恩格斯所说的"建立在通晓思维的历史和成就的基础上的理论思维"。为此，他还多次半开玩笑地说，他很"庆幸"自己在六十年代被迫改行讲授西方哲学史，从而能够以"史论结合"的方式研究哲学，真正做到"以论带史、论从史出"。他要求自己的学生一定要认真地读书，认真地想问题，还为学生系统地讲授西方哲学史和亚里士多德的《形而上学》、马克思的《1844年经济学：哲学手稿》、恩格斯的《路德维希·费尔巴哈和德国古典哲学的终结》、列宁的《哲学笔记》等著作，以及"认识论专题研究""辩证法专题研究"等课程。在吉林大学的图书馆和马列主义教研部的资料室里，记载着高清海先生曾经借阅的图书，既包括当时已出版的全部的马列著作，还包括当时已面世的中外哲学家的著作。而在高先生的遗物中，最为珍贵的就是他日积月累的哲学笔记。"问渠那得清如许？为有源头活水来。"不投机取巧，不要小聪明，老老实实地读书，认认真真地研究，这是高先生治学的根基。

笨想，就是不回避问题。作为辩证法大家，黑格尔为何搞唯心主义？作为唯物论者，费尔巴哈为何不懂辩证法？人们不懈地追求真理、究竟是在追求什么、要去追求什么？哲学家们都想"为天地立心，为生民立命"，为何马克思以前的哲学只是"解释世界"而不是"改变世界"？哲学和科学都研究"世界"，为什么它们是把握世界的"不同方式"？20世纪80年代中期，当学界普遍地以"实践范畴""实践转向"或"实践唯物主义"重新阐释马克思主义哲学时，高先生独树一帜地提出，要以"实践观点的思维方式"去理解马克思主义的哲学革命。他明确地提出："对于马克思主义的实践观点，我们决不能把它看作仅仅是用来回答认识的基础、来源和真理的标准等认识论问题的一个原理，而必须把它看作马克思主义用以理解和说明全部世界观问题、区别于以往一切哲学观点的新的思维方式。只有认识到这一点，才能把握马克思主义哲学全部内容的实质。"正因为高先生所思考的问题总是"较真""较劲""和自己过不去"的问题，所以先生总是能从问题的"根子"上提出问题和回答问题。

笨想，就是不囿于己见。每当论及学界状况时，先生总是对学生们说，我们有自己的特点，人家有自己的优势，善于发现人家的长处，才会有所进步。先生不仅认真研读和思考自己前辈和同辈学者的著述，而且真心实意地吸纳学生的研究心得。高先生指导研究生，从来不只是"讲"，而是"听"——听学生讲相关的知识和他们的看法。20世纪80年代，我们几位"老学生"最为兴奋的事，就是每周到先生家中讨论哲学。我还清晰地记得，孙利天讲中国传统哲学，孟宪忠讲社会发展理论，秦光涛讲现代西方哲学，邴正讲当代文化哲学，而我则主要讲现代科学哲学。高先生认真地倾听，不时地记录，间或提问，几个学生更是不以自己的"滔滔不绝"为"越位"，相互追问，相互诘难，抓住"软肋"，发现"硬伤"，"互相切磋"，"教学相长"。

笨想，就是不人云亦云。列宁说，概念、范畴并不是认识的"工具"，而是人类认识的"阶梯"和"支撑点"。在人类文明史上，概念、范畴的内涵不是僵死凝固的，而是"与时俱进"的。然而，人们却往往把概念、范畴当作僵化的"定义"去把握和使用。高先生的"笨想"，从根本上说，就是对哲学基本观念的坚韧不拔的追问。特别是在对本体论思维方式的批判反思中，高先生深刻地揭示了这种思维方式的实质：一是把事物的现象与本质割裂开来，二是把认识的主观与客观对立起来，三是把真理的相对与绝对分割开来，试图为人类提供绝对之真、至上之善和最高之美。对于这种思维方式和哲学理念，高先生从"人是哲学的奥秘"的解释原则出发，做出了自己的独到的论证："本体论作为对象的解释原则完全是属于人的，它表现的是人从人的观点以理解和把握对象世界的一种方式。""人是一种从不满足于既有存在，总是追求未来理想存在的一种存在。这通常被称作人的'形而上学'本性。本体论就是以探寻对象之外和之上的本真存在这种方式，来表述人的形而上学追求的。"在这种批判反思中，高先生不仅深刻地揭示了本体论思维方式的实质，而且富有启发性地肯定了哲学的"形而上学追求。"正是在对包括"本体"在内的"世界""实践""矛盾""反映""规律""真理"等哲学范畴的批判性反思中，高先生突破了通常的"狭隘视界"，赋予这些基本范畴以新的思想内涵，为发展哲学提供了富有建设性的新的"阶梯"和"支撑点"。这是高清海哲学思想的"真实意义"。

笨想，就是不故步自封。1996 年出版的《高清海哲学文存》第 5 卷，收录了先生在 20 世纪 80 年代主编的《马克思主义哲学基础》的选辑。在该卷的"前言"中，先生坦诚地指出，"现在读起来，这部著作的许多思想内容或许已经不很新鲜"，"我国理论界的认识和我们自己的思想，都已有了很大的提高和进展"。他还特别指出，《马克思主义哲学基础》以"客体""主体""主体与客体的统一"这种逻辑框架和叙述方式来阐述马克思主义哲学，没有真正体现马克思主义哲学的实践观点的思维方式。因此，在20世纪80年代后期，先生明确地以"人与世界的否定性统一"来阐释"实践"，又以这种"实践观点"来阐释马克思主义哲学的"思维方式"，进而对马克思主义哲学做出新的系统论证。正是在这种自我反省和自我批判中，高先生不断地升华了自己的哲学思想。这种符合哲学本性的自我批判精神，应当是先生留给我们的弥足珍贵的"精神财富"。

（三）勇气：思想解放与人的解放

思想解放，理论创新，这对高清海先生来说，绝不是挂在嘴上的名词或追赶时髦的口号，而是他的学术生命的生动写照。

不"唯上"，不"唯书"，敢于追问，勇于创新，这是高先生学术研究的"基点"。在为《哲学通论》所写的"序言"中，先生针砭时弊地指出："长期以来我们已经习惯了这种照本宣科的研究方式，写作方式，眼睛只看着别人、看着古人、看着洋人，却忘记了还有个'自我'、自我的头脑"，"连马克思的本来属于解放人们头脑的哲学，我们也采取了这种'灌输'的方式去束缚人们，我们怎能培养出哲学家来?"先生以自己的理论勇气和强烈的社会担当意识，在历史、理论与现实的聚焦点上，不断地实现理论创新，并鼓励和引导自己的学生以哲学的方式面向现实，努力探索重大现实问题中所蕴含的重大理论问题，又以新的理论成果去回答重大的现实问题，切实地使哲学成为"思想中所把握到的时代"。

在学术研究中，高先生的"思想解放"，集中地体现在"哲学总体观念的变革"上。早在20世纪50年代，他就以《论辩证唯物主义与历史唯物主义的关系》一文重新理解马克思主义哲学，并因此被扣上"分家论"的帽子。自1980年起，高先生用6年时间主编完成了被学界称为"在众多教科书中独树一帜，自成一家之言"，"令人耳目一新"的《马克思主义哲学基础》上下册，"开创中国哲学体系改革的先河"。先生认为，"变革和创新，是哲学理论的常态，也是它固有的本质"。"哲学这种理论的一个突出特点，就是要以自身理论和观念的不断变革，才能反映历史和时代的变化，推动历史和时代的前进，从而发挥它特有的批判的和导引的理论功能。""实践发展了，历史前进了，时代变化了，作为思想前导或理论升华的哲学便要改变自己的内容和形态，经历哲学观念的变革"。正是基于这种理念，高先生写出了关于哲学观念变革的系列"断想"，系统地提出了他对"世界观""本体观""实践观""矛盾观""真理观""价值观""人学观"的重新理解和阐释，并把哲学的"思想解放"与现实的"人的解放"熔铸在他的理论创新之中。

"人"的问题是高先生在 20 世纪 90 年代思考的主题。恩格斯提出，马克思和他所创建的哲学是"关于现实的人及其历史发展的科学"。高先生由此提出，"现实的人及其历史发展"，就是不断地在实践活动中实现"人与世界的否定性的统一"，也就是实现马克思所说的"合规律性"与"合目的性"的统一。因此，我们应当以"实践观点的思维方式"去看待人与世界的关系，并以这种思维方式去阐述和发展马克思主义哲学。高先生提出，按照马克思关于人的历史"三形态"理论，中国今日的落后就不只是表现在经济、社会、技术等方面，最根本的落后是在"人"的发展方面。由此，高先生高瞻远瞩地提出："我国社会主义发展的现阶段，解放生产力首先就是解放个人，就要用实现每个人的全面发展的"未来导引现实。"高先生的这一思想，从哲学的高度阐发了"以人为本"的发展观。

志存高远的大气、真诚求索的正气、敢于创新的勇气，这是高清海先生的为人为学之道，也应是所有学人的繁荣学术之道。高先生的墓碑矗立于苍松翠柏之中，高先生的思想将存留于人类文明的历史长河之中。

七 深刻、厚重和优雅

一篇好的学术论文，一部好的学术著作，既要有深刻的思想，又要有厚重的论证，更要有优雅的叙述。深刻、厚重和优雅，这是读者对学术论著的"要求"，也是作者对学术论著的"追求"。达到这个"要求"和实现这个"追求"，从事学术研究的学者就不仅要有坚实的文献积累、艰苦的思想积累和切实的生活积累，而且要有"跟自己过不去"的劲头：一是"在思想上跟自己过不去"，提出振聋发聩的创见；二是"在论证上跟自己过不去"，做出令人信服的阐述；三是"在叙述上跟自己过不去"，写出凝重而又空灵的论著。学术研究是对人类智力的挑战，做学问的学者就要在思想、论证和叙述上"跟自己过不去"。

（一）深刻：在思想上"跟自己过不去"

"学问"是人类文明史在观念中的积淀和升华，"做学问"的根基是钻研古往今来的已有的"学问"。然而，真正"做"出超越前人的"学问"，却不仅需要"读出人家的好处"，而且必须"发现人家的问题"，进而"悟出自家的思想"。这就是王国维所说的读书的最高境界："众里寻他千百度，蓦然回首，那人却在灯火阑珊处。"于别人未见之处发现问题，于别人未思之处提出思想。

"读出人家的好处"，并不容易。缺乏人家的"学识"，达不到人家的"见识"，体会不到人家的"困惑"，把握不到人家的"洞见"，也就难以读出人家的"好处"。"发现人家的问题"，更不容易。人家苦心钻研出来的道理，怎么能让人轻易地发现"问题"。或许正是有感于此，爱因斯坦才深有体会地说，"提出一个问题比解决一个问题更重要"。在读出人家的"好处"和发现人家的"问题"的过程中，"悟出自家的思想"，当然是难上加难。人家之所以"有问题"，并不是人家没有绞尽脑汁地"想问题"，并不是人家没有瞻前顾后地"看问题"，而是后人（他人）在自己的"上下求索"中"发现"了人家的"问题"，从而"提出"了自家的"思想"。做学问的"不破不立"与"不立不破"是水乳交融的。"悟出自家的思想"，才能真正"发现人家的问题"；"发现人家的问题"，才能真正"悟出自家的思想"。读出"好处"，发现"问题"，悟出"思想"，都必须在思想上"跟自己过不去"。

(二)厚重：在论证上"跟自己过不去"

做学问，就是想清楚、讲明白别人没想清楚、没写明白的道理。想清楚、写明白的道理就是"学问"，想清楚、写明白的过程就是"做学问"。想清楚，就是"悟出自家的思想"；写明白，就是"论证自家的思想"。"论证"同样需要"跟自己过不去"

论证，不只是把悟出的思想条理化、逻辑化、系统化，更不是罗列章、节、目的"散漫的整体性"，而是要把想清楚的道理引向清晰、确定和深化。黑格尔说，"全体的自由性"必须诉诸"环节的必然性"。这就必须对"思想"进行有理有据的、环环相扣的、由浅到深的论证。在构成"环节的必然性"的论证中，展现"思想"的任何一个"名词"，都不只是一个指称对象的"名称"，而是一个具有确定的思想内涵的"概念"；构成思想的任何一个"概念"，都不只是一个孤立的观念，而是在特定的概念框架中获得相互的规定和自我的规定；推进思想的任何一个"环节"，都不是一个抽象的规定，而是在由抽象到具体的概念运动中获得越来越丰富的规定。文学评论家何其芳曾经这样评论《红楼梦》，说它是"把生活的大山推倒，又重塑了艺术化的生活的大山"。借用这个说法，做学问是要"把观念的大山推倒，又重塑了理论化的思想的大山"。不在论证上"跟自己过不去"，"理论化的思想的大山"就无法"重塑"起来。

(三)优雅：在叙述上"跟自己过不去"

"言之无文，行而不远。"学术论著的语言，既要凝重，又要空灵；既要准确，又要优美。学术论著的逻辑，既要严谨，又要跃动；既要坚实，又要活泼。学术论著的优雅，既是思维的撞击，又是心灵的震撼；既要使人得到哲理智慧的启迪，又要使人享受震撼心灵的逻辑之美。

凡是读过《资本论》的人，都不仅会被它的理论力量所震撼，而且会被它的逻辑之美所折服。马克思说，思维的运动遵循着相互联系的两条道路，"在第一条道路上，完整的表象蒸发为抽象的规定；在第二条道路上，抽象的规定在思维行程中导致具体的再现"。正是得心应手地驾驭这个思维的逻辑，马克思首先把资本主义作为"混沌的表象"予以科学的"蒸发"，抽象出它的各个侧面、各个层次的"规定性"；然后又以高屋建瓴的辩证智慧展开"商品"所蕴含的全部矛盾，循序渐进、层层推进，直至达到资本主义"在思维具体中的再现"。对此，马克思说，不管《资本论》存在这样或那样的毛病，但它作为一个"完整的艺术品"，却是可以引为自豪的。

　　莎士比亚有这样的诗句："给美的事物戴上宝贵的真理的桂冠，她就会变得百倍的美好。"让"真理"与"美"相伴，学术论著就能"激发人们的思想活力，启迪人们的哲理智慧，滋养人们的浩然之气"。这就不仅需要"做学问"的学者在思想上、论证上"跟自己过不去"，而且应当在叙述上"跟自己过不去"，让读者阅读到深刻、厚重、优雅的学术论著。

第七章 哲学观与哲学教育

一 哲学与哲学教育

(一)

关于哲学，黑格尔说，哲学的意义就在于引导人们"尊敬他自己，并自视能配得上最高尚的东西"，因此学习哲学也就是使"心灵沉入这些内容，借它们而得到教训，增进力量"。冯友兰则在哲学与其他学科的对比中提出，哲学是一门"使人作为人能够成为人"的学问，而哲学以外的学科，则是"使人成为某种人"。这些话意味深长，说明了哲学的"无用之大用"，即哲学的"教育"之用。

哲学之"无用"，是因为哲学不像其他学科那样，使人掌握某种专门知识或技能，从事某种专门职业，扮演某种特定角色，即成为某种"专门人才"；哲学之"大用"，则是因为哲学的使命是使人成为"人"，也就是使人认识自己，反省自己，尊重自己，涵养自己，"自视能配得上最高尚的东西"。这表明，哲学之用，在于"教化"之用，在于"哲学教育"；或者说，离开"哲学教育"，哲学就失去了自己的重要的社会功能。

培养"某种人"，是通过教育使人掌握某种知识或技能，再去做具体的事情，因此，"教育"在这里主要是一种"中介"或"手段"，而不是"目的"；培养"人"，是使人作为人而成为人，并不只是做好具体的事情，因此，"教育"之于"哲学"，就不是"中介"或"手段"，而是"目的"本身。"哲学"是以"教育"的方式引导人们"对人生的有系统的反思"，从而"觉解"人生的意义，"提升"人生的境界，"使人作为人能够成为人"。

哲学的这种社会功能显示了一个重要道理：搞哲学的人，其实是搞哲学教育的人；对哲学教育的自觉，应当是搞哲学的人的自我意识。因此，如何进行"哲学教育"，就成为搞哲学的人不能不认真思考的问题。

（二）

哲学和哲学教育是凝重的。哲学问题总是人生在世的大问题，即人类性问题。求索天、地、人的人与自然之辨，探寻你、我、他的人与社会之辨，反省知、情、意的人与自我之辨，追寻真、善、美的人与生活之辨，凝结为理解"人生在世"的哲学范畴。西方哲学的存在与非存在、本体与变体、主体与客体、感性与理性、经验与超验、思维与存在、自由与必然，中国哲学的天与地、内与外、体与用、道与器、理与欲、人与己、义与利、仁与智、知与行，无不凝聚了对"人生在世"的深层把握与理解，并构成人的"安身立命"之本或人生的"最高的支撑点"。对这些关乎人的"安身立命"的哲学范畴的思辨与体悟，不能不是哲学教育的基本内容；或者反过来说，离开对这些哲学范畴的思辨与体悟，哲学又何以"使人作为人而成为人"？

哲学和哲学教育的凝重，是同哲学思想的历史性密不可分的。用恩格斯的说法，真正的哲学是一种"建立在通晓思维的历史和成就的基础上的理论思维"。任何一种真正的哲学理论，都是人类认识史的结晶，都积淀着人类智慧的理论成果。哲学发展的最基本的逻辑，就在于哲学是历史性的思想，哲学史则是思想性的历史，哲学与哲学史是历史性的思想与思想性的历史的统一。史论结合，论从史出，这对于哲学和哲学教育来说，并不是某种外在的"要求"，而是一种内在的"应有之义"。

在论述黑格尔哲学时，恩格斯曾经一再强调指出，黑格尔的辩证法理论是以最宏伟的形式总结了全部哲学发展，是两千五百年来的哲学发展所达到的成果，黑格尔的每个范畴都是哲学史上的一个阶段。同样，列宁也强调指出，黑格尔的辩证法是对思想史的概括，黑格尔在哲学中着重探索辩证的东西，黑格尔是把他的概念、范畴的发展和全部哲学史联系起来了。这就十分清楚地告诉人们，黑格尔之所以能够在人类认识史上第一个创立自觉形态的辩证法理论，就在于这个理论本身是全部人类认识史的成果，是从对人类认识史的总结中产生出来的。正因如此，在提出"辩证哲学"是"一种建立在通晓思维的历史和成就的基础上的理论思维"的同时，恩格斯尖锐地批评了"坏的时髦哲学"。恩格斯说："官方的黑格尔学派从老师的辩证法中只学会搬弄最简单的技巧，拿来到处应用，而且常常笨拙得可笑。对他们来说，黑格尔的全部遗产不过是可以用来套在任何论题上的刻板公式，不过是可以用来在缺乏思想和实证知识的时候及时搪塞一下的词汇语录。"这就是缺少"深厚的历史感"的哲学，因而它必然会把历史性的思想变成枯燥的条文、现成的结论和空洞的说教，从而堕落成为僵化的教条主义的东西。恩格斯对这种"坏的时髦哲学"的批评，是值得每个学习、研究和讲授哲学的人深思的。

（三）

哲学与哲学教育的凝重，在于哲学的巨大的思想力量。哲学的思想力量，是一种理论的逻辑力量、一种理论的说服力量、一种理论的批判力量。

哲学的思想力量，首先是一种撞击人的理论思维的力量。人类思维面对千差万别、千变万化的世界，总是力图在最深刻的层次上把握世界的统一性，并以此去解释世界上的全部现象。宇宙之谜、历史之谜、人生之谜，对于具有理论思维能力和求知渴望的人类来说，是一种巨大的、不可遏止的精神上的诱惑和智力上的挑战。面对这种种的诱惑和挑战，人类以思维的逻辑去揭开笼罩着自然、历史和人生的层层面纱，并以思维的逻辑去展现自然、历史和人生的本质与规律。哲学的逻辑，是智力探险的逻辑、思维撞击的逻辑、理论创造的逻辑，它对人类智力具有巨大的吸引力。这就是人类的"形上"追求。同时，这种"形上"追求又构成人类自我反思与批判的逻辑，理论思维自我批判的逻辑。

"批判"，是人类特有的活动方式。人类既以"实践批判"的方式现实地否定世界的现存状态，从而把世界变成自己所要求的现实，又以"精神批判"的方式在观念上否定世界的现存状态，为实践批判提供理想性图景和目的性要求。而"哲学批判"，则是对"实践批判"和"精神批判"的出发点——这两种批判活动得以进行的根据、标准和尺度——的批判。这样的批判，是对人类的全部活动——实践活动和认识活动——的"前提批判"。在哲学的"前提批判"中，改变了人类的思维方式、价值观念、审美意识和整个生活方式。

哲学的"前提批判"，是一种寻求、揭示和批判地反思人类全部活动的"前提"的逻辑，是一种把隐匿在思想之中的"看不见的手"揭露出来并予以批判的逻辑。这种"前提批判"的逻辑，具有推动社会进步的巨大的逻辑震撼力量。I. 伯林有一句名言："如果不对假定的前提进行检验，将它们束之高阁，社会就会陷入僵化，信仰就会变成教条，想象就会变得呆滞，智慧就会陷入贫乏。社会如果躺在无人质疑的教条的温床上睡大觉，就有可能会渐渐烂掉。要激励想象，运用智慧，防止精神生活陷入贫瘠，要使对真理的追求（或者对正义的追求，对自我实现的追求）持之以恒，就必须对假设质疑，向前提挑战，至少应做到足以推动社会前进的水平。"这种"向前提挑战"的哲学源于人的实践的存在方式。伽达默尔提出："一切实践的最终含义就是超越实践本身。"实践活动是追求自己的目的的人类历史过程，因此，人类的历史发展过程也就是实践活动的自我超越，即历史地否定已有的实践方式、实践经验和实践成果，又历史地创造新的实践方式、实践经验和实践成果。在实践自我超越的历史过程中，哲学思想是作为实践活动中的新的世界图景、思维方式、价值观念和目的性要求而构成实践活动的内在否定性的。这种内在否定性就是理论对实践的理想性引导。正因如此，伽达默尔又说，"理论就是实践的反义词"。理论作为实践的"反义词"，并不仅仅在于理论的"观念性"和实践的"物质性"，更在于理论的"理想性"和实践的"现实性"。人是现实性的存在，但人又总是不满足于自己存在的现实，而总是要求把现实变成更加理想的现实。哲学正是以其理想性的世界图景和理想性的目的性要求而超越实践，并促进实践的自我超越的。哲学和哲学教育的重大意义，就在于引导人们自觉地"对现存的一切进行无情的批判"，从而把现实变成更为理想的现实。

（四）

哲学和哲学教育又是亲切的。任何一种哲学，都是具体的哲学家思考人类性问题的思想结晶。哲学家个人的体悟和思辨，与人类的思想和文明，熔铸于各异其是的哲学思想之中。在这个意义上，我们可以说，哲学既是哲学家以个人的名义讲述的人类故事，又是哲学家以人类的名义讲述的个人故事。水乳交融的人类故事和个人故事，对于"讲故事"和"听故事"的人来说，都应当是十分亲切的。

哲学作为社会的自我意识，所讲述的当然是"人类的故事"，但它又只能是哲学家凭借个人的体悟与思辨所讲述的人类故事。哲学是经由哲学家思维着的头脑创造出来的理论。哲学创造，从根本上说，就是哲学家从新的视角、以新的方式、用新的综合为人类展现新的世界，揭示新的理想。因此，哲学创造内含着以否定性的思维去对待人类的现实，揭示现实所蕴含的多种可能性；以否定性的思维去检讨各种理论的前提，揭示理论前提的多种可能性；在现实与理论多种可能性的某种交错点上，揭示人与世界之间的新的意义，提示可供人们反省和选择的新的理想。任何一种真正的哲学，都为人们展现了新的世界和新的理想。

作为思想性的历史，哲学史是"高尚心灵的更迭"和"思想英雄的较量"的历史。这里的每一种"较量"和每一次"更迭"，都蕴含着呕心沥血的理性的思辨和洗涤灵魂的心灵的体验。黑格尔说，"老人讲的那些宗教真理，虽然小孩子也会讲，可是对于老人来说，这些宗教真理包含着他全部生活的意义。即使这小孩也懂宗教的内容，可是对他来说，在这个宗教真理之外，还存在着全部生活和整个世界"。哲学作为"建立在通晓思维的历史和成就的基础上的理论思维"，犹如一位饱经风霜的"老人"，不仅是在讲述那些"真理"，而且是在讲述那些真理所包含的"全部生活和整个世界"。哲学和哲学教育是亲切的，这"亲切"源于它所包含的"生活"和"世界"。

作为历史性的思想，哲学的目光，不是神的目光，而是人的目光，它不仅诉诸人的"慎思明辨的理性"，而且诉诸人的"体会真切的情感"。冯友兰说，哲学作为"对人生的有系统的反思"，它的根本方法是"觉解"，它的根本目的是"境界"。学习哲学，并不是掌握某种"永恒真理"，而是更好地生活。人生在世，就要协调人与自然、人与他人、人与社会、人与自我的关系，就需要把这些关系从"名称"性的把握上升为"概念"性的理解。这种对"人生在世"的"概念"性的理解，就是以内涵着"全部生活和整个世界"的历史性的思想去理解人的生活和人所创造的世界。

（五）

凝重而又亲切的哲学和哲学教育是睿智的。哲学的目光是"人"的目光而不是"神"的目光，这就意味着哲学的目光是"现实"的而不是"超现实"的、是"历史"的而不是"非历史"的。"超现实"和"非历史"的哲学和哲学教育，只能使人形成僵化的"世界观"；只有"现实"的和"历史"的哲学和哲学教育，才能使人形成凝重而又亲切的"世界观"，即睿智的、合理的"世界观"。如何理解"世界观"，这是哲学和哲学教育中的"头等大事"。

世界观的"世"，是"人生在世"的"世"；世界观的"界"，是"人在途中"的"界"；世界观的"观"，是"人的目光"的"观"；因此，世界观是"人生在世"和"人在途中"的"人的目光"，它是历史性的，因而是"与时俱进"的。

历史性的世界观"拒斥形而上学"——它否定"人生在世"和"人在途中"的"人的目光"能够以"神的目光"占有"终极真理"，它反对把"世界观"视为某种超出人类或高于人类的"关于支配宇宙的最普遍原则的知识"。恰恰相反，它以"中介"的观点看待自己的全部思想，认为任何一种"世界观"既是一种历史的进步性，又是一种历史的局限性，因而孕育着新的历史可能性；任何合理的"世界观"都不是绝对之绝对，也不是绝对之相对，而是相对之绝对——自己时代的绝对，历史过程的相对。正因如此，真正的哲学总是激发而不是抑制人们的想象力、创造力和批判力，总是冲击而不是强化人类思维中的惰性、保守性和凝固性，总是推进而不是遏制人们的主体意识、反思态度和创造精神。真正把"哲学"变成"世界观"的哲学，就是"对现存的一切进行无情的批判"的马克思主义哲学。它是真正的睿智的"世界观"。

历史性的世界观"拒斥抽象的普遍性"——它是"许多规定的综合"和"多样性的统一"的"理性具体"。"人在途中"的"历史"，总是以"片面性"的形式来实现自身的发展；"人的目光"的"世界观"，则总是以"全面性"的理想去"反驳实践"进而推进人的"全面发展"。正是立足于对"世界观"的历史性理解，马克思在《〈黑格尔法哲学批判〉导言》中这样提出哲学的"迫切任务"，即"人的自我异化的神圣形象被揭穿以后，揭露具有非神圣形象的自我异化，就成了为历史服务的哲学的迫切任务"。"揭穿"人的自我异化的"神圣形象"，特别是"揭露"人的自我异化的"非神圣形象"，这不仅是对思维规定感性的"形而上学"的终结，也是对"形而上学"的人格化的历史的终结——英雄创造历史的英雄主义时代的终结。这是在"历史"的意义上对形而上学的终结。对于这种"终结"，值得我们深思的是，"人们自己创造自己的历史"，既要求"英雄主义时代"的隐退，又需要代之以"英雄主义精神"的兴起。"英雄主义时代"的"英雄"，是黑格尔的"普遍理性"及其人格化；"英雄主义精神"的"英雄"，则是马克思的"自己创造自己的历史"的"现实的个人"。以"英雄主义精神"取代"英雄主义时代"，就是以"现实的个人"取代"普遍理性"的人格化，也就是让"个人"成为真正的"现实"——具有个性和独立性的"个人"，全面发展的"个人"。这是历史的辩证法，也就是马克思所揭示的"历史规律"。这个由人的历史活动所构成的历史规律，是"人生在世"和"人在途中"的

"人的目光"所把握到的，因而它内含着人的理性、人的目的、人的理想、人的追求。这是一种"反形而上学"的形上追求，是一种蕴含着"形上追求"的关于人的"存在"的辩证法。这种辩证法的"世界观"，以"人的目光"去看待人的"在世之在"和人的"途中之在"，为人类提供了最为凝重、最为亲切、最为睿智的"哲学"。以这样的"哲学"所进行的"哲学教育"，才能体现水乳交融的凝重、亲切及睿智的哲学思想，才能"使人作为人而成为人"。

二　关于哲学教育改革的几个问题

（一）"哲学"与"哲学教育"：关于哲学教育改革的出发点和立足点

哲学教育，当然应当是对受教育者进行"哲学"教育，即按照哲学的特性进行教育，并使受教育者掌握人类把握世界的一种独特的基本方式——哲学方式；然而，哲学教育长期以来存在的根本问题，却恰恰在于以非哲学的方式进行所谓的"哲学"教育，以至受教育者从来没有思考和体验过哲学方式的独特性质和特殊价值。因此，哲学教育改革的出发点和立足点，既不是课程体系和教学内容的改革，也不是教学方式和教学手段的改革，而必须是对"哲学"和"哲学教育"的"反思"与"定位"。

作为"世界观理论"的哲学，它是理解和协调人与世界之间关系的理论，它为人们提供理解和协调人与自然、人与社会、人与历史、人与他人、人与自我的"相互关系"的"大智慧"和"大聪明"。哲学的"大智慧"和"大聪明"，既不是枯燥的条文，也不是现成的结论，而是"向上的兼容性""时代的容涵性"和"逻辑的展开性"的统一。首先，哲学具有"向上的兼容性"，是人类认识史的积淀、结晶和升华，是一种"建立在通晓思维的历史和成就的基础上的理论思维"。这就是说，哲学是历史性的思想，哲学史则是思想性的历史，哲学与哲学史是密不可分的，离开"思维的历史和成就"，哲学就会失去它的丰富的理论内容，就会失去它的至为重要的"历史感";其次,哲学具有"时代的容涵性",是思想中所把握到的时代,是"自己时代精神的精华"。哲学理论的力量,在于它以理论的方式去把握现实,使人们超越感觉的杂多性、表象的流变性、情感的狭隘性和意愿的主观性,达到对现实的全面反映、深层透视、理性解释、批判性反思和理想性引导。再次,哲学具有"逻辑的展开性",表现为哲学范畴的逻辑体系。用列宁的话说,概念、范畴是人类认识的"阶梯"和"支撑点"。哲学理论的深厚的历史感和强烈的现实感,都只能在其逻辑化的概念展开过程之中加以实现。从一定意义上说,哲学理论的力量,就在于这是一种理论的逻辑力量、理论的说服力量、理论的征服力量。

正是哲学自身具有的"向上的兼容性""时代的容涵性"和"逻辑的展开性",使得哲学理论既具有了丰富性、生动性和深刻性,又显示了深厚的历史感、强烈的现实感和巨大的逻辑感。我们只有在哲学教育中充分体现哲学本身的特性,才能切实有效地搞好哲学教育。问题在于,无论是哲学教学,还是哲学教材,长期以来存在着下述背离哲学本性的问题:一是把哲学当成现成的结论、枯燥的条文和空洞的说教,既没有深厚的历史感,也没有强烈的现实感,更没有巨大的逻辑感,因而不能在哲学教学中做到"以理服人";二是以所谓"原理加实例"的方式去编写修修补补、拼拼凑凑、毫无创意、千篇一律的教材,把教材变成可以死记硬背的"标准答案"。这样的教学和教材,使哲学失去了它的丰富性、生动性和深刻性,丢弃了它的历史感、现实感和逻辑感,学生怎么会愿意接受这种现成的结论、枯燥的条文和空洞的说教呢?尤为重要的是,哲学的特性表明,哲学从来不是一种冷冰冰的逻辑,而是熔铸着人类的理想、信念、情操和教养。在马克思主义哲学中,则熔铸着它的创始人及其后继者的崇高理想、坚定信念、高尚情操和深厚教养,因而具有一种气势恢宏、博大精深、睿智通达的理论境界,为人们提供了一种最能"以理服人"的世界观、历史观、人生观和价值观。我们只有充分理解哲学,特别是马克思主义哲学的理论性质,才能奠定哲学教育改革的明确的出发点和坚实的立足点。

(二)"专著"与"教材"：关于哲学教材的改革与建设

哲学教育中的问题，主要表现在哲学教学与哲学教材两个方面。因此，哲学教育的改革，也必须落实到哲学教学改革和哲学教材改革这两个方面。尤其值得深思的是，哲学的教学改革与教材改革是相互依存、相辅相成的：教学改革只有诉诸教材建设，才能使教改成果获得相当稳定和广泛传播的方式；反之，教材建设只有源于教学改革，才能使教材适应和推进教学改革。厘清教学改革与教材建设的这种辩证关系，有助于我们澄清教学改革和教材建设中的一些重要问题。

首先是"教材"与"专著"的关系。长期以来，哲学教材中的突出问题，是把"教材"与"专著"对立起来，认为"专著"只是作者个人的见解，不具有"客观性""一致性"或"普遍性"，而"教材"则是不"掺杂"个人见解的"客观真理"。我认为，这种理解是陷入了关于"专著"和"教材"的"双重误区"，既阻碍了"专著"的发展，也误导了"教材"建设。正是这种"双重误区"，造成我国高等教育长期以来存在的一个奇怪现象，即把"教材"视为人皆可以"编写"的产品，并因此把"教材"当作难登大雅之堂的等而下之的东西。这种情况，尤为严重地表现为哲学教材的"编写"。试问一下，有谁能搞清楚究竟"编写"了多少种"千篇一律"的"哲学原理"这种教材？如此"编写"出来的"哲学教材"究竟在哲学教育中会起怎样的作用？

我们都知道，人类文明主要是以"教育"为中介而实现其社会遗传的，而"教材"则是作为各门学科的"本文"来实现人类文明的传承与发展的。每一代人首先都是通过各门学科的"教材"来了解和掌握人类文明的成果。这表明，"教材"应当而且必须是人类文明在自己的时代水平的集中体现。就是说，每个时代的"教材"不仅必须是人类文明的最重要的"本文"，而且还必须是在自己时代的水平上展现人类文明的成果。因此，"教材"不仅应当是名副其实的"专著"（关于某个学科的人类文明成果的专门性著作），而且必须是最具权威性和前沿性的"专著"（关于某个学科的当代水平的专门性著作）。

对于哲学来说，它的"教材"尤其需要具有"专著"的性质。哲学是以时代性的内容、民族性的特色和个体性的风格去求索人类性问题的，任何一种真正的哲学都只能是经由哲学家的头脑而把握和展现的时代精神。离开哲学家个人的系统研究、独立思索、深切体悟和忘我求索，怎么能够形成以严谨的概念体系去表述的、文明积淀与时代精神相统一的哲学"教材"呢？翻开哲学史，我们会发现，每个时代的真诚探索的哲学家，总会形成广泛的深刻的哲学思想。或者说，谁思考得越深刻，谁就会获得时代水平的深层的一致性；反之，谁拒绝深刻地思考，谁就会在浅层的共同性中隐含着无法解决的矛盾。哲学教材需要的是时代水平的深层的一致性，而不是某种抄来抄去的浅层的共同性。

实行"教材"改革，前提是变革"教育"理念。"教育"，并不是以"教材"的方式向受教育者灌输某种亘古不变的"绝对真理"，而是通过"教材"启发受教育者思考本门学科的各种问题，并进而创造性地提出问题和解决问题。如果把"教育"定位为灌输"绝对真理"，就会把"教材"定位为"标准答案"，这哪里会有"专著性"的教材呢？这哪里会有"面向21世纪"的课程与教材呢？这哪里会培养出"创造性"的"人才"呢？变革"教育"理念，理所当然地就会变革"教材"理念。"教育"是培养创造性人才，教材就不可能是"教条化"的"标准答案"，而必须是最具权威性和前沿性的"专著"。教育部组织的"面向21世纪"课程教材，中国人民大学出版社策划出版的"21世纪哲学系列教材"，都把高等教育的教材建设定位为"面向21世纪"。这并不是一个时髦的口号，而是以新的教育理念和教材理念为出发点，实行教材改革的切实的努力。

教材建设中的另一个问题，是所谓"讲坛"与"论坛"的关系。这是"教材"与"专著"关系的另一种表现形式。

任何一门学科的存在与发展都离不开"讲坛"与"论坛"这两种方式。"讲坛"的内容，从根本上说，只能是源于"论坛"的成果；"论坛"的成果也需要转化为"讲坛"的内容，才能得以广泛传播和逐步完善。但是，"论坛"与"讲坛"的状况往往是不同步的，"论坛"的成果总是超越"讲坛"

的内容，而"讲坛"的内容则总是滞后于"论坛"的成果。不仅如此，"论坛"总是"百家争鸣"，各抒己见；"讲坛"则需要相对统一，取得某种共识。

正是由于"讲坛"与"论坛"的这种矛盾关系，在哲学的"讲坛"上一直存在两种倾向：一种是不负责任地把"讲坛"变成"论坛"，以致使"讲坛"失去了应有的严肃性、规范性和权威性；另一种则是把"讲坛"与"论坛"割裂开来，并因此把"讲坛"变成现成的结论、枯燥的条文和空洞的说教。应当承认，后一种情况是哲学教育中的普遍情况，因而也应当是哲学教育改革面对的主要问题。

20多年来的改革开放，为繁荣和发展当代中国的马克思主义哲学提出了不可胜数的新问题，"哲学论坛"对这些新问题进行了广泛的讨论，并在这种讨论中拓宽和深化了马克思主义哲学的基础理论，为"哲学讲坛"提供了具有强烈的时代感的教学内容。例如，20世纪80年代以来的"哲学论坛"比较集中地探讨了认识论的反映论与选择论的关系，辩证法的本体论与认识论的关系，价值论的理想主义与功利主义的关系，历史观的决定论与非决定论的关系，真理观的事实判断与价值判断的关系，唯物论的物质论与实践论的关系等一系列重大的理论问题。在这种讨论中，深刻地变革了以素朴实在论为代表的直观反映论的思维方式，变革了以机械决定论为代表的线性因果论的思维方式，变革了以抽象实体论为代表的本质还原论的思维方式，形成了具有丰富理论内容的唯物辩证法的世界观、历史观、人生观和价值观。如果"拒斥""哲学论坛"所探讨的理论问题及其所形成的理论成果，"哲学讲坛"怎么能够实现教学内容的改革呢？在人类迈进21世纪的时候，哲学界正在对20世纪的哲学历程进行深切的回顾与反思，这为梳理和概括"哲学论坛"的理论成果，进而把"论坛"的成果转化为"讲坛"的内容，创造了难得的大好时机。我们应当以严肃认真而又积极主动的态度去实现"论坛"成果向"讲坛"内容的转化，创建一大批真正"面向21世纪"的"专著性"的哲学教材，为21世纪的哲学教育改革提供坚实的基础。

(三)"有理"与"讲理"：关于哲学教学改革

教改的问题，主要是教员问题。这句话对哲学教学改革来说尤为真切。

哲学是"爱智"，这意味着，哲学不是枯燥的条文、现成的结论和空洞的说教，而是一种反思的智慧、批判的智慧、变革的智慧，它要激发人们的想象力、批判力和创造力；要弘扬人们的主体意识、反思态度和探索精神；要培养人们的哲学的生活方式和哲学的思维方式，即追求理想的生活方式和辩证智慧的思维方式。这就要求哲学教师不仅具有坚实的理论功底、广博的知识背景和灵活的教学艺术，而且具有融理念、信念、情操和教养于一身的强烈的人格力量。试想一下，一个心胸狭隘的人，如何能够讲好"究天人之际，通古今之变"，"判天地之美，析万物之理"的中国哲学？一个对国家、民族、人类漠不关心的人，又如何能够讲好"解放全人类"的马克思主义哲学？就此而言，哲学师资队伍的建设和哲学教学的改革，不可能是一蹴而就的。

哲学的力量，首先是理论的力量。马克思说："理论只要说服人，就能掌握群众；而理论只要彻底，就能说服人。"哲学教学，说到底就是两个字："讲理"。"讲理"的前提，则必须是"有理"。这就要求哲学教师不仅要掌握"知识"，而且必须要搞清"道理"，在自己的思想中达到"向上的兼容性""时代的容涵性"和"逻辑的展开性"的统一。哲学是最具有理论魅力的学科。讲出"理论"的魅力，哲学课就会广受欢迎；反之，哲学课就会备受冷落。因此，哲学教师不仅要"有理"，还必须会"讲理"。

如果说教学是一门艺术，那么哲学教学就更应当是一门高超的"讲理"的艺术。我感到，在哲学教学中，总体线索的勾勒、微观细节的阐述、逻辑分析的独白、讲解视角的转换、背景知识的引用、典型事例的穿插、恰到好处的板书、思想感情的交流、疑难问题的提示、理论想象的激发、人格力量的感染、理论境界的升华，应当是成竹在胸、水乳交融、挥洒自如、引人入胜的。具体地说，我认为哲学的"讲理"，应当注重"激发理论兴趣，拓宽理论视野，砥砺理论思维和提升理论境界"这四方面。

激发学生的理论兴趣，这是搞好哲学教学的基本前提。兴趣是最好的老师。一个对哲学毫无兴趣的人，怎么能够接受哲学理论呢？激发学生的理论兴趣，既不能靠抽象的空洞的说教，也不能靠聪明智巧的卖弄，更不能靠奇闻逸事的罗列，而只能靠教师坚实的理论功底和灵活的教学艺术，在教学中把理论本身讲活、讲深、讲透，讲出哲学的丰富性、生动性和深刻性，讲出哲学的历史感、现实感和逻辑感。

学生的理论兴趣，是同学生的理论视野成正比的。哲学教学必须注重拓宽学生的理论视野。我感到，在哲学教学中，应当特别注重五种对话：一是与哲学史对话，使讲授的每个问题都具有一种深厚的历史感；二是与现代哲学对话，特别是与影响广泛的科学主义思潮、人本主义思潮以及"后现代主义"思潮对话；三是与现代的自然科学、社会科学、人文科学和思维科学对话；四是与当代中国和当代世界对话，以哲学的方式去反思当今的时代精神；五是与当代中国哲学界讨论的热点问题对话，使学生缩短与理论的距离，对理论产生应有的亲切感。

砥砺学生的理论思维，这应当是哲学教育改革的核心环节。哲学，应当激发而不是抑制人们的想象力、创造力和批判力；应当冲击而不是强化人类思维中的惰性、保守性和凝固性；应当推进而不是遏制人们的主体意识、反思态度和创造精神。正因如此，哲学才能锻炼和提高人们的理论思维能力，才能培养和强化人们的创造性的综合素质。爱因斯坦说，"想象比知识更重要"，"提出一个问题比解决一个问题更重要"。在哲学教学中，应当引导学生寻找理论资源，发现理论困难，创新理论思路，真正弄清道理。只有学生在砥砺理论思维的过程中弄清道理，才有可能把马克思主义哲学内化为自己的世界观、历史观、人生观和价值观。

激发理论兴趣，拓宽理论视野，砥砺理论思维，其目的与结果都是要提升理论境界。哲学是理论化的世界观、历史观、人生观和价值观，它决定人们的世界图景、思维方式、价值理想、审美情趣和终极关怀，也就是从根本上决定人们想什么和不想什么、怎么想和不怎么想、做什么和不做什么、怎么做和不怎么做。这意味着，哲学是每个人的"终身大事"。人们学习和探讨哲学的过程，是使人们进入哲学的理论境界的过程。

（四）"上得去"与"下得来"：关于哲学专业培养模式的改革

在我看来，我国高等教育改革的根本问题，是要培养"上得去"的理论研究型人才和"下得来"的应用操作型人才，改变那种既"上不去"又"下不来"的"知识储存型"的培养模式。这也应当是哲学专业培养模式改革的重要思路。

长期以来，哲学专业教育存在的主要问题，是形成了一种"知识储存型"的培养模式。近些年来，在建设社会主义市场经济的过程中，则形成了又一种值得注意的严重倾向，这就是用"下得来"的培养模式去弱化乃至代替"上得去"的培养目标，也就是从"市场需求"出发，千方百计地培养"应用操作型"人才，认为"上得去"的培养模式只是极少数哲学系的事情。这集中地表现在课程体系和教学内容的"改革"中，即试图通过增设"市场需求"的经济学、管理学、法学、行政学乃至"营销""税收""外贸"等方面的课程，来强化学生的"应用性"或"实用性"。

我认为，这种把哲学专业教育定位为"下得来"的培养模式，是陷入了又一种"双重误区"：其一，哲学专业究竟培养什么样的人才？是所谓"实用性"的还是"理论型"的？其二，哲学专业培养"理论型"人才是否背离"市场需求"？

哲学专业的毕业生（包括本科生和研究生）当然可以从事各种不同的职业，但是，就"哲学"自身的特性和"哲学专业"的设置来说，它应当培养的是"上得去"的理论研究型人才。这里，我们应当区分一般的哲学教育与哲学的专业教育。高等学校中的哲学教育作为最根本的和最重要的"素质教育"，即世界观、历史观、人生观和价值观教育，应当是面向全体学生的（包括所有专业的专科生、本科生和研究生），但这种哲学教育并不是"哲学专业教育"。"哲学专业教育"是特指哲学系对哲学专门人才的培养。因此，从理论上说，哲学专业的培养模式，应当是培养"上得去"的理论研究型人才。

人们提出的问题是，在现实中，如果哲学系把自己的培养模式定位为"上得去"，就必须解决下述问题：其一，面对"市场需求"，多数学生不愿意"上得去"而希望"下得来"；其二，即使有些学生希望"上得去"，但结果既"上不去"又"下不来"；其三，即使有些学生"上得去"，但又"无处可去"。

我想首先讨论最后一个问题。我们所培养的哲学专业学生，究竟是"上得去"的多了，还是少了？显而易见，不仅是少了，而且是太少了。我国的整个哲学教育，都亟须一批"有理""讲理"即"上得去"的哲学教师，这是推进哲学教育改革的根基所在。同时，我们还必须看到，在高等教育的"素质教育"中，不仅仅是"哲学原理"，也不仅仅是"中国哲学""外国哲学"，甚至"伦理学""逻辑学""美学""宗教学"乃至"科学哲学""技术哲学""文化哲学""管理哲学"等，正在成为"素质教育"中的"显学"。同样，我国的学术研究、理论宣传、新闻出版乃至政府部门和企业集团，都亟须一批又一批真正"上得去"的哲学专门人才。就此而言，我们的哲学专业教育不是需要培养一大批"上得去"的哲学专门人才吗？我们的哲学专业教育的主要问题不正是需要提高哲学教学质量和拓宽哲学专业领域吗？真正"上得去"的哲学专业人才，怎么能够"无处可去"呢？关于前两个问题，我以为解决问题的出路不是把哲学专业教育定位为"下得来"，而是让不同的专业和不同的学生"各就其位"。其一，哲学专业就位"哲学"，其他专业的课程则就位于各自专业，学生可以通过"双学位"或"辅修"等方式而获得其他专业知识；其二，通过哲学教育改革（首先是教学质量的提高）来吸引本专业学生，并吸引其他专业学生攻读哲学学位，从而培养真正"上得去"的哲学专门人才。

三　哲学学科建设与哲学教育改革

哲学教育在我国高等教育中具有特殊意义，并占有特殊地位。

哲学是一种理论形态的世界观，哲学教育的特殊意义和特殊地位在于它不仅是培养哲学专业人才的专业教育，而且是培养大学生的哲学修养的教育。推进哲学教育改革，提高全体大学生乃至整个中华民族的哲学修养，激发中华民族的思想力和创造力，这是我国高校哲学教育的神圣使命，也是新一届哲学学科教学指导委员会的根本任务。

（一）哲学学科建设与哲学教育改革

改革开放以来，我国的哲学学科建设取得了丰硕成果，既为哲学教育改革提供了丰富的教学内容，也为哲学教育改革注入了生机与活力。

20世纪80年代，中国哲学界不仅以讨论"真理标准"的方式推进了当代中国的思想解放进程；而且以改革通行的哲学原理教科书为聚焦点，推进了哲学自身的思想解放，形成了关于世界观、认识论、历史观和价值观讨论的热点问题和焦点问题，在当代中国哲学史上形成了繁荣和发展马克思主义哲学的理论热潮。与此同时，中国哲学和外国哲学研究突破简单化的研究模式，展开了中外哲学史的断代史、国别史、流派史以及各种哲学思潮的具体研究。自然辩证法研究，在现代科学和现代西方科学主义思潮的背景下，展开了对现代科学技术以及现代西方科学哲学的研究，形成了我国科学技术哲学的雏形；伦理学、逻辑学、美学和宗教学提出并研究了一系列对学科建设具有重大意义的新问题和新课题。

20世纪90年代，中国哲学界实现了从"体系意识"到"问题意识"的重大转换，"问题"成为哲学研究的最重要的出发点。真理与价值、理性与非理性、公平与效率、发展与代价、传统与现代、科学精神与人文精神，这些源于现实生活的哲学问题表征了当代中国在建设社会主义市场经济中人的存在方式的变革，以及当代中国人在深刻的社会转型中的思维方式和价值观念的变革。在 20 世纪 90 年代的哲学"问题"中，最为重要的"问题"是对哲学自身的理解，即"哲学观"问题。它引发了关于哲学基础理论的两个方面的深刻反思：一是对哲学的理论性质、研究对象、思维方式、生活基础、派别冲突及发展趋向的反思；二是对哲学的本体论、认识论、历史观、真理观、价值观、发展观和人生观的反思。关于哲学基础理论的反思，又引发了对"两大思潮"(科学主义思潮与人本主义思潮)、"两种文化"(中国文化与西方文化)的比较研究，进而打破了长期以来哲学各学科壁垒森严、相互割裂的状况，推进了哲学研究的整体水平。哲学研究的丰硕成果，为哲学教育改革奠定了至关重要的理论基础。

进入 21 世纪，我国的哲学学科建设和哲学教育改革获得了新的体制性支持。一批高校的哲学学科被确定为国家重点学科，一批高校的哲学研究机构被确定为教育部人文社会科学重点研究基地，一批高校的哲学研究基地被确定为"985 工程"国家哲学社会科学创新基地，一批高校哲学院系的研究课题被确定为国家社科基金和教育部社科基金的重大或重点项目。尤为重要的是，中央实施马克思主义理论研究和建设工程，把编写马克思主义哲学教材列为首批重点建设项目，编写组制定编写纲要和编写要点，多次召开研讨会，聚集全国高校、党校、社科院等各方面专家研讨马克思主义哲学的理论创新，为编写新世纪的马克思主义哲学教材奠定了基础。自 2001—2005 年，连续五届的"马克思哲学论坛"，深入探索了马克思主义哲学的当代价值、马克思主义哲学的本体论、当代西方马克思主义哲学研究、马克思主义哲学与现代化的反思、构建当代形态的马克思主义哲学体系等重大问题。关于马克思主义哲学的学术研讨，进而延伸为中国哲学、西方哲学与马克思主义哲学的"对话"研究，特别把构建具有中国特色、中国气派和中国风格的马克思主义哲学作为中国哲学界的共同使命。

哲学研究的成果，不仅为哲学教育改革提供了丰富的教学内容，而且为哲学教育改革提出了明确的指导思想。作为世界观理论的哲学，它为人们提供了理解和协调人与自然、人与社会、人与历史、人与他人、人与自我的相互关系的"大智慧"和"大聪明"。在哲学思想中熔铸着人类的智慧、理想、信念和教养，特别是在马克思主义哲学中，更是熔铸着马克思和恩格斯及其后继者的崇高理想、坚定信念、高尚情操和深厚教养，因而具有气势恢宏、博大精深、睿智通达的理论境界，从而为人们提供了一种最能"以理服人"的世界观和人生观。我们只有充分理解哲学，特别是马克思主义哲学的理论性质和社会功能，并把这种理解诉诸哲学学科建设之上，才能奠定哲学教育改革的出发点和立足点。

(二)教材体系建设与教学内容改革

教材是教学的"文本"；哲学教育改革，需要以教材建设为本。

长期以来，哲学教育中的突出问题，在于哲学教材和哲学教学脱离生活、脱离现实、脱离学生，把教材当成"现成结论"和"标准答案"，把教学当成"讲解条文"和"空洞说教"，教师照本宣科，学生死记硬背。究其原因，最重要的是作为教学内容的教材缺乏哲学应有的深厚的历史感、强烈的现实性和巨大的逻辑感，使哲学教学失去了它的丰富性、生动性和深刻性，没有实现哲学的"以理服人"。改革哲学教学内容，必须从改革教材内容入手。

哲学教材建设，首要的是马克思主义哲学教材建设。马克思主义哲学教材建设，首要的是"四个充分体现"：一是充分体现邓小平理论和"三个代表"重要思想在哲学领域的基本观点；二是充分体现当代中国马克思主义最新成果所贯穿的立场、观点和方法；三是充分体现当代中国马克思主义最新成果所关注的当今世界的重大问题；四是充分体现当代中国马克思主义最新成果所具有的中国特色、中国风格和中国气派。马克思主义哲学教材建设，还应注重在阐述基本观点时进行"五个分清"：马克思主义哲学的哪些观点已经成为常识性观点；哪些基本观点在以往的教材中没有涉及或未加重视；哪些观点本来不是马克思主义哲学的基本观点，而当代实践和科学的发展又日益凸显这些问题；哪些观点是马克思主义的后继者依据马克思主义哲学的方法论分析、研究变化中的实际而提出来的新观点；哪些观点已在科学分化中成为其他学科的重要内容。马克思主义哲学教材建设，还应特别注重以理服人。马克思说："理论只要说服人，就能掌握群众；而理论只要彻底，就能说服人"。理论课的生命力在于以理服人，以理服人的前提是理论本身的彻底性，因而要以马克思主义哲学所具有的历史性、时代性、逻辑性和开放性来实现马克思主义哲学的理论说服力，真正体现马克思主义哲学与时俱进的本质特性。

哲学教材改革，不能是无源之水，不能是无本之木，它的"源"和"本"是哲学研究的丰硕成果。任何一门学科的存在与发展，都离不开"论坛"与"讲坛"这两种方式。"讲坛"的丰富性和深刻性来源于"论坛"的研究成果，"论坛"的研究成果转化为"讲坛"的教学内容并得以广泛传播和逐步完善。20多年来的改革开放，为繁荣和发展当代中国的马克思主义哲学提出了不可胜数的新问题，"哲学论坛"对这些新问题进行了广泛的讨论，并在这种讨论中拓宽和深化了马克思主义哲学的基础理论，为"哲学讲坛"提供了具有强烈的时代感的教学内容。20世纪80年代以来的"哲学论坛"比较集中地探讨了认识论的反映论与选择论的关系、辩证法的本体论与认识论的关系、价值论的理想主义与功利主义的关系、历史观的决定论与非决定论的关系、真理观的事实判断与价值判断的关系、唯物论的物质论与实践论的关系等一系列重大的理论问题。这些讨论，深刻地变革了以素朴实在论为代表的直观反映论的思维方式，变革了以机械决定论为代表的线性因果论的思维方式，变革了以抽象实体论为代表的本质还原论的思维方式，形成了具有丰富理论内容的当代中国马克思主义哲学的世界观、历史观、人生观和价值观。迈进21世纪，哲学界对20世纪的哲学历程开始进行深刻的反思，这为梳理和概括"哲学论坛"的理论成果，进而把"论坛"的成果转化为"讲坛"的内容，创造了难得的大好时机。我们应当以严肃认真而又积极主动的态度去实现"论坛"成果向"讲坛"内容的转化，创建一大批21世纪初试用的哲学教材，为新世纪的哲学教育改革提供坚实的基础。

哲学教材建设，应当着眼于马克思主义的中国化。2004 年先后辞世的张岱年先生和高清海先生，都做了不懈的努力。张岱年先生是我国哲学界和思想文化界德高望重的著名学者，他的哲学思想学宗辩证唯物论，兼采西方哲学的分析方法，对中国哲学史研究有着极高的造诣和广泛的建树；他的著作对中国传统哲学的概念范畴、思想体系、源流发展及其基本倾向等做了全面系统的阐释；他的研究重视阐扬中国传统哲学固有的唯物论和辩证法思想，重视对中国传统道德论和价值论思想的理论分析。高清海先生在他辞世前发表的《中华民族的未来发展需要有自己的哲学理论》一文，提出"哲学"是民族之魂。"哲学标志着一个民族对它自身自觉意识所达到的高度和深度，体现着它的心智发育和成熟的水准。当今中国社会正处在社会转型的关键时期，它内在地要求人们从理性的高度来判断中国社会的历史方位，澄明社会发展的价值前提，反思未来发展的可能道路，也即是说，创建当代中国哲学理论，乃是中国人反思自己的生命历程、理解自己的生存境域、寻找自己未来发展道路的内在要求和迫切需要。"以中国特色、中国风格和中国气派的理论自觉构建马克思主义中国化的哲学教材，这是哲学教材建设的根本使命。

(三)师资队伍建设与教学方式改革

哲学是一种反思的智慧、批判的智慧、创新的智慧，它以时代性的内容、民族性的特色和个体性的风格去求索人类性问题，激发人的想象力、批判力和创造力，弘扬人的主体意识、反思态度和探索精神，增强人的理论思维能力，提升人的人生境界。因此，哲学要求哲学教师不仅具有坚实的理论功底、广博的知识背景和灵活的教学艺术，而且要求哲学教师具有融理想、信念、情操和教养于一身的强烈的人格力量。一个对国家、民族、人类漠不关心的人，一个对是非、善恶、美丑、荣辱莫衷一是的人，如何能够讲好解放全人类、创建新世界的马克思主义哲学？哲学的特殊性向哲学教师提出了特殊要求。对哲学教师的特殊要求，表明哲学学科师资队伍建设在哲学教育改革中具有突出的重大作用。

哲学的力量，是思想的力量，理论的力量。"讲理"，这是哲学教师的基本功。"讲理"的前提则是"有理"。这就要求哲学教师不仅要掌握哲学"知识"，而且必须搞清哲学"道理"。恩格斯说，哲学是一种"建立在通晓思维的历史和成就的基础上的理论思维"。哲学是历史性的思想，哲学史则是思想性的历史，哲学与哲学史是密不可分的。一个合格的哲学教师，不仅需要研究"哲学理论"，而且需要通晓"哲学史"，并且能够熟悉诸如伦理学、逻辑学、宗教学、美学等领域的知识。在这个意义上，把"哲学"分为若干学科或专业，对哲学学科的师资队伍建设而言至关重要。

哲学的力量，不仅源于"哲学中的问题"，更源于"问题中的哲学"，即现实生活中所蕴含的哲学问题。因此，"讲理"的哲学，不仅要讲深、讲透哲学中的"形上"问题，而且要讲深、讲透现实向哲学提出的"形下"问题。在"新科技革命""经济全球化""信息社会""知识经济时代""社会主义市场经济"中所体现的人的存在方式、思维方式、价值观念的变革，以及在这场变革中所蕴含的人与自然、人与社会、人与他人、人与自我、理想与现实、标准与选择等哲学问题，不正是青年学生和社会公众所关切的重大的理论问题和实践问题吗？把"问题中的哲学"上升为"哲学中的问题"，把理论的"外部困难"即理论与经验的矛盾升华为理论的"内部困难"即理论内部的矛盾，从而以哲学的方式关切现实并对现实进行哲学层面的反思，这不正是哲学工作者的"用武之地"吗？哲学学科的师资队伍建设，从根本上说，就是要建设一大批"有理""讲理"的哲学工作者。

哲学是一门最具有理论魅力的学科。我在教学实践中体会到，哲学教学中的"讲理"，应当注重"激发学生的理论兴趣，拓宽学生的理论视野，撞击学生的理论思维和提升学生的理论境界"。哲学，要激发而不是抑制人们的想象力、创造力和批判力，要冲击而不是强化人类思维中的惰性、保守性和凝固性，要推进而不是遏制人们的主体意识、反思态度和创造精神。正因如此，哲学才能锻炼和提高人们的理论思维能力，才能培养和强化人们的创造性的综合素质，也只有这样，哲学教学才能贴近生活、贴近现实、贴近学生，把哲学教育改革引向深入。

（四）普及哲学教育与提高中华民族的哲学修养

21世纪的高等教育应当自觉地承担起双重使命：既要承担起把受教育者培养成"某种人"的"专业教育"的使命，又要承担起把受教育者培养成"人"的"人文教育"的使命。在高等教育中，哲学教育不单是面向哲学专业的专业教育，同时又是面向大学生的人文教育，哲学教育的特殊意义和特殊地位就在这里。

培养"人"的"人文教育"，与培养"某种人"的"专业教育"，二者既是相互渗透、相辅相成的，又是相互区别、不可或缺的。然而，对新世纪的高等教育的最大误解，莫过于仅仅把高等教育当作培养"某种人"的"专业教育"，而模糊或者是弱化高等教育是培养"人"的"人文教育"，以至于用传授经验、技能和知识的方式去进行高等教育，从而丢掉高等教育培养"人"的崇高的人文理想和深刻的人文内涵。"人"是必须"培养"的，这是因为，人并不是生物意义上的自然的存在，而是社会学意义上的历史的存在。社会文明的历史发展，构成了人之为人的历史性内涵。由于人对历史文化的占有主要是通过"教育"来实现的，因此，教育始终承担着"使人作为人能够成为人"的"人文教育"的使命。由于现代化已经和正在使现代社会的文化内涵发生急剧的、广泛的、深刻的变化，因此，培养现代人的现代高等教育，就更加凸显了它的培养"人"的人文教育的历史使命。

特别需要指出的是，每个时代都不仅以教育的方式使个人掌握前人的经验、常识以及各种特殊的知识与技能，而且以教育的方式使个人掌握该时代的价值观念、道德规范和各种行为准则，以教育的方式使个体丰富自己的情感、陶冶自己的情趣、开发自己的潜能，以教育的方式使个人树立人生的信念与理想，形成健全的人格。教育是个体认同历史、社会和时代的基础，又是历史、社会和时代对个体认可的前提。哲学教育的意义就在于，它激发个体的求知欲望，拓宽个体的生活视野，撞击个体的理论思维，催化个体的生命体验，升华个体的人生境界。它激励个体变革既定的世界图景、思维方式、价值观念和审美意识，从而创建人的新的生存状态。因此，在 21 世纪的高等教育中，哲学学科的基础理论和哲学史，以及伦理学、逻辑学、宗教学、美学和科学技术哲学，都应当成为大学生的重要的"选修课"或"通识课"。哲学学科在高等教育中的作用当引起更为广泛的关注。

在高等教育大众化的进程中，培养"人"的哲学教育不仅直接提升大学生的人文素养，而且间接提升全体公民的人文素养和整个中华民族的人文素养。近年来，我国哲学工作者以撰写和出版哲学普及读物等方式，直接向社会公众宣讲哲学。2004 年北京大学出版社出版的"名家通识讲座"丛书，先后出版了《西方哲学十五讲》《现代西方哲学十五讲》《哲学修养十五讲》《文化哲学十五讲》《美学十五讲》《宗教学基础十五讲》等著作，并成为 2004 年度畅销书，对普及哲学知识和推进人文素质教育发挥了重要作用。

推进哲学教育改革，提高中华民族的哲学素养，任重而道远，当代中国的哲学工作者大有可为。

四　当前中国马克思主义哲学教育中的若干问题

进入 21 世纪，我国的马克思主义哲学教育有三个亟待解决的重要问题：一是"贴近"问题，二是"讲理"问题，三是理论难点问题。

（一）"贴近"问题

哲学是在思想中所把握到的时代。贴近时代、贴近生活、贴近学生，这是马克思主义哲学教育的内在要求。对此，马克思本人曾经明确地指出："理论在一个国家实现的程度，总是决定于理论满足这个国家的需要的程度。"①我们国家所需要的哲学，是能够回答当代中国与世界的重大的现实问题和理论问题的、当代中国的马克思主义哲学；只有这种当代中国的马克思主义哲学，才能贴近我们所生活的时代，才能贴近学生的思想实际，才能引导学生树立马克思主义的世界观和人生观。因此，马克思主义哲学教育的出发点，不应当是某些抽象原则，而应当是时代向理论提出的具体的重大问题。

作为世界观理论的哲学，时代向它提出的首要问题，是人与世界关系的时代性变革问题，也就是人的实践的存在方式的时代性变革问题。人对世界的关系，不是动物式的本能地适应自然的关系，而是以自己的实践活动改变人与世界的关系，把理想变为现实的过程，也就是实现人对世界的否定性统一的过程。实践是人的存在方式，由实践构成的人对世界的关系，是一种否定性的统一关系，因而是一种真正的历史的关系。这包括：人的存在方式是历史性变革的，人的世界图景是历史性变革的，人对自己与世界的关系的自我意识是历史性变革的，人们的思维方式、价值观念、审美意识和终极关系是历史性变革的。肯定人对世界关系的历史性，我们的马克思主义哲学教育的出发点就应当是：以人的当代的实践活动为基础的人对世界的当代关系是怎样的？以当代科学为中介的人的当代世界图景是怎样的？以人的当代社会生活为基础的当代人的思维方式、价值观念、审美意识和终极关怀是怎样的？其中，最为重要的是，市场经济所构成的"以物的信赖性为基础的人的独立性"的存在方式，在当代人的世界观、人生观、价值观中具有什么样的地位和作用？在建设社会主义市场经济的过程中怎样追求和实现人的全面发展？这是时代向哲学提出的问题，是生活向哲学提出的问题，也是学生向哲学提出的问题。积极地、主动地回应现实向理论提出的这些当代世界观、人生观和价值观的重大问题，我们的马克思主义哲学教育才有蓬勃的生命力。

---

① 《马克思恩格斯选集》第 1 卷，11 页，北京，人民出版社，1995。

(二)"讲理"问题

作为理论化、系统化的世界观，哲学的力量在于理论的说服力。这正如马克思所说："理论只要说服人，就能掌握群众；而理论只要彻底，就能说服人。"①马克思主义哲学教育的根本问题，说到底就是两个字——讲理。

马克思主义哲学既不是离开人类文明发展大道的宗派主义，也不是故步自封的教条主义，更不是随机应变的机会主义，恰恰相反，马克思主义哲学是"一种建立在通晓思维的历史和成就的基础上的理论思维"，是"时代精神的精华"和"文明的活的灵魂"，是一种最为"有理"和最为"讲理"的哲学，因而是人类思想史上最具理论说服力的哲学。然而，在实际的教学过程中，却普遍地存在着把马克思主义哲学当作枯燥的条文和现成的结论来进行空洞的说教的现象，从而使得马克思主义哲学失去了自己的巨大的理论说服力。如何"讲理"，这是需要严肃对待和深入研究的重大问题。

"讲理"的前提是"有理"，而"有理"的基础则是"研究"，因此，改进马克思主义哲学教育直接面对的一个重要问题，是如何把"论坛"的研究成果转化为"讲坛"的教学内容的问题。改革开放以来，我国的马克思主义哲学研究在推进社会的解放思想的过程中，实现了自身的思想解放，这具体地表现在：从两极对立的思维方式当中解放出来，从唯上唯书的教条主义的研究方式当中解放出来，从简单枯燥的话语方式当中解放出来，几乎在哲学研究的每个领域都展开了日益深入的讨论并取得了相应的重要成果。其中，最为重要的是拓展和深化了如下几方面的研究：一是拓展和深化了对马克思主义哲学的"文本"研究，二是拓展和深化了对马克思主义哲学的"原理"研究，三是拓展和深化了关于马克思主义"部门哲学"研究（如方兴未艾的马克思主义科学哲学、文化哲学、社会哲学、政治哲学和价值哲学研究）。与活跃的哲学"论坛"相比，哲学"讲

---

① 《马克思恩格斯选集》第1卷，9页，北京，人民出版社，1972。

坛"则存在看似截然相反的两种现象：其一是仍然以"原理加实例"的方式解说马克思主义哲学，其二则是以"自行其是"的方式讲述马克思主义哲学。而这二者的深层共同之处则在于，都没有实现把"论坛"的积极成果转化为"讲坛"的教学内容。因此，要在马克思主义哲学教育中"讲理"，突出的重大问题是如何对待"论坛"成果的问题，以及如何把"论坛"成果转化为"讲坛"内容的问题。2004年以来，在中央实施的马克思主义理论研究与建设工程中，重新编写《马克思主义哲学》教材是其重点项目之一。认真地概括和总结改革开放以来我国马克思主义哲学研究的主要成果，切实地实现"论坛"成果向"讲坛"内容的转化，从而使得我们的马克思主义哲学教材和教学真正讲出马克思主义的世界观和人生观之理，应当是新编教材的重要使命。

"讲理"的前提是"有理"，而"有理"的根据则是回答现实的重大问题，因此，"讲理"与"贴近"是密不可分的。问题在于，作为世界观理论的哲学，它是以"理论"的方式"贴近"现实，以"理论"的方式回答现实问题，既不是简单地用新的实例来论证既有的理论，也不是简单地用既有的理论来解说新的现实。这就必须深入思考和重新理解哲学的基本功能。作为世界观理论的哲学，它不仅具有解释和规范的功能，而且具有批判和引导的功能。马克思曾强调指出，辩证法的本质是批判的和革命的。哲学理论的批判性，对于人类的实践活动的重大意义，在于它是一种理论上的"选优"活动，也就是价值排序活动。马克思主义哲学以人的全面发展的"历史的大尺度"反思人类的实践活动，引导我们做出最佳的实践选择。它为我们深刻理解和自觉贯彻"以人为本"的科学发展观提供了最深层的哲学依据。以理论的方式"贴近"现实，我们才能在讲述马克思主义哲学之理的过程中回答现实中的重大问题，又在回答现实问题的过程中讲清马克思主义哲学之理。

"讲理"的前提是"有理"，而"有理"和"讲理"的主体则是教师，因此，改革马克思主义哲学教学，关键在于造就"有理""讲理"的马克思主义哲学师资队伍。一名合格的马克思主义哲学教师，需要具备三方面的基本素质：一是"讲理"的能力，即在系统地、深入地研究马克思主义哲学的基础上，"有理"有据地讲授马克思主义之理的能力；二是"贴近"的能力，即以马克思主义之理"有理"有据地分析和回答现实问题的能力；三是"人格"的魅力，即以融理想、信念、情操和教养于一身的强烈的人格力量去讲述马克思主义之理。这三个方面，对于马克思主义哲学教师来说，是缺一不可的。但是，从现有的马克思主义哲学师资队伍看，这三个方面均存在严重问题：其一，虽然近年来一大批获得硕士乃至博士学位的青年教师走上马克思主义哲学教学岗位，但是真正致力于马克思主义哲学研究并取得切实研究成果的人仍然为数不多；其二，以理论的方式关切现实并对现实做出深切理论分析的教师，恐怕更是为数甚少；其三，尤为重要的是，能否真正地感受到马克思主义哲学是最为"合情合理"的哲学、最为"亲近我们"的哲学，从而真正讲出马克思主义哲学的气势恢宏、博大精深、睿智通达的理论境界，这是马克思主义哲学师资队伍建设中的根本性问题。就此而言，改进马克思主义哲学教育，绝非一朝一夕之事，而是一项长期的艰巨任务。

(三)理论难点问题

讲述马克思主义哲学之理，在长期以来的马克思主义哲学教学中一直存在许多关键性的理论难点问题。不是回避这些理论难点问题，而是积极回应和深入探索这些问题，才能更为深切地体现马克思主义哲学之理的"彻底"性，才能更为切实地发挥马克思主义哲学之理的"说服"力。这里，只提出一个"首要"问题：什么是马克思主义哲学？

讲述马克思主义哲学，首要的问题是回答什么是"马克思主义哲学"。然而，正是在这个"首要"问题上，长期以来一直存在着以某种"普遍"的"哲学"概念框架来构建"马克思主义哲学"范畴体系的重大问题，以至于在我们的教材体系中并没有真正体现马克思主义哲学在人类思想史和哲学发展史上所实现的伟大革命，也就是并没有真正地讲授"马克思主义哲学"。

关于马克思主义的哲学革命，用马克思自己的话说，是以"改变世界"的哲学代替了"解释世界"的哲学；用恩格斯的话说，马克思所创建的哲学已经根本不再是"哲学"而只是"世界观"。马克思和恩格斯的论断清楚地表明，必须在真正的"哲学革命"的意义上来理解和讲授"马克思主义哲学"，而不能以某种"普遍的"哲学概念框架来讲授"马克思主义哲学"，因此，我们必须重新提出这样的追问：究竟什么是马克思主义哲学？

首先，马克思和恩格斯变革了哲学的主题。恩格斯在马克思的墓前讲话中说，马克思首先是一位"革命家"，因而他所创建的哲学是为创立新世界而奋斗的哲学。马克思主义哲学之所以不再是"解释世界"的旧哲学，而是"改变世界"的新哲学，并不在于人们所争论的马克思主义哲学是否"解释世界"，而在于马克思和恩格斯改变了哲学的主题：不再把哲学当作永恒不变的抽象原则，而把哲学作为变革世界的思想武器。这具体地表现在：马克思主义以前的哲学总是追问"世界何以可能"（包括西方近代以来的哲学追问"认识何以可能"），马克思主义哲学则把对"世界何以可能"的追问变革为对"解放何以可能"的追问，无产阶级和全人类的解放，这才是马克思主义哲学的主题。

其次，马克思和恩格斯变革了哲学的"研究范式"和"解释原则"。"从前的一切唯物主义"只是从"客体的或者直观的形式"去看待人与世界的关系，而"唯心主义"则只是"抽象地发展了"人的"能动的方面"，二者的共同之处就在于都不了解"革命的""实践批判的"活动的意义，也就是都不了解人对世界的真实关系。正是针对全部旧哲学的"研究范式"和"解释原则"，马克思在他的"包含天才世界观萌芽的第一个文件"即《关于费尔巴哈的提纲》中明确地提出："社会生活在本质上是实践的。凡是把理论导致神秘主义的神秘东西，都能在人的实践中以及对这个实践的理解中得到合理的解决。"[①]这表明："实践"不仅是马克思主义认识论的核心范畴，也不仅是马克思主义历史观的核心范畴，而是全部马克思主

---

① 《马克思恩格斯选集》第 1 卷，60 页，北京，人民出版社，1995。

义哲学的核心范畴——它是马克思主义哲学探索和回答人与世界关系的"研究范式"和"解释原则"。马克思主义哲学从"实践"出发来看待人与世界的关系——这是实践论的世界观；马克思主义哲学从"实践"出发来看待人的认识活动——这是实践论的认识论；马克思主义哲学从"实践"出发来看待人类的历史——这是实践论的历史观。马克思主义正是以"实践"范畴作为"解释原则"而变革了全部旧哲学。

再次，马克思和恩格斯变革了哲学的"理论体系"和"叙述方式"。以"实践"范畴为"解释原则"的马克思主义哲学，是以"现实的人"作为出发点的哲学，是以"现实的人及其历史发展"作为理论内容的哲学，是以"人类解放"和"人的全面发展"作为价值理想的哲学，因此，马克思主义哲学具有自己的"理论体系"和"叙述方式"。"现实的人"即人的"实践"活动是马克思主义哲学的"逻辑起点"；人的"实践"活动的内在矛盾，即"实践"所蕴含的人与自然、人与社会、人与他人、人与自我的矛盾，"实践"所蕴含的"人的尺度"与"物的尺度"、"合目的性"与"合规律性"、"普遍性"与"特殊性"、"理想性"与"现实性"、"渐进性"与"飞跃性"的矛盾，构成马克思主义哲学的"由抽象到具体"的"叙述方式"；人的"实践"活动所指向的"人类解放"和"人的全面发展"，则构成马克思主义哲学的"最具体"的"哲学理念"。在这个范畴体系和叙述方式中，马克思主义哲学既不是被分述为"辩证唯物主义"和"历史唯物主义"，也不是被分述为"本体论""认识论""辩证法"和"历史观"，而是被叙述为以"人类解放"为主题、以"实践"范畴为解释原则、以"现实的人及其历史发展"为理论内容的唯物论和辩证法相统一的哲学——在哲学史上实现了伟大革命的马克思主义哲学、具有真正的理论彻底性的马克思主义哲学。

具有真正的理论彻底性的马克思主义哲学，充分地体现了人类哲学思想的精华。马克思主义哲学以"实践"的观点回答了哲学的基本问题——思维和存在的关系问题；以"实践"的观点论证了人对世界的真实关系——人在自己的实践活动及其历史发展中所实现的人对世界的否定性统一；以"实践"的观点最深切地体现了哲学的反思的、批判的本质——在揭示实践活动所蕴含的诸种矛盾中展现人与自然、人与社会、人与他人、人与自我的辩证法；以"实践"的观点升华了哲学对自由和崇高的追求——历史作为"追求自己的目的的人的活动过程"所指向的"人类解放"和"人的全面发展"的崇高理想。马克思主义哲学的深厚的历史感、强烈的现实感、巨大的逻辑感和博大的境界感，体现在具有理论彻底性的马克思主义哲学体系之中。

毫无疑问，深刻地理解和把握马克思主义哲学，是极其艰难的。正如列宁所说："辩证法也就是（黑格尔和）马克思主义的认识论：正是问题的这一'方面'（这不是问题的一个'方面'，而是问题的本质）普列汉诺夫没有注意到，至于其他的马克思主义者就更不用说了。"[①]然而，只有深刻地理解和把握马克思主义哲学，"贴近"和"讲理"才有真正的理论根基。这表明，认真地总结和升华改革开放以来我国的马克思主义哲学研究的理论成果，在重大的理论难点问题上达成深刻的理论共识，是推进马克思主义哲学教育的不可或缺的基本前提。

五　我们时代的哲学教育

（一）哲学与人生

1. 孙先生，您好！今年是您从教三十周年，首先对您表示祝贺，并致以崇高的敬意！

△ 我是 1966 年的高中毕业生，1977 年恢复高考才进入大学，1982年才开始任教，从"年龄"与"教龄"的比例上看，我从教的时间并不算长。自己的感觉是从"青年教师"一下子就变成了"老教授"。在 2007 年出版的《孙正聿哲学文集》的"总序"中，我写过这样几句话："心未老，

---

① 《列宁全集》第 36 卷，369 页，北京，人民出版社，1959。

人已老了。总想多读一些好书，多写一点儿让读者有所收益的书，也总想多讲一些好课，多带出一些大有作为的学生。"在"后记"中，我又写下了这样几段话："逝去了的是无法重复的生活，存留下来的是仍然使自己激动的思想。如果这些让我激动起来的思想，也能够真实地激动读者，那当然就是我的最大的欣慰，最大的幸福了。"这些话，也是我接受今天采访的"心态"。

2. 您是首届国家级教学名师，两次获得国家级教学成果奖，还在 2010 年获得首届"全国教书育人楷模"提名奖，至今仍为本科生和研究生开设课程，能回忆一下第一次站上讲台的情形吗？

△ 1982 年留校任教时，我已经 36 岁，第一次上讲台的心情不是紧张，而是兴奋，渴望把自以为想明白的道理讲给学生。我那时是先后给法律系、经济系、物理系的学生讲马克思主义哲学原理。备课是非常认真的，如何勾勒宏观线索、怎样进行细节分析、如何提示疑难问题、怎样激发学生兴趣，甚至讲到什么地方有恰到好处的板书、讲到什么地方恰如其分地引经据典，都是精心准备的。任何事情的开端都是重要的。讲好第一堂课，就会充满自信地讲好每一堂课。

3. 您在自己的"不惑之年"曾写下"年过不惑亦有惑，爱智求真敢问真；是是非非雕虫技，堂堂正正方为人"。听说您六十岁时又写了《咏叹哲学》，表达您对哲学的理解。能让我们分享您对哲学的"咏叹"吗？

△ 我不会写诗，但还想简洁地表达自己对生活的感慨、对哲学的感悟，所以在"不惑之年"写下了那样几句话。"有惑"和"问真"，表达了我对"爱智"的哲学的理解。

按我的理解，哲学就是"对自明性的分析"，也就是把人们习以为常、毋庸置疑的观念作为批判反思的对象，揭示人们构成思想的诸种前提，从而变革人们的世界图景、思维方式和价值观念，激发人们对真理、正义、自由和更美好的事物的追求。用我在《哲学通论》里的概括，哲学就是对思想的前提批判。具体而言，哲学的前提批判主要包括四个方面：一是对构成思想的基本方式的前提批判，也就是对宗教、艺术、科学和哲学的前提批判；二是对构成思想的基本逻辑的前提批判，也就是对外延逻辑和内涵逻辑的前提批判；三是对构成思想的基本观念的前提批判，也就是对存在、规律、真理、价值、正义、自由等观念的前提批判；四是对构成思想的基本信念的前提批判，也就是对作为哲学基本问题的思维和存在的关系问题的前提批判。追究生活信念的前提、探索经验常识的根据、反思历史进步的尺度、询问评价真善美的标准，这就是哲学的前提批判。

刚才我说了，我不会写诗，可是随着年龄增长，还想从宏观上表达我对"哲学"的感受和体悟，所以六十岁时又写了名曰"咏叹哲学"的几段文字。我把它念给你。

> 形上的哲学并非"抽象"，它承载的是"理性的具体"；
> 形上的哲学亦非"神秘"，它求索的是"生活的意义"；
> 形上的哲学更非"无用"，它讲述的是"认识你自己"。

> 存在，不是存在着的现在，而是从过去走向未来；
> 思想，不是存在者的映现，而是从混沌走向澄明；
> 人生，不是存在者的年轮，而是从幼稚走向成熟。

> "不知其不可而为之"——这是形而上学的恐怖；
> "知其不可而不为之"——这是形而上学的退场；
> "知其不可而必为之"——这是形而上学的追求。

> 哲学书写着各种各样的理想——像"我"这样向往生活；
> 哲学镌刻着各种各样的思想——像"我"这样理解生活；
> 哲学塑造着各种各样的存在——像"我"这样对待生活。

我常常在房间里踱步——被思想激动得不能安坐；

我常常在窗台前眺望——用思想窥见澄澈的天光；

我常常在书桌前疾书——让思想在笔端自由流淌。

这不是"写诗"，而是"凑句"，既不"形象"，也不"深沉"。你愿意把它刊登出来，就让读者"一笑了之"吧！

(二)哲学与思想

1. 您对哲学的感受和体悟，一定会激发读者对哲学的兴趣，接着想请您谈谈对当代中国马克思主义哲学研究的历史与逻辑的理解。

△ 在哲学研究中，我喜欢从总体上把握哲学的历史与逻辑。1988 年我写了《从两极到中介》，副标题是"现代哲学的革命"；1994 年我写了《从体系到问题》，副标题是"90 年代中国哲学的主流"；2001 年我写了《从层级到顺序》，副标题是"当代哲学的发展趋向"。近年来，又写了《当代中国的哲学历程》《解放思想的哲学与哲学的思想解放》《改革开放以来中国哲学发展的历史与逻辑》等文章，集中阐述了我对当代中国哲学研究的状况与走向的理解。2011 年又写了《"哲学就是哲学史"的涵义与意义》《哲学之为哲学：不是问题的基本问题》《哲学的形而上学历险》等文章，分别阐述了我对哲学与哲学史、哲学与哲学的基本问题、哲学与形而上学、后形而上学的关系的理解。

从总体上说，我把当代中国马克思主义哲学研究的历史与逻辑概括为"解放思想的哲学与哲学的思想解放"，也就是在推进当代中国解放思想的过程中实现哲学本身的思想解放，又在实现哲学本身思想解放的过程中推进当代中国的解放思想。具体地说，我在《三组基本范畴和三种研究范式》这篇文章中提出，关于当代中国马克思主义哲学研究的历史与逻辑，应当从基本范畴的转换来透视其研究范式的变革。在我看来，当代中国的马克思主义哲学研究可以从总体上划分为三大阶段：20 世纪 80 年代以前的教科书哲学，20 世纪 80 年代的教科书改革的哲学以及20 世纪 90 年代以来的后教科书哲学。这三个基本阶段，分别是以物质、实践、哲学为核心范畴，以物质—规律、实践—选择、哲学—对话为实质内容构成的三种研究范式。这三种研究范式既具有依次转换的关系，又具有向上兼容的关系，而在这种向上兼容的依次转换的过程中所达成的根本性的理论自觉，则是构建具有中国特色、中国气派和中国风格的马克思主义哲学。

2.1998 年，您的《哲学通论》出版后，好评如潮，多次再版，迅速成为许多高校哲学专业所选用的教材。这本书不仅影响了我国高校的哲学教育，也影响了哲学基本教育模式的变革。请您谈谈该书写作的成因，并自我评价一下该书在学界所产生的效应。

Δ《哲学通论》的主题很单纯，就是对"哲学"的追问。在 20 世纪 90 年代的中国追问哲学，有两个大的背景：一是时代背景，二是哲学背景。从时代背景说，改革开放的中国需要以思想解放的哲学推进社会的解放思想；从哲学背景说，走向世界的中国需要以自己的哲学理念回应当代的哲学思潮。因此，我用"应运而生"这四个字解释《哲学通论》所产生的社会影响。

1994 年，教育部为实施高等教育改革，确立了一批"国家基础学科人才培养和科学研究基地"，吉林大学哲学学科被确认为"基地"之一。我在课程改革方案中新设了一门作为基础课的"哲学通论"，并从 1995 年开始为哲学专业本科生讲授此门课程，此后又作为通识课程为非哲学专业学生讲授了"哲学修养十五讲"。开设这门课程的出发点很明确，就是改革我国的哲学教育，不是把哲学当作现成的结论、枯燥的条文和空洞的说教，而是展现哲学深厚的历史感、强烈的现实感和巨大的逻辑感。哲学熔铸着人类的理想、信念和追求，而马克思主义哲学则熔铸着它的创始人及其后继者的崇高理想、坚定信念、高尚情操和深厚教养，具有气势恢宏、博大精深、睿智通达的理论境界。我特别欣赏马克思的一句名言："理论只要说服人，就能掌握群众；而理论只要彻底，就能说服人。"我期待以"通论"哲学的方式，在回应当代哲学思潮的过程中讲述当代中国的哲学理念。因此，我以"哲学的自我理解""哲学的思维方式""哲学的生活基础""哲学的主要问题""哲学的派别冲突""哲学的历史演进"以及"哲学的修养与创造"为主要内容，讲述"哲学通论"这门课程，并以这些内容为基础撰写并出版了《哲学通论》。

3. 您的学术研究的主要心得是什么？您认为当代中国的学术研究最需要关切的是什么？

△学问是"做"出来的。我的一次学术讲座的题目就是《做学问》。在那个讲座中，我谈了五个问题：一是名称与概念，二是观察与理论，三是苦读与笨想，四是有理与讲理，五是学问与境界。在我看来，专业性的研究，就是把熟知的名称升华为真知的概念。理论就是规范人们的思想和行为的概念系统。把"名称"变为"概念"，需要"苦读"和"笨想"。"苦读"就是"寻找理论资源"，就是通过文献积累而达成"得道于心"；"笨想"就是"发现理论困难"，就是通过思想积累而达成"发明于心"。"苦读"和"笨想"的目的就是"有理"，也就是不仅想清楚别人所讲的道理，而且想清楚别人没讲的道理。把想明白的道理"说"出来和"写"出来，这就是"讲理"。能否"有理"和"讲理"，取决于为人为学的境界，具体地体现为"大气""正气"和"勇气"。"大气"，就是有高尚的品格和品味、高远的志向和追求、高明的思想和见地；"正气"，就是有真诚的求索、抑制不住的渴望、直面事情本身的态度；"勇气"，就是有"平常心而异常思"，有"吾爱吾师，吾更爱真理"的信念，有"语不惊人死不休"的追求。所以，我很喜欢学术研究中的三个"跟自己过不去"：一是在思想上"跟自己过不去"，二是在论证上"跟自己过不去"，三是在叙述上"跟自己过不去"，从而形成有创见的思想，使人受到启发和震撼。

在当代中国的学术研究中，我感到最为匮乏的是学术批评。在我看来，以学者为主体的学术研究，应当是在学者之间的思想交锋即学术批评中推进的，离开真实的学术批评就难以实现学术的繁荣。关于学术批评，我有四点想法：一是要以"同情的了解"和"带有敬意的批判"作为学术批评的出发点；二是要以"发现理论困难"和"创新理论思路"作为学术批评的灵魂；三是要以对"论据"和"论证"的批评作为学术批评的着力点；四是要以"隔靴搔痒赞何益，入木三分骂亦精"的精神作为学术批评的标准。"批评"不是"讨伐"，不能搞"有罪推断"，首先是看到人家的好处，其次是发现人家的问题，最后是提出自家的思想。我非常提倡学者在人格上相互尊重、在学问上相互欣赏、在问题上相互诘难，从而在学术批评中繁荣学术研究和实现理论创新。

(三)哲学与教育

1. 听您的朋友、学生说，孙先生上课从来都是一支粉笔、一杯茶，脱稿讲授。每次在校园里开讲座，都有一批忠实的"粉丝"，他们自称"芋头"。如何培养"人"，是一个永恒的主题。在您看来，哲学教育的社会功能体现在哪里？

△ 我写过一篇文章，题目是《哲学与哲学教育》。在那篇文章中，我以黑格尔和冯友兰关于"哲学"的思想为例，谈了对这个问题的理解。黑格尔说，哲学的意义就在于引导人们"尊敬他自己，并自视能配得上最高尚的东西"。冯友兰则在哲学与其他学科的对比中提出，哲学以外的学科都是"使人成为某种人"，而哲学是一门"使人作为人能够成为人"的学问。培养"某种人"，是通过教育使人掌握某种知识、技术或技能，再去做具体的事情，"教育"在这里主要是一种"过程"而不是"目的"。哲学要"使人作为人能够成为人"，"教育"在这里就不只是一个"过程"，而是"目的"本身。哲学的这种社会功能表明了一个重要道理，这就是，"哲学"的主要社会功能就是"哲学教育"，搞哲学的人最重要的就是从事"哲学教育"。

哲学的使命是"使人作为人能够成为人"，也就是使人认识自己、涵养自己、反省自己、尊重自己，"自视能配得上最高尚的东西"。为什么哲学具有这样的社会功能？我用"凝重""亲切"和"睿智"来概括哲学和哲学教育的特性。一是"凝重"。哲学问题总是人生在世的大问题。求索天、地、人的人与自然之辨，探索你、我、他的人与社会之辨，反省知、性、意的人与自我之辨，追求真、善、美的人与生活之辨，凝结成理解"人生在世"的哲学范畴,构成作为"思想性的历史"的哲学史。恩格斯说,"辩证哲学"就是"一种建立在通晓思维的历史和成就的基础上的理论思维",所以哲学和哲学教育是"凝重"的。二是"亲切"。任何一种哲学,都是哲学家以时代性的内容、民族性的形式和个体性的风格去求索人类性问题的思想结晶。可以说,哲学既是哲学家以个人的名义讲述人类的故事,又是哲学家以人类的名义讲述个人的故事。哲学家个人的体悟和思辨,与人类的思想和文明,熔铸于各异其是的哲学思想之中,由此便构成了作为"历史性的思想"的哲学和作为"思想性的历史"的哲学史。这样的"哲学"和"哲学史",蕴含着哲学家的呕心沥血的理性思辨和洗涤灵魂的心灵体验,所以哲学和哲学史又是"亲切"的。三是"睿智"。哲学的世界观是人生在世和人在途中的人的目光,是现实的和历史的,而不是超现实的和非历史的,因而是实践的智慧。我在《哲学通论》中说,哲学"是人类思想的批判性的反思的维度、理想性的创造的维度。它要激发而不是抑制人们的想象力、创造力和批判力,它要冲击而不是强化人类思维中的惰性、保守性和凝固性,它要推进而不是遏制人们的主体意识、反思态度和创造精神。学习哲学,需要高举远蹈的心态,慎思明辨的理性,体会真切的情感,执着专注的意志和洒脱通达的境界。"凝重、亲切和睿智的哲学,提升人的理论思维能力和人生境界,因而是一门"使人作为人而成为人"的学问。

2. 您如何评价当前的哲学教育状况?作为教育部哲学学科教学指导委员会主任,您在哲学教育改革中有哪些思路和做法?

△ 在我看来,我国高等教育改革的根本问题,是要培养"上得去"的理论研究型人才和"下得来"的应用操作型人才,改变那种既"上不去"又"下不来"的"知识储存型"的培养模式。这也应当是哲学教育改革的基本思路。

在哲学教育改革中,首先应当分清层次,自觉定位。我把本科生教育定位为"激发理论兴趣,拓宽理论视野,撞击理论思维,提升理论境界";把硕士生教育定位为"寻找理论资源,发现理论困难,坚持独立思考，做出理论论证"；把博士生教育定位为"抓住基础理论，稳定研究方向，创新理论思路，进行课题研究"。其次是强化积累，鼓励创新。从某种意义上说，"理科在实验，文科在文献"，搞文科需要生活积累、文献积累和思想积累，并在此基础上形成独立见解。学生撰写论文，我都要追问其"靶子""灵魂"和"血肉"，也就是针对什么、要说什么、说出什么，引导学生明确问题，形成创见，做出论证。

3. 近几年来，网络公开课风靡一时，我们在网上也能看到您讲授《哲学通论》的视频。现代科技的发展，改变着人了解世界的方式，您是如何看待这一现象的？

△ 人们把当今的时代称作"信息时代""网络时代"，或"知识经济时代"，这是有道理的。马克思讲过这样一段话，"各种经济时代的区别"，"不在于生产什么，而在于怎样生产，用什么劳动资料生产。劳动资料不仅是人类劳动力发展的测量器，而且是劳动借以进行的社会关系的指示器"。应当说，以"信息化"为标志、以技术革命为基础的"全球化"，不仅改变了生产方式，而且深刻地改变了人们的存在方式。网络公开课改变了传统的授课方式，不仅有利于公众享受优质的教育资源，而且有利于教师更新教育理念、教学内容和教学方式。

同时，我还想从另一角度谈谈想法。美国《时代》周刊近期刊登的题为《现代生活十大趋势》的文章，把"你的脑袋在云端"列为第二大趋势，这个趋势就是"随着洪水般的信息使我们的脑袋无法承受，我们越来越把记忆的任务移交给搜索引擎和智能手机"。由此使我联想到当前的学术研究和高等教育中的一个必须认真面对和深刻反省的问题，我把它称作"无须记忆的代价"问题。无论是学习还是研究，特别是人文学科的学习与研究，都需要生活积累、文献积累和思想积累，这些积累只有储存在我们的"原始硬盘"即人脑的"长期记忆"之中，才能"得道于心"而呼之即出，进而"发明于心"而"自成一家之言"。在充分利用"搜索引擎"和"智能手机"的同时，千万不要忘记我们这个星球的"最美丽的花朵"——人脑的存在，我们才能强化自己的记忆力，驰骋自己的想象力，激发自己的创造力。爱因斯坦说，"想象比知识更重要"，"提出一个问题比解决一个问题更重要"。这应当是我们在现代教育，特别是现代的人文教育中深长思之的。

参考文献

[1] 马克思：《关于费尔巴哈的提纲》，载《马克思恩格斯选集》第1卷，人民出版社2012年版。

[2] 恩格斯：《路德维希·费尔巴哈和德国古典哲学的终结》，载《马克思恩格斯选集》第4卷，人民出版社2012年版。

[3] 马克思、恩格斯：《德意志意识形态》，载《马克思恩格斯全集》第3卷，人民出版社1960年版。

[4] 列宁：《哲学笔记》，人民出版社1974年版。

[5] ［德］哈贝马斯：《后形而上学思想》，译林出版社2001年版。

[6] ［德］海德格尔：《形而上学导论》，商务印书馆1996年版。

[7] ［德］黑格尔：《小逻辑》，商务印书馆1996年版。

[8] ［德］卡尔·柯尔施：《马克思主义和哲学》，重庆出版社1989年版。

[9] ［德］康德：《纯粹理性批判》，中国人民大学出版社2004年版。

[10] ［英］休谟：《人性论》上下，商务印书馆1980年版。

[11] ［法］奥古斯特·科尔纽：《马克思的思想起源》，中国人民大学出版社1987年版。

[12] ［意］安东尼奥·葛兰西：《狱中札记》，中国社会科学出版社2000年版。

[13] ［美］M. 怀特编著：《分析的时代——二十世纪的哲学家》，商务印书馆1964年版。

[14] ［美］罗蒂：《哲学和自然之镜》，上海译文出版社1987年版。

[15] ［古希腊］亚里士多德：《形而上学》，商务印书馆1995年版。

[16] 高清海：《思想解放与人的解放》，黑龙江教育出版社2004年版。

［17］贺麟：《哲学与哲学史论文集》，商务印书馆 1990 年版。

［18］孙正聿：《理论思维的前提批判》，人民大学出版社 2010 年版。

［19］孙正聿：《哲学：思想的前提批判》，现代出版社 2016 年版。

［20］孙正聿：《哲学通论》，复旦大学出版社 2007 年版。

后　记

对于"哲学"，有两句名言是值得深思的：一是诚如黑格尔所言，人们对于哲学的看法是"大不相同的"；二是艾耶尔所说的，每个时代的哲学都具有"广泛而深刻的一致性"。这两个论断看似相互矛盾，但却道出了理解"哲学"的真谛：既要把握哲学的"同中之异"，又要洞察哲学的"异中之同"。

从"哲学"的同中之异与异中之同的这一"解释原则"出发，我对"哲学"提出三个定义式的看法：其一，哲学是"理论形态的人类自我意识"；其二，哲学是"时代性的理论形态的人类自我意识"；其三，哲学是"对时代性的理论形态的人类自我意识的前提批判"。《哲学观研究》这本书，集中地阐述了这三个关于"哲学"的定义式的看法。

哲学作为"理论形态的人类自我意识"，既不是"表述"人类文明的经验事实，也不是"表达"对人类文明的情感或意愿，而是以理论的方式"表征"人类关于文明的"自我意识"。作为"思想中所把握到的时代"，哲学所"表征"的关于文明的"自我意识"，并不是超历史的，或非历史的人类自我意识，而只能是"时代性的理论形态的人类自我意识"，也就是具有特定的时代内涵的"现实自我意识"。对于时代性的"现实的自我意识"，哲学的使命并不是采取现成接受的态度，而是在对其"肯定的理解"中同时包含对其"否定的理解"，也就是"对时代性的理论形态的人类自我意识的前提批判"。正是在这种"前提批判"中，哲学不仅反映和表达了自己时代的时代精神，而且塑造和引导了新的时代精神；不仅使哲学成为"时代精神的精华"，而且使哲学成为"文明的活的灵魂"。

哲学作为"时代性的理论形态的人类自我意识"，不仅每个时代的哲学是"大不相同"的，而且同一时代的哲学所把握到的人类自我意识也是"大不相同"的。然而，在"大不相同"的哲学理论中，我们不仅会发现哲学作为人类把握世界的一种基本方式的深层的"异中之同"，而且还会发现每个时代的哲学所面对的时代性问题的"广泛而深刻的一致性"。揭示和论述哲学的"同中之异"与"异中之同"，并致力于"对时代性的理论形态的人类自我意识的前提批判"，这是我在《哲学观研究》中所阐述的主要内容。

图书在版编目（CIP）数据

哲学观研究/孙正聿著. —北京：北京师范大学出版社，2020.8
（孙正聿作品系列）
ISBN 978-7-303-25804-8

Ⅰ.①哲… Ⅱ.①孙… Ⅲ.①马克思主义哲学-研究
Ⅳ.①B0-0

中国版本图书馆 CIP 数据核字（2020）第 062433 号

营 销 中 心 电 话　010-58805385
北京师范大学出版社
主题出版与重大项目策划部　http://xueda.bnup.com

ZHEXUEGUAN YANJIU

出版发行：北京师范大学出版社　www.bnup.com
　　　　　北京市西城区新街口外大街 12-3 号
　　　　　邮政编码：100088
印　　刷：鸿博昊天科技有限公司
经　　销：全国新华书店
开　　本：710 mm×1000 mm　1/16
印　　张：32
字　　数：440 千字
版　　次：2020 年 8 月第 1 版
印　　次：2020 年 8 月第 1 次印刷
定　　价：128.00 元

策划编辑：祁传华　郭　珍　　　责任编辑：王　宁
美术编辑：王齐云　　　　　　　　装帧设计：王齐云
责任校对：段立超　陶　涛　　　　责任印制：陈　涛